FAZENDA PÚBLICA EM JUÍZO

MURILO TEIXEIRA AVELINO

FAZENDA PÚBLICA EM JUÍZO

2ª edição

revista, atualizada e ampliada

2023

EDITORA *Jus*PODIVM

www.editorajuspodivm.com.br

EDITORA *Jus*PODIVM
www.editorajuspodivm.com.br

Rua Canuto Saraiva, 131 – Mooca – CEP: 03113-010 – São Paulo – São Paulo
Tel: (11) 3582.5757
• Contato: https://www.editorajuspodivm.com.br/central-de-relacionamento

Diagramação: Futura *(rogerio@futuraeditoracao.com)*

Capa: Maitê Coelho *(maitescoelho@yahoo.com.br)*

A948f Avelino, Murilo Teixeira. Fazenda Pública em Juízo / Murilo Teixeira Avelino – 2. ed. rev., atual. e ampl. – São Paulo: Editora JusPodivm, 2023.
416 p.

Inclui bibliografia.
ISBN: 978-85-442-4069-4

1. Direito Processual Civil. I. Avelino, Murilo Teixeira. II. Título.
CDD 341.46

2.ª ed., *2.ª tir.:* jan./2023; *3.ª tir.:* mar./2023.

Dedico este trabalho, primeiro, ao meu avô, Antônio Avelino da Silva (*in memorian*), cuja memória muito clara para mim é sempre *lendo e estudando* ou assistindo filmes de *faroeste*. Meu avô leu meus livros, o que muitíssimo me honra.

Como também não pode deixar de ser, dedico este trabalho ao professor Leonardo Carneiro da Cunha, maior referência no tema *Fazenda Pública em Juízo* e o principal responsável por ter seguido os estudos de Processo Civil.

APRESENTAÇÃO

Fui convidado e aceitei, com muita honra, a apresentar o livro de Murilo Teixeira Avelino intitulado "*Fazenda Pública em Juízo*".

Conheço Murilo há algum tempo. Posso dizer, sem medo de errar, que se trata de um dos maiores pesquisadores de sua geração, conseguindo, em seus escritos, enfrentar grandes temas ligados ao Direito Público.

A presente obra faz parte de um contexto maior: o Autor sempre teve uma preocupação especial em relação ao tratamento judicial das causas envolvendo o Poder Público.

Neste contexto, vale destacar um dos últimos trabalhos (*Consensualidade e Poder Público*, escrito em coautoria com Ravi Peixoto), onde é enfrentado aspecto absolutamente relevante acerca da concepção contemporânea de Interesse Público.

O Autor tem, a meu ver, duas qualidades que contribuem para o sucesso do livro que ora se apresenta: é advogado público com vasta experiência e com atuação em diversas cidades do Brasil; além de pesquisador sério e preocupado com a realidade social e política em que vivemos.

O primeiro Capítulo desta obra trata de aspectos gerais envolvendo a Fazenda Pública, sua composição, posição constitucional e o sempre importante debate acerca da (re)presentação em Juízo.

Na sequência, o texto aborda o tormentoso tema ligado às prerrogativas (ou *privilégios?*) dos Entes Públicos nas demandas judiciais, como regras de contagem e prazos diferenciados, incluindo o biênio para a ação rescisória; comunicação dos atos e despesas processuais; além do sempre importante debate acerca do seu adiantamento em Ações Civis Públicas e em caso de beneficiário da Justiça Gratuita.

O capítulo 3 objetiva enfrentar as múltiplas variáveis relacionadas a prescrição e decadência, em especial as causas de interrupção; as ações de reparação contra os Entes Públicos; a contagem dos prazos nas relações de trato sucessivo e as Ações Anulatórias de ato firmado com o Poder Público.

A partir do capítulo 4, a obra aborda, de forma clara e objetiva, o diálogo entre o CPC/15 e a Fazenda Pública, em temas como solução consensual de conflitos; negócios processuais; competência; intervenção de terceiros; tutela provisória e honorários advocatícios.

O capítulo seguinte é dedicado ao processo de conhecimento e o Poder Público em Juízo, com relevante debate acerca da audiência de conciliação ou mediação; revelia; ônus da impugnação específica; remessa necessária e o tratamento dado pela legislação esparsa, em institutos como Ação Popular; Ação Civil Pública; Mandado de Segurança; Juizados Especiais e Arbitragem.

No Capítulo 6, o texto passa a enfrentar a tutela executiva e a Fazenda Pública, tratando de temas muito caros na prática forense, como impugnação ao cumprimento de sentença; embargos à execução; exceção ou objeção de pré-executividade; além das técnicas ligadas às obrigações de fazer, não fazer e entrega de coisa distinta de dinheiro.

O tema *execução fiscal* é tratado nos Capítulos 7 e 8, em suas fases administrativa e judicial, com preocupação específica acerca de aspectos como competência; responsabilidade patrimonial; ordem de penhora; defesa do executado; prescrição intercorrente; medida cautelar fiscal, etc.

Nos dois últimos Capítulos, são analisadas diversas situações envolvendo o Mandado de Segurança e o chamado Pedido de Suspensão: competência; teoria da encampação; tutela provisória; prazo; procedimento; mandado de segurança coletivo; natureza jurídica do incidente; legitimidade; procedimento; suspensão de múltiplas decisões (suspensão coletiva); dentre outros.

A presente obra já nasce gigante e com espaço reservado na bibliografia jurídica nacional, ao lado de ensaios de consagrados Autores, tendo em vista que consegue, com o necessário fôlego, ligar temas típicos do Direito Processual em Geral com o cenário muitas vezes diferenciado envolvendo o Poder Público em Juízo.

Na qualidade de advogado público e professor, agradeço ao convite e venho à presença da comunidade jurídica recomendar a leitura das reflexões que o Autor faz acerca de temas espinhosos relacionados à Fazenda Pública em Juízo.

Parabéns ao Autor e à Editora pelo importante trabalho ora apresentado.

Brasília, abril de 2022.

JOSÉ HENRIQUE MOUTA ARAÚJO
Pós-doutor (Universidade de Lisboa)
Doutor e Mestre (Universidade Federal do Pará- UFPA)
Professor de Direito do Cesupa/PA e IDP/DF
Procurador do Estado do Pará
Advogado

NOTA DO AUTOR À 2ª EDIÇÃO

Fiquei absolutamente feliz com a recepção da primeira edição da obra *Fazenda Pública em juízo* pela comunidade acadêmica. O livro foi lançado em abril de 2022, esgotando-se na editora em menos de seis meses. A alegria de ver no site da Editora JusPodivm a mensagem de "avise-me quando o produto estiver disponível" é indescritível!

Fica o meu *muito obrigado* à editora pela parceria e por acreditar no projeto. Especialmente, agradeço ao editor Roberto Navarro pela confiança e diálogo franco em todos os momentos.

Ao longo deste curto período, recebi *feedbacks* bastante positivos de leitores com experiência e foco absolutamente distintos. Colegas da Advocacia Pública me ofereceram críticas necessárias à melhoria do trabalho e passaram a utilizar a obra para consultas em suas atividades diárias; concurseiros apontaram temas que precisavam ser tratados com mais vagar e profundidade ou que mereciam tópicos específicos.

Neste ponto, preciso fazer um agradecimento especial ao colega Dr. Mário Avancine, cuja leitura atenta contribuiu sobremaneira para a correção de deslizes ortográficos e para o aprofundamento de diversas discussões aqui travadas. O colega me fez pensar em diversas situações que não haviam sido ainda trabalhadas. Algumas delas, consegui maturar e inserir as notas respectivas nesta segunda edição. Outras precisam de mais tempo e *ócio criativo,* que a correria de uma tese por escrever não me permitiu aprofundar.

Esta segunda edição vem com acréscimo de alguns temas. Os informativos do STF estão trabalhados até a sua edição de nº 1064, enquanto os informativos do STJ até a edição nº 742. Destacou-se especialmente a declaração de inconstitucionalidade do art. 2º, *caput* e §1º da Lei nº 13.463/2017 na ADI 5557/DF. Acrescentei também as alterações legislativas pertinentes, especialmente aquelas trazidas com as Leis nº 14.341/2022 e nº 14.365/2022.

Em doutrina, acrescentei referência aos enunciados do Fórum Permanente de Processualistas Civis até a edição de março de 2022. Tratei com mais vagar de questões relativas à competência e também do sempre polêmico tema da *execução contra a fazenda pública.* Aqui, acrescentei duas discussões relevantes a respeito do novo regime de precatórios instituído pelas ECs nº 113 e 114 (penhora de precatórios e aproveitamento de requisitórios emitidos em favor de recuperandas ou falidas).

Ademais, anotações de doutrina e/ou jurisprudência foram acrescentadas no próprio corpo do texto e em notas de rodapé.

Muito mais há a ser tratado. Torço que esta segunda edição me dê a chance de lançar a próxima e assim por diante. Conto com você, leitor, e com sua crítica sincera.

Espero que aprecie e leitura.

Recife, novembro de 2022.

NOTA DO AUTOR À 1ª EDIÇÃO

Minha carreira acadêmica começou praticamente ao mesmo tempo que iniciei os estudos para concursos públicos. Nos concursos, meu foco sempre foi a Advocacia Pública Federal. Mas na academia havia um ponto que, de certa forma, me angustiava. Eu me via *escrevendo para juízes*. Obviamente, quem escolhe o *processo*, especialmente o *civil*, não pode fugir de tratar do Judiciário, seus membros e seu funcionamento. O processo, em sua acepção mais tradicional, é o *judicial*.

Um dos meus artigos mais *citados* e *buscados* era "A posição do magistrado em face dos negócios jurídicos processuais", publicado originalmente na Revista de Processo e, depois, com algumas alterações de entendimento, no volume 1 da Coleção "Grandes Temas do novo CPC", publicado pela Juspodivm. A versão comercial de minha dissertação de mestrado (também publicada pela Juspodivm) recebeu o título de "O controle judicial da prova técnica e científica" que, apesar de *dizer pouco*, reconheço – como uma vez atentou Fredie Didier Jr., pois o trabalho fala além de um *controle judicial* – é como está grafado na capa.

Em meados de 2018, enquanto atuava em Belém do Pará, já ocupando o cargo de Procurador da Fazenda Nacional, o coração balançou rumo à magistratura. Camila, minha esposa, havia assumido o cargo de Promotora de Justiça no interior de Pernambuco e eu estava no Norte. Estávamos longe um do outro e o único caminho que me parecia viável para me reunir a ela, aos meus pais e aos meus amigos, era a magistratura estadual. Àquela altura, as preces aos domingos na Basílica de Nossa Senhora de Nazaré eram todas voltadas a uma única graça: voltar para casa. Iniciei os estudos a contragosto, mas o fiz.

Ocorre que Deus colocou em meu caminho nobres amigos (Dr. Yuri Excalibur, Dr. Filipe Aguiar) que lembraram de me fazer uma ligação quando foi aberta seleção para um cargo de gestor regional em Brasília. Brasília era, sem dúvida alguma, em razão de sua malha aérea, muito mais "perto" de Recife. Além disso, assumiria o cargo de gestor da Divisão de Defesa de Segunda instância, voltada à atuação perante o Tribunal Regional Federal da Primeira Região. A situação pareceu ideal: me "aproximar" de casa e colocar em prática com muito mais intensidade o *processo civil* como estudava academicamente.

Inscrevi-me no processo seletivo e fui o escolhido. Em setembro de 2018, mudava-me para Brasília.

Dalí em diante, esqueci todo o resto e me apaixonei, de fato, pela Advocacia Pública. Vi que a PFN era onde queria estar até a aposentadoria (se, de fato, emendas constitucionais não tornarem cada vez mais difícil atingi-la). Os tempos em Brasília foram sem dúvida alguma os mais felizes e gratificantes de toda minha experiência na Procuradoria. Fiz grandes amigos, me senti acolhido e pude desempenhar um trabalho cujos resultados eram sensíveis no dia a dia.

Mas, como uma vez me disse meu então chefe – hoje amigo, o que é mais importante – Dr. Manoel Tavares, provavelmente citando alguém que não foi referenciado em nossa conversa, "*o rio corre para o mar*".

Segui, após mais uma seleção – e os valorosos conselhos que Dra. Adriana Rocha, então Procuradora Regional da Fazenda Nacional da Primeira região, me deu quando tomamos um café e pelos quais sou eternamente grato – para a gestão da unidade Seccional da PFN em Petrolina.

Estava a uma hora de voo de Recife e a algumas horas de ônibus de minha esposa. Apesar da saudade que sentia de Brasília, estar mais perto de casa acalmava o coração. Petrolina representou um momento de crescimento profissional sensível. Aprendi a controlar meu jeito impetuoso – após causar uma má impressão em alguns colegas em reuniões por videoconferência –, enfrentei uma chuva torrencial que literalmente colocou água nas canelas no prédio da Procuradoria e, no meio da pandemia – esta que *nunca acaba* – enfrentei uma mudança de sede. Limpei eu mesmo o chão às 23h, pondo a água para fora do prédio, enquanto me comunicava via WhatsApp com o então Procurador Geral da Fazenda Nacional, Dr. José Levi, que deu toda a assistência necessária. Desmontei e montei mesas, carreguei caminhão de arquivo e organizei o tombo dos bens da Procuradoria para mudança. Não fosse o companheirismo de Dr. Tobias (meu substituto e meu amigo), Hélvia (chefe do serviço de apoio e amiga) e toda a equipe, muita coisa poderia não ter funcionado tão bem quanto funcionou.

Em meados de 2020, surgiu a oportunidade de assumir a gestão da Divisão de Assuntos Fiscais da Procuradoria Regional da Fazenda Nacional da Quinta Região, cuja sede é em Recife. Mais uma vez inscrevi-me na seleção e fui escolhido para assumir este cargo, que exerço desde então. Aqui, uni o útil ao agradável. Reencontrei alguns e fiz novos amigos e fiéis companheiros de trabalho (Dr. Filipe Aguiar, Dr. Jovaldo Júnior, Dr. Bruno Dias, Dra. Viviane Ferraz, dentre outros tantos que cometo o *pecado* de não citar nominalmente). Mantenho-me apaixonado pela Advocacia Pública, diariamente ponho à prova e à prática os estudos de processo civil e, tudo isso, perto daqueles que amo. Meu filho Antônio – o maior amor da minha vida, *disparado* – nasceu aqui, em casa!

Bom, mas se você, leitor, teve paciência de chegar até aqui, deve lembrar que eu iniciei esta "pequena" nota falando de uma angústia que sentia. Quero dizer que essa angústia passou. Após me apaixonar pela PGFN, *o rio, de fato, encontrou seu caminho para o mar*, também na carreira acadêmica. Foi natural perceber o interesse que desenvolvi por temas afetos à Fazenda Pública e sua atuação no *processo* (e fora dele). De lá para cá publiquei alguns trabalhos dos quais sou orgulhoso. Destaco um artigo, na *Civil Procedure Review*, intitulado "A regulação dos negócios jurídicos processuais pela Fazenda Nacional" e, mais recentemente, o livro "Consensualidade e Poder Público" (pela editora Juspodivm), ao lado do sempre companheiro acadêmico, meu amigo Ravi Peixoto (Procurador do Município de Recife).

Este pequeno trabalho que você, leitor, tem em mãos, é uma espécie de agradecimento – *simples*, é verdade, mas de coração – a este caminho que acabei de contar. Não somos nada, não fosse o nosso caminho. Nós somos o resultado dele, somos forjados por ele.

E só quem conhece a nossa trajetória somos nós mesmos. Aquilo que nos marca e nos faz crescer. A você, que chegou até aqui e *porque* chegou até aqui, sei que está envolto em um mar de incertezas e dúvidas. Eu já estive onde você está. Passa. Não pare, pois passa.

Conte comigo nessa caminhada. Espero que este livro te ajude, de alguma forma, a construir a trilha. Pegue na mão de quem te ajuda a subir, honre seus amigos e sua família e siga. Você vai chegar.

Estamos juntos.

Recife, 14 de março de 2022.

SUMÁRIO

Capítulo 1

Fazenda Pública 27

1. GENERALIDADES 27
2. ENTES QUE COMPÕEM A FAZENDA PÚBLICA 28
3. A (RE)PRESENTAÇÃO DA FAZENDA PÚBLICA EM JUÍZO 31
   3.1. A posição constitucional da advocacia pública 41
   3.2. Procuradores dos órgãos legislativos e dos tribunais de contas 44

Capítulo 2

Prerrogativas da Fazenda Pública em juízo 47

1. GENERALIDADES 47
2. FUNDAMENTOS JUSTIFICADORES 47
3. PRAZOS 49
   3.1. Forma de contagem dos prazos processuais 50
   3.2. Suspensão dos prazos processuais 50
   3.3. Prazos diferenciados para a Fazenda Pública 51
      3.3.1. Exceções no próprio CPC 52
      3.3.2. Exceções em legislação esparsa e consagradas pela jurisprudência 54
4. COMUNICAÇÃO DOS ATOS PROCESSUAIS 55
   4.1. Citação 55
   4.2. Intimações 58
      4.2.1. Intimação promovida pelo advogado 62

5. DESPESAS PROCESSUAIS 62
5.1. Adiantamento das despesas 63
5.1.1. Atos praticados a requerimento da Fazenda Pública, do Ministério Público e da Defensoria Pública 63
5.2. Preparo recursal e porte de remessa e retorno 66
5.3. Despesas em sentido estrito 67
5.3.1. Adiantamento dos honorários do perito em Ação Civil Pública 68
5.3.2. Adiantamento dos honorários do perito em caso de beneficiário da justiça gratuita 69
5.4. Depósito para a propositura de ação rescisória 70

Capítulo 3
Prescrição e decadências em demandas envolvendo a Fazenda Pública 71

1. GENERALIDADES 71
2. DIREITO POTESTATIVO E DIREITO SUBJETIVO 72
2.1. Ação condenatória, ação constitutiva e ação declaratória 73
3. NOTA SOBRE O CONHECIMENTO DA PRESCRIÇÃO E DA DECADÊNCIA NO CPC 75
4. PRESCRIÇÃO E DECADÊNCIA EM FACE DA FAZENDA PÚBLICA 76
4.1. Interrupção da prescrição 77
4.2. Ação de reparação civil contra a Fazenda Pública 79
4.2.1. Ação de reparação em razão de fatos ocorridos durante o período de ditadura militar 81
4.3. Relações de trato sucessivo 82
4.3.1. Prescrição do fundo do direito 83
4.3.2. Ato de efeitos concretos 85
4.4. Prescrição da pretensão executiva 86
5. AÇÃO ANULATÓRIA DE ATO FIRMADO ENTRE O PARTICULAR E O PODER PÚBLICO 86

Capítulo 4

Parte Geral do CPC e Fazenda Pública **89**

1. **GENERALIDADES** **89**
2. **FAZENDA PÚBLICA E SOLUÇÃO CONSENSUAL DOS CONFLITOS** **90**
   - 2.1. Interesse público e transigibilidade 90
   - 2.2. Autocomposição em matéria de direito público 92
3. **NEGÓCIOS JURÍDICOS PROCESSUAIS E FAZENDA PÚBLICA** .. **95**
   - 3.1. Os requisitos da negociação 95
   - 3.2. Previsão normativa 97
   - 3.3. Disposição de prerrogativas 98
   - 3.4. Portarias PGFN n° 360/2018 e n° 742/2018 100
   - 3.5. Negócios sobre processos *indeterminados, mas determináveis* – os protocolos institucionais 102
     - 3.5.1. A previsão legal sobre os protocolos institucionais e um caso paradigmático 104
     - 3.5.2. Convênios entre os Estados e Distrito Federal para a prática de atos processuais 106
4. **COMPETÊNCIA** **107**
   - 4.1. Competência em razão da pessoa 108
     - 4.1.1. Exceções à competência constitucionalmente delimitada 109
     - 4.1.2. Intervenção da União e deslocamento de competência 111
     - 4.1.3. Delegação de competência federal a Juízos Estaduais 113
     - 4.1.4. Varas da Fazenda Pública na Justiça Estadual ... 116
   - 4.2. Competência em razão do território 117
     - 4.2.1. Demandas em que figuram como parte os Estados e o Distrito Federal e um problema de federalismo processual 119
5. **INTERVENÇÃO DE TERCEIROS** **121**
   - 5.1. Intervenção anômala ou especial da Fazenda Pública ... 122
     - 5.1.1. Legitimidade 123

5.1.2. Procedimentos que admitem a intervenção ... 123

5.1.3. Demonstração de interesse econômico ... 124

5.1.4. Atuação do interveniente ... 125

5.1.5. A intervenção anômala comparada à assistência e à intervenção do *amicus curiae* ... 128

5.2. Denunciação da lide promovida pela Fazenda Pública ... 130

6. TUTELA PROVISÓRIA CONTRA A FAZENDA PÚBLICA ... 132

6.1. Tutela provisória e obrigações de fazer, não fazer e entregar coisa diferente de dinheiro ... 133

6.1.1. Responsabilidade pelos eventuais prejuízos ... 135

6.2. ADC n° 4 e ADI n° 4296 ... 138

6.3. Limitações à concessão de tutela provisória contra a Fazenda Pública ... 140

6.3.1. Lei n° 8.437/92 ... 141

6.3.2. Lei n° 9.494/97 ... 145

6.3.3. Lei n° 12.016/2009 ... 148

6.3.4. Ações possessórias – o art. 562, p.ú. do CPC ... 151

6.3.5. O art. 1.059 do CPC ... 152

6.4. Estabilização da tutela antecipada antecedente ... 153

6.5. Tutela de evidência ... 154

6.6. Meios de impugnação à decisão que concede a tutela provisória ... 156

6.7. Síntese: tutela provisória contra a Fazenda Pública ... 157

7. HONORÁRIOS NAS DEMANDAS ENVOLVENDO A FAZENDA PÚBLICA ... 159

7.1. Forma de cálculos dos honorários ... 161

7.1.1. Fixação de honorários por equidade ... 165

7.1.2. Execução de obrigação de pagar contra a Fazenda Pública ... 169

7.1.3. Honorários recursais ... 171

7.2. Honorários de titularidade da advocacia pública ... 173

Capítulo 5

Processo de Conhecimento e Fazenda Pública

Processo de Conhecimento e Fazenda Pública 177

1. GENERALIDADES 177
2. AUDIÊNCIA PRÉVIA DE CONCILIAÇÃO OU DE MEDIAÇÃO 177
   2.1. Audiência prévia como ato necessário do procedimento 179
   2.2. Multa pelo não comparecimento à audiência prévia 182
3. REVELIA 184
   3.1. Efeito material da revelia 184
   3.2. Efeito processual da revelia 187
   3.3. Produção de provas pelo revel 188
4. ÔNUS DA IMPUGNAÇÃO ESPECÍFICA 189
5. REMESSA NECESSÁRIA 191
   5.1. Cabimento 192
      5.1.1. Julgamento antecipado parcial do mérito 193
   5.2. Natureza jurídica 196
      5.2.1. Apelação parcial e remessa necessária 198
      5.2.2. Interposição de Recursos Excepcionais em sede de remessa necessária 199
      5.2.3. Impossibilidade de *reformatio in pejus* 200
   5.3. Casos em que não haverá remessa necessária 200
   5.4. Legislação esparsa 203
      5.4.1. Ação Popular e Ação Civil Pública 203
      5.4.2. Mandado de Segurança 204
      5.4.3. Juizados Especiais 205
      5.4.4. Arbitragem 206

Capítulo 6

Tutela Executiva e Fazenda Pública 207

1. GENERALIDADES 207
2. IMPENHORABILIDADE DOS BENS PÚBLICOS 207

3. TUTELA EXECUTIVA ... 209
4. CUMPRIMENTO DE SENTENÇA CONTRA A FAZENDA PÚBLICA ... 209
4.1. Impugnação ao cumprimento de sentença ... 212
4.1.1. Excesso de execução – quantia superior ... 216
4.1.2. Inexigibilidade da obrigação fundada em lei ou ato inconstitucional ... 217
4.1.3. Limitação do litisconsórcio multitudinário ... 219
4.1.4. Efeito suspensivo da impugnação ... 220
4.2. Cumprimento provisório ... 221
5. PROCESSO DE EXECUÇÃO CONTRA A FAZENDA PÚBLICA ... 222
5.1. Embargos à Execução ... 223
5.1.1. Efeito suspensivo dos embargos à execução ... 226
6. EXCEÇÃO OU OBJEÇÃO DE PRÉ-EXECUTIVIDADE ... 227
7. EXECUÇÃO ENTRE ENTES PÚBLICOS DIVERSOS ... 227
8. ADIMPLEMENTO DAS OBRIGAÇÕES PELA FAZENDA PÚBLICA ... 228
8.1. Obrigações de fazer, não fazer e entregar coisa diferente de dinheiro ... 229
8.2. Obrigações de pagar ... 230
8.2.1. Precatórios ... 230
8.2.2. Requisições de pequeno valor ... 261
8.2.3. Emendas Constitucionais n° 113/2021 e n° 114/2021 ... 266

Capítulo 7

Execução Fiscal ... 287

1. GENERALIDADES ... 287
2. CERTIDÃO DE DÍVIDA ATIVA (CDA) ... 288
2.1. Protesto de CDA ... 291
3. LEGITIMIDADE ... 293
4. COMPETÊNCIA ... 296

5. **INTIMAÇÃO PESSOAL** ... 298

6. **PROCEDIMENTO** ... 299

7. **RESPONSABILIDADE PATRIMONIAL NA EXECUÇÃO FISCAL** ... 307

8. **ORDEM PREFERENCIAL DE PENHORA** ... 308

8.1. Substituição da penhora por dinheiro, fiança bancária e seguro-garantia ... 310

8.2. Nomeação de bens de terceiro ... 312

8.3. Impugnação da avaliação ... 313

9. **REUNIÃO DE EXECUÇÕES** ... 314

10. **DEFESA DO EXECUTADO – EMBARGOS À EXECUÇÃO FISCAL** ... 315

10.1. Embargos à execução fiscal por carta ... 322

11. **PRESCRIÇÃO INTERCORRENTE** ... 322

11.1. Temas 566 a 571 dos Recursos Repetitivos ... 326

12. **CONCURSO DE PENHORAS E CONCURSO DE CREDORES** ... 332

13. **EXPROPRIAÇÃO** ... 335

14. **SENTENÇA, RECURSOS E COISA JULGADA** ... 338

Capítulo 8

Medida Cautelar Fiscal ... 341

1. **GENERALIDADES** ... 341

2. **LEGITIMIDADE** ... 342

3. **COMPETÊNCIA** ... 342

4. **TUTELA DE URGÊNCIA DE FUNDAMENTAÇÃO VINCULADA** ... 343

4.1. Constituição do crédito tributário e hipóteses excepcionais ... 345

4.2. Discussão administrativa do crédito constituído ... 346

5. **PROCEDIMENTO** ... 347

5.1. Medida cautelar antecedente ... 348

5.2. Medida cautelar incidental ... 351

5.3. Decisão *liminar* ... 352

5.4. Efeitos da concessão da medida 353

5.4.1. Prestação de garantia 356

6. CESSAÇÃO DA EFICÁCIA DA MEDIDA CAUTELAR 356

Capítulo 9

Mandado de Segurança 359

1. GENERALIDADES 359

2. CABIMENTO 359

3. LEGITIMIDADE 364

3.1. A autoridade coatora 367

3.1.1. Teoria da encampação 370

4. COMPETÊNCIA 372

5. VEDAÇÕES AO MANEJO DO MANDADO DE SEGURANÇA. 373

6. TUTELA PROVISÓRIA 377

7. PRAZO PARA IMPETRAÇÃO 379

8. PROCEDIMENTO 380

8.1. Carga eficacial da sentença em mandado de segurança 386

8.2. Litisconsórcio 387

8.3. Competência originária de tribunal 388

8.4. Regime recursal 389

9. MANDADO DE SEGURANÇA COLETIVO 392

Capítulo 10

Incidente de suspensão de decisões contra o Poder Público 397

1. GENERALIDADES 397

2. NATUREZA JURÍDICA E CONTORNOS BÁSICOS 397

3. LEGITIMIDADE 399

4. COMPETÊNCIA 400

5. CABIMENTO 401

6. PROCEDIMENTO 402

6.1. Paralelismo entre o pedido de suspensão e o recurso na demanda originária.. 405
6.2. Regime recursal.. 407
6.3. Suspensão de múltiplas decisões.................................... 410

BIBLIOGRAFIA **413**

Capítulo 1

FAZENDA PÚBLICA

1. GENERALIDADES

O termo "*Fazenda Pública*" faz referência direta ao *Estado* como ente político. Abrange suas diversas funções e diversos "entes menores". Sempre que se utiliza deste termo, refere-se, direta ou indiretamente, à atuação estatal. Trata-se, pois, de um enorme emaranhado de pessoas e relações.

Não sem razão, em Direito, muitas vezes utilizamos como sinônimo de Fazenda Pública a expressão "*Poder Público*". Aqui, há referência direta a exercício do *poder* pelo Estado, enquanto ali há referência ao aspecto econômico e financeiro, uma vez que originalmente a *fazenda* representava o *tesouro*, o *erário* ou o patrimônio do Estado[1].

De toda sorte, os aspectos que identificam uma atuação especial ou diferenciada da *Fazenda* ou do *Poder Público*, associam-se à necessidade de se oferecer **uma certa proteção ou regulação especial à *coisa pública*, aos bens públicos, às finanças públicas, ao serviço público**, etc. Ao fim e ao cabo, patrocina-se a proteção da *res* pública, através de um **regime diferenciado**.

Perceba-se, pois, que falar de *Fazenda Pública* ou *Poder Público em juízo*, é falar da atuação em juízo (=perante o Poder Judiciário) dos entes responsáveis pela tutela da *coisa pública* e dos *interesses públicos primário* e *secundário*, o que vai além de questões meramente financeiras.

1. CUNHA, Leonardo Carneiro da. *A Fazenda Pública em juízo*. Rio de Janeiro: Forense, 2016, p. 5.

2. ENTES QUE COMPÕEM A FAZENDA PÚBLICA

Fazem parte daquilo que chamamos de *Fazenda Pública* ou *Poder Público* **entes da Administração Pública Direta e Indireta**. Trata-se, pois, da União, Estados, Distrito Federal e Municípios; autarquias e fundações públicas de direito público; excepcionalmente, algumas empresas públicas, sociedades de economia mista e fundações públicas de direito privado, desde que não atuem em regime de concorrência e prestem serviço público.

Quanto aos **entes políticos – União, Estados, Distrito Federal e Municípios** – não há dúvida. Tais entes da *Administração Direta* estão abarcados. Da mesma forma, as **autarquias e fundações públicas de direito público** – entes da *Administração Indireta* – **sempre serão consideradas *Fazenda Pública***. As chamadas ***agências reguladoras*** e os ***conselhos de fiscalização profissional*** possuem natureza autárquica, enquadrando-se no conceito de Fazenda Pública. Da mesma forma, o *consórcio público* cuja natureza jurídica seja de ***associação pública*** (lei nº 11.107/05) e as ***agências executivas*** (autarquias e fundações que celebram *contrato de gestão* com a Administração Direta, nos termos do art. 37, §8º, da CR).

A estruturação da Administração Pública em *Direta* e *Indireta* está prevista no Decreto-Lei 200/1967, recepcionado pela CR. A atuação destas pessoas em juízo respeitará os ditames e prerrogativas objeto deste trabalho, aplicando-se a elas o que trouxermos daqui em diante.

Merece nota a situação específica das **empresas públicas, sociedades de economia mista e fundações públicas de direito privado**. Tais entes estão inseridas naquilo que se chama de *Administração Indireta*. São **pessoas jurídicas de direito privado** *vinculadas* aos entes políticos e por eles criadas. A União, os Estados, Distrito Federal e Municípios figuram como sócios nas sociedades de economia mista e empresas públicas e como instituidores nas fundações públicas de direito privado.

Todavia, a personalidade jurídica dessas *pessoas* é de direito privado, o que afasta, em regra, o regime de *direito público* que caracteriza o tratamento das pessoas jurídicas de direito público. **Em gênero**, pois, **não estão abrangidas pelo conceito de *Fazenda Pública***.

Por isso, é preciso atentar especificamente a esta excepcionalidade: caso **uma pessoa jurídica de direito privado** componha a **Adminis-**

tração Indireta de qualquer dos entes, ela apenas será abrangida pelo conceito de *Fazenda Pública* se preencher alguns **requisitos cumulativos**: i) **não atuar em regime de concorrência ou de mercado**, mas sim em regime de excluisividade; ii) **prestar serviço público próprio de Estado**; iii) **não visar o lucro no desenvolvimento de suas atividades**[2].

A respeito das **fundações públicas**, importante conhecer o entendimento do Supremo Tribunal Federal, ainda que não fosse, no caso, o objeto principal da demanda:

> "(...) 3. Segundo a jurisprudência da Corte, a qualificação de uma fundação instituída pelo Estado como sujeita ao regime público ou privado depende de dois fatores: i) do estatuto de sua criação ou autorização e ii) das atividades por ela prestadas. Não há na Constituição Federal o elenco das atividades que definiriam qual o regime jurídico a ser aplicado a uma determinada fundação pública. Entretanto, existem alguns pressupostos lógico-jurídicos que devem ser utilizados como critérios discriminadores. 4. Não pode a Administração Pública pretender que incida um regime jurídico de direito privado sobre uma entidade da administração indireta que exerça atividade constitucionalmente estatal – ainda que formalmente o tenha feito -, mais especificamente, um serviço público (lato sensu) que parte da doutrina denomina de serviço público próprio, seja porque essa atividade está definida na Constituição Federal como uma obrigação a ser executada diretamente (como são as atividades públicas de saúde, higiene e educação, v.g.), seja porque ela deve ser exercida com supremacia de poder, como é o caso do exercício do poder de polícia e da gestão da coisa pública. Essas atividades são essenciais, não podem ser terceirizadas, não podem ser delegadas a particulares e, portanto, devem se submeter a regras eminentemente publicísticas, o que afasta a possibilidade da incidência de um regime jurídico de

---

2. Veja-se trecho de ementa em que se reconheceu a sociedade de economia mista o direito de gozar de imunidade tributária recíproca, prerrogativa material dos entes que compõem a Fazenda Pública: "(...) 1. Ação cível originária ajuizada pela Companhia de Saneamento de Sergipe em face da União, na qual postula o reconhecimento de imunidade tributária recíproca quanto aos impostos federais incidentes sobre seu patrimônio, renda ou serviços, vinculados a suas finalidades essenciais ou às delas decorrentes. 2. Em casos análogos, o Supremo Tribunal Federal tem reconhecido sua competência, por estar em jogo questão ligada à imunidade tributária recíproca (art. 150, VI, a, da Constituição), indispensável à preservação do pacto federativo. 3. A imunidade tributária prevista na alínea a do art. 150, I, da Constituição Federal, alcança empresas públicas e sociedades de economia mista prestadoras de serviços públicos essenciais e exclusivos, desde que não tenham intuito lucrativo, enquanto mantidos os requisitos. 4. Pedido procedente. (STF, ACO 3410, Relator Ministro Roberto Barroso, Tribunal Pleno, DJe 02/05/2022)

> direito privado sobre elas. 5. Por outro lado, as atividades de cunho econômico (respeitados os arts. 37, inciso XIX, e 173 da CF, esse com a redação dada pela EC nº 19/1998) e aquelas passíveis de delegação, porque também podem ser executadas por particulares, ainda que em parceria com o Estado, a toda evidência, se forem definidas como objetos de fundações, ainda que sejam essas instituídas ou mantidas pelo Poder Público, podem se submeter ao regime jurídico de direito privado caso as respectivas fundações também tenham sido instituídas como entes privados. (...)" (STF. Plenário. RE 716378/SP, Rel. Min. Dias Toffoli, julgado em 7/8/2019).

Dessa forma, apenas quando preencherem os requisitos acima, é que sua atuação em juízo seguirá conforme as prerrogativas e distinções atintes à *Fazenda Pública em Juízo.* Caso explorem atividade econômica em regime de concorrência próprio à atividade empresarial privada, não serão abarcadas pelo conceito de Fazenda Pública (art. 173, §1°, CR).

Exemplo maior é o da EBCT – Empresa Brasileira de Correios e Telégrafos. Trata-se de empresa pública vinculada à União, pessoa jurídica de direito privado que, contudo, é abrangida pelo conceito de *Fazenda Pública*, por não funcionar no regime de concorrência, oferecendo **serviço público de prestação obrigatória e exclusiva do Estado**.

Na verdade, mesmo já firmada esta compreensão, a atuação da EBCT em juízo ainda desperta controvérsias. Em recente julgado, o Superior Tribunal de Justiça entendeu que apesar de se submeter ao regime da Fazenda Pública, é legítima a intimação da EBCT realizada em nome do advogado cadastrado em nome próprio nos sistemas de processo eletrônico[3].

3. Veja-se: "(...) 8. O STF firmou o entendimento, a partir do julgamento do RE 220.907/RO (julgado em 12/06/2001, DJ de 31/08/2001), no sentido de que a ECT é empresa pública, prestadora de serviço público sob regime de monopólio, que integra o conceito de Fazenda Pública. 9. O art. 12 do Decreto-Lei 509/69 atribui à ECT os privilégios concedidos à Fazenda Pública no concernente, dentre outros, a foro, prazos e custas processuais, não fazendo qualquer referência à prerrogativa de intimação pessoal. 10. Em se tratando de processo eletrônico, prevê o § 6º do art. 5º da Lei 11.419/06 que as intimações feitas por meio eletrônico aos devida e previamente cadastrados, inclusive da Fazenda Pública, serão consideradas pessoais para todos os efeitos legais. 11. Se o advogado, no momento em que ajuizou a ação, fez o cadastro em nome próprio, não pode, posteriormente, alegar a nulidade da intimação realizada na sua pessoa, e não na da entidade que representa, para se eximir da responsabilidade de acompanhar o andamento do processo, a partir da consulta assídua ao sistema PJe" (STJ. 3ª Turma. REsp 1.574.008-SE, Rel. Min. Nancy Andrighi, julgado em 12/03/2019).

3. A (RE)PRESENTAÇÃO DA FAZENDA PÚBLICA EM JUÍZO

Há um debate a respeito de se os advogados públicos presentam ou representam a Fazenda Pública em juízo.

É que o nosso Direito Administrativo adota como marco teórico a chamada teoria do órgão. Em vista que os entes e demais pessoas jurídicas abrangidas no conceito de Fazenda Pública atuam através de pessoas naturais, estes funcionam como órgãos da pessoa jurídica de direito público, ou seja, é ela mesma atuando em juízo diretamente, através de sua própria divisão interna de funções. O órgão não possui personalidade jurídica autônoma, mas é apenas um feixe de competências delimitadas dentro da estrutura interna do ente ou pessoa jurídica.

Dessa forma, alguns defendem que quando qualquer advogado público atua em juízo patrocinando os interesses da Fazenda Pública, está manifestando a vontade do próprio ente. Assim, o próprio ente atuaria em juízo, através da presentação de seu advogado. O advogado ou procurador seria a própria pessoa jurídica em juízo, atuando em nome próprio, defendendo interesse próprio.

O correto tecnicamente seria falar em presentação da Fazenda Pública em juízo, e não de representação[4].

É que a representação em juízo se refere à atuação do advogado em nome de um terceiro, em defesa dos interesses do próprio terceiro (=titular da relação jurídica material). A representação é o que acontece normalmente nos processos em que pessoas naturais são partes. O causídico atua em juízo representando a parte, que lhe confere – através da procuração – poderes para atuar em seu nome na tutela de seus direitos. O advogado defende em nome alheio interesse alheio.

O esclarecimento acima é de suma importância para fins didáticos e de compreensão da matéria. Todavia, em vista que a própria lei muitas vezes fala em representação, entende-se como correta também esta referência. Assim, nos termos do art. 182 do CPC:

> Art. 182. Incumbe à Advocacia Pública, na forma da lei, defender e promover os interesses públicos da União, dos Estados, do Distrito Federal e dos Municípios, por meio da representação judicial, em

4. CUNHA, Leonardo Carneiro da. *A Fazenda Pública em juízo*. Rio de Janeiro: Forense, 2016, p. 11.

> todos os âmbitos federativos, das pessoas jurídicas de direito público que integram a administração direta e indireta.

Independentemente de tratarmos de presentação ou de representação, a atuação judicial dos entes abrangidos pelo conceito de Fazenda Pública é feita – em regra – pela Advocacia Pública, composta por advogados vinculados aos seus quadros. Trata-se da chamada Advocacia de Estado, a cujos membros é assegurada **independência técnica**, tendo por incumbência patrocinar os interesses dos respectivos entes em juízo.

Anote-se, nesse sentido, que a chamada independência técnica não se confunde com autonomia ou independência funcional de que dispõem os membros do Ministério Público. Quando tratamos de autonomia técnicas, referimo-nos à "isenção técnica necessária ao exercício livre da sua função"[5].

Sobre o tema, há importante manifestação do STF, entendendo que: i) **as PGEs integram o Executivo Estadual e, por isso, não podem ser dotadas de autonomia funcional, administrativa ou financeira**; ii) **os princípios e garantias funcionais do Ministério Público e da Magistratura não são extensíveis aos Procuradores dos Estados**. Veja-se:

> "AÇÃO DIRETA DE INCONSTITUCIONALIDADE. (...) 1. Os princípios institucionais e as prerrogativas funcionais do Ministério Público e da Defensoria Pública não podem ser estendidos às Procuradorias de Estado, porquanto as atribuições dos procuradores de estado – sujeitos que estão à hierarquia administrativa – não guardam pertinência com as funções conferidas aos membros daquelas outras instituições. Precedentes: ADI 217, Rel. Min. Ilmar Galvão, Plenário, DJ de 13/9/2002; ADI 291, Rel. Min. Joaquim Barbosa, Plenário,

---

5. Esta foi a expressão utilizada pelo STF, ao julgar que a **lei não poderá exigir como requisito para a propositura de ação de improbidade a anuência do Chefe do Executivo**. Previsão nesse sentido é inconstitucional, em razão da autonomia técnicas do Advogado Público. Admite-se, todavia, prever a necessidade de anuência do Procurador-Geral. Veja-se: "(...) 3. Os Procuradores de Estado não gozam da prerrogativa da autonomia funcional. Por outro lado, como os advogados em geral, gozam da isenção técnica necessária ao exercício livre da sua função. 4. A exigência da autorização do Procurador-Geral do Estado para o ajuizamento de ação de improbidade não ofende a Constituição Federal. Por outro lado, a exigência de autorização do Governador do Estado afronta o princípio da impessoalidade, previsto no art. 37, caput, da Constituição. Quando o interesse público demanda a atuação da Procuradoria, não pode a vontade do Governador impedir essa atuação" (STF. 1ª Turma. ARE 1165456 AgR/SE, rel. orig. Min. Marco Aurélio, red. p/ o ac. Min. Roberto Barroso, julgado em 1º/9/2020).

> DJe de 10/9/2010. 2. As Procuradorias de Estado, por integrarem os respectivos Poderes Executivos, não gozam de autonomia funcional, administrativa ou financeira, uma vez que a administração direta é una e não comporta a criação de distinções entre órgãos em hipóteses não contempladas explícita ou implicitamente pela Constituição Federal. Precedente: ADI 291, Rel. Min. Joaquim Barbosa, Plenário, DJe de 10/9/2010. 3. A garantia da inamovibilidade conferida pela Constituição Federal aos magistrados, aos membros do Ministério Público e aos membros da Defensoria Pública (artigos 93, VIII; 95, II; 128, § 5º, b; e 134, parágrafo único) não pode ser estendida aos procuradores de estado. Precedentes: ADI 291, Rel. Min. Joaquim Barbosa, Plenário, DJe de 10/9/2010; ADI 1246, Relator Min. Roberto Barroso, Tribunal Pleno, DJe de 23/5/2019.(...)" (STF. Plenário. ADI 5029, Rel. Luiz Fux, julgado em 15/04/2020).

Compreendida a noção de autonomia técnica, sigamos.

A União atua pela Advocacia Geral da União. A AGU (instituída pela LC nº 73/93) é composta pela **Procuradoria Geral da Fazenda Nacional** (PGFN), cujos membros Procuradores da Fazenda Nacional são responsáveis pela (re)presentação da União em matéria fiscal e tributária, inclusive nas execuções fiscais dos créditos por si inscritos; e pela **Procuradoria Geral da União** (PGU), cujos membros Advogados da União são responsáveis pela (re)presentação judicial da administração direta da União.

Funcionam como carreiras vinculadas à AGU – e, portanto, com regime funcional praticamente idêntico – a **Procuradoria Geral Federal** (PGF – lei nº 10.480/02)[6], cujos membros Procuradores Federais são responsáveis pela (re)presentação da administração indireta de direito público (autarquias e fundações públicas de direito público) da União, inclusive nas execuções fiscais dos créditos por si inscritos; e pela **Procuradoria do Banco Central** (PGBACEN – lei nº 9.650/98), cujos membros Procuradores do Banco Central atuam exclusivamente nas demandas em que o BACEN é parte.

Os Estados e o Distrito Federal possuem, cada um deles, a sua própria carreira de Procurador do Estado. As Procuradorias dos Estados

6. Antes da instalação da Procuradoria-Geral Federal, havia a figura dos Procuradores Autárquicos (como muitas vezes, ainda hoje, são chamados os integrantes da PGF). A respeito de sua atuação em juízo há o enunciado nº 644 da Súmula do STF: "Ao titular do cargo de procurador de autarquia não se exige a apresentação de instrumento de mandato para representá-la em juízo".

são organizadas como órgãos únicos de (re)presentação, cuja divisão interna é definida em suas leis estaduais instituidoras. Em razão do ***princípio da unicidade de representação dos Estados e Distrito Federal***, as autarquias e fundações estaduais receberão assessoramento e (re)presentação das Procuradorias do Estado.

Atente-se que, em razão deste princípio, a **previsão de quadros específicos de Procuradores Autárquicos e Fundacionais, em paralelo à Procuradoria dos Estados, salvo exceções pontuais, é inconstitucional**. Obviamente, em razão da estrutura da Advocacia Pública Federal (=a divisão das carreiras da AGU), conforme tratado acima, a ela não se aplica esta compreensão. Veja-se:

> "Direito Constitucional e Administrativo. Ação direta de inconstitucionalidade. Emenda à Constituição Estadual que cria o cargo de Procurador Autárquico, em estrutura paralela à Procuradoria do Estado. Inconstitucionalidade formal e material. (...) 2. O exercício da atividade de representação judicial e de consultoria jurídica no âmbito dos Estados e do Distrito Federal é de competência exclusiva dos Procuradores do Estado (art. 132, CF/88), sendo vedada a criação de Procuradoria Autárquica para a consultoria e o assessoramento jurídico das autarquias e fundações estaduais. 3. O modelo constitucional da atividade de representação judicial e consultoria jurídica dos Estados exige a unicidade orgânica da advocacia pública estadual, incompatível com a criação de órgãos jurídicos paralelos para o desempenho das mesmas atribuições no âmbito da Administração Pública Direta ou Indireta, com exceção dos seguintes casos: (i) procuradorias jurídicas nas Assembleias Legislativas e Tribunais de Contas para a defesa de sua autonomia e assessoramento jurídico de suas atividades internas (ADI 94, Rel. Min. Gilmar Mendes); (ii) contratação de advogados particulares em casos especiais (Pet 409-AgR, Rel. Min. Celso de Mello); e (iii) consultorias paralelas à advocacia estadual que já exerciam esse papel à época da promulgação da Constituição de 1988 (art. 69 do ADCT). 4. Na linha dos precedentes desta Corte, considero que as universidades estaduais também podem criar e organizar procuradorias jurídicas, em razão de sua autonomia didático-científica, administrativa, financeira e patrimonial (art. 207, caput, CF/88). (...) 6. Procedência do pedido, com a fixação da seguinte tese: "É inconstitucional a criação de Procuradorias Autárquicas no âmbito dos Estados e do Distrito Federal, em razão da violação à unicidade orgânica da advocacia pública estadual""(STF. Plenário. ADI 5215/GO, Rel. Min. Roberto Barroso, julgado em 27 e 28/3/2019)

Por fim, os Municípios guardam situação um tanto específica. **Não há obrigatoriedade de instalação de Procuradorias Municiais.** Em verdade, na maioria deles – especialmente nos Municípios menores – a representação judicial se dá através de escritórios de advocacia contratados mediante procedimento de inexigibilidade de licitação (art. 74, III, "e", da lei nº 14.133/2021).

Nesses casos, há autorização legal expressa para que o Prefeito (re)presente o Município em juízo. Assim, não instalada uma Procuradoria Municipal, cabe ao gestor a contratação de escritórios de advocacia para atuarem na defesa dos interesses da municipalidade, funcionando o Prefeito como (re)presentante para fins legais, podendo receber inclusive as comunicações processuais. Ainda que o Prefeito seja bacharel em Direito, não poderá atuar judicialmente na tutela dos interesses do Município, pois a Lei nº 8.906/94 (Estatuto da OAB), em seu art. 28, I, o torna impedido para o exercício da advocacia em razão do cargo público que ocupa. Assim, caberá ao Prefeito apenas receber citações e intimações quando não houver procuradoria regularmente instalada.

Como exceção à regra anotada acima, a Constituição Estadual pode outorgar ao prefeito legitimidade ativa para propositura de ações de controle concentrado de constitucionalidade perante o Tribunal de Justiça Local. Nessa hipótese, a atuação e, inclusive a assinatura das peças, se dá pelo próprio Prefeito. Todavia, em casos assim, é possível que o Prefeito outorgue poderes para que advogados atuem no feito. **Especialmente quanto à interposição de recursos ao STF, os procuradores públicos poderão manejar Recurso Extraordinário desde que o legitimado os tenha outorgado poderes específicos para isto.** Veja-se:

> "(...) 2. A Constituição Federal, no art. 103, prevê a legitimidade ativa do Chefe do Poder Executivo para propositura de ação de controle concentrado de constitucionalidade. 3. Com base nessa norma, o SUPREMO TRIBUNAL FEDERAL tem jurisprudência no sentido de que os procuradores públicos, ou os advogados contratados pelo ente público, não possuem capacidade para ajuizar ação direta de inconstitucionalidade, nem para interpor recursos, sem a subscrição da pessoa legitimada pela Constituição. 4. Nestes autos, consta documento com manifestação inequívoca do Chefe do Poder Executivo, conferindo poderes específicos ao procurador para instaurar o

> processo de controle normativo abstrato de constitucionalidade, bem como para recorrer das decisões proferidas nos autos. 5. Recusar o Recurso Extraordinário neste contexto seria ceder a excessivo formalismo, o que não se admite, ainda mais se forem levados em conta os relevantes interesses em jogo no processo de controle concentrado de constitucionalidade" (STF. Plenário. RE 1068600 AgR-ED-EDv/RN, Rel. Min. Alexandre de Moraes, julgado em 4/6/2020).

Por outro lado, quando há a instalação de Procuradoria Municipal, aplica-se o tanto quanto dito a respeito das Procuradorias Estaduais. Nesse caso, inclusive, os atos de comunicação dar-se-ão na pessoa do Procurador e não do Prefeito.

Recente alteração legislativa acrescentou mais uma hipótese de (re)presentação dos Municípios em juízo. A lei n° 14.341/2022 passou a regular as Associações de Representação de Municípios. A partir de sua vigência, todas as associações de Municípios deverão se adaptar ao novo estatuto em até 2 (dois) anos (art. 14).

Admite-se que os Municípios se associem **para a realização de objetivos de interesse comum**. A ideia, portanto, é fomentar a cooperação e facilitar a realização de políticas públicas e atividades típicas da municipalidade em diversas áreas de interesse público primeiro ou secundário, **sem caráter econômico**.

Parece muito claro que a iniciativa foca nos Municípios menores, cuja carência de estrutura muitas vezes dificulta a persecução de tais objetivos.

Associando-se entre si, a soma de forças permitirá uma melhor gestão das atividades, visando (art. 1°) a realização de objetivos de interesse comum de caráter: i) *político representativo*; ii) *técnico*; iii) *científico*; iv) *educacional*; v) *cultural* e vi) *social*.

Este rol não é taxativo. Quer dizer: havendo interesse comum em cooperar para a realização de objetivos comuns de interesse público primário ou secundário, sem caráter econômico, passa a ser permitida a criação de *associações de representação de Municípios*.

A lei n° 14.341/2022 elenca os requisitos necessários para a criação de tais entes (art. 2°):

- A entidade deve ser constituída como pessoa jurídica de direito privado (inciso I)[7].

7. O seu estatuto, sob pena de "nulidade", conterá (art. 5°): i) as exigências estabelecidas nos incisos do art. 2º; ii) a denominação, o prazo de duração e a sede da associação; iii) a indicação das finalidades

- Somente pode atuar na defesa de interesses gerais dos Municípios (inciso II)[8].
- É vedada, todavia (art. 4°, incisos I e II): i) a gestão associada de serviços públicos de interesse comum, assim como a realização de atividades e serviços públicos próprios dos seus associados; ii) a atuação político-partidária e religiosa;
- O representante legal da associação deve, necessariamente, ser ou ter sido chefe do Poder Executivo (=Prefeito) de qualquer dos Municípios associados. Além disso, sua atividade **não poderá ser remunerada** (inciso III).
- Em verdade, é vedado (art. 4°, III) o pagamento de qualquer remuneração aos seus dirigentes, salvo o pagamento de verbas de natureza indenizatória estritamente relacionadas ao desempenho das atividades associativas.
- Deve haver **publicidade ativa** na gestão financeira e orçamentária, oferecendo-se à população em geral informações *em sítio eletrônico facilmente acessível por qualquer pessoa.*

---

e atribuições da associação; iv) os requisitos para filiação e exclusão dos Municípios associados; v) a possibilidade de desfiliação dos Municípios a qualquer tempo, sem aplicação de penalidades; vi) os direitos e deveres dos Municípios associados; vii) os critérios para, em assuntos de interesse comum, autorizar a associação a representar os entes da Federação associados perante outras esferas de governo, e a promover, judicial e extrajudicialmente, os interesses dos Municípios associados; viii) o modo de constituição e de funcionamento dos órgãos deliberativos, inclusive a previsão de que a Assembleia Geral é a instância máxima da associação; ix) as normas de convocação e funcionamento da Assembleia Geral, inclusive para elaboração, aprovação e modificação dos estatutos, e para a dissolução da associação; x) a forma de eleição e a duração do mandato do representante legal da associação; xi) as fontes de recursos para sua manutenção; xii) a forma de gestão administrativa; xiii) a forma de prestação de contas anual à Assembleia Geral.

8. O art. 3° da lei elenca em rol exemplificativo como podem atuar as associações para a realização de suas finalidades institucionais. As associações poderão: i) estabelecer suas estruturas orgânicas internas; ii) promover o intercâmbio de informações sobre temas de interesse local; iii) desenvolver projetos relacionados a questões de competência municipal, como os relacionados à educação, ao esporte e à cultura; iv) manifestar-se em processos legislativos em que se discutam temas de interesse dos Municípios filiados; v) postular em juízo, em ações individuais ou coletivas, na defesa de interesse dos Municípios filiados, na qualidade de parte, terceiro interessado ou **amicus curiae**, quando receberem autorização individual expressa e específica do chefe do Poder Executivo; vi) atuar na defesa dos interesses gerais dos Municípios filiados perante os Poderes Executivos da União, dos Estados e do Distrito Federal; vii) apoiar a defesa dos interesses comuns dos Municípios filiados em processos administrativos que tramitem perante os Tribunais de Contas e órgãos do Ministério Público; viii) representar os Municípios filiados perante instâncias privadas; ix) constituir programas de assessoramento e assistência para os Municípios filiados, quando relativos a assuntos de interesse comum; x) organizar e participar de reuniões, congressos, seminários e eventos; xi) divulgar publicações e documentos em matéria de sua competência; xii) conveniar-se com entidades de caráter internacional, nacional, regional ou local que atuem em assuntos de interesse comum; xiii) exercer outras funções que contribuam com a execução de seus fins.

- É obrigatória: i) a publicação de relatórios financeiros anuais e dos valores de contribuições pagas pelos Municípios (inciso IV); ii) a disponibilização de todas as receitas e despesas da associação, inclusive da folha de pagamento de pessoal, bem como de termos de cooperação, contratos, convênios e quaisquer ajustes com entidades públicas ou privadas, associações nacionais e organismos internacionais, firmados no desenvolvimento de suas finalidades institucionais (inciso V)[9].
- Em verdade, a lei impõe (art. 10) que as associações assegurem *o direito fundamental à informação* sobre suas atividades, nos termos da Lei nº 12.527/2011 (Lei de Acesso à Informação). Não há falar aqui da previsão de um *novo* direito fundamental. Trata-se de um desdobramento específico do direito fundamental à informação, que deve ser respeitado pelas associações de representação dos Municípios.

Há alguns pontos relevantes que ainda precisam ser anotados.

Primeiro, apesar de se estruturarem como pessoas jurídicas de direito privado, o art. 6° da lei n° 14.341/2022 prevê que a seleção de pessoal e contratação de bens e serviços deve se dar por procedimento simplificado a ser regido por regulamento próprio, observados os princípios da legalidade, igualdade, impessoalidade, moralidade, publicidade, economicidade e eficiência.

Após o processo seletivo, **a contratação de pessoal será sob o regime celetista**.

Veda-se a contratação, como empregado, fornecedor de bens ou prestador de serviços mediante contrato, de pessoas naturais quem exerçam ou tenham exercido nos últimos 6 (seis) meses o cargo de chefe do Poder Executivo, cargo de Secretário Municipal ou de membro do Poder Legislativo, bem como de seus cônjuges ou parentes até o terceiro grau. Esta vedação se estende a sociedades empresárias de que sejam sócias estas pessoas.

---

9. O art. 7° da lei prevê que as associações serão mantidas por contribuição financeira dos próprios Municípios associados, observados os créditos orçamentários específicos, além de outros recursos previstos em estatuto. O pagamento das contribuições e os repasses de valores às associações, a qualquer título, deverão estar previstos na lei orçamentária anual do Município filiado (§1°). Além disso, as associações prestarão contas anuais à Assembleia Geral, na forma prevista em estatuto, sem prejuízo da publicação de seus relatórios financeiros e dos valores de contribuições pagas pelos Municípios em sítio eletrônico facilmente acessível por qualquer pessoa (§2°).

Sigamos.

Como se disse, serão os entes Municipais que se associarão para a consecução de interesse geral. A própria lei dispõe exemplificadamente, a respeito das atividades que podem ser desenvolvidas. Dessa maneira, não é de estranhar que surjam associações com objetos distintos e específicos, congregando Municípios para atuação cooperativa em diversas áreas. **Admite-se, por isso, que um ente se filie a mais de uma associação.**

O art. 8° dispõe que a filiação ou a desfiliação do Município das associações ocorrerá por ato discricionário do chefe do Poder Executivo, independentemente de autorização em lei específica.

Em vista que uma das principais fontes de recursos das associações será a contribuição dos associados e que este valor impactará no orçamento público, impõe-se que se dê publicidade ao ato de filiação e ao respectivo valor de contribuição. O termo de filiação do Município deverá indicar o seu valor vigente e a forma de pagamento, produzindo efeitos apenas a partir da sua publicação na imprensa oficial do Município.

Uma vez filiado, o Município poderá pedir sua desfiliação da associação a qualquer momento, mediante comunicação escrita do chefe do Poder Executivo, a qual produzirá efeitos imediatos. Assim, **filiação e desfiliação se dão por ato discricionário.**

É possível também que o Município seja excluído da associação por inadimplência de suas obrigações financeiras. Nesse caso, o art. 9° impõe que previamente à exclusão haja suspensão de 1 (um) ano. Para que se realize a exclusão, deve ser instaurado procedimento que assegure direito de defesa e de recurso, nos termos previstos no estatuto (previsão idêntica à do art. 57 do Código Civil).

A lei exige a presença de **justa causa** para a exclusão. O inadimplemento das obrigações financeiras do Município perante a associação é apenas uma das hipóteses que justificam. Admite-se, portanto, que previsão estatutária preveja outras hipóteses de exclusão ou que o desrespeito a suas disposições possa configurar – após o respectivo procedimento em contraditório – a exclusão do associado. O ente que se associa deve, obviamente, respeitar as disposições estatutárias; o desrespeito pode configurar justa causa para sua exclusão.

Quanto à própria associação, poderá ser compulsoriamente dissolvida ou ter suas atividades suspensas por decisão judicial. Para a dissolução, todavia, exige-se o trânsito em julgado (art. 11). A mera suspensão das atividades pode se dar por decisão judicial provisória.

Por último – e mais importante – as associações de representação de Municípios **poderão (re)presentar em juízo, ativa e passivamente, os entes associados**. Sendo esta uma das **finalidades específicas** da associação, **poderá postular em juízo, em ações individuais ou coletivas, na defesa de interesse dos Municípios filiados, na qualidade de parte, terceiro interessado ou** *amicus curiae*.

Para que esta (re)presentação seja legítima, impõe-se alguns requisitos:

- Pode se dar apenas **em assuntos de interesse comum** (art. 5°, VII, da lei n° 14.341/2022 c/c art. 75, §5°, do CPC);
- Deve haver **previsão estatutária** dos critérios para autorizar esta representação (art. 5°, VII, da lei n° 14.341/2022);
- Exige-se **autorização individual e expressa específica** do Chefe do Poder Executivo do ente filiado (art. 3°, V, da lei n° 14.341/2022 c/c art. 75, III e §5°, do CPC).

Esta autorização **deverá indicar especificamente o direito ou a obrigação a ser objeto de medidas judiciais** (art. 75, §5°, do CPC).

A previsão legislativa não deixa clara a abrangência que pode tomar esta (re)epresentação em juízo. Parece-nos, em uma primeira leitura, que o legislador pretendeu **estender às associações de representação de Municípios um regime semelhante ao das associações civis**, que atuam em juízo na defesa dos interesses de seus associados. Não há, ainda – em razão mesmo de se tratar de novidade legislativa – precedentes específicos sobre esta atuação, conforme regulada pela lei n° 14.341/2022. Entendemos que não se pode, aqui, impor limites mais restritos que aqueles impostos às demais associações.

Inclusive, o art. 12 da lei n° 14.341/2022, traz previsão que corrobora com esta percepção. É que **as associações de representação de Municípios não gozarão das prerrogativas de direito material e de direito processual asseguradas aos próprios Municípios**. Em outros termos, **as prerrogativas da Fazenda Pública em juízo não são extensíveis às associações**. Como prevê o art. 2°, I, da lei, estamos diante de *pessoa jurídica de direito privado*, cuja especificidade está em seus associados, entes federativos em nível municipal. Assim, reforça-se a perspectiva de que a sua atuação em juízo deve seguir o mesmo regime das demais associações civis.

De suma importância conhecer esta novidade legislativa.

Veja-se, no sentido do que colocamos até aqui, o art. 75 do Código de Processo Civil:

> *Art. 75. Serão representados em juízo, ativa e passivamente:*
>
> *I - a União, pela Advocacia-Geral da União, diretamente ou mediante órgão vinculado;*
>
> *II - o Estado e o Distrito Federal, por seus procuradores;*
>
> *III - o Município, por seu prefeito, procurador ou Associação de Representação de Municípios, quando expressamente autorizada;*
>
> *IV - a autarquia e a fundação de direito público, por quem a lei do ente federado designar;* (...)

Todos os membros das carreiras da Advocacia Pública federal, estadual, distrital e municipal são admitidos mediante **concurso público de provas e títulos**. Esta lição, atente-se, não se aplica aos advogados membros dos escritórios de advocacia contratados pelos Municípios e também aos contratados pelas associações de representação de Municípios.

Por fim, as sociedades de economia mista e as empresas públicas que atuam em regime de direito público, ou seja, como Fazenda Pública em juízo, possuem também seus quadros próprios de advogados, admitidos mediante concurso público.

3.1. A posição constitucional da advocacia pública

A Advocacia Pública foi erguida pela Constituição da República de 1988 à posição de função essencial à justiça, ao lado do Judiciário, do Ministério Público, da Defensoria Pública e da própria advocacia privada.

Parafraseando o art. 131 da CR, a Advocacia-Geral da União é a instituição que, diretamente (PGFN e PGU) ou através de órgão vinculado (PGF e PGBACEN), ***representa a União, judicial e extrajudicialmente***, cabendo-lhe, nos termos da lei complementar que dispuser sobre sua organização e funcionamento (LC nº 73/93), as ***atividades de consultoria e assessoramento jurídico do Poder Executivo.***

A chefia das quatro carreiras da Advocacia Pública federal é unificada na pessoa do *Advogado-Geral da União*, de **livre nomeação do Presidente da República**, dentre cidadãos **maiores de 35 (trinta e cinco) anos**, de **notável saber jurídico** e **reputação ilibada** (art. 131, §1º). Assim, o cargo máximo da AGU **pode ser ocupado por advogado que não faça parte dos quadros da instituição**, possuindo *status* de Ministro.

O ingresso como membro da AGU se dá apenas através de **concurso público de provas e títulos** (art. 131, §2º).

A EC nº 19/98 alterou o art. 132 da CR para prever que a **representação judicial e a consultoria jurídica dos Estados e do DF** serão feitas pelos *Procuradores dos Estados e do Distrito Federal, organizados em carreira, na qual o ingresso dependerá de concurso público de provas e títulos, com a participação da Ordem dos Advogados do Brasil em todas as suas fases.*

Esta representação judicial e consultoria jurídica atribuída às PGEs abrange os componentes da **Administração Pública Direta, autárquica e fundacional** de direito público. É o que se chama de ***princípio da unicidade da representação.***

É preciso atentar a uma notável diferença na previsão constitucional da AGU e das Procuradorias dos Estados e do DF. Observe que, segundo a Constituição, cabe à AGU a **representação judicial e extrajudicial da União**, além das atividades de **consultoria e assessoramento jurídico** do Poder Executivo.

Por outro lado, cabe às Procuradorias Estaduais e do DF a **representação judicial** e a **consultoria jurídica** dos entes aos quais (re)presentam. Eis o importantíssimo princípio da unicidade de representação dos Estados e do DF.

Nesse sentido, é **inconstitucional lei que venha a criar cargo comissionado de *consultoria jurídica***, pois atividade privativa dos advogados públicos membros das carreiras públicas (STF, ADI 4261/RO). Da mesma forma, **servidor de autarquia que não exerça a função de Procurador não poderá atuar na representação judicial da entidade**, ainda que, internamente, possa exercer atividades jurídicas sob supervisão de Procurador[10].

10. Norma que preveja representação judicial por servidor que não seja Procurador é inconstitucional por **ferimento ao princípio da unicidade da representação judicial**. Veja-se: "(...)1. A atividade

Todavia, a representação judicial e consultoria jurídica das PGEs **não inclui atuação perante as sociedades de economia mista e empresas públicas** vinculadas ao respectivo ente, cuja personalidade jurídica é de Direito Privado. Lei estadual prevendo tal atribuição foi considerada inconstitucional. Veja-se:

> "(..) 1. O art. 132 da Constituição Federal confere às Procuradorias dos Estados atribuições para as atividades de consultoria jurídica e representação judicial das respectivas unidades federadas, aí se compreendendo apenas a administração pública direta, autárquica e fundacional. 2. A atuação de órgãos da Advocacia Pública em prol de empresas públicas e sociedades de economia mista, além de descaracterizar o perfil constitucional atribuído às Procuradorias dos Estados, implicaria favorecimento indevido a entidades que não gozam do regime jurídico de Fazenda Pública, em afronta ao princípio constitucional da isonomia. 3. Ação direta julgada procedente" (STF. Plenário. ADI 3536/SC, Rel. Min. Alexandre de Moraes, julgado em 2/10/2019).

Ainda no tema, o STF, no julgamento da ADI 5262/RR (Plenário, Rel. Min. Cármen Lúcia, julgado em 28/3/2019) anotou três relevantes pontos:

- **Emenda constitucional estadual de iniciativa parlamentar não pode tratar do regime jurídico da Procuradoria do Estado, pois se trata de competência do Chefe do Poder**

---

jurídica contenciosa ou consultiva das autarquias cabe exclusivamente a pessoas pertencentes aos quadros das respectivas procuradorias-gerais estaduais, salvo nos casos de (i) manutenção dos órgãos de consultoria jurídica já existentes na data da promulgação da Constituição Federal de 1988 (art. 69, ADCT); (ii) "ocorrência de situações em que o Poder Legislativo necessite praticar em juízo, em nome próprio, uma série de atos processuais na defesa de sua autonomia e independência frente aos demais Poderes, nada impedindo que assim o faça por meio de um setor pertencente a sua estrutura administrativa, também responsável pela consultoria e assessoramento jurídico de seus demais órgãos." (ADI 1557, Rel. Min. Ellen Gracie, Plenário, DJ de 15/4/2004); e (iii) concessão de mandato ad judicia a advogados para causas especiais (Pet 409-AgR, Rel. para o acórdão Min. Sepúlveda Pertence, Plenário, DJ de 29/6/1990). Precedentes" (STF. Plenário. ADI 5109/ES, Rel. Min. Luiz Fux, julgado em 13/12/2018).

Em sede de Embargos de Declaração, foram esclarecidos os seguintes pontos: "(...) 3. In casu, as atribuições jurídicas consultivas dos ocupantes do cargo de Técnico Superior - Formação Direito do Departamento Estadual de Trânsito do Estado do Espírito Santo – DETRAN/ES, mercê de terem sido devidamente aprovados em concurso público há cerca de vinte anos, devem ser exercidas sob supervisão de Procurador do Estado do Espírito Santo, máxime por ser esta a interpretação que melhor prestigia o artigo 132 da Constituição Federal e a jurisprudência desta Corte. (...)" (STF. Plenário. ADI 5109 ED-segundos/ES, Rel. Min. Luiz Fux, julgado em 4/6/2020).

Executivo (não existe tal limitação para emendas às Constituição Federal);

- Por violar o princípio da unicidade de representação, **a Constituição Estadual não pode restringir a atuação de representação judicial e consultoria jurídica da PGE ao Poder Executivo, deixando às autarquias e fundações públicas de direito público a consultoria e representação por profissionais do corpo jurídico das entidades**;
- **É possível, todavia, criação de Procuradoria específica para Universidade Pública Estadual, em razão da *autonomia universitária*** constitucionalmente consagrada.

A CR assegura aos Procuradores do Estado também (já que não são regidos pela lei nº 8.112/90, que institui o regime jurídico dos servidores da União, suas autarquias e fundações públicas) a *estabilidade após três anos de efetivo exercício, mediante avaliação de desempenho perante os órgãos próprios, após relatório circunstanciado das corregedorias* (art. 132, p.ú).

Ingressando em suas respectivas carreiras através de **concurso público**, os Advogados Públicos **não precisam juntar ao processo *procuração*, uma vez que seus poderes de representação decorrem da lei**. No caso dos municípios, a regra se aplica apenas para os procuradores municipais que façam parte do quadro de servidores do ente. Quando houver a contratação de escritório de advocacia, haverá necessidade de juntar instrumento de procuração aos autos.

A Constituição não faz menção à Advocacia Pública em âmbito municipal, embora esteja em tramitação no Congresso Nacional projeto de Emenda Constitucional nesse sentido.

3.2. Procuradores dos órgãos legislativos e dos tribunais de contas

Algumas Constituições Estaduais dispõem a respeito de carreiras específicas de Procuradores das Câmaras Legislativas e dos Tribunais de Contas Estaduais. Da mesma forma, Lei Orgânica de Município pode prever uma carreira de Procurador da Câmara de Vereadores. Estamos diante, aqui, de uma *exceção* ao princípio da unicidade de representação.

Admite-se, assim, **a previsão de procuradorias jurídicas nas Assembleias Legislativas e Tribunais de Contas, cuja atuação será limitada à defesa em juízo das funções, prerrogativas e autonomia institucional do órgão e ao assessoramento jurídico de suas atividades internas.**

Sendo o caso, deve-se respeitar **a regra de acesso a tais carreiras através de concurso público.** Não é permitido – face à previsão do art. 132 da CR – que o assessoramento jurídico de órgãos do Estado seja prestado por ocupantes de cargo em comissão.

Assim, nos Estados, DF e Municípios, duas situações podem se desenhar: a própria Procuradoria do Estado fará a consultoria, o assessoramento jurídico e a representação judicial do órgão legislativo e do Tribunal de Contas; ou haverá previsão constitucional de carreira específica para desenvolver tais atividades.

Apesar de o tema estar bastante solidificado na jurisprudência atualmente, deve-se atentar a uma especificidade: a Assembleia Legislativa e o Tribunal de Contas são órgão do Estado, não possuindo personalidade jurídica. Portanto, em tese, a sua representação judicial e o assessoramento jurídico caberiam às Procuradorias dos Estados. O mesmo se aplica à Câmara de Vereadores, órgão municipal.

Todavia, estamos diante de órgãos cuja importância na estrutura federativa é destacada. São os chamados órgãos autônomos. Muitas vezes sua atuação se dá em face de imbróglios constitucionais, podendo-se falar, inclusive, de conflito entre os interesses desses órgãos e do ente político do qual fazem parte. Nesse sentido, a eles é reconhecida a *capacidade judiciária*. Impõe-se **duas condições**: i) que tais órgãos **possuam *status constitucional***; ii) que estejam em juízo para **proteção de suas funções e *prerrogativas institucionais***[11].

Nesse sentido, há o enunciado nº 525 da Súmula do STJ: "A Câmara de Vereadores não possui personalidade jurídica, apenas personalidade judiciária, somente podendo demandar em juízo para defender os seus direitos institucionais".

Para situações assim, a previsão de uma carreira específica de assessoramento jurídico e representação judicial é indispensável. É bastante comum, inclusive, a impetração de Mandando de Seguran-

11. RODRIGUES, Marco Antonio. *A Fazenda Pública no Processo Civil*. São Paulo: Atlas, 2016, 50.

ça contra ato do Executivo que atinja prerrogativa institucional do órgão legislativo.

O tema tem desdobramentos práticos que muitas vezes levam à confusão quanto à legitimidade para figurar em juízo, se do próprio Estado ou Município (pessoa jurídica de direito público interno) ou de seus órgãos.

Por exemplo, o Supremo Tribunal Federal já se manifestou (ADI 4070/RO) no sentido de que **não cabe à Procuradoria do TCE a execução das multas impostas pelo tribunal**. Caberá então à Procuradoria do Estado fazê-lo, em vista que a titularidade do crédito perseguido é do próprio ente político.

Por outro lado, o Superior Tribunal de Justiça decidiu (Resp. 1.164.017/PI) que a Câmara de Vereadores **não possui legitimidade para propor ação discutindo a incidência de contribuição previdenciária sobre a remuneração paga aos vereadores**, pois não se trata de demanda cujo objeto é a proteção de prerrogativa institucional do órgão legislativo.

PRERROGATIVAS DA FAZENDA PÚBLICA EM JUÍZO

1. GENERALIDADES

É preciso perquirir a razão de a Fazenda Pública ter, em certas situações, tratamento diferenciado quando atua em juízo.

O *tratamento diferenciado* de um sujeito perante os demais pode ser de duas espécies:

- **Prerrogativas**: quando há elementos de diferenciação razoáveis, que tornam o tratamento diferenciado legítimo, justo e adequado. As prerrogativas reequilibram a participação dos sujeitos em uma determinada relação, reforçando a isonomia.
- **Privilégios**: quando não há elementos de diferenciação razoáveis, tornando o tratamento diferenciado ilegítimo, injusto e inadequado. Os privilégios desequilibram a participação dos sujeitos em uma determinada relação, quebrando a isonomia.

Muito se discute a respeito de se a Fazenda Pública é titular de *prerrogativas* ou de *privilégios*. Esta obra adota a posição majoritária, de que **a Fazenda Pública titulariza *prerrogativas* quando atua em juízo**.

Uma nota: as *prerrogativas* não são dos procuradores e advogados públicos, não são dos governos. As prerrogativas são dos próprios entes incumbidos da tutela da *res publica*.

2. FUNDAMENTOS JUSTIFICADORES

O principal fundamento justificador das prerrogativas da Fazenda Pública em juízo é o princípio da isonomia. Como norma-princípio, a isonomia serve à concretização de regras que reforçam a paridade de armas no processo, dando aos litigantes a possibilidade de exercerem mesmo grau de influência na formação da decisão judicial.

O art. 7º do CPC reforça a igualdade no processo, ao assegurar paridade de tratamento (igualdade formal) e determinar que o juiz reequilibre as partes que se encontrem em desequilíbrio (igualdade substancial).

No que refere à ***igualdade formal***, verifica-se que as partes têm direito ao mesmo tratamento em relação ao exercício de direitos e faculdades processuais, aos meios de defesa, aos ônus, aos deveres e à aplicação de sanções processuais.

No aspecto da ***igualdade material***, consagra-se a noção Aristotélica de *tratar igualmente os iguais e desigualmente os desiguais na exata medida de suas desigualdades.*

A Fazenda Pública, em razão do tamanho e complexidade de sua estrutura administrativa e das amarras legais que lhe são impostas, não dispõe da mesma liberdade de atuação do particular. Somem-se a isso as dificuldades estruturais, que muitas vezes sobrecarregam os advogados públicos com volumes excessivos de demandas sem oferecer o apoio necessário à realização de suas atividades.

Assim, é comum que na estrutura administrativa a prática dos atos leve mais tempo se comparada à tomada de decisões e prática de atos por particulares, especialmente quando a representação judicial depende da análise de questões fáticas, obtidas através de comunicação oficial entre os diversos órgãos que compõem a Administração Pública.

Por isso, justificam-se tratamentos processuais diferenciados à Fazenda Pública no que tange às comunicações processuais, aos prazos mais dilatados, etc. Todas as prerrogativas possuem fundamento, pois, no *princípio da igualdade*. O legislador, identificando a necessidade de preservar a igualdade material, prevê desde logo fontes formais nesse sentido.

Há outro fundamento relevante para que se considerem constitucionais as prerrogativas instituídas ao favor da Fazenda Pública em juízo: a tutela do interesse público.

A própria ideia de supremacia do interesse serve para embasar a necessidade de dar maior proteção à tutela jurídica dos interesses da Fazenda Pública que, ao fim e ao cabo, refletem os interesses de toda sociedade. Trata-se de reforçar as posições que o Poder Público dispõe na tutela dos interesses de toda coletividade.

Ao se deparar com uma norma que institua tratamento diferenciado, o intérprete deve se fazer exatamente este questionamento: *este tratamento especial é razoável? Há elementos que diferenciem a atuação da Fazenda Pública em juízo* (=fatores de discriminação) *suficientes para justificar o benefício? Há reforço ou maior proteção na tutela do interesse público?*

Se a resposta for positiva, estaremos diante de prerrogativa. Se negativa, haverá privilégio ilegítimo.

3. PRAZOS

As partes e os demais sujeitos do processo se manifestam através da prática de atos processuais. Boa parte destes atos apresenta um *prazo*, ou seja, um **interregno ou período de tempo em que será possível praticar o ato**. A necessidade de imposição de prazos decorre da própria natureza do processo como procedimento em contraditório destinado à solução de um conflito. O processo deve *caminhar para frente*, ser impulsionado ao seu fim.

A previsão dos prazos admite algumas classificações:

- Quanto à fonte da previsão: o prazo pode ser: i) **legal**, quando previsto em lei; ii) **judicial**, quando definido pelo próprio magistrado; iii) **convencional**, quando definido em negócio processual.
- Quanto à ocorrência de preclusão: i) **próprio** ou **preclusivo** é o prazo que uma vez ultrapassado gera a preclusão para a prática do ato; ii) **impróprio** é o prazo que a sua superação não gera qualquer efeito processual, podendo o ato ser praticado mesmo depois de superado o interregno.

A chamada ***preclusão temporal*** se verifica quando o decurso do prazo gera a perda da faculdade ou poder de agir. É o que ocorre, por exemplo, quando a parte perde o prazo de um recurso. Ultrapassado o prazo para a prática do ato, não poderá mais fazê-lo (art. 223 do CPC).

- Quanto à sua natureza: i) **dilatórios**, quando se admite a dilação do prazo, sua alteração para aumentar ou reduzir; ii) **peremptórios**, quando o prazo não admitir alteração.

O art. 218 do CPC nos traz uma regra: **os prazos serão prescritos em lei**. Todavia quando a lei for omissa, **o juiz determinará os prazos** levando em conta a complexidade do ato. Caso a lei seja omissa e o juiz não o determine: i) a *intimação* somente obriga ao comparecimento 48h depois de efetivada; ii) em se tratando da prática de ato processual pela parte, **o prazo será de 5 (cinco) dias**.

3.1. Forma de contagem dos prazos processuais

Os prazos processuais são contados em dias úteis (art. 219 do CPC). Esta é a regra para os prazos em dias. É possível que haja estabelecimento de prazo em horas no processo. No caso, contam-se as horas de forma corrida. O mesmo com os prazos em meses.

Esta regra se aplica a *todos* os prazos processuais cíveis. Independentemente de o procedimento estar codificado ou não, contam-se os prazos em dias úteis.

Nesse sentido, dois importantes Enunciados das Jornadas de Direito Processual Civil do CJF:

- Enunciado n° 19: "O prazo em dias úteis previsto no art. 219 do CPC aplica-se também aos procedimentos regidos pelas Leis n. 9.099/1995, 10.259/2001 e 12.153/2009".
- Enunciado n° 20: "Aplica-se o art. 219 do CPC na contagem do prazo para a oposição de embargos à execução fiscal previsto no art. 16 da Lei n. 6.830/1980".

Os prazos processuais são contados excluindo o dia do começo e incluindo o dia do vencimento, salvo disposição em contrário ou quando se tratar de prazo em horas (art. 224).

3.2. Suspensão dos prazos processuais

Suspensão é uma situação diferente da *interrupção*. Na **suspensão**, o prazo para de correr e depois, quando cessa a causa de suspensão, continua pelo tempo que faltava. Por exemplo, se um prazo de 15 dias é suspenso no décimo dia, cessando a causa de suspensão, voltará a correr por mais 5 dias. Na **interrupção**, por outro lado, o prazo para de correr e depois, quando cessa a causa de interrupção, é reiniciado. Por exemplo, se um prazo de 15 dias é interrompido no décimo dia, cessando a causa de interrupção, voltará a correr do zero, restituindo-se o prazo integral de 15 dias.

Vamos tratar aqui de uma específica hipótese de suspensão dos prazos.

O novo CPC estabelece uma ***suspensão legal dos prazos processuais*** **entre os dias 20 de dezembro e 20 de janeiro do ano subsequente** (art. 220, *caput*). Não se suspende o processo, mas apenas os prazos processuais. Obviamente, esta suspensão impacta em todos aqueles que atuam perante o sistema de justiça, inclusive a advocacia pública.

Nesse sentido, o Enunciado n° 21 da I Jornada de Direito Processual Civil do CJF: "A suspensão dos prazos processuais prevista no caput do art. 220 do CPC estende-se ao Ministério Público, à Defensoria Pública e à Advocacia Pública".

Ainda, o enunciado n° 32 do Fórum Nacional do Poder Público: "A suspensão dos prazos processuais do período de 20 de dezembro a 20 de janeiro aplica-se à advocacia pública, sem prejuízo das demais atribuições administrativas do órgão".

Durante este período as atividades do Judiciário seguem normalmente, com exceção das audiências e sessões de julgamento, que também não se realizarão (art. 220, §2°).

A suspensão legal dos prazos não implica *férias* dos membros do Poder Judiciário, do Ministério Público, da Defensoria Pública, da Advocacia Pública e dos demais entes que perante ele atuam. Para reforçar a continuidade dos trabalhos, o §1° do art. 220, do CPC, dispõe:

> Art. 220, § 1º. Ressalvadas as férias individuais e os feriados instituídos por lei, os juízes, os membros do Ministério Público, da Defensoria Pública e da Advocacia Pública e os auxiliares da Justiça exercerão suas atribuições durante o período previsto no caput.

Quanto às hipóteses de suspensão do processo tem-se o seguinte: **sempre que o processo estiver suspenso nos termos do art. 313, do CPC, os prazos processuais também estar**ão suspensos. O contrário não é verdade, pois é possível que os prazos estejam suspensos, mas o processo não esteja. É o que ocorre na suspensão de 20 de dezembro a 20 de janeiro regulada no art. 220.

Assim, nada obstante não corram os prazos – inclusive para a Fazenda Pública – os atos processuais podem ser praticados normalmente nesse período.

3.3. Prazos diferenciados para a Fazenda Pública

A Fazenda Pública dispõe de prazo em dobro para todas as suas manifestações no processo, seja como parte ou interveniente. Tal prerrogativa é também do Ministério Público e da Defensoria Pública. Quanto à Fazenda Pública em juízo, dispõe o art. 183, *caput*, do CPC:

> Art. 183. A União, os Estados, o Distrito Federal, os Municípios e suas respectivas autarquias e fundações de direito público gozarão de prazo em dobro para todas as suas manifestações processuais, cuja contagem terá início a partir da intimação pessoal.

Assim, **como regra**, sempre que houver a previsão legal de prazo para a prática de qualquer ato, contar-se-á em dobro para a Fazenda Pública. "A regra aplica-se a qualquer procedimento, seja comum, seja especial (...)"[1], em autos físicos ou eletrônicos[2].

É esta a regra geral, abarcando inclusive o prazo genérico de 5 dias previsto no art. 218, §3° do CPC. Há diversas exceções, todavia.

3.3.1. *Exceções no próprio CPC*

A mais relevante das exceções ao benefício de prazo em dobro está prevista no §2° do art. 183 do CPC:

> Art. 183. § 2º Não se aplica o benefício da contagem em dobro quando a lei estabelecer, de forma expressa, prazo próprio para o ente público.

Assim, **quando a lei fizer referência a um prazo específico, aplicável apenas à Fazenda Pública, não há falar em dobra**. É o que se dá, por exemplo, nos artigos 535 (impugnação ao cumprimento de sentença contra a Fazenda Pública) e 910 (embargos à execução contra a Fazenda Pública), ambos do CPC.

Outra exceção são os **prazos *judiciais* abertos particularmente à Fazenda Pública**. Quando o magistrado estabelece prazo específico para a prática de um ato pela Fazenda Pública, não há falar em contagem dobrada.

Atente-se a um detalhe: **se o prazo judicial for comum ao particular e à Fazenda Pública, aplica-se a dobra**[3]. É nesse sentido,

---

1. CUNHA, Leonardo Carneiro da. *A Fazenda Pública em juízo*. Rio de Janeiro: Forense, 2016, p. 43.
2. Nesse sentido, o Enunciado n° 400 do FPPC: "O art. 183 se aplica aos processos que tramitam em autos eletrônicos".

   Ainda, o enunciado n° 31 do Fórum Nacional do Poder Público: "A contagem dos prazos processuais em dias úteis se aplica aos processos judiciais regulados em legislação extravagante, inclusive juizados especiais, salvo disposição legal em sentido contrário".
3. ARAÚJO, José Henrique Mouta; PEIXOTO, Marco Aurélio Ventura. *Poder Público em Juízo*. Salvador: Juspodivm, 2018, p. 24.

o Enunciado n° 53 do Fórum Nacional do Poder Público: "Os prazos comuns fixados pelo juiz devem ser contados em dobro para a fazenda pública".

Ainda, **a prerrogativa de prazo em dobro não se soma ao prazo em dobro previsto no art. 229 do CPC**. Em outros termos, não haverá prazo quadruplicado na hipótese de o ente fazendário figurar no processo em litisconsórcio com particular ou mesmo com outro ente público. "As regras dos artigos 183 e 229 não são aplicáveis cumulativamente"[4].

3.3.1.1. Prazo para propositura da Ação Rescisória

A proteção à coisa julgada é fundamental a uma ordem jurídica que dê segurança ao cidadão. Por isso, a coisa julgada é protegida constitucionalmente (art. 5°, XXXVI da CRFB). Todavia, há situações que, em virtude de sua gravidade, justificam a *relativização* da proteção dada à coisa julgada, permitindo sua revisão.

Há uma **ação originária dos tribunais** vocacionada exatamente a desconstituir a coisa julgada e permitir uma nova decisão a respeito da causa. Trata-se da *ação rescisória*, uma **ação autônoma de impugnação** regulada pelos arts. 966 a 975 do CPC.

A ação rescisória deverá ser proposta no **prazo de 2 anos** contados do trânsito em julgado da decisão rescindenda (art. 975 do CPC). Trata-se de **prazo material** de natureza **decadencial**. Assim: i) conta-se em dias corridos e ii) uma vez superado, extingue-se o próprio direito à rescisão.

Em razão de sua natureza material e decadencial, **o prazo para propositura de ação rescisória pelo poder público não é contado em dobro**.

Aqui, importante uma nota: há um específico prazo diferenciado para propositura de Ação Rescisória. Trata-se do art. 8°-C, da Lei n° 6.739/79, onde é previsto o prazo de **8 anos** para a rescisória de decisão relativa à transferência de terras públicas rurais. Trata-se do caso de grilagem, problema sério no Brasil e que mereceu uma atenção especial do legislador, mormente em razão da enorme dificuldade de produção de prova apta a embasar tais demandas.

4. BARROS, Guilherme Freire de Melo. *Poder Público em Juízo para concursos*. Salvador: Juspodivm, 2019, p. 44.

Sigamos.

Há previsão de prazo diferenciado para contestar a demanda rescisória. O prazo para apresentação da peça de defesa é específico, não incidindo o prazo geral de 15 dias. Nos termos do art. 970, do CPC:

> Art. 970. O relator ordenará a citação do réu, designando-lhe prazo nunca inferior a 15 (quinze) dias nem superior a 30 (trinta) dias para, querendo, apresentar resposta, ao fim do qual, com ou sem contestação, observar-se-á, no que couber, o procedimento comum.

O prazo, pois, será fixado judicialmente, dentro das balizas apresentadas no dispositivo acima colacionado. **Incide aqui o *prazo em dobro* para a Fazenda Pública** (art. 183) e para litisconsortes com procuradores de diferentes escritórios de advocacia (art. 229). O prazo de resposta, nesses casos, será fixado entre 30 e 60 dias.

3.3.2. Exceções em legislação esparsa e consagradas pela jurisprudência

Outras exceções merecem nota, não sendo contados em dobro os prazos da Fazenda Pública:

- Por expressa previsão legal, nos **Juizados Especiais Federais** (art. 9° da lei n° 10.259/01) e nos **Juizados Especiais da Fazenda Pública** (art. 7° da lei n° 12.153/09);
- Por expressa previsão legal, o prazo para contestar ação popular é de 20 dias, prorrogável por mais 20, a requerimento da parte (art. 7°, inciso IV, da lei n° 4.717/65). Há regra específica, inclusive, de dilatação do prazo, afastando a incidência do art. 183 do CPC;
- Por entendimento firmado pelo STF na ADI 2130 AgR, os prazos para a Fazenda Pública **são simples nas ações de controle concentrado e abstrato de constitucionalidade** (ADIn, ADC e ADPF). O Entendimento foi reiterado, por exemplo, na ADI 5814 MC-AgR-AgR.

Excepcionalmente, aplica-se a prerrogativa de prazo em dobro para a interposição do Recurso Extraordinário em ADIs estaduais (ARE 661.288);

- Por entendimento firmado pelo STJ (Ag 297.723), os Estados estrangeiros não gozam de prazo em dobro quando atuam perante a Justiça brasileira;

- O prazo previsto no art. 7°, inciso I, da lei n° 12.106/09 (Lei do Mandado de Segurança) **para que a autoridade coatora apresente suas *informações* é de 10 dias e não será contado em dobro.**

Para aqueles que defendem que se trata de manifestação da Fazenda Pública, trata-se de prazo específico e, portanto, atrai a incidência do art. 183, §2° do CPC. Para aqueles que entendem se tratar de manifestação de particular (a autoridade não seria propriamente Poder Público em juízo), não há falar em aplicação da prerrogativa.

4. COMUNICAÇÃO DOS ATOS PROCESSUAIS

O processo se organiza como uma sequência de atos praticados por todos os sujeitos que fazem parte desta relação jurídica complexa. A *comunicação* dos atos é de suma importância para que os sujeitos saibam como e quando devem agir. O CPC destina tratamento específico à citação e à intimação.

Vejamos cada um destes institutos.

4.1. Citação

A citação é o ato de chamada do sujeito passivo ao processo. Exerce dupla função: i) convocar o réu, o executado ou o interessado para integrar a relação processual e ii) cientificar-lhe dos termos da demanda. Trata-se do ato de comunicação mais importante do processo, pois é através da citação que o sujeito passivo passa a integrar o **contraditório (art. 238).**

A citação convoca aquele cujo direito é discutido em juízo (réu, executado e interessado) para participar da relação jurídica processual, viabilizando o exercício do contraditório.

Regra geral, a citação rege-se pela ***pessoalidade***, ou seja, deve ser feita na pessoa do réu, conforme dispõe o art. 242. Há, previsão expressa referente à Fazenda Pública:

> Art. 242, § 3º. A citação da União, dos Estados, do Distrito Federal, dos Municípios e de suas respectivas autarquias e fundações de direito público será realizada perante o órgão de Advocacia Pública responsável por sua representação judicial.

As pessoas jurídicas de Direito Público interno componentes da Administração Direta, mais os entes da Administração Pública indireta com personalidade de Direito Público, quando réus, devem ser citados perante as *Procuradorias Jurídicas* que lhes representam.

No caso específico dos Municípios, caso não possuam procuradoria com estrutura organizada, serão citados na pessoa do prefeito, conforme o estudado no capítulo anterior.

Em sua redação original, o CPC consagrava as modalidades de citação no *caput* do art. 246. Todavia, as alterações promovidas pela lei nº 14.195/2021 modificaram sensivelmente o seu regime. A nova redação do *caput* do dispositivo em comento, além de prever uma nova modalidade, altera a ordem de preferência na forma de realização da comunicação.

Realizar-se a citação, preferencialmente, por *meio eletrônico*. Trata-se da chamada *citação eletrônica*. É preciso que o leitor atente, antes de qualquer coisa, que as alterações promovidas no CPC foram tecnicamente ruins, sendo fonte de provável confusão. A própria utilização do termo *meio eletrônico* é bastante genérica e pode levantar diversas dúvidas no operador. O termo é citado 38 vezes no CPC, referindo-se a distintas e diversas formas realização de atos por *meio eletrônico*.

Por exemplo, o meio eletrônico referido nos arts. 183, §1°; 196; 263; 264; 340; 367, §1°; 477, §4°; 513, III e 535, é o sistema de processo judicial eletrônico. Já o meio eletrônico referido no art. 231, IX; 246, caput e §1°-C; 247, *caput* e 438, §2° é o correio eletrônico (e-mail). Por outro lado, o art. 334, §7°, utiliza o termo meio eletrônico para remeter às plataformas de videoconferência (como Meet, Zoom, Team e Cisco Webex). No art. 882, os meios eletrônicos admitidos são tanto as plataformas de videoconferência com a realização de lances ao vivo, quanto os sítios de leilões na internet que permitem a apresentação de lances em tempo real. O meio eletrônico referido no art. 892 é o ambiente de *internet banking*.

Em suma, *meio eletrônico* é termo plurívoco, não tendo o legislador adotado significação comum.

Para a compreensão do tema, então, precisamos partir da premissa de que **há duas distintas espécies de *citação por meio eletrônico***.

Há previsão, na lei n° 11.419/2006 (lei do processo eletrônico), **de uma *citação eletrônica* que em nada se confunde com a *citação eletrônica do CPC*.** Quer dizer, **convivem hoje, em nossa ordem jurídica, duas espécies distintas de *citação por meio eletrônico***

ou ***citação eletrônica*: a regulada no código e a regulada na lei n° 11.419/2006.** O problema se torna maior em razão de o próprio CPC fazer referência a ambas, sem distingui-las claramente.

Feitas tais considerações, remetemos o leitor ao estudo do tema, desenvolvido com maior profundidade por nós em outra obra[5]. Quanto à forma de citação da Fazenda Pública em juízo, as alterações promovidas pela lei n° 14.195/2021, não trouxeram qualquer impacto. **Mantem-se a prerrogativa de citação pessoal com vista dos autos.**

A **citação eletrônica do CPC**, prevista no *caput* do art. 246 do código, não se aplica à Fazenda Pública, em razão de suas prerrogativas.

A citação eletrônica que pode ser realizada nos feitos envolvendo a Fazenda Pública é aquela prevista **no art. 9° da lei n° 11.419/2006.** Realiza-se por *meio de sistemas de processo em autos eletrônicos* (por exemplo, PJe, e-Saj, e-proc, Tucujuris). A citação é disponibilizada ao réu-citando a partir de seu cadastro no sistema de processo eletrônico, cuja indicação se dá pelo autor no momento de propositura da demanda. A comunicação é disponibilizada ao citando, que terá a responsabilidade de acessar os termos do mandado, que se considera efetivado pessoalmente. Dá-se, da mesma forma, amplo acesso aos *autos eletrônicos*. Veja-se o dispositivo:

> Art. 9º No processo eletrônico, todas as citações, intimações e notificações, inclusive da Fazenda Pública, serão feitas por meio eletrônico, na forma desta Lei.
>
> § 1º As citações, intimações, notificações e remessas que viabilizem o acesso à íntegra do processo correspondente serão consideradas vista pessoal do interessado para todos os efeitos legais.

É a esta modalidade de citação eletrônica que se refere o §1° do art. 246 do CPC. Impõe-se que os **entes da Administração Pública direta e indireta**, além das **empresas públicas e privadas**, mantenham cadastro nos sistemas de processo em autos eletrônicos, visando o recebimento de *citações e intimações* **preferencialmente por este meio.**

Veja-se o art. 246, §§ 1° e 2° do CPC (alterados pela lei n° 14.195/2021):

5. AVELINO, Murilo Teixeira. *Processo Civil – parte geral, processo de conhecimento e procedimentos especiais de jurisdição contenciosa.* Salvador: Juspodivm, 2021.

> Art. 246, § 1º. As empresas públicas e privadas são obrigadas a manter cadastro nos sistemas de processo em autos eletrônicos, para efeito de recebimento de citações e intimações, as quais serão efetuadas preferencialmente por esse meio. (...)
>
> § 2º. O disposto no § 1º aplica-se à União, aos Estados, ao Distrito Federal, aos Municípios e às entidades da administração indireta.

Trata-se de importante rotina de envio e recebimento das comunicações processuais, inclusive para as empresas e para a Fazenda Pública, que recebem as comunicações processuais via sistema de processo eletrônico (o que não dispensa, todavia, a publicação no Diário de Justiça).

Considera-se pessoal a citação recebida pelos sistemas de processo eletrônico, desde que disponibilizada a integra dos autos, o que é de praxe. Assim, mesmo a citação da Fazenda Pública pode se dar desta forma, considerando-se pessoal para todos os efeitos legais[6].

Atente-se que, no processo eletrônico, o Advogado Público dispõe de um período de 10 dias corridos para acessar o ato de comunicação disponibilizado no sistema (art. 5°, § 3°, da lei n° 11.419/06). Superado este prazo sem a consulta, considera-se automaticamente feita a comunicação. Assim, *considera-se dia do começo do prazo o dia útil seguinte i) à consulta ao teor da comunicação ou ii) ao término do prazo para consulta* (art. 231, V, do CPC).

Andou bem o legislador, pois com a *virtualização dos processos*, que cada vez mais avança no Brasil, haverá um tempo em que todos os atos de comunicação serão feitos através de tais sistemas. Se o feito é eletrônico, também são os atos de comunicação da Fazenda Pública.

Por fim, o CPC não descuida das demais modalidades de citação, aplicando-se aqui o regramento codificado, respeitada a prerrogativa inscrita no art. 183, §1°.

4.2. Intimações

Definida no art. 269, *caput*, do CPC, a intimação é, assim como a citação, ato de comunicação processual. Serve para que se dê ciência a qualquer pessoa dos atos e termos do processo. Se a citação é o primeiro ato de comunicação do réu no processo, a intimação serve para dar ciência a qualquer das partes ou sujeitos interessados ao longo do

6. RODRIGUES, Marco Antonio. *A Fazenda Pública no Processo Civil*. São Paulo: Atlas, 2016, p. 32.

processo. Trata-se, assim, de um ato de comunicação residual: se não for citação, será intimação. **Como regra, as intimações são feitas na pessoa do advogado**, representante judicial da parte.

O novo CPC promoveu uma importante alteração no que refere ao regramento das intimações. Antes as partes eram comunicadas, em regra, pela imprensa oficial. Com o advento do CPC/15 tornou-se **preferencial a intimação de *forma eletrônica*.**

> Art. 270. As intimações realizam-se, sempre que possível, por meio eletrônico, na forma da lei.
>
> Parágrafo único. Aplica-se ao Ministério Público, à Defensoria Pública e à Advocacia Pública o disposto no § 1º do art. 246.

Impõe-se, inclusive, que MP, Defensoria Pública Advocacia Pública mantenham cadastro nos sistemas de processos em autos eletrônicos para efeito de recebimento das intimações por meio *eletrônico*. Trata-se, como dissemos, de forma preferencial de realizar a comunicação, não lhe retirando o caráter e *pessoalidade*.

Considera-se pessoal a intimação recebida pelos sistemas de processo eletrônico, desde que disponibilizada a íntegra dos autos no sistema. Assim, mesmo a intimação da Fazenda Pública pode se dar desta forma, considerando-se pessoal para todos os efeitos legais.

De maneira geral, quando não for possível realizar as intimações de forma eletrônica, deve-se fazê-las através de publicação no Diário de Justiça ou Diário Oficial, considerando-se feitas as intimações pela publicação dos atos no órgão oficial (art. 272, *caput*).

Esta regra **não** se aplica à Fazenda Pública, **que possui a prerrogativa de intimação pessoal por carga, remessa ou meio eletrônico** (= pelos sistemas de processo judicial eletrônico) em quaisquer procedimentos em que atue[7]. Conforme o art. 183, §1°, do CPC:

> Art. 183, § 1º A intimação pessoal far-se-á por carga, remessa ou meio eletrônico.

7. Nesse sentido, o enunciado n° 29 do Fórum Nacional do Poder Público: "Aplica-se a intimação pessoal nos processos que tramitam sob o procedimento dos juizados especiais, conforme o art. 183, § 1º, do CPC".

Independentemente da forma de participação no processo (se como parte, terceiro ou mero interessado), impõe-se a intimação pessoal da Fazenda Pública[8].

A intimação da União, dos Estados, do Distrito Federal, dos Municípios e de suas respectivas autarquias e fundações de direito público será realizada perante o órgão de Advocacia Pública responsável por sua representação judicial (art. 269, §3°, do CPC). Assim, quando os autos forem físicos, caberá ao advogado público retirar o processo em carga ou recebê-lo em remessa proveniente do Judiciário; quando os autos forem eletrônicos, a intimação se dará através do respectivo sistema.

Não é admitida a intimação do ente público através do Diário Oficial, por Edital, por carta ou mesmo por correio eletrônico (=e-mail)[9]. Se a comunicação não se puder realizar por meio dos sistemas de processo judicial eletrônico (por instabilidade no funcionamento do sistema ou em casos de urgência, por exemplo), caberá sua realização através de Oficial de Justiça, com a entrega de cópia do ato judicial a ser protocolada na sede do órgão de representação judicial da Fazenda Pública[10].

O Superior Tribunal de Justiça vai exatamente nesse sentido, confirmando que a *intimação eletrônica* dos entes que compõe a Fazenda Pública se dá por meios dos sistemas de processo judicial eletrônico disponibilizados pelo judiciário. Não se confunde com a publicação no diário de justiça em meio virtual (chamado de diário de justiça eletrônico ou simplesmente "DJe"), que não é considerada intimação pessoal (art. 4°, § 2°, da lei n° 11.419/2006). Em caso de haver duplicidade de intimações, prevalece para efeitos de contagem do prazo a intimação realizada pelos sistemas de processo judicial eletrônico. Veja-se, sobre o tema (onde grifamos):

8. Nesse sentido, o Enunciado n° 7 do Fórum Nacional do Poder Público: "A prerrogativa de intimação pessoal da Fazenda Pública aplica-se a todos os casos em que ela participe do processo, como parte, interessada ou amicus curiae".

9. Nesse sentido, o enunciado n° 8 do Fórum Nacional do Poder Público: "A intimação por meio eletrônico a que se refere o § 1º do art. 183 do CPC não se realiza por Diário da Justiça eletrônico, nem por e-mail".

10. Nesse sentido, o enunciado n° 12 do Fórum Nacional do Poder Público: "Quando a intimação, no processo eletrônico, frustrar-se ou não for possível, deve realizar-se por oficial de justiça mediante mandado que preencha os requisitos do art. 250, entre os quais se insere a cópia do despacho, da decisão ou da sentença (arts. 250, V e 269, § 2º, CPC), aplicando-se o disposto no inciso II do art. 231, CPC, quanto à contagem do prazo".

Ainda, o enunciado n° 28 do mesmo fórum: "Nos processos físicos, a intimação pessoal somente se realiza por carga ou remessa dos autos, sendo nula a intimação realizada por outros meios, inclusive por meio eletrônico".

> "(...) 1. **Controvérsia acerca da contagem de prazo recursal na hipótese de duplicidade de intimações, um via DJe e outra por meio de portal eletrônico.** 2. "As intimações serão feitas por meio eletrônico em portal próprio aos que se cadastrarem na forma do art. 2º desta Lei, dispensando-se a publicação no órgão oficial, inclusive eletrônico" (art. 5º, 'caput', Lei 11.419/2006, sem grifos no original). 3. **Prevalência da intimação eletrônica sobre a intimação via DJe, na hipótese de duplicidade de intimações.** Entendimento em sintonia com o CPC/2015. 4. Contagem do prazo recursal a partir da data em que se considera realizada a intimação eletrônica" (STJ, AgI no AResp. 903.091/RJ, 3ª Turma. Relator Ministro Paulo de Tarso Sanseverino, Info. 601).

Sem embargos, a intimação pessoal da Fazenda Pública **não dispensa a publicação do ato no Diário de Justiça**. Ainda que a *publicização* da decisão pelo DJE seja ineficaz – **para efeitos de abertura de prazos**[11] – em face do ente público, o ato se impõe em razão da publicidade dos atos processuais, consagrada como norma fundamental pelos arts. 8° e 11 do CPC e pelo art. 93, IX, da Constituição da República[12].

Há, todavia, um caso bastante específico em que se admitirá a intimação do ente público através do Diário de Justiça Eletrônico: quando o próprio ente não tiver realizado o seu cadastro no sistema de processo eletrônico do Tribunal. É que o CPC, atento à realidade de virtualização do processo, previu regra de transição em seu art. 1.050, instituindo a obrigatoriedade de cadastro perante os Tribunais, por parte do Poder Público e dos órgãos de (re)presentação:

> Art. 1.050. A União, os Estados, o Distrito Federal, os Municípios, suas respectivas entidades da administração indireta, o Ministério Público, a Defensoria Pública e a Advocacia Pública, no prazo de 30 (trinta) dias a contar da data da entrada em vigor deste Código, deverão se cadastrar perante a administração do tribunal no qual atuem para cumprimento do disposto nos arts. 246, § 2º, e 270, parágrafo único.

---

11. Nesse sentido, o Enunciado n° 401 do FPPC: "Para fins de contagem de prazo da Fazenda Pública nos processos que tramitam em autos eletrônicos, não se considera como intimação pessoal a publicação pelo Diário da Justiça Eletrônico".
12. CUNHA, Leonardo Carneiro da. *A Fazenda Pública em juízo*. Rio de Janeiro: Forense, 2016, p. 59.

Caso o ente público deixe de realizar o cadastro, desatento à regra acima, considerar-se-á válida a intimação do ente pelo Diário de Justiça Eletrônico. Trata-se de hipótese bastante excepcional[13].

4.2.1. Intimação promovida pelo advogado

O novo CPC expandiu o rol de regras aplicáveis à *intimação* visando a facilitar a prática deste ato de comunicação processual. A ideia é reduzir o *tempo morto* do processo gasto com os trâmites formais.

Os próprios advogados podem promover, facultativamente, a intimação do advogado da outra parte por meio dos Correios. Para comprovar que a comunicação foi efetuada, devem juntar aos autos cópia do ofício de intimação e do aviso de recebimento (art. 269, §1°).

A **Fazenda Pública pode se valer desta regra** para promover a comunicação dos representantes da parte adversa.

O contrário, todavia, não é possível. **Esta forma de intimação é inaplicável aos atos de comunicação dirigidos à Fazenda Pública,** que possui prerrogativa de **intimação pessoal** por carga ou remessa dos *autos físicos* ou disponibilização no respectivo sistema *dos autos eletrônicos*[14].

5. DESPESAS PROCESSUAIS

O art. 84 do CPC define o que se entende por *despesas do processo*:

> Art. 84. As despesas abrangem as custas dos atos do processo, a indenização de viagem, a remuneração do assistente técnico e a diária de testemunha.

13. Conforme decidiu o STJ em caso de município cujo procurador não realizou o seu cadastro perante o Portal eletrônico daquela Corte: "PROCESSO CIVIL. AÇÃO RESCISÓRIA. NULIDADE DE INTIMAÇÃO DA DECISÃO PROFERIDA PELO STJ NO JULGAMENTO DE AGRAVO EM RECURSO ESPECIAL. MUNICÍPIO. INTIMAÇÃO PESSOAL. AUSÊNCIA DE CADASTRAMENTO NESTA CORTE SUPERIOR. PROCESSO ELETRÔNICO. REGULARIDADE DA INTIMAÇÃO. INEXISTÊNCIA DE MANIFESTA AFRONTA À NORMA JURÍDICA. IMPROCEDÊNCIA. (...) 3. De acordo com a jurisprudência do STJ, não há ofensa à prerrogativa de intimação pessoal prevista no art. 183 do CPC, quando o ente público deixa de realizar o necessário cadastramento do Sistema de Intimação Eletrônica do Superior Tribunal de Justiça, nos termos do art. 1.050 do CPC, sendo válida a intimação por meio da publicação no Diário de Justiça Eletrônico. 4. Considerando-se que o Município deixou de realizar o necessário cadastramento para recebimento das intimações eletrônicas por esta Corte Superior, não houve a suscitada nulidade processual, devendo-se afastar a alegativa de manifesta afronta ao art. 183 do CPC" (STJ. AR 6.503-CE, Rel. Min. Og Fernandes, 1ª Seção. Julgado em 27/10/2021).

14. Nesse sentido, o enunciado nº 578 do FPPC: "Em razão da previsão especial do § 1º do art. 183, estabelecendo a intimação pessoal da Fazenda Pública por carga, remessa ou meio eletrônico, a ela não se aplica o disposto no § 1º do art. 269".

A regra geral quanto aos valores que as partes devem assumir no processo é a de que *arca com eles quem deu causa ao dispêndio*. Trata-se da incidência do chamado ***princípio da causalidade***.

Como regra, *aquela que deu causa ao dispêndio*, **será a parte derrotada ao final do processo,** ou seja, a **parte *sucumbente***. Frise-se: esta é a regra geral, ainda que haja casos em que o vencedor arque com os custos da demanda (é o que ocorre, no mais das vezes, nos Embargos de Terceiros). Assim, quem deu causa à demanda (se perdedor ou vencedor) é que deve arcar com as despesas decorrentes da prestação da atividade jurisdicional.

Despesas processuais é o gênero cujas espécies são três:

- **Custas**: remuneram a própria atividade do Judiciário. A prestação jurisdicional é mantida pelo recolhimento das custas. Chamam-se também de ***taxa judiciária***.
- **Emolumentos**: é a remuneração dos serviços cartorários e de serventias não oficiais.
- **Despesas em sentido estrito**: é a remuneração de terceiros, auxiliares da justiça permanentes ou não, que dão suporte à prestação da jurisdição.

As **custas e os emolumentos possuem natureza jurídica de taxa**. São, portanto, tributo.

5.1. Adiantamento das despesas

Ao longo do processo, enquanto ainda não se sabe qual das partes sairá vencedora, há a necessidade de ***adiantar*** certos valores para a prática de atos processuais. A regra é que cada uma das partes ***adiante*** o valor referente à prática dos atos que requerer. Ao fim, a sentença determinará a quem deu causa à demanda, que pague à outra parte as despesas que antecipou.

5.1.1. Atos praticados a requerimento da Fazenda Pública, do Ministério Público e da Defensoria Pública

Nos termos do art. 91 do CPC, as despesas decorrentes dos atos praticados a requerimento da Fazenda Pública, do Ministério Público e da Defensoria Pública **deverão ser pagas ao final, pelo vencido**. Veja-se:

> Art. 91. As despesas dos atos processuais praticados a requerimento da Fazenda Pública, do Ministério Público ou da Defensoria Pública serão pagas ao final pelo vencido.

As despesas a que o *caput* se refere são as **custas e os emolumentos**. Assim, a Fazenda Pública **fica dispensada do adiantamento de custas e emolumentos**. Perceba-se: **há, como regra, adiamento do pagamento de tais despesas** para após o trânsito em julgado.

Note-se que a presente regra – apesar de texto distinto – está materializada também no art. 39 da lei nº 6.830/80 (Lei de Execuções Fiscais):

> Art. 39 - A Fazenda Pública não está sujeita ao pagamento de custas e emolumentos. A prática dos atos judiciais de seu interesse independerá de preparo ou de prévio depósito.
>
> Parágrafo Único - Se vencida, a Fazenda Pública ressarcirá o valor das despesas feitas pela parte contrária.

Tratando do tema das despesas processuais em sede de Execução Fiscal, o STJ fixou tese na apreciação do tema nº 1054 dos Recursos Repetitivos: "A teor do art. 39 da Lei 6.830/80, a fazenda pública exequente, no âmbito das execuções fiscais, está dispensada de promover o adiantamento de custas relativas ao ato citatório, devendo recolher o respectivo valor somente ao final da demanda, acaso resulte vencida".

Este é o regramento genérico previsto no CPC. A boa compreensão do tema exige aprofundamento, todavia.

Quanto às custas e emolumentos dos atos processuais praticados a requerimento da Fazenda Pública, restando derrotado o particular (ou tendo dado causa ao processo), caberá a ele arcar com as mencionadas custas e emolumentos ao final do processo.

Todavia, restando derrotada a Fazenda Pública (ou tendo dado causa ao processo), os entes públicos deverão "*reembolsar* ou *restituir* ao seu adversário, que é a parte vencedora, o *quantum* por ele gasto com as custas e emolumentos judiciais"[15].

Relativamente aos custos imputados diretamente à Fazenda Pública, **somente recolherão as custas e emolumentos se estiverem litigando em *Justiça* diversa daquelas que mantêm.**

15. CUNHA, Leonardo Carneiro da. *A Fazenda Pública em juízo*. Rio de Janeiro: Forense, 2016, p. 114.

Explique-se: a União (mais suas autarquias e fundações públicas de direito público) não pagará custas e emolumentos quanto litigar perante a Justiça Federal, Justiça do Trabalho e Justiça Eleitoral, pois seria caso de *confusão*, figurando a União como credora e devedora simultaneamente. Diz-se aqui, portanto, que há **isenção de custas** ou da **taxa judiciária**.

Da mesma forma, o Estado (mais suas autarquias e fundações públicas de direito público) não pagará custas e emolumentos se propuser a demanda perante a Justiça Estadual respectiva. Diz-se aqui, portanto, que há **isenção de custas** ou da **taxa judiciária**.

Atente-se que a isenção das custas perante a justiça respectiva **não se aplica às fundações públicas de direito privado, mas apenas às de direito público**. Veja-se, nesse sentido, a compreensão do STJ:

> "(...) 3. Nos termos da jurisprudência do STF e do STJ, fundação pública é toda fundação instituída pelo Estado, podendo sujeitar-se ao regime público ou privado, a depender do estatuto da fundação e das atividades por ela exercidas. As fundações públicas de direito público são criadas por lei específica, também chamadas de fundações autárquicas. No caso das fundações públicas de direito privado, uma lei específica é editada autorizando sua criação. 4. No caso dos autos, a entidade fundacional é de direito privado, filantrópica e de utilidade pública, cuja criação se deu por lei municipal autorizativa de doação de bem imóvel público, não se aplicando à hipótese, portanto, os critérios utilizados pelo acórdão recorrido para o arbitramento dos honorários advocatícios, nem mesmo a isenção de custas processuais. (...)" (STJ. 4ª Turma. REsp 1.409.199-SC, Rel. Min. Luis Felipe Salomão, julgado em 10/03/2020).

Por outro lado, quando litigar perante a Justiça Estadual, caberá à União e suas autarquias e fundações, ao final, o pagamento das custas e emolumentos (se houver dado causa ao processo)[16].

Já os Estados, Municípios e suas respectivas autarquias e fundações, quando litigarem perante a Justiça Federal, **não arcarão com as custas**, em razão de **isenção expressa** prevista no art. 4°, I, da lei n° 9.289/96:

> Art. 4° São isentos de pagamento de custas:
>
> I - a União, os Estados, os Municípios, os Territórios Federais, o Distrito Federal e as respectivas autarquias e fundações; (...)

16. Nesse sentido, o Enunciado n° 178 da Súmula do STJ: "O INSS não goza de isenção do pagamento de custas e emolumentos, nas ações acidentárias e de benefícios, propostas na Justiça Estadual".

> Parágrafo único. A isenção prevista neste artigo não alcança as entidades fiscalizadoras do exercício profissional, nem exime as pessoas jurídicas referidas no inciso I da obrigação de reembolsar as despesas judiciais feitas pela parte vencedora.

Perceba-se que no caso da lei nº 9.289/96, a **União** previu isenção de **taxas cuja instituição é de sua competência**. Trata-se de norma constitucional, pois o ente pode prever isenção quanto aos tributos que lhe são devidos.

Por outro lado, há previsão, no art. 24-A, da lei nº 9.028/95, de isenção da União, suas autarquias e fundações, perante qualquer foro e instância. Esta regra é inconstitucional ao estabelecer, por lei federal, isenção perante a Justiça Estadual, pois se trata de **isenção heterônoma** (art. 151, III, CR). Perante a Justiça do Distrito Federal é plenamente válida a isenção prevista, na medida em que mantida sua estrutura é mantida pela União[17].

5.2. Preparo recursal e porte de remessa e retorno

O *preparo recursal* são os custos devidos pelo processamento do recurso. Já o *porte de remessa e retorno* é o dispêndio necessário ao envio dos processos e respectivos recursos às instâncias superiores e seu retorno às instâncias inferiores após julgamento. O *porte de remessa e retorno* faz parte do montante maior, chamado de *preparo*. **O *preparo*** é composto pelo ***porte de remessa e retorno* e pelas *custas judiciais*, também chamadas de *taxa judiciária***. A Fazenda Pública goza de **dispensa expressa quanto à comprovação de seu recolhimento no ato de interposição do recurso**, conforme art. 1.007, §1º, do CPC:

> Art. 1.007. No ato de interposição do recurso, o recorrente comprovará, quando exigido pela legislação pertinente, o respectivo preparo, inclusive porte de remessa e de retorno, sob pena de deserção.
>
> § 1º São dispensados de preparo, inclusive porte de remessa e de retorno, os recursos interpostos pelo Ministério Público, pela União, pelo Distrito Federal, pelos Estados, pelos Municípios, e respectivas autarquias, e pelos que gozam de isenção legal.

Veja-se, nesse sentido, a tese firmada no tema nº 1001 dos Recursos Repetitivos:

17. BARROS, Guilherme Freire de Melo. *Poder Público em Juízo para concursos*. Salvador: Juspodivm, 2019, p. 44.

> "A teor dos arts. 27 e 511, § 1°, do revogado CPC/73 (arts. 91 e 1.007, § 1°, do vigente CPC/15), o Instituto Nacional do Seguro Social - INSS, nos recursos de competência dos Tribunais de Justiça, está dispensado do prévio pagamento do porte de remessa e de retorno, enquanto parcela integrante do preparo, devendo recolher o respectivo valor somente ao final da demanda, acaso vencido".

O *porte de remessa e retorno* é uma despesa tendente à extinção, em vista que não mais se justificará a despesa quando o processo for eletrônico, havendo expressa dispensa quanto ao seu recolhimento, no art. 1.007, §3°, do CPC.

5.3. Despesas em sentido estrito

O tratamento das **despesas em sentido estrito** é diverso daquele dado às custas e emolumento. Veja-se o disposto no CPC:

> Art. 91, § 1° As perícias requeridas pela Fazenda Pública, pelo Ministério Público ou pela Defensoria Pública poderão ser realizadas por entidade pública ou, havendo previsão orçamentária, ter os valores adiantados por aquele que requerer a prova.
>
> § 2° Não havendo previsão orçamentária no exercício financeiro para adiantamento dos honorários periciais, eles serão pagos no exercício seguinte ou ao final, pelo vencido, caso o processo se encerre antes do adiantamento a ser feito pelo ente público.

Tratando-se de despesa em sentido estrito, **impõe-se à Fazenda Pública o adiantamento**. Em caso a perícia, a prova poderá ser produzida por servidor ou entidade pública. Sendo o caso, os valores relativos à perícia já serão considerados como parte de sua remuneração mensal, não havendo falar em adiantamento ou pagamento de despesas com o ato. Fora tal hipótese, caberá o adiantamento ao perito particular, utilizando-se de rubricas previstas no respectivo orçamento.

A exigência de depósito prévio dos honorários periciais se aplica tanto a Fazenda Pública parte no processo quanto à Defensoria Pública ou ao Ministério Público, que devem adiantar os honorários.

Há posição do STJ a respeito do tema. Trata-se do Enunciado n° 232 da Súmula: "A Fazenda Pública, quando parte no processo, fica sujeita à exigência do depósito prévio dos honorários do perito".

Ainda, o enunciado n° 190: "Na execução fiscal, processada perante a Justiça Estadual, cumpre à Fazenda Pública antecipar o numerário destinado ao custeio das despesas com o transporte dos oficiais de justiça". Observe-se, neste último caso, que o entendimento deve ser afastado na hipótese de disponibilização de carro-oficial para o deslocamento do meirinho, pois não haverá qualquer custo de deslocamento a ser ressarcido.

O tema foi tratado também em sede de Recurso Especial Repetitivo (tema 396), fixando-se a seguinte tese:

> "Ainda que a execução fiscal tenha sido ajuizada na Justiça Federal (o que afasta a incidência da norma inserta no artigo 1º, § 1º, da Lei 9.289/96), cabe à Fazenda Pública Federal adiantar as despesas com o transporte/condução/deslocamento dos oficiais de justiça necessárias ao cumprimento da carta precatória de penhora e avaliação de bens (processada na Justiça Estadual), por força do princípio hermenêutico *ubi eadem ratio ibi eadem legis dispositio*"[18].

5.3.1. Adiantamento dos honorários do perito em Ação Civil Pública

Quanto à atuação do Ministério Público em sede de ação civil pública, **a Fazenda Pública a qual está vinculado o órgão do MP deve adiantar os valores.**

O STJ tem entendimento tranquilo neste sentido em julgamento de Recurso Especial Repetitivo (tema 510):

> "Não é possível se exigir do Ministério Público o adiantamento de honorários periciais em ações civis públicas. Ocorre que a referida isenção conferida ao Ministério Público em relação ao adiantamento dos honorários periciais não pode obrigar que o perito exerça seu ofício gratuitamente, tampouco transferir ao réu o encargo de financiar ações contra ele movidas. Dessa forma, considera-se aplicável, por

18. Veja-se trecho da ementa: PROCESSUAL CIVIL. RECURSO ESPECIAL REPRESENTATIVO DE CONTROVÉRSIA. (...) ANTECIPAÇÃO DAS DESPESAS COM O DESLOCAMENTO/CONDUÇÃO DO OFICIAL DE JUSTIÇA PARA CUMPRIMENTO DE CARTA PRECATÓRIA. CABIMENTO. (...) 7. Entrementes, a isenção do pagamento de custas e emolumentos e a postergação do custeio das despesas processuais (artigos 39, da Lei 6.830/80, e 27, do CPC), privilégios de que goza a Fazenda Pública, não dispensam o pagamento antecipado das despesas com o transporte dos oficiais de justiça ou peritos judiciais, ainda que para cumprimento de diligências em execução fiscal ajuizada perante a Justiça Federal. 8. É que conspira contra o princípio da razoabilidade a imposição de que o oficial de justiça ou o perito judicial arquem, em favor do Erário, com as despesas necessárias para o cumprimento dos atos judiciais. (...)16. Recurso especial desprovido. Acórdão submetido ao regime do artigo 543-C, do CPC, e da Resolução STJ 08/2008. (...) (REsp 1144687 / RS, Relator Ministro LUIZ FUX, Primeira Seção, DJe 21/05/2010).

> analogia, a Súmula n. 232 desta Corte Superior ('A Fazenda Pública, quando parte no processo, fica sujeita à exigência do depósito prévio dos honorários do perito'), a determinar que a Fazenda Pública ao qual se acha vinculado o Parquet arque com tais despesas" (REsp 1253844 / SC, Ministro MAURO CAMPBELL MARQUES, Primeira Seção, DJe 17/10/2013).

Anote-se, nesse sentido, que o problema não respeita às perícias realizadas por perito pertencente aos quadros do Poder Público (art. 91, §1°, CPC), mas **apenas àquelas realizadas por peritos particulares, a requerimento do MP, em sede de demanda coletiva.**

5.3.2. *Adiantamento dos honorários do perito em caso de beneficiário da justiça gratuita*

Quando o pagamento da perícia for de responsabilidade de beneficiário de gratuidade da justiça, ela poderá ser custeada com recursos alocados do orçamento do ente público e realizada por servidor do Poder Judiciário ou por órgão público conveniado. No caso de realização por particular, o valor será fixado conforme tabela do tribunal respectivo ou, em caso de sua omissão, do Conselho Nacional de Justiça, e pago com recursos alocados do orçamento da União, do Estado ou do Distrito Federal (art. 95, §3°, do CPC), sendo vedada a utilização de recursos do fundo de custeio da Defensoria Pública (art. §5°, do CPC). **Haverá, neste caso, o adiantamento da despesa** quando realizada a perícia por particular.

Nesta hipótese de benefício da justiça gratuita, após o trânsito em julgado da decisão final, o juiz oficiará a Fazenda Pública para que promova contra quem tiver sido condenado o pagamento das despesas processuais, a execução dos valores gastos com a perícia particular ou com a utilização de servidor público ou da estrutura de órgão público.

Se o responsável pelo pagamento das despesas for o próprio beneficiário de gratuidade da justiça, derrotado ao final, observar-se-á o disposto no art. 98 do CPC. Não se afasta a responsabilidade do beneficiário pelas despesas processuais decorrentes da sucumbência, conquanto a obrigação fique sob condição suspensiva de exigibilidade nos cinco anos subsequentes ao trânsito em julgado da decisão, somente podendo ser executada caso o credor demonstre que deixou de existir a situação de insuficiência de recursos que justificou, no passado, a concessão de gratuidade da justiça[19]. Ultrapassados os cinco anos, extingue-se a obrigação[20] (§3°).

5.4. Depósito para a propositura de ação rescisória

A ação rescisória possui um requisito específico para sua propositura: a exigência de depósito de 5% do valor da causa.

Incumbe ao autor, no momento de propositura da ação rescisória, depositar a importância de 5% por cento sobre o valor da causa, que se converterá em multa caso a ação seja, **por unanimidade de votos, declarada inadmissível ou improcedente** (inciso II). O depósito não será superior a 1.000 (mil) salários-mínimos (§2°), devendo se limitar a este valor, ainda que não alcance o percentual de 5% do valor da causa.

Este requisito **não se aplica à União, aos Estados, ao Distrito Federal, aos Municípios, às suas respectivas autarquias e fundações de direito público**, ao Ministério Público, à Defensoria Pública e aos que tenham obtido o benefício de gratuidade da justiça (§1°), que estão dispensados do depósito.

---

19. Nesse sentido, o Enunciado n° 622 do FPPC: "A execução prevista no §4º do art. 95 também está sujeita à condição suspensiva de exigibilidade prevista no §3º do art. 98".

20. Há uma questão quanto à natureza prescricional ou decadencial deste prazo. Prevalecendo ser prazo prescricional, ter-se-ia apenas o encobrimento da pretensão, mantendo-se hígido o crédito suspenso em face da gratuidade da justiça e, assim, a menção à "extinção" seria uma atecnia do legislador. Por outro lado, tratando-se de decadência, as próprias *obrigações decorrentes da sucumbência* estariam extintas. O §3° do art. 98 fala expressamente em *extinção,* fazendo crer que estamos diante de um prazo decadencial. Todavia, a lei n° 1.060/1950 (que regulava a "concessão de assistência judiciária aos necessitados"), previa, em seu artigo 12, que a obrigação estaria *prescrita.* O CPC (art. 1.072, III) revogou este dispositivo da lei n° 1.060/1950. Sobre o tema, Daniel Neves entende que há, de fato, extinção da obrigação (NEVES, Daniel Amorim Assumpção. *Novo Código de Processo Civil Comentado.* Salvador: JusPodivm, 2016, p. 157), afastando a ocorrência de prescrição; por outro lado, sem entrar em maiores detalhes sobre o tema, Dinamarco anota a natureza prescricional deste prazo (DINAMARCO, Cândido Rangel. *Instituições de direito processual civil: volume II.* São Paulo: Malheiros, 2019, p. 802). A doutrina, em gênero, não se aprofunda no tema. Perceba-se que estamos diante de uma obrigação que não pode ser executada em razão de uma causa suspensiva de exigibilidade, o que aproxima o seu regramento ao da prescrição, pois os prazos decadenciais normalmente estão ligados ao exercício de uma potestade, o que não é o caso. Além disso, como regra, os prazos decadenciais não se suspendem (salvo disposição legal em contrário, conforme o art. 207 do Código Civil). Parece-nos que o tema não recebe grande atenção por uma questão prática: são pouquíssimos os casos em que a hipossuficiência econômica desaparece (e esta reversão é percebida) dentro do prazo de cinco anos previsto pelo código.

PRESCRIÇÃO E DECADÊNCIAS EM DEMANDAS ENVOLVENDO A FAZENDA PÚBLICA

1. GENERALIDADES

O processo de conhecimento se caracteriza pela necessidade de *acertar* um direito em juízo. Há, entre as partes, uma discordância a respeito da disponibilidade, existência ou forma de ser de determinada situação jurídica material, o que impõe o *acertamento* desta situação em juízo. O processo será o veículo para que um terceiro imparcial *conheça* da questão e *acerte* a compreensão a seu respeito.

Todavia, é possível que o interessado jamais promova a demanda. As consequências da inércia podem ser de duas ordens: i) atingir a possibilidade de exercer a pretensão em juízo, nada obstante mantenha-se a situação jurídica favorável ao seu titular; ii) atingir a própria situação jurídica subjetiva, que se esvai, tornando-se indisponível ao seu (antigo) titular.

A inércia, nesse sentido, pode dar cabo de dois fenômenos distintos: **a prescrição e a decadência.**

A prescrição se caracteriza **pela perda da pretensão ou da demanda**, ou seja, pela possibilidade de exigir de outrem uma prestação. Aquele que, titular de uma pretensão, não a exerce ou, encontrando resistência a ela, não propõe a ação no prazo devido, sofre com a prescrição. "Na verdade, a prescrição atinge apenas a eficácia da pretensão e da ação"[1].

---

1. CUNHA, Leonardo Carneiro da. *A Fazenda Pública em juízo*. Rio de Janeiro: Forense, 2016, p. 61.

Ultrapassado o interregno prescricional, apesar de o direito se manter incólume, não mais poderá ser exigido em juízo. Esta lição decorre do preceito do art. 189 do Código Civil.

Por outro lado, a decadência provoca a própria **extinção do direito**, ou seja, o direito se esvai para o seu titular, que sofre uma subtração em sua esfera jurídica, quando não o exerce no prazo estabelecido em lei ou contrato.

Prescrição e decadência são fenômenos previstos pela ordem jurídica em homenagem à estabilidade dar relação e às expectativas legítimas. Caracterizam-se, ambos, pelo binômio **inércia + tempo.**

Quanto ao primeiro fundamento, entende-se que uma vez permitido o exercício de um direito por alguém, aquele a quem cabe prestar ou submeter-se não pode ficar alheio ou exposto *ad eternum*.

Da mesma forma, o não exercício de uma posição jurídica por si titularizada, gera nos demais sujeitos de uma relação (e mesmo em toda a sociedade), expectativa legítimas quanto à omissão ou forma de exercício daquela posição.

Em prestígio a estes dois principais fundamentos, o legislador prevê prazos de prescrição e decadência.

Eis, pois, a primeira lição: **cabe à norma jurídica regular os prazos de prescrição a que se submetem as pretensões e ações** (art. 192 do Código Civil); **cabe à lei ou à convenção regular os prazos a que se submete o exercício de potestades** (arts. 210 e 211 do Código Civil).

Prescrição e decadência podem ocorrem em face ou em benefício da Fazenda Pública.

2. DIREITO POTESTATIVO E DIREITO SUBJETIVO

Para compreendermos o tema relativo à prescrição e decadência, impõe-se um breve estudo da classificação das ações quanto à espécie de tutela requerida.

Há uma divisão das *espécies de direitos* estudada em Teoria Geral do Direito. De forma breve, temos:

- *direito potestativo*: é o direito que alguém tem de criar, extinguir ou modificar situações jurídicas de outrem. O direito potestativo não se relaciona ou exige uma conduta do sujeito passivo, que apenas se submete a ele. Não há falar aqui, em dever de prestar, mas apenas em sujeição. Por exemplo, o direito à invalidação do ato jurídico, o direito ao divórcio, o direito à resolução do negócio, o direito à rescisão de sentença, o direito de casar, etc.

Direitos potestativos não impõem uma *prestação*. **Submetem-se, portanto, à decadência, que implica a perda do próprio direito.**

- *direito subjetivo*: é o direito de exigir de outrem determinada prestação. O direito subjetivo se relaciona com a exigência de uma conduta positiva ou negativa do sujeito passivo. Por exemplo, a cumprimento de uma obrigação de pintar um quadro (obrigação de fazer), o cumprimento de uma obrigação de se abster a uma determinada construção (obrigação de não fazer), o direito de exigir o pagamento de determinada quantia (obrigação de pagar), etc.

Direitos subjetivos impõem uma prestação. **Submetem-se, portanto, à prescrição, que implica a perda da pretensão ao exercício daquele direito em juízo.**

2.1. Ação condenatória, ação constitutiva e ação declaratória

Vejamos, então, a classificação das ações quanto à tutela requerida tomando por base a ***teoria ternária***, reflexo das ***eficácias do provimento jurisdicional***[2].

- **Ações Condenatórias**: são *ações de prestação*. Abarcam *condenação*, *mandamento* e *execução*. Em outras palavras, acerta-se uma situação jurídica favorável a uma das partes (=declaração), cuja materialização exige uma prestação de dar, fazer ou não fazer da parte contrária.

  Há, aqui, uma *crise de inadimplemento*[3].

  O direito a uma prestação é o direito de exigir de outrem uma conduta. O direito a uma prestação pode ser inadimplido, violado ou descumprido, exatamente por exigir uma conduta do sujeito passivo.

---

2. ARAÚJO, Fábio Caldas de. *Curso de Processo Civil – vol. I*. São Paulo: Malheiros, 2016, p. 356-357.
3. KLIPPEL, Rodrigo. *Teoria geral do processo e teoria do processo civil brasileiro*. Indaiatuba: Editora Foco, 2018, p. 267.

- **Ações condenatórias, por isso, submetem-se à prescrição** (arts. 189 e 206 do CC). Pela mesma razão, a execução prescreve no mesmo prazo da ação. A violação do direito à prestação gera uma pretensão (=poder de exigir de outrem uma conduta). **Não exercida a pretensão no prazo, há prescrição.**
- **Ações Constitutivas: se afirma um** direito potestativo, **requerendo-se *criação, alteração ou extinção* de uma situação jurídica.**

  Há, aqui, uma *crise de situação jurídica.*

  A sentença constitutiva inova na ordem jurídica, sendo autossuficiente em seu escopo.

  Tendo em conta que a sentença constitutiva cria, modifica ou extingue uma situação jurídica, produz efeitos *ex nunc.*

  Atente-se, estamos tratando aqui do plano jurídico. Atos materiais (como o registro de uma curatela, por exemplo) e de documentação podem ser exigidos.

  A demanda constitutiva (positiva ou negativa) se submete a prazo decadencial (art. 178 do CC), se houver. Nesse sentido, é importante perceber que a nossa ordem jurídica convive, com tranquilidade, com potestades não submetidas a prazo decadencial o que ocorre, por exemplo, no caso da anulação de sentença por vício de citação (hipótese de *querela nulitatis*).
- **Ações Declaratórias**: visam ao reconhecimento da existência, inexistência ou modo de ser de uma determinada relação jurídica.

  Resolve-se uma *crise de certeza*, ao acertar uma situação pretérita à demanda. A sentença declaratória supera um *véu de incerteza* e, da mesma forma, é autossuficiente, não impondo qualquer conduta à parte adversa para sua realização.

  Tendo em conta que a sentença declaratória certifica uma situação pretérita, produz efeitos *ex tunc.*

  Não há prazo prescricional ou decadencial para as ações declaratórias, eis que não se fala em pretensão à efetivação de qualquer prestação ou potestade.

  As ações declaratórias têm por objeto, em regra, uma *relação jurídica.* Nesse sentido, o Superior Tribunal de Justiça editou enunciado de Súmula admitindo ação declaratória tendo por objeto a interpretação de uma cláusula contratual. Trata-se do Enunciado nº 181: "É admissível ação declaratória visando obter certeza quanto à interpretação de uma cláusula contratual".

Se costuma dizer, por isso, que as ações declaratórias não podem ter por objeto a declaração de um fato. Há uma exceção: ação meramente declaratória de autenticidade ou falsidade de documento, consagrada expressamente no art. 19 do CPC.

Como regra, **ações declaratórias não se submetem à prescrição ou decadência**. Não se submete à prescrição pois não serve para exigir uma prestação; não se submete à decadência pois não altera (para criar, alterar ou extinguir) situação jurídica, mas apenas *acerta* o que já está posto.

3. NOTA SOBRE O CONHECIMENTO DA PRESCRIÇÃO E DA DECADÊNCIA NO CPC

A *sentença* pode extinguir a fase cognitiva do processo sem exame de mérito nas hipóteses do art. 485 (chamada de **sentença *terminativa***); ou com exame de mérito nas hipóteses do art. 487 (chamada de **sentença *definitiva***).

É o art. 487 que dispõe a respeito da extinção da causa com resolução do mérito, através de ***sentença definitiva***. Veja-se, especialmente o seu inciso II e parágrafo único:

> Art. 487. Haverá resolução de mérito quando o juiz: (...)
>
> II - decidir, de ofício ou a requerimento, sobre a ocorrência de decadência ou prescrição; (...)
>
> *Parágrafo único. Ressalvada a hipótese do § 1º* do art. 332, a prescrição e a decadência não serão reconhecidas sem que antes seja dada às partes oportunidade de manifestar-se.

Apesar de não haver propriamente cognição a respeito do *mérito da causa*, **há o reconhecimento de questão prévia prejudicial**. Assim, verificadas decadência ou prescrição, o seu reconhecimento *vincula* o julgamento de mérito pela improcedência do pedido. Em verdade, decisões sobre prescrição e decadência, para reconhecer ou rejeitar sua arguição, são decisões de mérito[4].

A **decadência legal e a prescrição são questões de ordem pública**. Por isso, podem ser conhecidas de ofício pelo magistrado. A decadência convencional, como decorre de disposição das partes, somente poderá ser reconhecida mediante provocação (art. 211 do Código Civil)[5].

No tema, admite-se o reconhecimento de ofício da prescrição originária (=prescrição do crédito tributário) em sede de Execução Fiscal. Veja-se o enunciado nº 409 da Súmula do STJ: "Em execução fiscal, a prescrição ocorrida antes da propositura da ação pode ser decretada de ofício (art. 219, § 5º, do CPC [referência ao CPC/73])".

A regra, todavia, é que mesmo conhecendo de ofício dessas questões, o magistrado intime as partes para se manifestarem a respeito de sua ocorrência.

Impõe-se, pois, que em proteção ao contraditório e vedação de *decisão-surpresa* o juiz escute os envolvidos a respeito da prescrição ou decadência. Esta é a lição inscrita no parágrafo único do art. 487 do CPC. Assim, poderá a parte eventualmente prejudicada arguir causa interruptiva ou suspensiva da prescrição.

A ressalva fica por conta da *improcedência liminar do pedido* (art. 332, §1°), onde a prescrição e a decadência podem ser reconhecidas de ofício sem a manifestação da parte contrária. Justifica-se porque, neste caso, o réu ainda não veio ao processo exercer o contraditório. Trata-se de situação excepcionalíssima, merecedora de tratamento expresso pelo legislador.

4. PRESCRIÇÃO E DECADÊNCIA EM FACE DA FAZENDA PÚBLICA

De plano, anote-se a regra geral: **o prazo de prescrição e decadência para as demandas propostas em face da Fazenda Pública é de 5 anos**. Esta é a regra, que encontra previsão no art. 1° do Decreto n° 20.910/32:

---

4. Nesse sentido, o Enunciado n° 161 do FPPC: "***É de mérito a decisão que rejeita a alegação de prescrição ou de decadência***".
5. Nesse sentido, o Enunciado n° 521 do FPPC: "Apenas a decadência fixada em lei pode ser conhecida de ofício pelo juiz".

> Art. 1º As dívidas passivas da União, dos Estados e dos Municípios, bem assim todo e qualquer direito ou ação contra a Fazenda federal, estadual ou municipal, seja qual for a sua natureza, prescrevem em cinco anos contados da data do ato ou fato do qual se originarem.

A doutrina faz uma importante nota ao dispositivo acima colacionado: apenas com o Código Civil de 2002 é que os conceitos de prescrição e decadência restaram mais claros. Antes disso, a lei acaba por fazer referência muitas vezes ao termo "prescrição" nada obstante regulasse também a decadência. É a hipótese do dispositivo acima colacionado, editado ainda na vigência do Código Civil de 1932, quando faz referência a "qualquer direito ou ação", "o que significa que estão abrangidos aí prazos decadenciais e prescricionais"[6].

Este prazo aproveita aos entes da Administração Direita e também aos da Administração Indireta componentes do conceito de Fazenda Pública[7]. Nos termos do art. 2° do Decreto-Lei n° 4.597/42:

> Art. 2º O Decreto nº 20.910, de 6 de janeiro de 1932, que regula a prescrição qüinqüenal, abrange as dívidas passivas das autarquias, ou entidades e órgãos paraestatais, criados por lei e mantidos mediante impostos, taxas ou quaisquer contribuições, exigidas em virtude de lei federal, estadual ou municipal, bem como a todo e qualquer direito e ação contra os mesmos.

"Na verdade, o prazo de 5 (cinco) anos previsto em tais regras é não somente de prescrição, mas também de decadência"[8].

4.1. Interrupção da prescrição

Uma vez proposta a ação e **realizada a citação válida, ainda que ordenada por juiz incompetente**, produzem-se no processo

---

6. BARROS, Guilherme Freire de Melo. *Poder Público em Juízo para concursos*. Salvador: Juspodivm, 2019, p. 44.
7. O STJ decidiu, recentemente – reafirmando jurisprudência – que "II – De acordo com a jurisprudência deste Superior Tribunal de Justiça, aplica-se a prescrição quinquenal do Decreto n. 20.910/1932 às empresas estatais prestadoras de serviços públicos essenciais, não dedicadas à exploração de atividade econômica com finalidade lucrativa e natureza concorrencial, porquanto fazem as vezes do ente político ao qual se vinculam" (STJ, Resp. 1.635.716/DF, Relatora Ministra Regina Helena Costa, Primeira Turma. Julgado em 04/11/2022).
8. CUNHA, Leonardo Carneiro da. *A Fazenda Pública em juízo*. Rio de Janeiro: Forense, 2016, p. 66.

efeitos de ordem processual e material. Tais efeitos estão dispostos no *caput* do art. 240.

O novo CPC, em boa hora, retirou da *citação* o efeito material de interromper a prescrição, como era no art. 219 do CPC/73. É tecnicamente melhor a opção adotada pelo art. 240, §1°, do novo código (em consonância com o art. 202 do Código Civil): **o despacho que ordena a citação é que interrompe a prescrição, retroagindo este efeito à data de propositura da ação.** Esse *efeito retroativo*, inclusive, aplica-se a qualquer prazo legal extintivo.

A interrupção da prescrição ocorre ainda que o despacho citatório seja proferido por juízo absolutamente incompetente. É o teor literal e expresso do art. 240, §1º. É totalmente irrelevante a competência do juiz. Não importa se absoluta ou relativamente incompetente, basta que determine a citação do réu, executado ou interessado. Posterior reconhecimento da incompetência do juízo pode até implicar invalidação de atos decisórios (art. 64, §4º, do CPC), contudo o efeito interruptivo da prescrição permanecerá.

O mesmo se aplica à decadência e aos demais prazos extintivos, conforme o §4° do art. 240 do CPC.

Atente-se que mesmo nos casos em que há extinção do processo sem resolução de mérito (art. 485 do CPC), havendo despacho citatório, todos os efeitos acima listados terão se verificado, inclusive a interrupção da prescrição. Caso, todavia, o processo seja extinto antes de proferido o despacho decisório, não haverá falar em interrupção da prescrição.

No caso específico da citação da Fazenda Pública, há uma previsão diferenciada para o caso de o prazo prescricional retomar seu curso: **o novo prazo corre pela metade – ou seja, dois anos e meio. Todavia, jamais poderá ser menor que cinco anos**.

A lição acima encontra fundamento no art. 9° do Decreto n° 20.910/32 e em interpretação sumulada do Supremo Tribunal Federal. Senão vejamos:

> Art. 9º A prescrição interrompida recomeça a correr, pela metade do prazo, da data do ato que a interrompeu ou do último ato ou termo do respectivo processo.

> Enunciado nº 383. A prescrição em favor da Fazenda Pública recomeça a correr, por dois anos e meio, a partir do ato interruptivo, mas não fica reduzida aquém de cinco anos, embora o titular do direito a interrompa durante a primeira metade do prazo.

Andou bem o STF neste enunciado. A razão é simples: caso a demanda seja proposta contra a Fazenda Pública antes de ultrapassado metade do prazo prescricional (=menos de dois anos e meio) e, por qualquer razão, o feito seja extinto sem mérito, a aplicação estrita da norma do art. 9º do Decreto nº 20.910/32 induziria à retomada do prazo prescricional cujo cômputo seria menor que cinco anos. Estar-se-ia, assim, prejudicando o autor diligente, que buscou o exercício de sua pretensão em prazo exíguo.

Considerando que o prazo prescricional volte a correr a partir do último ato do processo que impediu sua fluência, conta-se apenas a metade, **conquanto jamais reduzido a menos que cinco anos.**

Por exemplo, proposta a demanda em face da União após **um ano** da violação do direito, está obstada a fluência do prazo prescricional. Uma vez extinto o processo por quaisquer das causas do art. 485, o prazo para a propositura de nova ação não volta a correr por dois anos e meio (como se poderia compreender da redação do art. 9º do Decreto nº 20.910/32), mas sim por quatro anos, atingindo-se o limite mínimo de cinco anos, conforme o Enunciado nº 383 da Súmula do STF.

Admite-se, todavia, a situação inversa. Caso a demanda seja proposta após ultrapassada a primeira metade do prazo prescricional, caso volte a correr a prescrição, nos termos do art. 9º do Decreto nº 20.910/32, necessitará de mais dois anos e meio para se ultimar.

Assim, "No cômputo total do prazo prescricional, não haverá período inferior a 5 (cinco) anos, podendo ocorrer lapso de tempo superior, caso a interrupção tenha se operado quando já ultrapassados dois anos e meio"[9].

4.2. Ação de reparação civil contra a Fazenda Pública

No caso da ação civil de reparação de danos proposta contra a Fazenda Pública, há uma aparente antinomia entre o art. 9º do De-

9. CUNHA, Leonardo Carneiro da. *A Fazenda Pública em juízo.* Rio de Janeiro: Forense, 2016, p. 73.

creto nº 20.910/32 e o art. 206, §3º, V, do Código Civil. O primeiro, conforme já acima colacionado, prevê um prazo prescricional de 5 anos. O segundo, todavia, institui um prazo prescricional geral de 3 anos para ações desta natureza.

É preciso contextualizar: quando da vigência do art. 9º do Decreto nº 20.910/32, o prazo de prescrição geral das ações de reparação civil era de 20 anos, conforme o Código Civil de 1916. Assim, previu-se o prazo quinquenal reduzido de prescrição específico para a Fazenda Pública.

Com o advento do Código Civil de 2002, a situação se inverteu: passou a ser regra geral o prazo trienal, menor que o prazo específico das ações propostas em face do Poder Público.

O questionamento passou a ser o seguinte: com o novo Código Civil, o prazo de prescrição para a ações de reparação civil em face da Fazenda Pública passa a ser de 3 anos, ou se mantem em 5 anos?

Os que defendiam o prazo de 3 anos, o faziam com base no art. 10 do Decreto, que impõe a prevalência de prazos menores do que os ali previstos. Veja-se:

> Art. 10. O disposto nos artigos anteriores não altera as prescrições de menor prazo, constantes das leis e regulamentos, as quais ficam subordinadas às mesmas regras.

Por outro lado, para os que defendiam o prazo de 5 anos, o argumento seria a especialidade da norma do Decreto nº 20.910/32, que deveria prevalecer diante na norma geral do CC, afastando-se por isso inclusive a regra do art. 10.

Após embates na doutrina e na jurisprudência, o STJ fixou entendimento de que permanece em 5 anos o prazo prescricional para a propositura de ação de reparação civil em face do Poder Público, afastando-se o prazo trienal do Código Civil.

Foi decido no Resp. 1.251.993/PR, submetido à sistemática dos recursos repetitivos (tema 553), conforme firmada a tese: "**Aplica-se o prazo prescricional quinquenal - previsto do Decreto 20.910/32 - nas ações indenizatórias ajuizadas contra a Fazenda Pública, em detrimento do prazo trienal contido do Código Civil de 2002**".

Veja-se importante trecho da ementa do Resp. 1.251.993/PR, onde grifamos:

> "ADMINISTRATIVO. RECURSO ESPECIAL REPRESENTATIVO DE CONTROVÉRSIA (ARTIGO 543-C DO CPC). RESPONSABILIDADE CIVIL DO ESTADO. AÇÃO INDENIZATÓRIA. PRESCRIÇÃO. PRAZO QUINQUENAL (ART. 1º DO DECRETO 20.910/32) X PRAZO TRIENAL (ART. 206, § 3º, V, DO CC). PREVALÊNCIA DA LEI ESPECIAL. ORIENTAÇÃO PACIFICADA NO ÂMBITO DO STJ. RECURSO ESPECIAL NÃO PROVIDO. (...)-o atual e consolidado entendimento deste Tribunal Superior sobre o tema é no sentido da **aplicação do prazo prescricional quinquenal - previsto do Decreto 20.910/32 - nas ações indenizatórias ajuizadas contra a Fazenda Pública, em detrimento do prazo trienal contido do Código Civil de 2002.** 4. O **principal fundamento** que autoriza tal afirmação **decorre da natureza especial do Decreto 20.910/32, que regula a prescrição, seja qual for a sua natureza, das pretensões formuladas contra a Fazenda Pública, ao contrário da disposição prevista no Código Civil, norma geral que regula o tema de maneira genérica, a qual não altera o caráter especial da legislação, muito menos é capaz de determinar a sua revogação.** (...) 5. A previsão contida no art. 10 do Decreto 20.910/32, por si só, não autoriza a afirmação de que o prazo prescricional nas ações indenizatórias contra a Fazenda Pública foi reduzido pelo Código Civil de 2002, a qual deve ser interpretada pelos critérios histórico e hermenêutico. (...) (Resp. 1.251.993/PR. Relator Ministro Mauro Campbell Marques, 1ª Seção. DJE 19/12/2012)

4.2.1. *Ação de reparação em razão de fatos ocorridos durante o período de ditadura militar*

É imprescritível a demanda reparatória proposta contra o Poder Público cujo fundamento sejam danos provocados pela prática de atos ligados à ditadura militar, como tortura e perseguição. A imprescritibilidade atinge tanto danos materiais quanto morais.

Trata-se de construção jurisprudencial, com fundamento no momento histórico e excepcional vivido, com graves atentados aos direitos humanos e à dignidade da pessoa humana. É, portanto, hipótese excepcional de imprescritibilidade.

Veja-se importante posicionamento do STJ, afastando a prescritibilidade do *fundo de direito*, mas reconhecendo a prescrição para parcelas vencidas em prazo quinquenal:

> "(...) VIOLAÇÃO DE DIREITOS FUNDAMENTAIS. PRISÃO E TORTURA PERPETRADOS DURANTE O REGIME MILITAR. IM-

> PRESCRITIBILIDADE DA AÇÃO. RECURSO ESPECIAL PROVIDO. (...) III - A Constituição da República não prevê lapso prescricional ao direito de agir quando se trata de defender o direito inalienável à dignidade humana, sobretudo quando violada durante o período do regime de exceção. IV - Este Superior Tribunal de Justiça orienta-se no sentido de **ser imprescritível a reparação de danos, material e/ou moral, decorrentes de violação de direitos fundamentais perpetrada durante o regime militar**, período de supressão das liberdades públicas. V - A 1ª Seção desta Corte, ao julgar EREsp 816.209/RJ, de Relatoria da Ministra Eliana Calmon, afastou expressamente a tese de que a imprescritibilidade, nesse tipo de ação, alcançaria apenas os pleitos por dano moral, invocando exatamente a natureza fundamental do direito protegido para estender a imprescritibilidade também às ações por danos patrimoniais, o que deve ocorrer, do mesmo modo, em relação aos pleitos de reintegração a cargo público. VI - **O retorno ao serviço público, nessa perspectiva, corresponde a reparação** intimamente ligada ao princípio da dignidade humana, porquanto o trabalho representa uma das expressões mais relevantes do ser humano, sem o qual o indivíduo é privado do exercício amplo dos demais direitos constitucionalmente garantidos. VII - A imprescritibilidade da ação que visa reparar danos provocados pelos atos de exceção **não implica no afastamento da prescrição quinquenal sobre as parcelas eventualmente devidas ao Autor**. Não se deve confundir imprescritibilidade da ação de reintegração com imprescritibilidade dos efeitos patrimoniais e funcionais dela decorrentes, sob pena de prestigiar a inércia do Autor, o qual poderia ter buscado seu direito desde a publicação da Constituição da República. VIII - Recurso especial provido. (Resp. 1.565.166/PR. Relatora Ministra Regina Helena Costa, 1ª Turma. DJE 02/08/2018

É importante atentar a isso: a demanda visando a reparação pelos danos em razão de fatos ocorridos durante o período de ditadura militar não prescreve. Todavia, caso haja o reconhecimento de obrigação de trato sucessivo (tema tratado com maior profundidade adiante), o direito do particular será declarado, sem embargos de serem atingidas pela prescrição as parcelas vencidas há mais de 5 anos da propositura da ação.

4.3. Relações de trato sucessivo

As obrigações de trato sucessivo são aquelas que se renovam sempre em determinado período de tempo. É o exemplo das remunerações, pensões e aposentadorias pagas pelo Poder Público aos seus servidores ativos, aposentados e pensionistas, cuja obrigação de adimpli-las se renova mês a mês.

Nas obrigações de trato sucessivo, a prescrição atinge toda e qualquer parcela vencida há mais de cinco anos. Assim, sempre que a demanda for proposta tendo por objeto uma dessas parcelas, renovável mês a mês, a sentença procedente condenará a Fazenda Pública em **período retroativo limitado aos cinco anos anteriores à propositura da ação**. Diz-se, pois, que a prescrição atinge progressivamente as prestações, à medida que completado o interregno prescricional. Nos termos do art. 3° do Decreto n° 20.910/32:

> Art. 3° Quando o pagamento se dividir por dias, meses ou anos, a prescrição atingirá progressivamente as prestações à medida que completarem os prazos estabelecidos pelo presente decreto.

Assim, uma vez formulado o pedido relativo ao acertamento da obrigação de trato sucessivo, o autor fará jus ao recebimento das parcelas devidas nos cinco anos anteriores à propositura da demanda.

4.3.1. Prescrição do fundo do direito

No tema tratado neste tópico, há uma situação distinta e muito importante. Trata-se da chamada **prescrição do fundo do direito**. Dá-se quando o próprio direito à percepção de uma verba é negado pela administração pública. É o caso em que o administrado requereu a verba – ou seja, requereu o acertamento de uma obrigação de trato sucessivo – mas o seu **direito a esta verba foi negado pela administração.**

Em hipóteses assim, **não** há falar que a *prescrição atingirá as prestações a medida que forem se vencendo*. Na verdade, ultrapassado o interregno de 5 anos, o interessado não poderá exercer em juízo tal pretensão, **já negada em âmbito administrativo**, pois atingida pelo prazo prescricional.

É que já há **uma declaração negando a própria relação jurídica;** já foi negado o próprio direito reclamado. Não há falar em *prestações vencidas* de uma relação cuja existência já foi rejeitada.

Veja-se o Enunciado nº 85 da Súmula do STJ que esclarece os casos tratados acima: "Nas relações jurídicas de trato sucessivo em que a Fazenda Pública figure como devedora, quando não tiver sido negado o próprio direito reclamado, a prescrição atinge apenas as prestações vencidas antes do qüinqüênio anterior à propositura da ação".

Por outro lado, uma vez proposta a demanda pelo administrado após a negativa administrativa, mas antes de atingido o prazo prescricional, sagrando-se vitorioso, fará jus ao benefício desde a propositura da ação, não sendo contado o período anterior. É lógico: durante o *período anterior* havia negativa administrativa plenamente eficaz, questionada apenas com a propositura da demanda.

Relação de trato sucessivo	
Sem negativa prévia	**Com negativa prévia**
Há uma omissão no acertamento da obrigação	Há uma negativa expressa quanto ao acertamento da obrigação
A prescrição atinge apenas as prestações vencidas há mais de cinco anos da propositura da ação	A prescrição atinge o próprio direito à prestação
Caso o particular sagre-se vencedor, receberá parcelas anteriormente vencidas	Caso o particular sagre-se vencedor, receberá parcelas vencidas apenas a partir da propositura da demanda
Não há perda do direito, mas apenas perda da pretensão de exigir as parcelas anteriores	Há a perda do próprio direito alegado. Trata-se, em verdade, de decadência, conquanto a praxe faça referência à expressão prescrição do fundo do direito

Sobre o tema, há esclarecedor julgado do STJ:

> "(...) PRESCRIÇÃO DO FUNDO DE DIREITO. (...) RELAÇÃO DE TRATO SUCESSIVO. CONCESSÃO INICIAL DO BENEFÍCIO PREVIDENCIÁRIO. INEXISTINDO NEGATIVA EXPRESSA E FORMAL DA ADMINISTRAÇÃO, INCIDE A SÚMULA 85/STJ. RE 626.489/SE (TEMA 313/STF). APLICABILIDADE. OMISSÃO. EMBARGOS DE DECLARAÇÃO DA AUTARQUIA ESTADUAL ACOLHIDOS EM PARTE, SEM ATRIBUIÇÃO DE EFEITOS INFRINGENTES. (...) o que merece ser aclarado na ementa do acórdão embargado é que a

> prescrição do fundo de direito ocorre se houver expresso indeferimento pela Administração, a teor da Súmula 85/STJ. 6. A partir da leitura do voto condutor do eminente relator Ministro NAPOLEÃO NUNES MAIA FILHO, constata-se que ficou estabelecido que, nas causas em que se pretende a concessão de benefício de caráter previdenciário, inexistindo negativa expressa e formal da Administração, não há falar em prescrição do fundo de direito, nos termos do art. 1º do Decreto-Lei 20.910/1932, porquanto a obrigação é de trato sucessivo, motivo pelo qual incide, no caso, o disposto na Súmula 85 do STJ (fls. 429). 7. Situação diversa ocorre quando houver o indeferimento do pedido administrativo de pensão por morte, pois, em tais situações, o interessado deve submeter ao Judiciário, no prazo de 5 (cinco) anos, contados do indeferimento, a pretensão referente ao próprio direito postulado, sob pena de fulminar o lustro prescricional. (...)" (STJ. 1ª Seção. EDCL nos EREsp 1.269.726-MG, Rel. Min. Manoel Erhardt, julgado em 25/08/2021).

Um último ponto merece ser tratado: a situação que se chama de *prescrição do fundo de direito*, mais tecnicamente se assemelha à decadência. É como explica a doutrina: "Denegada a postulação do sujeito, inicia-se o prazo para sua reclamação em juízo. Ultrapassado o prazo, há extinção do efeito do fato jurídico. Haverá, na verdade, decadência. A jurisprudência, nesse caso, denomina a situação 'prescrição do fundo do direito'. Os efeitos do fato jurídico extinguem-se, caracterizando, na verdade, uma decadência, e não uma prescrição"[10] (CUNHA, 2016. p. 69).

4.3.2. Ato de efeitos concretos

Todo o raciocínio colocado acima se aplica, sem tirar nem pôr, em relação à lei ou ato de efeitos concretos que altera ou suprime vantagem, ou de qualquer modo gera lesão a *suposto* direito do particular.

A partir da lei ou ato que suprima eventual benefício, conta-se o prazo prescricional de 5 anos para a propositura da demanda, **não havendo falar em trato sucessivo**. É que **haverá, desde logo, uma negativa do próprio direito**.

Trata-se de situação em que se ultrapassado o prazo, dar-se a **prescrição do próprio fundo do direito**.

---

10. CUNHA, Leonardo Carneiro da. *A Fazenda Pública em juízo*. Rio de Janeiro: Forense, 2016, p. 69.

4.4. Prescrição da pretensão executiva

A **pretensão à tutela executiva contra a Fazenda Pública prescreve, da mesma forma, em 5 anos**. Seja o início da fase de cumprimento de sentença, seja a propositura de processo executivo autônomo, a prescrição é quinquenal.

É que a demanda executiva prescreve no mesmo tempo da demanda de conhecimento. Nesse sentido é o enunciado n° 150 da Súmula do STF: "Prescreve a execução no mesmo prazo de prescrição da ação".

5. AÇÃO ANULATÓRIA DE ATO FIRMADO ENTRE O PARTICULAR E O PODER PÚBLICO

Os atos judicias homologatórios das convenções firmadas entre as partes devem ser desconstituídos **por meio de ação anulatória, não por meio de ação rescisória**. Assim, o acordo firmado no processo entre o Poder Público e o Particular somente poderá ser invalidado por *ação anulatória* (=constitutiva negativa). O art. 966, §4°, do CPC é dedicado ao tema:

> *Art. 966, § 4º* Os atos de disposição de direitos, praticados pelas partes ou por outros participantes do processo e homologados pelo juízo, bem como os atos homologatórios praticados no curso da execução, estão sujeitos à anulação, nos termos da lei.

Há um mau emprego do termo "anulação". Em verdade, de forma mais abrangente, deve-se compreender possível a ação de *invalidação* dos atos praticados pelas partes, abrangendo aí as causas de *anulabilidade* e de *nulidade*.

Por isso, o §4° do art. 966, ao permitir a propositura de **ação anulatória de ato processual das partes ou outros sujeitos do processo**, atrai sua incidência para a hipótese de extinção do processo prevista no art. 487, III (sentença que homologa transação).

Deve-se, pois, compreender o seguinte: os atos de disposição de direitos, praticados pelas partes ou por outros participantes do processo e homologados pelo juízo, bem como os atos homologatórios praticados no curso da execução e **que levem ou não à extinção do processo** de conhecimento ou de execução **não se submetem à ação**

rescisória, devendo ser impugnação em ação anulatória autônoma, nos termos da lei.

O **prazo para a propositura da demanda anulatória será** – na linha do que vem sendo trabalhado – **de 5 anos, contado da data de realização do ato firmado entre as partes.**

Há julgado do STJ que, por conta da clareza das lições, merece leitura. Veja-se trecho da ementa:

> "(...) AÇÃO ANULATÓRIA DE ACORDO. PRAZO DECADENCIAL. APLICAÇÃO DO ART. 1º DO DECRETO 20.910/32. TERMO INICIAL: DATA EM QUE FIRMADA A AVENÇA. (...) 2. Em se tratando de ação anulatória proposta contra a Fazenda Pública, o prazo decadencial é regido pelo art. 1º do Decreto 20.910/32. (...) 3. **Não se pode confundir a transação que enseja a extinção do processo com resolução de mérito**, na forma do art. 269, III [art. 487, III do CPC/15], do CPC, **cujo desfazimento (ou anulação) deve ocorrer na forma do art. 486 do CPC [art. 966, §4°, do CPC/15], com a hipótese** prevista no art. 485, VIII, do CPC existência de fundamento para invalidar confissão, desistência ou transação, em que se baseou a sentença , **a qual se submete à ação rescisória**. 4. (...) Em antigo precedente, o Supremo Tribunal Federal enfrentando a controvérsia sobre o cabimento da ação anulatória ou da ação rescisória para fins de anulação de transação homologada judicialmente pronunciou-se no sentido de que **a ação que objetiva a anulação de transação "não é contra a sentença, que se restringe a homologar ato de vontade das partes, em que não há um conteúdo decisório do Juiz", ou seja, a ação é "contra o que foi objeto da manifestação de vontade das partes, a própria transação"**. (...) Desse modo, se durante o trâmite de um processo judicial os litigantes decidem transacionar sobre o objeto da lide e inserem nos autos o termo no qual constaram as declarações de vontade, a necessidade de manifestação judicial refere-se tão somente ao encerramento do processo, ou seja, a homologação judicial tem apenas o efeito de declarar extinto o processo, sem produzir nenhuma repercussão sobre as concessões mútuas efetuadas pelos litigantes. Nessa situação, o prazo decadencial para se anular a transação deve ser contado da data em que se aperfeiçoou a avença. Conforme entendimento doutrinário, o objeto da ação anulatória, nessa hipótese, não é o ato praticado pelo juízo (homologação), mas o próprio negócio firmado pelas partes. Esse mesmo critério foi adotado pelo legislador do Código Civil de 2002 (e também do Código Civil revogado), no que se refere à anulação do negócio jurídico em virtude da existência de defeito (erro, dolo,

fraude contra credores, estado de perigo ou lesão), hipótese na qual o prazo decadencial é contado do dia em que se realizou o negócio jurídico (art. 178, II, do CC/2002; art. 178, § 9º, V, "b", do CC/1916). (...) (Resp. 866.197/RS. Relator Ministro Mauro Campbell Marques, 2ª Turma. DJE 14/04/2016).

PARTE GERAL DO CPC E FAZENDA PÚBLICA

1. GENERALIDADES

As normas do código de processo civil servem como fonte de integração a todos os *processos*. A chamada *parte geral* do processo, regulada no CPC, aplica-se a todos os ramos ou sub-ramos do processo.

Aquilo que chamamos de "*parte geral*" em determinada ordem jurídica traz a previsão **de institutos que se aplicam a todos os sub-ramos**, sempre que não houver regramento específico.

Nesse sentido, o dispositivo central da *Parte Geral* do CPC que consagra esta lição é o art. 15: aplica-se o CPC *supletiva e subsidiariamente* aos demais ramos do processo.

Nesse sentido, destacam-se dois enunciados das Jornadas de Direito Processual Civil do Conselho da Justiça Federal:

- Enunciado n° 2: "As disposições do CPC aplicam-se supletiva e subsidiariamente às Leis n. 9.099/1995, 10.259/2001 e 12.153/2009, desde que não sejam incompatíveis com as regras e princípios dessas Leis".
- Enunciado n° 3: "As disposições do CPC aplicam-se supletiva e subsidiariamente ao Código de Processo Penal, no que não forem incompatíveis com esta Lei".

A *Parte Geral*, pois, pode ser identificada com a parcela de uma consolidação de preceitos normativos (código ou consolidação de leis) cuja aplicação é geral. Há diversas partes gerais, aplicáveis a diversos ramos do Direito. Comum que os códigos (Processo Civil, Civil, Tributário, Penal, etc.) tragam suas respectivas partes gerais.

Este capítulo cuidará de apresentar as principais especificidades de atuação da Fazenda Pública relacionadas aos institutos da *parte geral do CPC*. Esta introdução é importante para que o leitor compreenda que não estamos aqui tratando apenas de *processo civil*, mas sim da parte geral do processo. Assim, em vista que a atuação da Fazenda Pública em juízo é ampla, as lições aqui trazidas se aplicam a todos os ramos do processo (salvo se houver norma específica que afaste o regramento geral).

2. FAZENDA PÚBLICA E SOLUÇÃO CONSENSUAL DOS CONFLITOS

O art. 3°, § 2°, do CPC consagra o *dever de estímulo à autocomposição*.

> Art. 3°, § 2º O Estado promoverá, sempre que possível, a solução consensual dos conflitos.

Ao impor o dever de promoção da autocomposição ao Estado, o CPC fomenta a aplicação dos métodos de solução consensual dos conflitos, passando a compreender que a solução concertada entre as partes é a melhor que se pode obter. A Fazenda Pública em juízo é também destinatária desta norma fundamental.

Assim, não é mais correto o *senso comum* de que o Poder Público não pode se submeter à autocomposição. Hoje, além do CPC, são incontáveis os textos normativos que não apenas autorizam, mas promovem a tomada de solução autocompositivas. **A *consensualidade* faz parte do Direito Público e da atuação da Fazenda Pública.**

Infelizmente, muitos entes públicos ainda não acompanharam a evolução do Direito brasileiro e acabam permanecendo em um paradigma de litigiosidade, se mostrando avessos à incorporação das soluções autocompositivas. Essa é uma postura que, aos poucos vem sendo alterada, seja pelas alterações legislativas, seja pelo exemplo da União Federal, que, na atualidade, possui uma ampla gama de instrumentos de autocomposição seja em relação a outros entes públicos, seja com os particulares.

2.1. Interesse público e transigibilidade

***Interesse público* é um conceito jurídico indeterminado.** O conteúdo da expressão varia no tempo e espaço, conforme se desnaturem e atualizem as noções de *ordem pública* ou se verifiquem variações nas formas de governo ou concepções políticas quanto à atuação mais expansiva ou retraída do Estado no mercado e garantia de serviços públicos à sociedade.

Há, classicamente, um desdobramento direto desta noção: a impossibilidade de o poder público autocompor.

As normas de Direito Público, responsáveis por regular a atuação do Poder Público, são associadas à ideia de indisponibilidade. Parece lógico: o Estado, ente com personalidade jurídica, atua através dos seus órgãos na tutela da coisa pública. *Coisa*, portanto, que não está em seu âmbito de titularidade. O Estado protege a *res publica*, o erário e os interesses da sociedade. Tratando-se então da esfera de direitos alheia, não é possível dela dispor. Desta noção simplória exsurge uma lição que parece nos acompanhar desde cedo: o Estado – na tutela do interesse público – não poderia se submeter à autocomposição.

Ocorre que está lição está superada.

O clássico modelo de uma administração pública de caráter autoritário e unilateral não pode mais ser admitido sob o prisma de um Estado Democrático de Direito. O direito administrativo constitucionalizado não pode mais tratar o indivíduo perante uma situação de sujeição.

É inegável que uma maior abertura para a consensualidade também deve estar relacionada com os meios alternativos de solução de conflitos. Tem-se os casos da mediação e da conciliação, dos acordos de leniência, dos termos de ajustamento de conduta, dos negócios jurídicos processuais, das transações, etc. Se a administração pública sempre ficou marcada por um excesso de rigidez no seu relacionamento para com os cidadãos, é o momento de ultrapassar barreiras, de instituir um novo paradigma marcado pela cooperação.

As técnicas autocompositivas podem trazer inúmeros benefícios para a relação poder público/cidadão, pois têm aptidão para solucionar conflitos de forma mais eficiente e, mais do que isso, de trazer uma solução para o problema que agrade a ambas as partes. Além disso, efetivamente integram o cidadão poder público, oferecendo-lhe a oportunidade de superar o conflito de forma dialógica e, portanto, mais democrática.

A utilização dos meios consensuais também estaria adequada aos ditames constitucionais, pois, ao admitir a autocomposição, haveria o cumprimento do princípio da eficiência (art. 37, *caput*, CF). É evidente que é **muito mais eficiente a resolução de um conflito por meio da autocomposição do que a demora natural que ocorre pela utilização do processo judicial.**

2.2. Autocomposição em matéria de direito público

A indisponibilidade do interesse público, tutelado no processo pelas procuradorias de representação dos Municípios, Estados e União, no âmbito da Administração Direita e Indireta, não desautoriza a Fazenda Pública a se submeter à solução consensual dos conflitos. **A *indisponibilidade do interesse público*** não impede genericamente que a Fazenda Pública participe de autocomposição[1].

Não se pode confundir *direito indisponível* com *direito que não admita autocomposição*. Há uma enorme diferença. Confundir os conceitos é um erro comum, conquanto diferenciá-los seja de suma importância para compreender a questão.

A primeira nota que se deve fazer é a seguinte: não é possível identificar, com tranquilidade, o real conteúdo da expressão "*direito indisponível*". Sem intenção de esgotar a temática, permite-se afirmar que *direito indisponível* é toda situação jurídica subjetiva que não pode ter seu núcleo mínimo atingido por ato de vontade próprio ou de terceiros. Em outras palavras, direitos indisponíveis não podem ser reduzidos ao ponto de perderem seu *núcleo mínimo* de normatividade, nem mesmo pela renúncia de seu titular. O exemplo dos *direitos fundamentais* ajuda a esclarecer.

Tradicionalmente, tem-se que os *direitos fundamentais são indisponíveis*. Além disso, há proteção expressa contra alterações legislativas no art. 60, §4°, da Constituição da República, elevando-os ao patamar de cláusula pétrea. Isso não significa, contudo, que os seus titulares não possam *dispor* sobre o seu exercício e âmbito de proteção, ou que a lei venha a regular matéria a ele relativa. Apesar de existir um *direito fundamental à imagem*, os seus titulares podem reduzir seu espectro

---

1. É nesse sentido o enunciado n° 717 do FPPC: "A indisponibilidade do direito material, por si só, não impede a celebração de autocomposição".

de incidência para participar de *reality shows*. **Direito *indisponível*** não é sinônimo de direito ***absoluto***.

Assim, é possível *dispor* sobre direitos tradicionalmente compreendidos como *indisponíveis*. Por mais que pareça paradoxal, em termos semânticos significa que classificar um *direito* como *indisponível* não proíbe por completo a disposição de parcela da proteção conferida a seus titulares. Proíbe-se, em verdade, que se atinja o seu núcleo essencial, ou seja, que a situação material justificadora da proteção seja descaracterizada.

Perceba-se, nesse sentido, que após o advento da lei n° 13.140/2015, passou a ser expressamente autorizado autocompor, em sede de mediação, a respeito de "direitos indisponíveis que admitam transação" (art. 3°). Não se pode negar, portanto, a possibilidade de composição mesmo em face de demandas cuja questão principal discutida seja direito indisponível.

Nesse sentido, ***todo direito*, ao menos em abstrato, *admite autocomposição* pois, em maior ou menor grau, seus titulares podem dispor dele.**

O paradigma da *impossibilidade* de autocomposição na tutela do interesse público foi superado. Diversas fontes formais trazem previsões a respeito. Aqui, nos ocupemos apenas de tratar da principal manifestação de consensualidade na atuação da Fazenda Pública em juízo: os negócios jurídicos processuais.

Todavia, para que compreendamos os negócios jurídicos processuais realizados pela Fazenda Pública, é preciso consolidar esta lição: é possível autocompor (através de concessões recíprocas) em matéria de Direito Público, primário, inclusive.

Há diversas fontes formais que permite a autocomposição. A lei n° 7.347/1985, disciplina a Ação Civil Pública e, em seu art. 5°, §6°, é previsto o *termo de ajustamento de conduta*. No CPC, tem-se forte incentivo à realização da autocomposição e a previsão da possibilidade de criação de câmaras de mediação e conciliação pelos entes públicos (art. 174). Ainda antes da vigência do código, foi promulgada a já referenciada lei n° 13.140/2015, que traz disposições específicas a respeito da autocomposição de conflitos no âmbito da Administração Pública. Perceba-se que aqui, expressamente, regula-se a possibilidade de conflitos de direito material envolvendo o poder público e os sujeitos privados serem solucionados através de concessões recíprocas de forma genérica[2].

No âmbito administrativo há também vários casos de autocomposição autorizados por lei. Tem-se, por exemplo, os acordos em contratos administrativos (arts. 124, II e 138, II, da Lei 14.133/2021 – nova lei de licitações e contratos administrativos), os acordos nos procedimentos sancionatórios do CADE (art. 86, da Lei 12.529/2011).

Não é só isso.

A lei n° 13.655/2018 promoveu relevantes alterações na Lei de Introdução às normas do Direito Brasileiro (LINDB – Decreto-Lei n° 4.657/1942), incluindo ali o novel **art. 26, que vem sendo tratado como a *cláusula geral de autocomposição do poder público*.**

Ainda mais recente é a lei n° 13.988/2020, que regula o art. 156 do Código Tributário Nacional, dispondo sobre a transação em matéria tributária como forma de extinção dos créditos tributários.

No contexto de processos judiciais, além da cláusula geral de negociação processual do art. 190 do CPC, também é possível fazer referência a diversos textos normativos, tais como o parágrafo único, do art. 10, da Lei 10.259/2001 (Leis dos Juizados Especiais Federais) e art. 8º da Lei 12.153/2009 (Lei dos Juizados Especiais da Fazenda Pública). No processo coletivo, tem-se a previsão do termo de ajustamento de conduta (art. 5º, §6º, da Lei 7.347/1985).

A menção que fizemos aqui é apenas aos textos mais genéricos na autorização da autocomposição pelo poder público, mas que não chegam perto de esgotar o tema. **A regra, portanto, é a possibilidade de o poder público se submeter à autocomposição.** A diretriz é que o tema receba regulação legal e infralegal, como forma de proteger o exercício das capacidades institucionais decisórias e oferecer segurança à atuação do agente público.

Atentando ao fenômeno da consensualidade, importante mencionar alguns enunciados do Fórum Nacional do Poder Público:

---

2. No tema, veja-se o enunciado n° 398 do FPPC: "As câmaras de mediação e conciliação têm competência para realização da conciliação e da mediação, no âmbito administrativo, de conflitos judiciais e extrajudiciais".

- Enunciado nº 16: "A Administração Pública deve publicizar as hipóteses em que está autorizada a transacionar".
- Enunciado nº 125: "É possível a realização de transações e negócios jurídicos processuais em ações coletivas, inclusive nas hipóteses em que exista irregularidade, incerteza jurídica ou situação contenciosa na aplicação do direito público".
- Enunciado nº 130: "O art. 26 da LINDB prevê cláusula geral estimuladora da adoção de meios consensuais pelo Poder Público e, para sua aplicação efetiva e objetiva, recomenda-se a produção de repositório público de jurisprudência administrativa".
- Enunciado nº 131: "Deve o Poder Público desenvolver procedimentos internos hábeis a identificar casos para sugerir aplicação dos meios consensuais de conflito".

3. NEGÓCIOS JURÍDICOS PROCESSUAIS E FAZENDA PÚBLICA

A Fazenda Pública figura como o maior litigante do país. Justifica-se a formação de uma estrutura judiciária – a Justiça Federal – apenas para processar e julgar demandas em que há interesse da União, nos termos do art. 109 da Constituição da República.

Como não poderia deixar de ser, os negócios jurídicos processuais tem sido tema de amplo interesse para a Advocacia Pública, merecendo papel de destaque.

Não nos debruçaremos aqui sobre uma *teoria dos negócios jurídicos processuais* (tema já tratado com maior profundidade em outro momento[3]). Este tópico se ocupará dos negócios jurídicos processuais e o poder público.

3.1. Os requisitos da negociação

Os requisitos que permitem a negociação processual estão postos no *caput* do art. 190 do CPC: a) o objeto do processo deve ser

3. Cf. AVELINO, Murilo Teixeira. *Processo Civil – parte geral, processo de conhecimento e procedimentos especiais de jurisdição contenciosa*. Salvador: Juspodivm, 2021.

direito que admita autocomposição; b) partes plenamente capazes; c) o negócio deve ser firmado antes ou durante o processo.

Sobre tais requisitos, é preciso uma análise detida.

Para que se admita a realização de negócios jurídicos processuais, o processo deve versar sobre *direitos que admitam autocomposição*. Como dissemos acima, **abstratamente, todo e qualquer *direito* admite autocomposição**. Nesse sentido, mesmo considerando a *indisponibilidade do interesse público*, o primeiro requisito listado no art. 190 não limita, por si só, as convenções processuais.

O segundo requisito é a exigência de *partes plenamente capazes*. Aqui, **deve-se adotar o conceito de *parte processual***. Não é possível outra compreensão e a razão é simples: legitimados extraordinários e representantes podem firmar negócios jurídicos processuais. Pensar em *partes capazes* do ponto de vista material, retiraria dos *legitimados extraordinários* a possibilidade de firmar convenções processuais, o que significaria excluir por completo a possibilidade de negócio processual no âmbito do processo coletivo, o que não é sequer questionado.

Em acréscimo, a incidência estrita deste requisito retiraria dos representantes legais a possibilidade, da mesma forma, de firmar convenções no interesse dos seus representados. Não se cogita qualquer impedimento.

A *capacidade* mencionada como requisito no art. 190 deve ser entendida como uma **capacidade negocial processual**, inerente a todos aqueles que possuam capacidade processual, independentemente de estarem em juízo em nome próprio ou alheio, defendendo interesse próprio ou alheio. Esta compreensão estende a possibilidade de negociação processual aos legitimados ordinários, extraordinários e aos representantes.

Por último, as convenções podem ser firmadas *antes ou durante* o processo, ou seja, antes ou depois de instaurada a *litispendência*. Deve-se entender, por lógica, que a convenção deve tratar de atos ainda não praticados, mesmo que já iniciado o processo.

Atente-se a um detalhe: é possível que negócios jurídicos processuais sejam firmados fora do ato complexo ***procedimento***. O legislador expressamente admite que negócios processuais *endo* e *exoprocessuais*. Não é elemento necessário que o negócio seja aperfeiçoado como ato do procedimento, mas que seja apto a produzir efeitos dentro do feixe de relações jurídicas que é o processo. O *negócio* receberá a qualificação de *processual* se tiver potencialidade de influenciar um processo presente ou futuro.

3.2. Previsão normativa

Não há como eventualmente se justificar que a indisponibilidade do interesse público impediria as convenções processuais. A Fazenda Pública pode celebrar negócio jurídico, pode se submeter à autocomposição.

A título de indicativo da posição da doutrina, enunciados do Fórum Permanente de Processualistas Civis:

- Enunciado nº 135 do FPPC: "A indisponibilidade do direito material não impede, por si só, a celebração de negócio jurídico processual".
- Enunciado nº 256 do FPPC: "A Fazenda Pública pode celebrar negócio jurídico processual"[4].

Na mesma linha, Conselho da Justiça Federal editou o Enunciado nº 17 na Primeira Jornada de Direito Processual Civil: "A Fazenda Pública pode celebrar convenção processual, nos termos do art. 190 do CPC".

Ainda, o enunciado nº 98 do Fórum Nacional do Poder Público: "Não é necessária autorização legislativa específica para que os advogados públicos possam celebrar negócios processuais, ficando vinculados aos parâmetros legais e aos administrativos eventualmente fixados pelos respectivos órgãos de direção".

No âmbito da Procuradoria Geral da Fazenda Nacional, há autorização legal expressa para a sua realização, pois a Lei 13.874/2019 (Liberdade Econômica), inseriu os §§ 12 e 13 no art. 19 da Lei 10.522/2002, dispondo expressamente sobre a celebração de negócios processuais e remetendo para o ente a regulamentação dos seus limites e possibilidades, o que vem sendo feito, conforme veremos no próximo item.

4. No mesmo sentido, o enunciado nº 9 do Fórum Nacional do Poder Público: "A cláusula geral de negócio processual é aplicável à execução fiscal".

No sentido de proteger o interesse público, institui-se um *vetor interpretativo* interessante: **a celebração de negócios jurídicos processuais deve ser pautada na recuperação do crédito público e na proteção de suas garantias e privilégios**. A nós, parece que é este o elemento nuclear que informa a atuação de todos os órgãos de representação nos três níveis federativos.

É possível a formalização, pela Fazenda Pública, de negócios que versem sobre causas repetitivas, atingindo eventuais lides que sequer foram ajuizadas. Negociação sobre questões de massa, marcação de audiências públicas, formalização de Termos de Ajustamento de Conduta (art. 174, III do CPC), formalização de termos de cooperação institucional, instituição de arbitragem (lei nº 13.129/15), etc., são vários exemplos de negócios jurídicos processuais (ou *pré-procedimentais*) que podem ser firmados.

É do procurador responsável pelo processo a autoridade para celebrar os negócios processuais. Isso porque a prática de atos processuais pelo advogado público, no exercício de sua ***autonomia*** técnica, também lhe permite realizar as convenções. Os requisitos e desdobramentos funcionais desta atuação, todavia, podem ser regulados internamente pelo ente público.

3.3. Disposição de prerrogativas

Já tratamos, em capítulo anterior, a respeito dos fundamentos que justificam as prerrogativas da Fazenda Pública em juízo. Diante disso, a questão que se coloca é saber se tais prerrogativas podem ser objeto de disposição através de negócios jurídicos processuais.

As *prerrogativas*, anote-se, não são dos procuradores e advogados públicos, não são dos governos. As prerrogativas são dos próprios entes incumbidos da tutela da *res publica*. É possível identificar, nesse contexto, duas espécies: i) as **prerrogativas processuais** da Advocacia Pública como órgão de (re)presentação judicial da Fazenda Pública; ii) as **prerrogativas materiais** da própria Fazenda Pública como ente personalizado.

Como exemplos da primeira espécie, temos a previsão de prazo judicias em dobro e a intimação pessoal (art. 184, do CPC); como exemplos da segunda espécie, o pagamento de honorário em patamares diferenciados (art. 85, §3°, do CPC) e o pagamento de suas dívidas acertadas judicialmente pelo sistema de precatórios (art. 100 da Constituição Federal).

A posição que adotamos aqui, como forma de manter coerência com o ideal de consensualidade é de que, **como regra, não haveria limitação à disposição de prerrogativas processuais**, pois especialmente instituídas em atenção à atuação dos órgãos de representação judicial da Fazenda Pública. Assim, se os negócios jurídicos processuais visam tornar o processo mais adequado à tutela do direito, admitindo-se a participação da Advocacia Pública em tais convenções, não há razão para limitar em abstrato a prática de atos de disposição do procedimento ou situações jurídicas processuais. A disposição de prerrogativas está aí incluída.

Perceba-se o seguinte: não há maiores debates quanto à possibilidade de os órgãos de representação judicial da Fazenda Pública firmarem calendário processual[5]. O calendário é negócio jurídico processual típico (art. 191) que altera os prazos e a forma de comunicação das decisões judiciais visando preordenar a realização de atos processuais e tornar a resolução do feito mais célere, reduzindo o seu diferimento em razão do tempo necessário à realização dos atos de comunicação. Nesse sentido, admitir que a Advocacia Pública firme calendário, tem como pressuposto lógico admitir que disponha convencionalmente a respeito de suas prerrogativas de intimação pessoal e contagem de prazos em dobro[6]. Adiante, inclusive, trataremos de exemplo prático de convenção processual em que houve disposição nesse sentido.

Por outro lado, **as *prerrogativas materiais*** não podem ser objeto de disposição, salvo se houver norma autorizativa. Há certas prerrogativas que não são instituídas em favor da atuação da Advocacia Pública, ou seja, não encontram justificativa no equilíbrio de forças na atuação processual. Elas são instituídas em razão mesmo do regime diferenciado a que se submete o ente, como pessoa jurídica de direito público.

---

5. Enunciado nº 10 do Fórum Nacional do Poder Público: ***"É possível a calendarização dos atos processuais em sede de execução fiscal e embargos"***.

6. Enunciado nº 30 do Fórum Nacional do Poder Público: ***"É cabível a celebração de negócio jurídico processual pela Fazenda Pública que disponha sobre formas de intimação pessoal"***.

   Enunciado nº 97 do Fórum Nacional do Poder Público: ***"É cabível a celebração de negócio jurídico processual pela Advocacia Pública que disponha sobre a contagem de prazos processuais"***.

O exemplo mais marcante é o pagamento das condenações judicias através de precatório. A posição que adotamos aqui é pela impossibilidade de dispor sobre o pagamento de condenações, ou seja, pela **impossibilidade de alterar negocialmente o regime de precatórios**. O regramento do art. 100 da Constituição em nada impacta na atuação do Poder Público em juízo. As razões para si são muito mais relacionadas a questões de equilíbrio financeiro e orçamentário do ente público. O mesmo se dá com a previsão das faixas para cálculo de honorários advocatícios e com a dispensa de preparo para interposição de recursos e manejo de ação rescisória. Ora, tais prerrogativas – ditas materiais – não podem ser objeto de convenção processual, salvo se houver norma expressa autorizando tal disposição.

É nesse sentido, o enunciado nº 102 do Fórum Nacional do Poder Público: "É inválido negócio processual para afastar o pagamento das dívidas judiciais por precatório ou requisição de pequeno valor".

Há, todavia, um ponto de polêmica quanto a uma específica prerrogativa: a remessa necessária (art. 496 do CPC). A lei prevê um requisito específico para que as sentenças proferidas contra o Poder Público sejam atingidas pelo manto da coisa julgada: o reexame de seu conteúdo pelo órgão colegiado ao qual o juiz singular está submetido. A dificuldade está em identificar qual o aspecto que prevalece nesta prerrogativa, ou seja, se ela garante um tratamento diferenciado para a Advocacia Pública ou se está ligada à proteção do próprio ente público parte da demanda.

Ainda que **prevaleça compreensão pela impossibilidade de dispor sobre a remessa necessária**[7] o tema merece desenvolvimento, não encontrando consenso.

3.4. Portarias PGFN nº 360/2018 e nº 742/2018

No âmbito da Procuradoria Geral da Fazenda Nacional, diversas normas internas regulam a realização de negócios jurídicos processuais. A regulação inicialmente tímida, vem ganhando ares bastante positivos de *liberalidade e responsabilidade* na atuação da PGFN para a realização de convenções.

7. BRANCO, Janaína Soares Noleto Castelo. *Advocacia pública e solução consensual dos conflitos*. Salvador: Juspodivm, 2018, p. 178-182.

A postura se inverteu com a edição das **Portarias n° 360/2018 e n° 742/2018**. A Portaria n° 360/2018 autoriza a realização, no âmbito da PGFN, de modalidades específicas de negócio jurídico processual, inclusive calendarização. Já a Portaria n° 742, disciplina, nos termos do art. 190 do CPC, a celebração de negócio jurídico processual em sede de execução fiscal, para fins de equacionamento de débitos inscritos em dívida ativa da União.

A Portaria n° 360/2018 autoriza a celebração, no âmbito da Procuradoria-Geral da Fazenda Nacional, de diversas modalidades específicas de negócio jurídico processual: i) fixação de calendário para a prática de atos processuais; ii) forma e tempo de cumprimento de decisões judiciais; iii) forma e tempo para confecção ou conferência de cálculos; iv) interposição, prazo e desistência de recursos; v) forma de inclusão do crédito fiscal e FGTS em quadro geral de credores, quando for o caso; vi) sobre prazos processuais; vii) sobre ordem de realização de atos, inclusive em relação à produção de provas.

Algumas limitações são trazidas, vedando-se a celebração de negócio jurídico processual: i) cujo cumprimento dependa de outro órgão, sem que se demonstre a sua anuência prévia, expressa e inequívoca; ii) que preveja penalidade pecuniária; iii) que envolva qualquer disposição de direito material por parte da União, ressalvadas as hipóteses previstas Portaria PGFN Nº 502, de 12 maio de 2016, e na Portaria PGFN Nº 985, de 18 de outubro de 2016; iv) que extrapole os limites dos arts. 190 e 191 do Código de Processo Civil; ou v) que gere custos adicionais à União, exceto se aprovado prévia e expressamente pela Procuradoria-Geral Adjunta competente.

A Portaria 742/2018 segue a linha de verter os olhos apenas para negócios processuais, deixando clara a vedação de que as celebrações de convenções processuais sirvam à redução do montante dos créditos inscritos ou impliquem renuncia às garantias e privilégios do crédito tributário (cuja regulação fica por conta da lei n° 13.988/2020, que dispõe sobre transação em matéria tributária). O foco se dá no procedimento dos feitos executivos fiscais.

O negócio jurídico processual firmado nos seus termos para equacionamento de débitos inscritos em dívida ativa da União poderá versar sobre: i) calendarização da execução fiscal; ii) plano de amortização do débito fiscal; iii) aceitação, avaliação, substituição e liberação de garantias; iv) modo de constrição ou alienação de bens.

Como forma de ampliar a cooperação, para celebração do negócio processual poderão ser agendadas reuniões para discussão da proposta do devedor ou apresentação de contraproposta da PGFN. Havendo aceitação da proposta feita pelo devedor ou da contraproposta apresentada pela PGFN, a unidade responsável deverá redigir os termos do negócio, contendo a qualificação das partes, as cláusulas e condições gerais do acordo, os débitos envolvidos com indicação das respectivas execuções fiscais e os juízos de tramitação, o prazo para cumprimento, a descrição detalhada das garantias apresentadas e as consequências em caso de descumprimento.

Não se exige a necessária previsão de homologação judicial[8]. Será possível requere-la, sendo o caso, quando previsto na própria convenção.

3.5. Negócios sobre processos *indeterminados, mas determináveis* – os protocolos institucionais

Os negócios processuais cujo objeto seja a alteração do procedimento **podem tratar de processos presentes ou futuros**. Em acréscimo, **podem versar sobre processos determinados ou *determináveis***. Quer dizer o seguinte: nem sempre uma convenção processual aponta especificamente a qual processo se refere. É possível, inclusive, que diga respeito a processo futuro. Dessa forma, não é difícil compreender que a variabilidade do objeto é grande a ponto de considerarmos, dentre outras, duas situações *combináveis* entre si: i) processos atuais ou futuros; ii) determinados ou determináveis.

A partir daí, é possível falar daquilo que a doutrina vem tratando como ***protocolos institucionais***. Trata-se, em conceito, de ***convenção processual firmada entre entes públicos e/ou privados, que dizem respeito à gestão de processos presentes e futuros, indeterminados, mas determináveis***.

Este fenômeno é plenamente admissível no Direito brasileiro, encontrando consagração, inclusive, na atual redação do art. 19, §12 da lei n° 10.522/2002.

8. Enunciado n° 99 do Fórum Nacional do Poder Público: "A eficácia de negócio jurídico processual celebrado pela Advocacia Pública não está sujeita à prévia homologação pelo Poder Judiciário, salvo disposição legal expressa em sentido contrário".

Quanto aos *outros entes*, normalmente estamos tratando de litigantes habituais. É o que se dá quando figuram como parte nos protocolos institucionais *os órgãos de representação da Advocacia Pública*. Em verdade, o interesse na celebração de tais protocolos é eminentemente de litigantes habituais, cujo interesse, da mesma forma que ocorre com o Judiciário, é na **gestão de processos**. Ainda que seja comum a celebração pela Advocacia Pública, nada impede que um protocolo institucional seja firmado entre o Judiciário e uma grande empresa, para regular alterações em processos de que faça parte.

Tais protocolos podem versar a respeito de processos atuais ou futuros. Em verdade, isso é o que normalmente acontece. Os protocolos costumam ser motivados, inclusive, pela identificação de gargalos e retenções em certos tipos de procedimento, o que motiva as partes a uma aproximação e negociação. Em vista que **o escopo principal é tornar a *gestão de processos* mais eficiente**, os protocolos são normalmente firmados por **prazo indeterminado**, exatamente para atingir demandas futuras ainda não ajuizadas.

E os protocolos institucionais têm por objeto processos *indeterminados, mas determináveis*. Como se trata da gestão *de processos*, **de suma importância que se defina o *gênero* sobre o qual se aplica a convenção**. A definição específica de quais processos serão atingidos pode ficar para momento posterior ou ato apartado. Importa, no protocolo, que os contornos das atuações objeto da convenção sejam claros, para que não haja dúvida, no momento da concentração de seu objeto, que *tal ou qual* processo possa ter o rito adaptado em razão do protocolo institucional. É interessante a posição de Fredie Didier Jr, no sentido de que o *núcleo essencial* da ideia de *protocolos institucionais* ser exatamente a característica de tais negócios terem por objeto processos indeterminados[9].

Por exemplo, é possível imaginar protocolos que tratem do depósito prévio de manifestações modelo, definindo-se especificamente os casos em que tais manifestações podem ser utilizadas, dispensando-se assim os atos de intimação e o diferimento do processo em razão dos prazos. Ainda, protocolos que definam tramitação ajustada para determinadas causas, dispondo sobre a forma de comunicação das decisões e calendário pré-definido, por exemplo.

9. DIDIER JR., Fredie. *Cooperação Judiciária Nacional*. Salvador: Juspodivm, 2020, p. 39-40.

O reconhecimento dos protocolos institucionais representa, portanto, um grande avanço para que os negócios jurídicos processuais funcionem de fato como instrumentos na busca de soluções consensuais pelo poder público.

3.5.1. A previsão legal sobre os protocolos institucionais e um caso paradigmático

Uma das técnicas paradigmáticas trazidas pela alteração provocada pela lei de liberdade econômica no processo civil é a possibilidade expressa de os órgãos de representação judicial firmarem os *protocolos institucionais*. Tratam-se de acordos para a gestão de um número indefinido de processos, cujo fundamento normativo está no art. 19, §12 da lei n° 10.522/02.

A redação do dispositivo prevê expressamente que os órgãos do Poder Judiciário e as unidades da Procuradoria-Geral da Fazenda Nacional poderão, de comum acordo, realizar mutirões para análise do enquadramento de processos ou de recursos nas hipóteses de dispensa de contestar e recorrer previstas no art. 19 da lei. Tudo com fundamento no disposto na cláusula geral de negociação processual (art. 190 do CPC).

Como dissemos, e não é despiciendo repetir, negócios processuais cujo objeto seja a alteração do procedimento podem tratar de processos presentes ou futuros. Em acréscimo, podem versar sobre processos determinados ou *determináveis*. Este é o enquadramento dos protocolos institucionais, conforme previsto na lei n° 10.522/2002. Os *mutirões* são apenas um exemplo de como podem se conformar tais convenções.

Note, nesse sentido expressamente previsto em lei, que é possível a celebração de convenções processuais pelo Judiciário como ente administrativo. **Quando atua nos protocolos institucionais, o Poder Judiciário atua como *Administração Pública*, no interesse da gestão de processos judiciais de maneira eficiente**.

Interessante exemplo de protocolo institucional foi realizado entre a Procuradoria Regional da Fazenda Nacional na 5ª Regional e o Tribunal Regional Federal da 5ª Região. O *Acordo de Cooperação* (como foi chamado o protocolo) tem por objeto o tratamento simplificado de execuções fiscais arquivadas por longo período de tempo[10].

10. Por propositura nossa, esta experiência foi considerada uma *boa prática* pelo FPPC, nos seguintes termos: "2. **Acordo de cooperação entre a advocacia pública e tribunal com o objetivo de**

Trata-se de uma convenção processual firmada entre o Poder Judiciário e órgão da Advocacia Pública Federal, referente a processos presentes e futuros, indeterminados, mas determináveis. Estamos diante de um negócio processual do tipo *protocolo institucional* cujo objeto são *processos de execução fiscal.*

O chamado *projeto análise simplificada de prescrição intercorrente* consiste na fixação de um **rito diferenciado para análise de prescrição intercorrente** no âmbito das execuções fiscais promovidas pela Fazenda Nacional. Pelo protocolo, o TRF5 se compromete a encaminhar periodicamente à PRFN5, em meio virtual, a lista de execuções fiscais que serão submetidas aos Projeto, indicando dados como CPF/CNPJ do devedor principal e a Vara/Seção Judiciária onde tramitam. Doutra parte, a PRFN5 se compromete a responder diretamente às Varas Federais respectivas, informando as execuções fiscais passíveis de sujeição ao rito simplificado de análise de prescrição intercorrente, apresentando petição em que reconhecerá a prescrição intercorrente, requerendo a extinção do feito executivo.

No petitório (modelo para os processos submetidos ao rito simplificado), a PFN dispensa a intimação prévia para se manifestar nos autos de cada um dos feitos e também a carga dos autos físicos por ocasião de sua intimação da sentença de extinção do prescrição intercorrente, tudo condicionado a, cumulativamente: i) não incidir

---

simplificar a análise de eventuais prescrições intercorrentes em execuções fiscais por meio do encaminhamento, sem carga, de lista de processos à advocacia pública para análise e indicação dos casos que permitem o reconhecimento da prescrição. (Grupo: Cooperação judiciária nacional - XI FPPC-Brasília) **Descrição.** Consiste na fixação de um rito diferenciado para análise de prescrição intercorrente no âmbito das execuções fiscais promovidas pela PRFN5 perante os juízos federais vinculados ao TRF5. Trata-se de protocolo institucional sobre processos indeterminados, mas determináveis, atuais e futuros. A concertação se dá sem prazo definido, permanecendo vigente enquanto não houver resolução. O TRF5 encaminhará à PRFN5, em 1° de setembro de cada ano, em meio virtual, a lista de execuções fiscais que serão submetidas aos Projeto. A PRFN5 responderá diretamente às Varas Federais, informando as execuções fiscais passíveis de sujeição ao rito simplificado de análise de prescrição intercorrente, dispensando intimação prévia para se manifestar nos termos do art. 40, §4°, da LEF, e também a carga dos autos físicos por ocasião de sua intimação da sentença, nos casos em que, cumulativamente: I - não houver condenação ao pagamento de honorários advocatícios em razão do reconhecimento da prescrição intercorrente; II - não houver penhora de bens ou direitos; III - restar consignada a especificação dos créditos (número de inscrição) envolvidos; e IV - for certificado que a representação processual da exequente está sendo exercida, nos autos, pela Procuradoria-Geral da Fazenda Nacional.

Dispositivos normativos concretizados. art. 67 do CPC; art. 19, §12, da Lei n° 10.522/2002; arts. 15 e 16 da Resolução n° 350 do CNJ.

Órgãos envolvidos. PRFN5 e TRF5

Responsáveis pela prática. Bernardo Alves da Silva Júnior, Carlos Rebêlo Júnior e Vladimir Souza Carvalho."

condenação ao pagamento de honorários advocatícios em razão do reconhecimento da prescrição intercorrente; ii) certificar-se a inexistência de penhora de bens ou direitos; iii) restar consignada na sentença a especificação dos créditos (número de inscrição) envolvidos; e iv) certificar-se que a representação processual da exequente está sendo exercida, nos autos, pela Procuradoria-Geral da Fazenda Nacional.

Perceba-se, nesse sentido, que **o protocolo institucional envolve a disposição, pela PGFN, de prerrogativas processuais** relativas à intimação pessoal para manifestação e após a sentença, que a intimação se dê por carga dos autos (sendo suficiente a intimação por mandado). Em acréscimo, nas execuções fiscais em que for dispensada a intimação prévia nos termos apontados, a PRFN5 **renuncia também ao direito de recorrer**, quando intimada da sentença.

O reconhecimento dos protocolos institucionais representa um grande avanço para que os negócios jurídicos processuais funcionem como instrumento de adequação procedimental, tornando a prestação da tutela jurisdicional mais efetiva e eficiente.

3.5.2. Convênios entre os Estados e Distrito Federal para a prática de atos processuais

É possível que entes públicos firmem protocolos institucionais entre si. O próprio CPC consagra uma hipótese de negócio processual nesse sentido em seu art. 75, §4°:

> Art. 75, § 4º. Os Estados e o Distrito Federal poderão ajustar compromisso recíproco para prática de ato processual por seus procuradores em favor de outro ente federado, mediante convênio firmado pelas respectivas procuradorias.

Trata-se de *protocolo institucional típico*, extensível também aos entes da administração indireta[11].

A partir deste dispositivo, passa-se a admitir que as procuradorias estaduais e do DF firmem *convênios de cooperação* para a prática de atos processuais em outros Estados/DF em favor de outro ente federado. Havendo convênio firmado entre as respectivas *Procuradorias* – responsáveis pela representação judicial do Estado/DF – torna-se

---

11. DIDIER JR., Fredie. *Cooperação Judiciária Nacional*. Salvador: Juspodivm, 2020, p. 30.

possível que, por exemplo, um procurador do DF atue na representação do Estado de Pernambuco em um processo que corra perante a Justiça do DF e que Pernambuco seja parte.

Esta possibilidade de *convênio* facilita a prática de atos processuais fora da circunscrição original da Procuradoria Estadual respectiva, materializando o *princípio da eficiência* inscrito no art. 37, *caput* da Constituição e facilitando o acesso à justiça. No caso, não se trata da *eficiência* sob as lentes do processo, mas sim de *eficiência* como instrumento de racionalização da atuação dos entes da Administração Pública.

4. COMPETÊNCIA

Há norma constitucional e legal que regula a competência para processar e julgar as causas em que a União e os entes a si vinculados sejam parte. Tratam-se dos art. 109, I, da Constituição da República e do art. 51 do CPC. O art. 52 do código, na mesma medida, dispõe a respeito das causas em que os Estados, o Distrito Federal e respectivos entes da Administração indireta sejam parte.

Por outro lado, os demais entes federados (Estados, Municípios e Distrito Federal) litigam perante a Justiça Comum Estadual (e Distrital, no caso específico do DF), cuja competência é definida *residualmente*. Aquilo que não for de competência das justiças especializadas ou da Justiça Federal, será de competência da Justiça Comum dos Estados e DF.

A Justiça Federal de primeiro grau se organiza em seções judiciárias. Cada Estado corresponde a uma seção. A capital do Estado é a sede da respectiva seção. Em uma seção judiciária podem haver várias Varas Federais com competência territorial comum. A interiorização do Judiciário fez com que se instalassem sedes da Justiça Federal em Municípios do interior. Essas sedes são chamadas de subseções judiciárias federais. Da mesma forma, nas subseções judiciárias há Varas Federais de competência territorial comum.

Já a Justiça Estadual de primeiro grau se divide em comarcas. Tratam-se de circunscrições territoriais definidas pelas leis de organização judiciária dos Estados, que limitam o âmbito de competência dos juízes que ali atuam. Cada comarca pode possuir diversas Varas Estaduais, cuja competência territorial será comum. As comarcas podem abranger um ou mais Municípios, a depender dos critérios eleitos pela lei de organização respectiva (v. g. população, volume de conflitos, extensão territorial, etc.). Em grandes comarcas, é possível sua divisão em distritos ou regiões, limitando-se territorialmente a competência dos juízes daquela comarca aos respectivos distritos ou regiões.

Focaremos no regramento da competência da Justiça Federal, com algumas notas a respeito da competência da Justiça Estadual. Vejamos.

4.1. Competência em razão da pessoa

O regramento base da competência para as causas de interesse da União e dos entes públicos componentes da administração indireta é o art. 109, I, da CR. Veja-se:

> Art. 109. Aos juízes federais compete processar e julgar:
>
> I - as causas em que a União, entidade autárquica ou empresa pública federal forem interessadas na condição de autoras, rés, assistentes ou oponentes, exceto as de falência, as de acidentes de trabalho e as sujeitas à Justiça Eleitoral e à Justiça do Trabalho;

Como dissemos anteriormente, a própria existência da Justiça Federal se dá em razão dos litígios cujos interesses se sobrepõem aos interesses das demais unidades da federação. Nesse contexto, **caberá à Justiça Federal julgar as demandas em que houver interesse da União e de certos entes da administração indireta**. Trata-se de competência firmada em razão da pessoa e, portanto, de competência absoluta.

Sempre que a **União** (pessoa jurídica de direito público interno) for parte (o que inclui aí sua atuação como assistente e oponente) a competência será da Justiça Federal.

É possível, inclusive, que a União proponha ação rescisória visando desconstituir decisão transitada em julgado de Juiz Estadual. Nesse caso, prevalece a participação da União na demanda, devendo a Justiça Federal (Tribunal Regional Federal) processar e julgar a rescisória. Este entendimento está consolidado no tema 775 da Repercussão Geral: “Compete ao Tribunal Regional Federal processar ação rescisória proposta pela União com o objetivo de desconstituir sentença transitada em julgado proferida por juiz estadual, quando afeta interesses de órgão federal”.

O mesmo quanto a suas **autarquias** (pessoas jurídicas de direito público), o que abrange também as **agências reguladoras** (autarquias em regime especial). Os **conselhos de fiscalização profissional** (autarquias em regime *sui generis*) também estão abarcados pela regra. O mesmo com as ***fundações públicas de direito público*** ou fundações autárquicas, que são pessoas jurídicas de direito público componentes da administração indireta da União. Caberá à Justiça Federal julgar tais demandas.

As **empresas públicas** (pessoas jurídicas de direito privado que compõem a administração indireta) também têm suas demandas processadas e julgadas na Justiça Federal. É o caso, por exemplo, da Caixa Econômica Federal, da Empresa Brasileira de Correios e Telégrafos e da Companhia de Desenvolvimento dos Vales do São Francisco e do Parnaíba (CODEVASF).

Importante, por exclusão, a regra de que **as sociedades de economia mista federais** (pessoas jurídicas de direito privado que compõem a administração indireta) ***não*** são processadas e julgadas na Justiça Federal[12]. Assim, as causas em que forem parte, seguirão pela Justiça Comum Estadual. É o caso, por exemplo, do Banco do Brasil.

4.1.1. Exceções à competência constitucionalmente delimitada

O art. 109, I, da CR, em sua parte final, traz importantes exceções. São casos em que mesmo sendo partes a União, autarquias e fundações públicas e empresas públicas, não haverá competência da Justiça Federal.

O constituinte elegeu uma preferência entre dois critérios de fixação de competência (absoluta): em razão da pessoa e em razão da matéria. Prevalece a fixação de competência em razão da matéria.

Demandas cuja matéria questão de fundo sejam falência, acidentes de trabalho e todas aquelas sujeitas à Justiça Eleitoral e à Justiça do Trabalho, não correrão na Justiça Federal, ainda que a União, suas autarquias e as empresas públicas sejam parte.

---

12. Sobre o tema, o enunciado n° 517 da Súmula do STF: "As sociedades de economia mista só têm foro na Justiça Federal, quando a União intervém como assistente ou opoente". Ainda, o enunciado n° 556: "É competente a Justiça comum para julgar as causas em que é parte sociedade de economia mista". No mesmo sentido, o enunciado n° 42 da Súmula do STJ: "Compete a justiça comum estadual processar e julgar as causas cíveis em que e parte sociedade de economia mista e os crimes praticados em seu detrimento".

Os **processos de insolvência** em gênero – incluindo aí a **falência, recuperação judicial e insolvência civil**[13] – correm pela Justiça comum Estadual.

Quanto às questões relativas a **acidentes de trabalho**, há alguns detalhes. Uma vez ocorrido o acidente no ambiente de trabalho, surgem duas pretensões ao trabalhador que, se exercidas, atraem competências distintas[14]:

- A demanda em face do INSS (a entidade gestora da seguridade social), ação acidentária típica, é de **competência da justiça estadual**;
- A demanda ressarcitória promovida em face do empregador e decorrente da relação de trabalho, é de competência da **Justiça do Trabalho.**

Nesse sentido, o enunciado nº 22 da Súmula Vinculante: "A Justiça do Trabalho é competente para processar e julgar as ações de indenização por danos morais e patrimoniais decorrentes de acidente de trabalho propostas por empregado contra empregador, inclusive aquelas que ainda não possuíam sentença de mérito em primeiro grau quando da promulgação da Emenda Constitucional 45/2004".

As questões eleitorais e trabalhistas possuem justiça especializada para tratar das matérias a si atinentes.

Demandas decorrentes da aplicação de **penalidades administrativas aos empregadores, pelos órgãos do Ministério do Trabalho e Emprego**, são de **competência da Justiça do Trabalho** (por exemplo, as execuções fiscais decorrentes de multas aplicadas por auditores fiscais do trabalho, são processadas na justiça especializada).

Importante atentar, por fim, que causas envolvendo **relações estatutárias não estão na competência de Justiça do Trabalho**, devendo ser processadas na Justiça comum Federal (se o servidor for da União) ou Estadual/Distrital (se o servidor por estadual ou

---

13. Nesse sentido a tese firmada no tema 859 da Repercussão Geral: "A insolvência civil está entre as exceções da parte final do artigo 109, I, da Constituição da República, para fins de definição da competência da Justiça Federal". Assim, cabe à Justiça Comum Estadual processar tais demandas, mesmo se houver participação da União.
14. DIDIER JR., Fredie. *Curso de Direito Processual Civil – vol.1*. Salvador: Juspodivm, 2020, p. 308.

municipal). Feitos relativos à movimentação do FGTS, excluídas reclamações trabalhistas, também se submetem à Justiça Federal[15].

4.1.2. *Intervenção da União e deslocamento de competência*

O art. 45 do CPC dispõe a respeito de um claro desdobramento da previsão de competência da Justiça Federal no art. 109, I, da CR.

Trata de *modificação da competência* quando, em ação processada pela Justiça Comum Estadual, houver intervenção dos entes que atraem a competência da Justiça Federal. Regula a remessa dos processos à Justiça Federal em caso de intervenção da União ou dos entes da Administração Indireta, o que implica necessariamente a alteração da competência. Vejamos o *caput*:

> Art. 45. Tramitando o processo perante outro juízo, os autos serão remetidos ao juízo federal competente se nele intervier a União, suas empresas públicas, entidades autárquicas e fundações, ou conselho de fiscalização de atividade profissional, na qualidade de parte ou de terceiro interveniente, exceto as ações: (...)

Sempre que a União requerer o ingresso no feito ou manejar demanda incidental, deverá ser deslocada a causa da Justiça Estadual para a Justiça Federal. Por exemplo, no caso de o ente federal ser *denunciado à lide*, remete-se o processo.

Note que a remessa se dá para que o magistrado federal decida a respeito do interesse da União em intervir no feito. **Quem decide sobre o interesse ou não da União é a Justiça Federal**, jamais a Justiça Estadual.

Se decidir pelo interesse da União, o processo segue na Justiça Federal. Caso decida que a União (ou quaisquer dos entes federais) não possui interesse no feito e, portanto, deve ser excluída do processo, os autos devem retornar ao juízo de origem, que prosseguirá com a instrução. **Não há falar em conflito de competência**.

Assim, o *juízo federal restituirá os autos ao juízo estadual sem suscitar conflito se o ente federal cuja presença ensejou a remessa for*

15. Enunciado nº 82 da Súmula do STJ: "Compete à Justiça Federal, excluídas as reclamações trabalhistas, processar e julgar os feitos relativos a movimentação do FGTS".

excluído do processo (art. 45, §3°, CPC). Recebidos os autos pelo juízo estadual, não caberá a ele reexaminar esta decisão.

Tais lições decorrem da interpretação conjunta de três enunciados de súmula do STJ:

- Enunciado n° 150: "Compete à Justiça Federal decidir sobre a existência de interesse jurídico que justifique a presença, no processo, da União, suas autarquias ou empresas públicas".
- Enunciado n° 224: "Excluído do feito o ente federal, cuja presença levara o Juiz Estadual a declinar da competência, deve o Juiz Federal restituir os autos e não suscitar conflito".
- Enunciado n° 254: "A decisão do Juízo Federal que exclui da relação processual ente federal não pode ser reexaminada no Juízo Estadual".

Atente-se que há manifestações da União em processos da Justiça Estadual que não implicam o deslocamento para a Justiça Federal. Isso se dá quando atua sem o intuito de ingressar no feito. Interessante exemplo está no enunciado n° 270 da Súmula do STJ: "O protesto pela preferência de crédito, apresentado por ente federal em execução que tramita na Justiça Estadual, não desloca a competência para a Justiça Federal".

Ainda, na mesma maneira como tratado no tópico anterior, em razão da competência material, há situações em que **os autos não serão remetidos**, mesmo em caso de intervenção da União e demais entes federais. O CPC seguiu a mesma regra da Constituição, ressalvando o deslocando de competência quando a intervenção se der em ações (art. 45, *caput*, I e II): i) de ***recuperação judicial, falência, insolvência civil***; ii) de ***acidente de trabalho***; iii) ***sujeitas à justiça eleitoral*** e iv) ***sujeitas à justiça do trabalho***.

Há, ainda, outra hipótese em que os autos não serão remetidos à Justiça Federal: quando houver cumulação de pedidos e um deles for de competência da Justiça Estadual. Neste caso, o magistrado estadual não apreciará o pedido cuja competência seja do juízo federal. Vejamos os §§1° e 2° do art. 45, do CPC:

> *Art. 45*, § 1º Os autos não serão remetidos se houver pedido cuja apreciação seja de competência do juízo perante o qual foi proposta a ação.

> § 2º Na hipótese do § 1º, *o juiz, ao não admitir a cumulação de pedidos em razão da incompetência para apreciar qualquer deles, não examinará o mérito daquele em que exista interesse da União, de suas entidades autárquicas ou de suas empresas públicas.*

A nós, parece que a interpretação consentânea com as normas fundamentais do CPC – principalmente com o **princípio da primazia do julgamento de mérito** – é a seguinte: os autos não serão remetidos ao juízo federal, porém, cabe ao juízo estadual ordenar o desmembramento do feito, formando-se instrumento com as peças essenciais e, então, sua remessa ao juízo federal, que apreciará a parcela da demanda de sua competência. Não será causa, portanto, de extinção do feito.

Por fim, há duas situações em que a intervenção de quaisquer dos entes da administração pública federal, direta ou indireta, **não implicará deslocamento de competência**: i) quando intervier como ***amicus curiae*** (art. 138, §1°, do CPC); ii) na hipótese da ***intervenção anômala*** (regulada no art. 5° da lei n° 9.469/97, estudada em tópico adiante).

4.1.3. Delegação de competência federal a Juízos Estaduais

Há algumas demandas cuja competência para processamento e julgamento é da Justiça Federal que, excepcionalmente, correrão perante a Justiça Comum Estadual. Trata-se do §3° do art. 109 da CR:

> Art. 109, § 3º Lei poderá autorizar que as causas de competência da Justiça Federal em que forem parte instituição de previdência social e segurado possam ser processadas e julgadas na justiça estadual quando a comarca do domicílio do segurado não for sede de vara federal.

Esta previsão tem fundamento no acesso à justiça. É preciso oferecer aos segurados da previdência social a possibilidade de demandar o INSS em seu próprio domicílio. É que a Advocacia Pública Federal conta com capilaridade e estrutura suficientes para atuar em feitos processados em todo território nacional. Diferente é a situação de pessoa carente, cujo acesso à estrutura judiciária ficaria bastante difícil se fosse preciso se deslocar longas distâncias para propor uma ação perante o órgão da Justiça Federal mais próximo.

O art. 15, III, da lei n° 5.010/66 (com redação dada pela lei n° 13.876/2019) é responsável por regular o tema:

> Art. 15. Quando a Comarca não for sede de Vara Federal, poderão ser processadas e julgadas na Justiça Estadual: (...)
>
> III - as causas em que forem parte instituição de previdência social e segurado e que se referirem a benefícios de natureza pecuniária, quando a Comarca de domicílio do segurado estiver localizada a mais de 70 km (setenta quilômetros) de Município sede de Vara Federal; (...)
>
> § 2º Caberá ao respectivo Tribunal Regional Federal indicar as Comarcas que se enquadram no critério de distância previsto no inciso III do ***caput*** deste artigo.

Perceba-se que **só há falar em *competência delegada* da justiça estadual se a comarca de domicílio do segurado não for sede de juízo federal** (requisito constitucional) **e estiver localizada a mais de 70 (setenta) quilômetros de distância de qualquer sede de Vara Federal** (critério legal). Além disso, **a causa deve ter por objeto benefício de natureza pecuniária.** Não sendo preenchidos tais requisitos deve-se propor a demanda na Justiça Federal.

Atente-se que o suporte fático para incidência do art. 109, §3° é a inexistência de Vara Federal (Seção ou Subseção) na **comarca** de domicílio do segurado. É possível, assim, que no **município** de domicílio não haja Vara Federal. Mas, **se houver Vara Federal** (Seção ou Subseção) **na comarca que abrange o munício de domicílio do segurado, a demanda deve ser proposta perante o juízo federal.** O STF definiu no tema 805 da Repercussão Geral: "A competência prevista no §3º do artigo 109 da Constituição Federal, da Justiça comum, pressupõe inexistência de Vara Federal na Comarca do domicílio do segurado".

Preenchidos os requisitos constitucional e legal, sendo o caso de propositura da demanda perante a Justiça Estadual, estaremos diante de ***competência federal delegada***, constitucionalmente autorizada. Nesse caso, o **juiz estadual** que conhece da demanda do segurado em face da autarquia previdenciária, **estará exercendo competência federal.**

Esta percepção é muito importante para compreendermos o regime recursal em face das decisões proferidas pelo juiz estadual. Em vista que ele exerce competência da Justiça Federal, **os recursos**

contra suas decisões são de competência do Tribunal Regional Federal com atuação sobre o seu território, e não do Tribunal de Justiça do Estado ao qual o juiz é vinculado. São os termos do §4° do art. 109 da CR:

> Art. 109, § 4º Na hipótese do parágrafo anterior, o recurso cabível será sempre para o Tribunal Regional Federal na área de jurisdição do juiz de primeiro grau.

Outro ponto digno de nota é o seguinte: o dispositivo constitucional fala em "comarca de domicílio do segurado". É preciso compreender bem este trecho para ter uma percepção real da abrangência da norma.

Em primeiro lugar, ao tratar de "segurado", **não** se está a afirmar que somente poderá propor ação em seu domicílio o sujeito que já goza do status de segurado, ou seja, que já teve esta posição reconhecida. Ações cujo objeto seja o reconhecimento da condição de segurado – o autor, portanto, não é segurando ainda – se submetem ao regramento do §3° do art. 109 da CR.

Em segundo lugar, ao falar em "comarca de domicílio" o dispositivo trata de critério de fixação de competência com base no território. Estamos diante, assim, de competência relativa. Dessa forma, o que a norma constitucional autoriza é uma **faculdade do demandante**. Ele poderá propor a ação contra a autarquia previdenciária na justiça estadual de seu domicílio ou se deslocar para o órgão da justiça federal da respectiva jurisdição ou mesmo da capital do Estado. Como disse, trata-se de uma faculdade posta ao exercício do cidadão[16].

Por fim, sendo proposta a demanda na Justiça Estadual, se for instalada Vara Federal no domicílio do autor, o feito deverá ser

---

16. Nesse sentido, o Enunciado n° 689 da Súmula do STF: "O segurado pode ajuizar ação contra a instituição previdenciária perante o Juízo Federal do seu domicílio ou nas Varas Federais da capital do Estado-membro".

    Ainda que o enunciado mencione apenas "Varas Federais da capital do Estado-membro", há precedente antigo do próprio STF admitindo que a demanda seja proposta **em juízo federal cuja jurisdição abarque o foro de domicílio do autor**: "Em face do disposto no art. 109, §3º, da Constituição Federal, tratando-se de litígio contra instituição de previdência social, o ajuizamento da ação, se não ocorrer na Justiça Estadual, no foro do domicílio do segurado, pode ser feito tanto perante o juízo federal da respectiva jurisdição como perante as varas federais da capital do Estado-membro" (Rext. 293.246, STF, Rel. Min. Ilmar Galvão, Pleno. *DJ de 2-4-2004*).

deslocado. Trata-se de fato superveniente que impacta em regulação de competência absoluta, atraindo a incidência do art. 43 do CPC[17].

4.1.4. Varas da Fazenda Pública na Justiça Estadual

Como dissemos acima, Estados, Municípios e Distrito Federal atuam em juízo perante a Justiça Comum Estadual (e Distrital, no caso específico do DF), cuja competência é definida *residualmente*. Em algumas grandes comarcas da Justiça Estadual, a lei de organização judiciária institui Varas especializadas da Fazenda Pública.

Instituir uma Vara da Fazenda Pública em determinada Comarca significa especializar, em razão da pessoa, um órgão judiciário com competência territorialmente definida. Fixa-se, em determinado foro (=Comarca), um juízo específico para processar e julgar as ações em que a Fazenda Pública seja parte ou interveniente.

A competência fixada territorialmente é – normalmente – *relativa*, enquanto a competência fixada em razão da pessoa é *absoluta*. A instalação das Varas da Fazenda Pública, assim, gera um conflito aparente: prevalece a limitação territorial da Comarca ou o aspecto pessoal para atrair a competência da vara especializada dentro da respectiva Justiça Estadual?

O tema foi definido pelo STJ no julgamento do IAC 10. Conforme decidiu a Corte, **a especialização das varas em razão da pessoa fixa competência absoluta somente na comarca por ela abrangida**. Assim, se em um determinado Estado só há vara da Fazenda Pública na capital, caso uma pessoa que more em outra Comarca queira propor uma ação contra o Estado, deverá fazê-lo em sua comarca, na Vara Cível de competência genérica.

A existência de especialização de Vara determina competência absoluta somente nos limites territoriais daquela Comarca. *É a inteligência do Enunciado n° 206 da Súmula do STJ, cuja compreensão foi confirmada pelo STJ na fixação de tese vinculante no julgamento do IAC 10: "A existência de vara privativa, instituída por lei estadual, não altera a competência territorial resultante das leis de processo." A especialização, assim, somente respeita à Comarca onde fora instituída a Vara Especializada.*

17. DIDIER JR., Fredie. *Curso de Direito Processual Civil – vol.1*. Salvador: Juspodivm, 2020, p. 324.

4.2. Competência em razão do território

Os §§ 1° e 2° do art. 109 da CR encontram previsão bastante semelhante no art. 51 do CPC. Veja-se:

Constituição da República	Código de Processo Civil
Art. 109, § 1º As causas em que a União for autora serão aforadas na seção judiciária onde tiver domicílio a outra parte.	Art. 51. É competente o foro de domicílio do réu para as causas em que seja autora a União.
Art. 109, § 2º As causas intentadas contra a União poderão ser aforadas na seção judiciária em que for domiciliado o autor, naquela onde houver ocorrido o ato ou fato que deu origem à demanda ou onde esteja situada a coisa, ou, ainda, no Distrito Federal.	Parágrafo único. Se a União for a demandada, a ação poderá ser proposta no foro de domicílio do autor, no de ocorrência do ato ou fato que originou a demanda, no de situação da coisa ou no Distrito Federal.

Perceba-se que diferentemente do art. 109, I, da CR, os §§1° e 2° (e também o art. 51 do CPC) mencionam apenas a **União**, e não os demais entes da administração pública indireta. Há certa polêmica quanto à abrangência do dispositivo. Parcela da doutrina entende que merece interpretação restritiva, sendo a regra aplicável apenas para os processos em que atue a União – pessoa jurídica de direito público – como parte. Sendo o caso de atuarem no feito autarquias, fundações ou empresas públicas, aplicar-se-ão das regras gerais de competência territorial[18].

Por outro lado, há quem entenda que o regramento da fixação de competência pelo critério territorial abrange os entes da Administração indireta mencionados no caput do art. 109 da CR. O fundamento de prestígio ao acesso à justiça justificaria essa posição[19].

Na jurisprudência, ao menos quanto às autarquias federais, prevaleceu a segunda posição. No julgamento do Rext. n° 629.709,

18. Nesse sentido: NEVES, Daniel Amorim Assumpção. *Novo Código de Processo Civil Comentado*. Salvador: Juspodivm, 2016, p. 72.
19. Nesse sentido: RODRIGUES, Marco Antonio. *A Fazenda Pública no Processo Civil*. São Paulo: Atlas, 2016, p. 44.

fixou-se a seguinte tese em regime de **repercussão geral** (tema 374): "**A regra prevista no § 2º do art. 109 da Constituição Federal também se aplica às ações movidas em face de autarquias federais**".

Seguindo este entendimento, deve-se compreender que as regras de definição da competência territorial previstas no art. 109, §1° da CR e no art. 51, *caput* do CPC, aplicam-se à União e aos entes da Administração indireta em âmbito federal.

A previsão não difere muito da regra geral de competência territorial para os casos em que **a União demandar**, pois a ação será proposta no foro de domicílio do réu.

A diferença do regime geral de competência está no §2° do art. 109 da CR e no parágrafo único do art. 51 do CPC. É que as causas intentadas contra a União poderão ser propostas: i) no domicílio do autor, ii) no local do ato ou fato que deu origem à demanda, iii) onde esteja situada a coisa ou, ainda, iv) no Distrito Federal. A jurisprudência consagra mais uma possibilidade: **a capital do Estado**, sede da Seção Judiciária federal, mesmo que haja Vara Federal instalada e com abrangência no domicílio do autor[20].

Estamos diante, portanto, de foros concorrentes. A sua escolha é uma faculdade do autor. Nesse sentido, analisando o art. 109, §2°, da CR, entendeu o STF que a escolha do foro onde será ajuizada a demanda contra a União é uma faculdade conferida ao autor (STF. ARE 1151612 AgR/SP, Rel. Min. Cármen Lúcia, 2ª Turma, julgado em 19/11/2019).

Os órgãos de (re)presentação judicial da União possuem capilaridade e estrutura suficientes para abarcar todo o território nacional. Por isso, em homenagem ao acesso à justiça, inverte-se a regra geral de competência territorial para consagrar foros concorrentes para a propositura de demandas em face da União.

Este dispositivo constitucional torna o Distrito Federal ***foro nacional***. É que se a União, pessoa jurídica de direito público, tem domicílio no DF, toda e qualquer demanda contra ela pode ser pro-

20. O precedente é antigo: "Agravo regimental no recurso extraordinário. Ações propostas contra a União. Competência. Justiça Federal. 1. A jurisprudência desta Corte firmou entendimento no sentido de que a parte autora pode optar pelo ajuizamento da ação contra a União na capital do Estado-membro, mesmo quando instalada Vara da Justiça Federal no município do mesmo Estado em que domiciliada. 2. Agravo regimental não provido" (STF, RE 641449 AgR, Relator Ministro Dias Toffoli, Primeira Turma. Julgado em 08/05/2012).

posta perante a Justiça Federal em Brasília. Esta percepção é de suma importância e faz com que a capital federal seja palco de grandes disputas judiciais quando é estrategicamente escolhida para a propositura das demandas.

4.2.1. *Demandas em que figuram como parte os Estados e o Distrito Federal e um problema de federalismo processual*

O art. 52 do CPC consagra norma idêntica à do art. 51, a respeito das causas em que figurem como partes os Estados ou o Distrito Federal:

> Art. 52. É competente o foro de domicílio do réu para as causas em que seja autor Estado ou o Distrito Federal.
>
> Parágrafo único. Se Estado ou o Distrito Federal for o demandado, a ação poderá ser proposta no foro de domicílio do autor, no de ocorrência do ato ou fato que originou a demanda, no de situação da coisa ou na capital do respectivo ente federado.

Não há maiores dificuldades de compreensão do *caput*. Sendo autor o Estado ou o Distrito Federal, propõe-se a demanda no foro de domicílio do réu. Mantem-se a regra geral firmada no *caput* do art. 46.

A regra do parágrafo único, todavia, é problemática e vem suscitando grandes debates. De maneira semelhante ao parágrafo único do art. 51, quando Estados e DF são demandados, há competência concorrente entre: i) foro de domicílio do autor; ii) no de ocorrência do ato ou fato que originou a demanda; iii) no de situação da coisa; iv) no da capital do ente federado.

O dispositivo, todavia, é problemático. Primeiro, por uma questão óbvia: a capilaridade das Procuradorias estaduais é muito reduzida, limitando-se normalmente ao próprio Estado e ao Distrito Federal (onde atuam os Procuradores responsáveis pela representação judicial perante os Tribunais Superiores), o que pode causar "um prejuízo ao exercício do contraditório pelos Estados e pelo Distrito Federal, caso tenham que se defender fora dos seus limites"[21].

Este problema, todavia, pode ser superado com certa tranquilidade face à virtualização dos processos, que permite a atuação em atos *telepresenciais* a partir de qualquer sede. É possível também que o

21. RODRIGUES, Marco Antonio. *A Fazenda Pública no Processo Civil*. São Paulo: Atlas, 2016, p. 47.

convênio previsto no art. 75, §4° do CPC, seja utilizado para superar eventuais inconvenientes.

A questão se torna tormentosa, todavia, quando analisamos a regra sob a ótica do federalismo processual. Quer dizer, há normas estruturantes de nossa federação que impactam no processo.

O federalismo, como forma de Estado, trata da divisão de competências legislativas e materiais no âmbito de determinado Estado. A Constituição da República prevê o federalismo como forma de Estado para o Brasil em seu art. 1°, ao prever que *a República Federativa do Brasil é formada pela união indissolúvel dos Estados e Municípios e do Distrito Federal.* A proteção que se dá é de cláusula pétrea (art. 60, §4°, I).

Diferentemente do que se pensa a uma primeira vista, não há hierarquia entre os entes federativos. O que diferencia União, Estados/DF e Municípios são as suas competências legislativas e materiais.

Dentro das respectivas funções constitucionalmente desenhadas, o federalismo institui um fim de tratamento isonômico entre os entes federativos. É preciso que as normas – inclusive as processuais – sejam lidas (=interpretadas) conforme as regras do federalismo, principalmente aquela que prevê a ausência de hierarquia entre os entes.

Uma das questões que salta aos olhos quando tratamos de federalismo respeita à possibilidade de um ente federado litigar e ser julgado perante Tribunal de Justiça distinto. O art. 125 da CR fixa a atribuição de os Estados organizarem a sua *Justiça*, que será responsável por processar e julgar as demandas em que o próprio Estado seja parte. Lembre-se que os Estados (e o DF) são entes personalizados que atuam em juízo como partes.

Assim, a possibilidade de um Estado ser julgado e condenado pelo Judiciário de outro Estado pode configurar uma afronta ao pacto federativo com enormes desdobramentos orçamentários. É que, se um determinado estado é condenado pela Justiça de outro Estado a pagar – a título de condenação – um valor milionário, estaremos diante da situação em que o orçamento do Estado-parte/derrotado será gerido pelo Estado processante, em razão do precatório.

Pelo texto do art. 52, por exemplo, um cidadão de Recife pode processar perante a Justiça Estadual de Pernambuco o Estado Amapá.

Caso o Amapá saia derrotado na lide, o valor da condenação e, portanto, a emissão dos precatórios e gestão do respectivo valor caberá ao Tribunal de Justiça de Pernambuco. Haverá ingerência do TJPE em atividade eminentemente administrativa do Estado do Amapá.

A questão da sujeição de um Estado à decisão do Poder Judiciário de outro Estado faz surgir forte debate a respeito da constitucionalidade do art. 52 do CPC. Enfim, a noção de federalismo impacta fortemente na interpretação e aplicação das regras de processo.

Por fim, importa anotar que o art. 52, parágrafo único, do CPC, é objeto da ADI n° 5492, proposta pelo Governador do Rio de Janeiro. Os fundamentos da arguida inconstitucionalidade são, em suma, os seguintes: i) violação ao contraditório em razão da dificuldade que os Estados e seus órgãos de representação teriam para se defender em qualquer unidade da federação; ii) violação à auto-organização da Justiça Estadual (art. 125 da CR), o que fere diretamente o princípio federativo; iii) favorece o abuso de direito ao permitir que se "escolha" propor a ação com o Estado em um foro estrategicamente selecionado para a formação de precedente vinculante contra o ente.

O parecer do Ministério Público Federal foi no sentido de conferir "interpretação conforme a Constituição aos arts. 46, § 5°, e 52, parágrafo único, a fim de que a competência seja definida nos limites territoriais do respectivo estado ou do Distrito Federal, nos casos de promoção de execução fiscal e de ajuizamento de ação em que seja demandado estado ou Distrito Federal".

O feito está pendente de julgamento. Indicamos a leitura da inicial e do parecer do MPF.

5. INTERVENÇÃO DE TERCEIROS

O estudo das ***intervenções de terceiros*** respeita à análise das técnicas que permitem o **ingresso de terceiro em processo alheio**. A questão costuma ser resolvida em um *incidente processual*.

Como regra, somente as *repercussões jurídicas* justificam a intervenção de um terceiro no processo. **Normalmente o legislador somente permite a intervenção de terceiro se o interesse tutelado for jurídico**, negando-se a intervenção face a interesses meramente emocionais, econômicos, sociais, morais, políticos, etc.

Todavia, uma hipótese específica de intervenção facultada à Fazenda Pública foge desta regra, admitindo-se que venha ao processo sob o fundamento de **interesse econômico** na causa.

Este tópico tratará desta intervenção, chamada de *intervenção anômala* ou *especial* da Fazenda Pública e também da denunciação à lide. Quanto a esta última, para chamar atenção a uma importante regra: a possibilidade de a pessoa jurídica de direito público denunciar à lide o agente causador do dano que fundamenta pedido de indenização contra si.

5.1. Intervenção anômala ou especial da Fazenda Pública

A lei nº 9.469/97 trata de diversos temas atinentes à Fazenda Pública. Em seu artigo 5º há previsão daquilo que se chama **de *interveniência anômala* ou *intervenção especial* da Fazenda Pública.** Vejamos o dispositivo:

> Art. 5º A União poderá intervir nas causas em que figurarem, como autoras ou rés, autarquias, fundações públicas, sociedades de economia mista e empresas públicas federais.
>
> Parágrafo único. As pessoas jurídicas de direito público poderão, nas causas cuja decisão possa ter reflexos, ainda que indiretos, de natureza econômica, intervir, independentemente da demonstração de interesse jurídico, para esclarecer questões de fato e de direito, podendo juntar documentos e memoriais reputados úteis ao exame da matéria e, se for o caso, recorrer, hipótese em que, para fins de deslocamento de competência, serão consideradas partes.

Parcela da doutrina entende que o dispositivo consagra, na verdade, **duas hipóteses de intervenção**[22].

A primeira, prevista no *caput*, permite que **a União intervenha em causas que figurem como autoras ou rés entes da administração pública indireta.** Figurando no feito autarquia, fundação pública (de direito público ou privado), sociedade de economia mista e empresas públicas federais, admite-se a intervenção da União com fundamento em um **interesse jurídico *ex lege*.**

22. DIDIER JR., Fredie. *Curso de Direito Processual Civil – vol. 1*. Salvador: Juspodivm, 2020, p. 657; CUNHA, Leonardo Carneiro da. *A Fazenda Pública em juízo*. Rio de Janeiro: Forense, 2016, p. 145.

Há, no caso, interesse jurídico presumido da União, que passará a atuar no feito, tornando-se parte dele. Perceba-se que **esta possibilidade está prevista apenas para a União**. Estados, Distrito Federal e Município não podem se valer desta intervenção.

Não há uma denominação específica para a intervenção prevista no *caput* do art. 5°, da lei n° 9.469/97.

A segunda modalidade interventiva, prevista no parágrafo único, é aquela chamada de *intervenção anômala* ou *intervenção especial*. Algumas de suas principais características merecem atenção. Vejamos.

5.1.1. Legitimidade

A legitimidade para se valer da intervenção anômala é bastante ampliada. Pode intervir ***qualquer pessoa jurídica de Direito público***. Podem vir ao processo, portanto, as pessoas jurídicas de Direito público que compõem a Administração Direta (União, Estados, Distrito Federal e Municípios) e Indireta (autarquias e fundações públicas de direito público). Além disso, a intervenção pode se dar em qualquer dos polos do processo.

A intervenção se dá por simples peticionamento no processo, sem necessidade de instauração de incidente específico. Apresentado o pedido, deve-se ouvir as partes sobre o pedido, podendo questionar apenas o preenchimento dos seus requisitos.

5.1.2. Procedimentos que admitem a intervenção

Não importa a natureza da demanda nem as suas partes originárias. Mesmo em causas entre particulares, será possível a intervenção.

Em qualquer tipo de procedimento será possível a intervenção, salvo se houver regra expressa limitando-a. O **art. 10 da lei n° 9.099/95 veda intervenção de terceiros** no procedimento dos juizados, o que abarca a intervenção anômala.

Por outro lado, a jurisprudência construiu entendimento de que a intervenção anômala é incompatível com o processo de execução e com o mandado de segurança.

O STJ entende pelo não cabimento da intervenção anômala em processos de execução. Veja-se:

> "PROCESSUAL CIVIL. (...) APLICABILIDADE. ART. 5º, DA LEI 9.469/1997. INTERVENÇÃO ANÔMALA. INTERESSE ECONÔMICO. ENTE FEDERADO. PROCESSO EXECUTÓRIO. IMPOSSIBILIDADE. (...) II - Verifico que esta Corte firmou entendimento no sentido de ser inviável a intervenção de terceiros no processo executivo, salvo na ação cognitiva incidental de embargos, visto que a execução não objetiva a obtenção de sentença, mas a concretização do título executivo" (STJ, AgInt na PET no REsp 1431825 / MS. Relatora Ministra Regina Helena Costa, Primeira Turma, DJE 21/03/2019).

Atente-se, que a impossibilidade anotada no precedente é para a intervenção anômala no processo de execução, **admitindo-se que a intervenção se dê nos Embargos à Execução.**

No mesmo sentido, a intervenção anômala é incompatível com o procedimento do mandado de segurança. Veja-se:

> "PROCESSUAL CIVIL. ADMINISTRATIVO. MANDADO DE SEGURANÇA. PEDIDO DE INGRESSO NO FEITO. CONDIÇÃO DE ASSISTENTE LITISCONSORCIAL OU INTERVENÇÃO ANÔMALA. VEDAÇÃO DO § 2º DO ART. 10 DA LEI 12.016/2009 E INAPLICABILIDADE DO ART. 5º, PARÁGRAFO ÚNICO, DA LEI 9.469/97. PRECEDENTES DO STJ E DO STF. (...) O Supremo Tribunal Federal já fixou que "(...) o rito procedimental do mandado de segurança é incompatível com a intervenção de terceiros, ex vi do art. 24 da Lei nº 12.016/09, ainda que na modalidade de assistência litisconsorcial, na forma da jurisprudência remansosa do Supremo Tribunal Federal (....)" (MS 32.074/DF, Relator Min. Luiz Fux, Primeira Turma, Processo Eletrônico publicado no DJe-217 em 5.11.2014.). 3. Em caso, todo similar ao encontrado no presente feito, a Primeira Seção já manteve o indeferimento de entidade da Administração Pública federal indireta que postulava o ingresso no feito mandamental (...) e que "não se aplica ao mandado de segurança o art. 5º, parágrafo único, da Lei n. 9.469/1997, que confere à pessoa jurídica de direito público o privilégio de intervir como assistente em qualquer causa" (AgRg no MS 15.298/DF, Rel. Ministro Og Fernandes, Primeira Seção, DJe 14.10.2014)" (STJ, AgRg no MS 16702/DF. Relator Ministro Humberto Martins, Primeira Seção, DJE 22/10/2015).

5.1.3. *Demonstração de interesse econômico*

Um dos mais importantes elementos que afastam a intervenção anômala das demais hipóteses de intervenção de terceiros é a **desnecessidade de demonstrar interesse jurídico na causa**.

O **interesse a ser demonstrado é o meramente econômico**, que pode ser **direto ou indireto** (reflexo). Este é o requisito fundamental para a intervenção.

É preciso que a pessoa jurídica de Direito público interveniente demonstre que a causa impacta economicamente em seus cofres, causando prejuízo à gestão pública. O impacto econômico que justifica a intervenção aqui é, portanto, **aquele que prejudica o interesse público tutelado pelo interveniente** (BARROS, 2019. p. 98).

Esta a situação que deve ser demonstrada quando do pedido de ingresso no feito: i) **o impacto econômico**; ii) a **sua relação com o interesse público.**

5.1.4. *Atuação do interveniente*

No momento em que intervém, a pessoa jurídica de Direito público **não** passa a figurar como parte na causa.

Veja-se que o parágrafo único do art. 5° da lei n° 9.469/97 é claro ao dispor que a atuação do interveniente se limitará a ***esclarecer questão de fato ou questão de direito, juntar documentos e memorais***. Por não ser parte, não exercerá posições típicas, como a apresentação de defesa, pedido de produção de provas, participação em audiência de conciliação e mediação ou saneamento.

Há posição doutrinária entendendo pela possibilidade de o interveniente realizar sustentação oral. Nesse sentido, o enunciado n° 55 do Fórum Nacional do Poder Público: "É cabível a sustentação oral pelas pessoas jurídicas de direito público quando intervierem na forma do art. 5º, parágrafo único, da Lei nº 9.469/97".

Ainda, neste primeiro momento – sendo o caso de intervenção da União em processo que corra perante a Justiça Estadual – **não haverá deslocamento do feito para a Justiça Federal.**

O interveniente, todavia, possui legitimidade para recorrer das decisões proferidas no processo. Se o fizer, **aí então passará a figurar como *parte*, inclusive para efeitos de deslocamento de competência.** A partir daí, passará a exercer normalmente todas as posições de parte no processo.

É o caso de a União intervir em um feito que corre perante a Justiça Estadual. Caso apresente recurso, seguindo os estritos termos do dispositivo legal, a competência será *deslocada* para a Justiça Federal.

Por fim, **admite-se também que o ente interveniente apresente pedido de suspensão dos efeitos da decisão** (a chamada *suspensão de segurança*, prevista no art. 15 da lei n° 12.016/2009)[23].

5.1.4.1. Deslocamento de competência em caso de recurso e o conflito entre critérios de fixação de competência absoluta

É bastante problemática a parte final do parágrafo único do art. 5° da lei n° 9.469/97, ao dispor que o interveniente pode *recorrer, hipótese em que, para fins de deslocamento de competência, serão consideradas partes.*

O dispositivo não gera maiores debates se o interveniente for pessoa que litiga no mesmo ramo da Justiça onde o processo já corre. Por exemplo, se o Estado intervém em uma demanda processada pela Justiça Estadual, não haverá falar em modificação de competência; da mesma forma, se a União intervém em uma demanda que já é originalmente processada pela Justiça Federal, não há razão para se cogitar modificação da competência.

O problema surge quando a União (ou pessoa jurídica de Direito público vinculada à administração pública federal) intervém em processo que corre perante a Justiça Estadual.

É que no momento em que a União vem aos autos, o próprio dispositivo legal limita sua atuação, não a considerando parte e, portanto, mantendo o feito sob processamento na Justiça Estadual. A intervenção da União perante o juízo singular não é apta a provocar modificação da competência. Todavia, se a União maneja recurso em face de alguma decisão proferida pelo juízo estadual, instaura-se um problema de *conflito de competências constitucionalmente delimitadas*.

Como dissemos anteriormente, pelo texto da lei, **o feito deveria ser deslocado para a Justiça Federal, que julgaria o recurso**. Há polêmica em torno da regra pelo seguinte:

- *Art. 109, I, da CR – Aos juízes federais compete processar e julgar as causas em que a União for parte.*

23. CUNHA, Leonardo Carneiro da. *A Fazenda Pública em juízo*. Rio de Janeiro: Forense, 2016, p. 155.

Ao recorrer, a União se torna parte, titularizando todas as situações jurídicas desse *status* e, portanto, o feito deveria ser então remetido à Justiça Federal.

Trata-se de **competência fixada em razão da pessoa e, portanto, absoluta**.

- *Art 108, II, da CR – Compete aos Tribunais Regionais Federais julgar, em grau de recurso, as causas decididas pelos juízes federais e pelos juízes estaduais no exercício da competência federal da área de sua jurisdição.*

  Os TRFs, portanto, não possuem competência para julgar recursos interpostos contra decisão proferia por juiz estadual no exercício da competência **comum**. Quem é competente para julgar estes recursos é o Tribunal de Justiça ao qual o juiz está vinculado.

  Trata-se de **competência fixada em razão da função e, portanto, absoluta**.

  Assim, se aplicarmos a regra legal, estaremos ferindo *competência funcional constitucionalmente* prevista. Por outro lado, se não aplicarmos o preceito legal, estaremos ferindo *competência em razão da matéria constitucionalmente prevista.*

Há enorme divergência doutrina no ponto. A jurisprudência parece ter construído solução engenhosa: **admitir-se-á a modificação da competência sempre que a União demonstrar interesse jurídico** (que não é requisito para a intervenção, porém possível de ser demonstrado). **Sendo o caso da intervenção fundada em interesse meramente econômico** (este sim, requisito para intervenção), **não haverá deslocamento de competência.**

Nesse sentido, entendeu o Superior Tribunal de Justiça:

> "ADMINISTRATIVO. PROCESSUAL CIVIL. CAUTELAR. EFEITO SUSPENSIVO. INTERVENÇÃO ANÔMALA. RESCISÓRIA NA ORIGEM. MERO INTERESSE ECONÔMICO. DESLOCAMENTO. IMPOSSIBILIDADE. TEMA PACIFICADO. (...) 2. O Tribunal Regional Federal, no acórdão recorrido, considerou que não havia falar em interesse jurídico e, sim, apenas de cunho econômico, pois se trata de ação de indenização devida pela Companhia Brasileira de Trens Urbanos (CBTU) em razão da morte de usuário. Decidiu com base nesse fundamento, em atenção à Súmula 150/STJ e ao decidido

> no CC 123.276/SP, que apreciou o caso concreto. 3. A jurisprudência do STJ consigna que o mero interesse econômico da União - fundado no art. 5º, parágrafo único, da Lei n. 9.469/97 - não é suficiente para atrair a incidência do art. 109, I, da Constituição Federal. Há que ser demonstrado o evidente interesse jurídico. Precedentes: REsp 1.306.828/PI, Rel. Ministro Humberto Martins, Segunda Turma, DJe 13.10.2014; EDcl no AgRg no CC 89.783/RS, Rel. Min. Mauro Campbell Marques, Primeira Seção, DJe 18.6.2010; AgRg no REsp 1.045.692/DF, Rel. Min. Marco Buzzi, Quarta Turma, julgado em 21.6.2012, DJe 29.6.2012. (...) (AgRg na MC 23.856/SP, Rel. Ministro Humberto Martins, Segunda Turma, DJe 13/03/2015)".

É interessante excerto do voto em que o Relator cita expressamente trecho do acórdão recorrido, no seguinte sentido: "E, ainda que se admitisse a excepcional intervenção da União, o entendimento firmado pelo E. STJ é no sentido de que não teria o condão de deslocar a competência para a Justiça Federal, exceto se interposto recurso". Parece, portanto, considerar que a interposição do recurso é suficiente à demonstração do interesse jurídico e, portanto, justifica o deslocamento do feito à Justiça Federal.

Parece, assim, que se segue a regra legal, **entendendo legítima a modificação de competência em caso de recurso por demonstração de interesse jurídico**, o que atrairia a incidência do art. 109, I, da CR. Assim, se a União intervém em demanda que corre perante a Justiça Estadual e apela da sentença proferida pelo juiz, caberá ao respectivo Tribunal Regional Federal julgar a demanda. O tema, contudo, ainda permanece envolto em incerteza.

5.1.5. A intervenção anômala comparada à assistência e à intervenção do amicus curiae

É comum à doutrina associar a intervenção anômala à assistência e à intervenção do *amicus curiae*. O tratamento do tema não é uniforme. A posição aqui adotada é que **se tratam de institutos diversos**.

Não é preciso que a intervenção prevista no art. 5°, parágrafo único, da lei n° 9.469/97 seja enquadrada como um dos tipos previstos no CPC. Trata-se de instituto distinto, que nada obstante divida algumas características com a assistência e outras com a intervenção do *amicus curae*, com elas não se confunde. Vejamos, esquematicamente:

Intervenção anômala	**Assistência**
Ambas são intervenções espontâneas e *ad coadjuvandum*, ou seja, o interveniente visa auxiliar uma das partes.	
Exige a demonstração de interesse econômico.	Exige a demonstração de interesse jurídico.
O interveniente não toma o lugar de parte no processo, salvo se apresentar recurso.	O assistente, especialmente na modalidade de *assistência litisconsorcial*, toma o lugar de parte no processo.
A atuação do interveniente é limitada ao esclarecimento de questões de fato e de direito e à apresentação de documentos ou memoriais.	Não há esta limitação na assistência. O assistente litisconsorcial é parte, atuando com plenitude em sua posição; o assistente simples pode praticar todos os atos processuais, ainda que precise observar a vontade do assistido na disposição do direito.

Intervenção anômala	**Intervenção do *amicus curiae***
Ambas visam ampliar o debate na causa, contribuindo com esclarecimento de questões de fato ou de direito.	
É intervenção espontânea.	A intervenção pode ser espontânea ou provocada.
É intervenção *ad coadjuvandum*, ou seja, o interveniente visa auxiliar uma das partes.	O *amicus curiae*, em tese, não visa auxiliar uma das partes. Seu interesse é na prevalência da posição defendida institucionalmente.
Exige a demonstração de interesse econômico.	Exige a demonstração de interesse institucional.
O interveniente não toma o lugar de parte no processo, salvo se apresentar recurso.	O interveniente não toma o lugar de parte no processo.
A legitimidade recursal é ampla.	A legitimidade recursal é limitada, nos termos do art. 138 do CPC.
A intervenção não modifica a competência, salvo em caso de recurso.	A intervenção não modifica a competência.

Sobre o tema, há o enunciado nº 122 do Fórum Nacional do Poder Público: "A intervenção anômala não se confunde com a intervenção da Fazenda Pública como amicus curiae, pois lá se exige interesse econômico, ainda que indireto, enquanto a intervenção como amicus curiae exige interesse institucional".

5.2. Denunciação da lide promovida pela Fazenda Pública

A denunciação da lide é uma intervenção de terceiros que pode ser *provocada* tanto pelo autor quanto pelo réu (art. 125, *caput* do CPC). O denunciado não pode vir ao processo *espontaneamente*.

A denunciação da lide agrega ao processo um pedido novo. É uma demanda nova, passando o processo por uma ampliação do seu objeto litigioso. Há ampliação subjetiva e objetiva do processo. A primeira demanda é a do autor contra o réu; a segunda é a do denunciante (autor ou réu) contra o denunciado.

Quanto à segunda demanda, o denunciante propõe uma ação contra o denunciado com o propósito de pedir um reembolso dos eventuais prejuízos que venha a sofrer caso saia derrotado quanto à demanda originária.

A denunciação da lide é **uma demanda eventual**. Não se trata de ação obrigatória, pois o autor ou o réu podem tanto provocar a intervenção do terceiro quanto exercer o seu direito de regresso através de uma ação autônoma. É uma **faculdade**.

O denunciante requer ao magistrado que traga ao processo um interveniente para que, *na hipótese* de sair derrotado na ação principal, já haja a possibilidade de ser o interveniente condenado ao regresso. Ainda não há o prejuízo do denunciante apto a justificar o direito de regresso, mas esse poderá vir a existir com o julgamento da demanda originária.

A ação principal, pois, funciona como questão prévia ao julgamento da denunciação da lide. **Caso o *denunciante* reste *vencido*** na ação originária, significa que sofreu o prejuízo previsto. Daí, é **possível ao magistrado julgar a denunciação da lide**.

A denunciação da lide é, pois, **uma demanda incidental** (corre no bojo do mesmo procedimento) **de regresso** do denunciante contra o denunciado. Esta lição decorre do art. 125 do CPC. Aqui, nos interessa especialmente o inciso II do dispositivo:

> Art. 125. É admissível a denunciação da lide, promovida por qualquer das partes: (...)
>
> II – àquele que estiver obrigado, por lei ou pelo contrato, a indenizar, em ação regressiva, o prejuízo de quem for vencido no processo.

É que, durante certo tempo, pairou enorme dúvida quanto a uma situação específica envolvendo o Poder Público.

Como se sabe, o Estado contrata pessoas físicas e jurídicas para atuar na prestação dos serviços públicos. Se tais sujeitos, no exercício da função pública, causam prejuízos a terceiros, configura-se a responsabilidade objetiva do Estado. Todavia, assegura-se direito de regresso em face dos causadores do dano, cuja responsabilidade é subjetiva (dolo e culpa). São os termos do art. 37, §6°, da Constituição:

> Art. 37, § 6º As pessoas jurídicas de direito público e as de direito privado prestadoras de serviços públicos responderão pelos danos que seus agentes, nessa qualidade, causarem a terceiros, assegurado o direito de regresso contra o responsável nos casos de dolo ou culpa.

Atente-se que a ação de indenização por dano causado por agente público deve ser proposta perante o ente público ou perante a pessoa jurídica prestadora do serviço. **O agente público causador do dano não poderá ser demandado diretamente**, mas apenas em regresso. Veja-se a tese firmada no tema 940 da Repercussão Geral: "A teor do disposto no art. 37, § 6º, da Constituição Federal, a ação por danos causados por agente público deve ser ajuizada contra o Estado ou a pessoa jurídica de direito privado prestadora de serviço público, sendo parte ilegítima para a ação o autor do ato, assegurado o direito de regresso contra o responsável nos casos de dolo ou culpa".

A dúvida que havia era a seguinte: sendo o ente público demandado para ressarcir o dano causado, é **possível ou necessário** que o responsável pelo dano seja denunciado à lide? Em outras palavras, a questão gira em torno de definir sobre a possibilidade, impossibilidade ou obrigatoriedade de a pessoa jurídica de direito público – **legitimado passivo para a ação de indenização por danos causados por agente público** – denunciar à lide o agente causador do dano ou a concessionária de serviço público, quando houver pedido de indenização contra si.

Havia posicionamento pela impossibilidade de denunciação da lide. Ainda que torne mais eficiente o procedimento, como regra, a intervenção nesse caso ampliaria o objeto do processo, sendo necessário conhecer de questões relativas à responsabilidade subjetiva do causador do dano. Se a demanda corresse apenas entre o autor e o ente público, o juízo se debruçaria na análise da responsabilidade objetiva do réu. Por isso, não se justificaria a intervenção, em atenção ao princípio da eficiência e da razoável duração do processo.

Por outro lado, sob a égide do CPC/73, o art. 70 dispunha que a denunciação da lide era *obrigatória*, ainda que a doutrina já houvesse se desenvolvido em sentido contrário, reconhecendo a faculdade em promover a intervenção.

Havia ainda aqueles que defendiam que seria possível a denunciação da lide, se fosse oportuno e não atrapalhasse o andamento da causa. Há diversas hipóteses em que a responsabilidade da Fazenda Pública é subjetiva, como se dá diante da atuação omissiva (*culpa anônima* ou *falta do serviço*). Nesses casos, como a cognição já se debruçaria, desde logo, na identificação da culpa ou dolo da própria administração, não haveria impedimento à denunciação da lide do agente causador do dano.

Com o advento do CPC atual, o art. 125 superou parcela do problema ao tornar a denunciação da lide uma ação de regresso facultativa. É possível, portanto, que o direito de regresso seja exercido através da denunciação ou em ação autônoma, à juízo do interessado.

Foi nesse sentido a solução dada pela jurisprudência ao problema da denunciação da lide pelo ente público, em face do agente causador do dano. **Compreende-se que a denunciação é possível e facultativa**, ou seja, não há vedação, mas também não há não obrigatoriedade[24].

6. TUTELA PROVISÓRIA CONTRA A FAZENDA PÚBLICA

A *tutela provisória* é regulada no Livro V da Parte Geral do CPC, nos arts. 294 a 311. O Título I (arts. 294 a 299) traz as disposições

24. Nesse sentido: "PROCESSUAL CIVIL E CIVIL. AGRAVO INTERNO NO AGRAVO EM RECURSO ESPECIAL. (...) 2. "O STJ entende que a denunciação à lide na ação de indenização fundada na responsabilidade extracontratual do Estado é facultativa, haja vista o direito de regresso estatal estar resguardado, ainda que seu preposto, causador do suposto dano, não seja chamado a integrar o feito" REsp 1.292.728/SC, Rel. Min. Herman Benjamin, Segunda Turma, julgado em 15/8/2013, DJe 2/10/2013). 3. Agravo interno a que se nega provimento" (AgInt no AREsp 1599867/PR, Rel. Ministro Og Fernandes, Segunda Turma, DJe 30/06/2020)".

gerais sobre a matéria, regulando tanto a tutela de urgência como a tutela de evidência. A *tutela de urgência* é tratada pelo Título II (arts. 300 a 310) que também encontra subdivisão em: disposições gerais (arts. 300 a 302); procedimento da tutela antecipada antecedente (arts. 303 e 304); procedimento da tutela cautelar antecedente (arts. 305 a 310). Por fim o art. 311 se dedica ao tratamento da *tutela de evidência.*

A **regra é o cabimento da tutela provisória contra a Fazenda Pública**, seja na modalidade *tutela antecipada*, seja como *tutela cautelar*. O tema foi melhor desenvolvido em outro trabalho[25]. Aqui, nos dedicaremos às especificidades do tema envolvendo o Poder Público em juízo.

É preciso rememorar, todavia, que a **tutela provisória** (antecipada ou cautelar) **de urgência pode ser antecedente ou incidental**. Significa que podem ser requeridas no curso do procedimento em que se pleiteia a providência principal (=incidental), ou mesmo antes dele (=antecedente). A tutela antecipada antecedente – e somente ela – pode se submeter ao regime da *estabilização da tutela*, conforme regulado nos arts. 303 e 304 do CPC.

Já a **tutela provisória de evidência** será sempre **tutela antecipada** (apesar de a doutrina hoje já reconhecer também tutelas assecuratórias com o requisito da *evidência*), será sempre **incidental** e **não se submeterá à *estabilização*.**

6.1. Tutela provisória e obrigações de fazer, não fazer e entregar coisa diferente de dinheiro

Se estivermos diante de **obrigações de fazer, não fazer e entregar coisa diferente de dinheiro, não há, como regra, distinção entre o regime da tutela provisória em face da Fazenda Pública e em face de particular**. O tratamento da questão é, em regra, o mesmo.

Perceba-se, por exemplo, que é possível a concessão de tutela antecipada em face do poder público ordenando: i) o oferecimento de tratamento de saúde negado pelo SUS; ii) a implementação de

25. C.f. AVELINO, Murilo Teixeira. *Processo Civil – parte geral, processo de conhecimento e procedimentos especiais de jurisdição contenciosa.* Salvador: Juspodivm, 2021.

uma bolsa de estudos negada administrativamente; iii) a nomeação de um candidato aprovado em concurso público dentro das vagas disponibilizadas no edital; ou iv) a inclusão de determinada verba no contracheque de servidor. Todos esses exemplos materializam ordens de *fazer* muito comuns de serem concedidas em face da Fazenda Pública por decisão provisória. Como dissemos, tratam-se todas elas de *obrigações de fazer*.

Observe-se, contudo, que a implementação do *fazer*, em todos os casos exemplificados, impacta diretamente no orçamento público. Implementar um determinado tratamento de saúde tem um custo não planejado no orçamento; a implementação de bolsa de estudo impacta nas contas da entidade pagadora; a nomeação de candidato *sub judice* impõe que sua remuneração seja paga mês a mês, da mesma forma que a inclusão de verba em contracheque de servidor ativo.

Estamos diante de **reflexos pecuniários das tutelas provisórias concedidas em face da Fazenda Pública**, plenamente admitidos por nossa ordem jurídica. O que **não se admite, como regra, é a ordem de *pagar* em sede de tutela provisória.**

Quando a *tutela provisória* específica materializa uma obrigação de *fazer, não fazer* ou *dar coisa diferente de dinheiro*, os **efeitos pecuniários reflexos não são uma limitação genérica à sua concessão.** A eventual impossibilidade de implementar a ordem precisa de justificada *in concreto*, demonstrando-se a ausência de orçamento para arcar com a ordem judicial, o que será avaliado pelo magistrado[26].

Caso o poder público não cumpra a ordem, inclusive, é possível a imposição de ***astreintes* e outras medidas executivas típicas e atípicas** (art. 139, IV e art. 536 do CPC). Se houver a incidência de multa pelo descumprimento de tutela provisória, o valor apurado será pago ao final, pelo regime de precatórios (ou RPV), pois será *obrigação de pagar*.

---

26. *No tema, muito importante acompanhar o julgamento do tema n° 6 da Repercussão Geral: "Dever do Estado de fornecer medicamento de alto custo a portador de doença grave que não possui condições financeiras para comprá-lo". Foi afetado o Recurso Extraordinário n° 566.471, que já conta com os votos dos Ministros Marco Aurélio (Relator), Alexandre de Moraes e Roberto Barroso, tendo pedido vistas dos autos o Ministro Gilmar Mendes.*

A doutrina nos apresenta ainda duas limitações à concessão de tutelas provisória em demandas propostas contra o Poder Público. Veja-se dois enunciados do Fórum Nacional do Poder Público:

- Enunciado nº 40: "As medidas para a efetivação da tutela provisória previstas no art. 297 do CPC não podem atingir a esfera jurídica do advogado (público ou privado), no exercício de suas atribuições".

Quer dizer, a medida executiva não poderá ter como destinatário o próprio advogado, público ou privado, mas sim a própria parte, titular da relação jurídica material discutida no processo.

- Enunciado nº 41: "As medidas para a efetivação da tutela provisória previstas no art. 297 do CPC não podem comprometer a continuidade do serviço público".

Diversas tutelas provisórias impactam no orçamento dos entes públicos, especialmente quando se relacionam ao fornecimento de medicamentos ou implementação de serviços. Apesar de abstratamente possível a concessão de tutela provisória nesse sentido, não se admitirá se, no caso concreto, impactar na prestação do serviço público à população em geral. Caberá ao advogado público demonstrar objetivamente tal situação.

6.1.1. Responsabilidade pelos eventuais prejuízos

O beneficiário da tutela provisória de urgência **responde objetivamente** pelos danos indevidamente causados à parte adversa. Diz-se que a execução da medida corre por conta e risco do beneficiário. Não é necessário provar a sua culpa, mas apenas a existência do dano indevido e o nexo causal entre ele e a execução indevida da tutela provisória. Conforme dispõe o art. 302 do CPC, a parte responde pelo prejuízo que a efetivação da tutela de urgência causar à parte adversa, se: i) a sentença lhe for desfavorável; ii) obtida liminarmente a tutela em caráter antecedente, não fornecer os meios necessários para a citação do requerido no prazo de 5 (cinco) dias; iii) ocorrer a cessação da eficácia da medida em qualquer hipótese legal; iv) o juiz acolher a alegação de decadência ou prescrição da pretensão do autor.

Perceba-se que todas as hipóteses listadas impõem a reversão da tutela provisória anteriormente concedida. A parte que teve prolatada decisão provisória a seu favor acaba por se sagrar derrotada na causa. A derrota lhe imputa o dever de indenizar os prejuízos causados à parte contrária[27].

O beneficiário se responsabiliza pelo ressarcimento de forma ampla, abrangendo os danos e quaisquer outros custos decorrentes do retorno ao *status quo ante* em termos econômicos. Prejuízos são liquidados nos próprios autos (parágrafo único) em um incidente específico destinado à fixação do valor da indenização[28].

Trata-se da *teoria do risco-proveito*. Se o requerente *aproveita* a inversão do tempo no processo, usufruindo da concessão da medida de urgência, deve estar ciente dos riscos que a reversão da decisão pode causar. Assim, os prejuízos experimentados pela parte contrária, que resta vitoriosa ao fim do processo, fazem parte do *risco* em ter concedida a seu favor a medida em caráter de provisoriedade.

Especialmente em face da Fazenda Pública, **a percepção de verbas remuneratórias inseridas no contracheque em razão de decisão provisória posteriormente reformada, impõe ao beneficiário sua devolução.** Não é o caso de alegar boa-fé na percepção dos valores, exatamente em razão de o beneficiário ter pleno conhecimento da precariedade da decisão. Assim decidiu o STJ, conforme trecho da ementa:

> "(...) V. O caso em julgamento, relativo à devolução de valores recebidos pelos servidores por força de liminar – confirmada em acórdão

---

27. Nesse sentido, o Enunciado n° 140 do FPPC: "A decisão que julga improcedente o pedido final gera a perda de eficácia da tutela antecipada"
Ainda, o Enunciado n° 499 do FPPC: "Efetivada a tutela de urgência e, posteriormente, sendo o processo extinto sem resolução do mérito e sem estabilização da tutela, será possível fase de liquidação para fins de responsabilização civil do requerente da medida e apuração de danos".

28. Nesse sentido: "(...) 1. A questão jurídica discutida consiste em definir se é possível proceder à execução, nos próprios autos, objetivando o ressarcimento de valores despendidos a título de tutela antecipada, posteriormente revogada em virtude de sentença que extingue o processo, sem resolução de mérito, por haver a autora desistido da ação. 2. O Código de Processo Civil de 2015, seguindo a mesma linha do CPC/1973, adotou a teoria do risco-proveito (...) 3. Em relação à forma de se buscar o ressarcimento dos prejuízos advindos com o deferimento da tutela provisória, o parágrafo único do art. 302 do CPC/2015 é claro ao estabelecer que "a indenização será liquidada nos autos em que a medida tiver sido concedida, sempre que possível", dispensando-se, assim, o ajuizamento de ação autônoma para esse fim. 4. Com efeito, a obrigação de indenizar a parte adversa dos prejuízos advindos com o deferimento da tutela provisória posteriormente revogada é decorrência ex lege da sentença de improcedência ou de extinção do feito sem resolução de mérito, como no caso, sendo dispensável, portanto, pronunciamento judicial a esse respeito, devendo o respectivo valor ser liquidado nos próprios autos em que a medida tiver sido concedida, em obediência, inclusive, aos princípios da celeridade e economia processual" (STJ. REsp 1.770.124-SP, Rel. Min. Marco Aurélio Bellizze, 3ª Turma, julgado em 21/05/2019).

concessivo da segurança, pelo TRT/1ª Região, posteriormente cassado pelo TST, com trânsito em julgado –, não se amolda à matéria referente ao Tema 531/STJ ("Quando a Administração Pública interpreta erroneamente uma lei, resultando em pagamento indevido ao servidor, cria-se uma falsa expectativa de que os valores recebidos são legais e definitivos, impedindo, assim, que ocorra desconto dos mesmos, ante a boa-fé do servidor público"), tampouco ao Tema 1.009/STJ ("Os pagamentos indevidos aos servidores públicos decorrentes de erro administrativo (operacional ou de cálculo), não embasado em interpretação errônea ou equivocada da lei pela Administração, estão sujeitos à devolução, ressalvadas as hipóteses em que o servidor, diante do caso concreto, comprova sua boa-fé objetiva, sobretudo com demonstração de que não lhe era possível constatar o pagamento indevido"). Assim sendo, inaplicável, ao caso dos autos, a jurisprudência do STJ invocada pelo acórdão recorrido. (...) O presente feito não envolve devolução de qualquer valor pago pela Administração sponte sua, mas apenas por força de decisão judicial precária, posteriormente cassada. VII. Nos termos da jurisprudência consolidada nesta Corte, "tendo a servidora recebido os referidos valores amparada por uma decisão judicial precária, não há como se admitir a existência de boa-fé, pois a Administração em momento nenhum gerou-lhe uma falsa expectativa de definitividade quanto ao direito pleiteado. A adoção de entendimento diverso importaria, dessa forma, no desvirtuamento do próprio instituto da antecipação dos efeitos da tutela, haja vista que um dos requisitos legais para sua concessão reside justamente na inexistência de perigo de irreversibilidade, a teor do art. 273, §§ 2º e 4º, do CPC" (STJ, EREsp 1.335.962/RS, Rel. Ministro ARNALDO ESTEVES LIMA, PRIMEIRA SEÇÃO, DJe de 02/08/2013). (...) Com efeito, "é entendimento desta Corte que, 'tendo a servidora recebido os referidos valores amparada por uma decisão judicial precária, não há como se admitir a existência de boa-fé, pois a Administração em momento nenhum gerou-lhe uma falsa expectativa de definitividade quanto ao direito pleiteado' (EREsp 1.335.962/RS, Rel. Ministro Arnaldo Esteves Lima, Primeira Seção, DJe 2/8/2013). Não pode o servidor alegar boa-fé para não devolver valores recebidos por meio de liminar, em razão da própria precariedade da medida concessiva e, por conseguinte, da impossibilidade de presumir a definitividade do pagamento" (STJ, AgInt no AgInt no AREsp 1.609.657/MS, Rel. Ministro HERMAN BENJAMIN, SEGUNDA TURMA, DJe de 16/03/2021). Em igual sentido: STJ, AgInt no RMS 48.576/CE, Rel. Ministro OG FERNANDES, SEGUNDA TURMA, DJe de 09/09/2019; AgInt no RMS 56.628/CE, Rel. Ministro FRANCISCO FALCÃO, SEGUNDA TURMA, DJe de 29/04/2021" (STJ, AREsp 1.711.065-RJ, Rel. Min. Assusete Magalhães, 2ª Turma. Julgado em 03/05/2022).

6.2. ADC nº 4 e ADI nº 4296

Há dois relevantíssimos julgados do Supremo Tribunal Federal, separados por mais de 12 anos, que impactam diretamente na compreensão do tema *tutela provisória contra a Fazenda Pública*. Trata-se da ADC nº 4 e da ADI nº 4296. Optamos por chamar atenção a tais julgamentos em tópico apartado em razão de sua importância. Toda a leitura que se segue, precisa ser feita levando em conta tais compreensões.

A **ADC nº 4** (Relator Ministro Sydney Sanches; Relator para o Acórdão Ministro Celso de Mello, Tribunal Pleno, julgado em 01/10/2008) teve por objeto a **declaração de constitucionalidade do art. 1º, da lei nº 9.494/97**, ou seja, firmar em precedente vinculante e *erga omnes* a constitucionalidade das vedações à concessão de tutela antecipada contra a Fazenda Pública.

O Tribunal, por maioria, **entendeu que as vedações trazidas no art. 1º da lei nº 9.494/97 são constitucionais**, ou seja, não representam qualquer ofensa à proporcionalidade e razoabilidade. Justificar-se-iam em razões de interesse público e não causariam qualquer vulnerabilidade ao acesso à jurisdição.

Quase 13 anos depois, todavia, foi encerrado o julgamento da **ADI nº 4296** (Relator Ministro Marco Aurélio; Relator para o Acórdão Ministro Alexandre de Moraes, Tribunal Pleno, julgado em 09/06/2021) que teve por objeto a **declaração de inconstitucionalidade de diversos dispositivos da lei nº 12.016/2009** (lei do Mandado de Segurança), **dentre eles o art. 7º, §2º, que prevê as limitações à concessão de liminar contra o Poder Público**.

O Tribunal, por maioria, **declarou inconstitucionais o art. 7º, §2º** (restrições à concessão de liminar em MS) **e o art. 22, §2º** (exigência de oitiva prévia do representante da pessoa jurídica de Direito Público para a concessão de liminar em MS coletivo) **da lei**.

Os julgamentos da ADC nº 4 e da ADI nº 4296 precisam ser conjugados, em vista que há referências recíprocas entre o art. 1º da lei nº 9.494/97 e o art. 7º, §2º da lei nº 12.016/2009. Vejamos, comparativamente, onde grifamos:

Art. 1° da lei n° 9.494/97	Art. 7°, §2° da lei n° 12.016/2009
Art. 1º Aplica-se à tutela antecipada prevista nos arts. 273 e 461 do Código de Processo Civil o disposto **nos arts. 5º e seu parágrafo único e 7º da Lei nº 4.348, de 26 de junho de 1964, no art. 1º e seu § 4º da Lei nº 5.021, de 9 de junho de 1966**, e nos arts. 1º, 3º e 4º da Lei nº 8.437, de 30 de junho de 1992.	Art. 7º Ao despachar a inicial, o juiz ordenará: (...) § 2º Não será concedida medida liminar que tenha por objeto a **compensação de créditos tributários, a entrega de mercadorias e bens provenientes do exterior, a reclassificação ou equiparação de servidores públicos e a concessão de aumento ou a extensão de vantagens ou pagamento de qualquer natureza**. (...)

A lei n° 4.348/64 foi revogada pela lei n° 12.016/2009, responsável por regular atualmente o Mandado de Segurança. A referência deve ser compreendida, portanto, ao seu art. 7°, §2°, que trata das limitações à concessão de liminar em face da Fazenda Pública.

A lei n° 5.021/66 tratava sobre o pagamento de vencimentos e vantagens pecuniárias asseguradas em sentença concessiva de segurança e também foi revogada pela lei n° 12.016/2009.

Assim, é preciso adequar a norma do art. 1° da lei n° 9.494/97, ao arcabouço normativo vigente. Resta-nos o seguinte: ***aplica-se à tutela provisória prevista nos arts. 294 e seguintes e ao cumprimento provisório de sentença previsto nos arts. 536 e seguintes, todos do CPC, o disposto nos arts. 1°, 3° e 4° da Lei n° 8.437/92***.

Em suma, quer dizer que se aplica o regramento geral do CPC à tutela provisória concedida em face da Fazenda Pública, observadas as limitações previstas na lei n° 8.437/92.

Primeiro, o art. 1° da lei n° 9.494/97 foi objeto da ADC n° 4, tendo concluído pela **constitucionalidade do dispositivo**. Depois, o art. 7°, §2°, da lei n° 12.016/2009 foi considerado **inconstitucional** na ADI n° 4296.

Dessa maneira, **as restrições à concessão de tutela provisória em face da Fazenda Pública estão mantidas, devendo-se desconsiderar apenas as previsões da lei do Mandado de Segurança, pois julgadas inconstitucionais.**

Esta conclusão é muito importante. Adiante, seguiremos com a leitura dos preceitos que trazem limitações à concessão de tutela provisória contra a Fazenda Pública, inclusive tratando do art. 7°, §2°, da lei n° 12.016/2009. Faremos, em cada nota, referência a sua (in)constitucionalidade diante dos julgamentos da ADC n° 4 e da ADI n° 4296.

6.3. Limitações à concessão de tutela provisória contra a Fazenda Pública

Quando estivermos diante de **obrigações de pagar, não será possível concessão de tutela provisória contra a Fazenda Pública em razão do regime constitucional dos precatórios** previsto no art. 100 da Constituição da República.

Além disso, **lei esparsa também traz outras restrições**. O fundamento de tais restrições respeita à ausência de risco de dano grave ou de difícil reparação para o particular. É que o Estado é *virtualmente solvente* em qualquer situação. Dessa forma, não haveria necessidade de *inverter o ônus do tempo* no processo, pois ausente o risco à tutela do direito do particular em face da Fazenda Pública.

A análise de tais restrições nos apresenta uma linha mestra: evitar o impacto pecuniário que a concessão da tutela provisória poderia causar aos cofres públicos[29]. Por consequência, visa proteger também a gestão do orçamento público e a previsão de gastos de cada ente.

Os Tribunais Superiores, com o passar do tempo, tendem a aproximar cada vez mais o regime da tutela provisória contra a Fazenda Pública do regime geral. Assim, é possível afirmar que **as limitações à concessão de tutela provisória contra a Fazenda Pública recebem interpretação restritiva da jurisprudência**. Admite-se inclusive, no caso concreto, a relativização das vedações, quando demonstrado fundamentadamente a necessidade excepcional de afastamento da norma restritiva[30]. Exemplo desta aproximação está, obviamente, no recente julgamento proferido pelo STF na ADI n° 4296.

Vejamos.

29. RODRIGUES, Marco Antonio. *A Fazenda Pública no Processo Civil*. São Paulo: Atlas, 2016, p. 103.
30. CUNHA, Leonardo Carneiro da. *A Fazenda Pública em juízo*. Rio de Janeiro: Forense, 2016, p. 306.

6.3.1. *Lei n° 8.437/92*

A lei n° 8.437/92 dispõe sobre a concessão de *medidas cautelares* contra o Poder Público. Com o novo CPC (art. 1.059, trabalhado em tópico adiante), as limitações ali previstas se aplicam genericamente à concessão de tutela provisória em face da Fazenda Pública. Vejamos os dispositivos.

> Art. 1° Não será cabível medida liminar contra atos do Poder Público, no procedimento cautelar ou em quaisquer outras ações de natureza cautelar ou preventiva, toda vez que providência semelhante não puder ser concedida em ações de mandado de segurança, em virtude de vedação legal.
>
> § 1° Não será cabível, no juízo de primeiro grau, medida cautelar inominada ou a sua liminar, quando impugnado ato de autoridade sujeita, na via de mandado de segurança, à competência originária de tribunal.
>
> § 2° O disposto no parágrafo anterior não se aplica aos processos de ação popular e de ação civil pública.
>
> § 3° Não será cabível medida liminar que esgote, no todo ou em qualquer parte, o objeto da ação.
>
> § 4° Nos casos em que cabível medida liminar, sem prejuízo da comunicação ao dirigente do órgão ou entidade, o respectivo representante judicial dela será imediatamente intimado.
>
> § 5º Não será cabível medida liminar que defira compensação de créditos tributários ou previdenciários.
>
> Art. 2° No mandado de segurança coletivo e na ação civil pública, a liminar será concedida, quando cabível, após a audiência do representante judicial da pessoa jurídica de direito público, que deverá se pronunciar no prazo de setenta e duas horas.

Diversas normas podem ser extraídas dos dispositivos acima colacionados. Vejamos:

- Sempre que houver vedação legal à concessão de tutela provisória contra a Fazenda Pública em mandado de segurança, tais restrições se aplicam também a todos os demais procedimentos (art. 1°, *caput*).

  Lembre-se que as vedações do art. 7°, §2°, da lei n° 12.016/2009 foram consideradas inconstitucionais no

julgamento da ADI n° 4296. Hoje, portanto, não há falar em tais restrições.

- Caso a demanda corra no primeiro grau e tenha por objeto questionamento de ato administrativo, se a autoridade responsável pela prática do ato impugnado possuir prerrogativa de foro para o mandado de segurança, não se admitirá a concessão de tutela provisória (art. 1°, §1°).

  Esta limitação tem por fundamento **evitar a burla às regras de competência que instituem prerrogativa foro de certas autoridades para o MS** (o que se dá, por exemplo, no art. 102, I, "d" e no art. 105, I, "b", ambos da CR). Apenas o órgão competente para processar e julgar o mandado de segurança é que poderá conceder a tutela provisória contra a Fazenda Pública[31].

  A ressalva a esta regra fica por conta da *ação popular* e da *ação civil pública*, onde poderá haver concessão de tutela provisória em face da Fazenda Pública (art. 1°, §2°), mesmo que o ato questionado seja da lavra de autoridade com prerrogativa de foro para o mandado de segurança.

  Esta regra não foi impactada pelo julgamento da ADI n° 4296, permanecendo vigente.

- Caso a tutela provisória esgote, no todo ou em parte, o objeto da ação, não será possível a concessão (art. 1°, §3°). Em outros termos, quando se verificar a *irreversibilidade da medida*, não se poderá conceder a tutela provisória em face da Fazenda Pública.

  Perceba-se que esta vedação foi *generalizada* pelo art. 300, §3°, do CPC. Assim, para a concessão da tutela antecipa (pois a cautelar é, por suas próprias características, apenas assecuratória e, portanto, reversível) é preciso observar a *reversibilidade da medida*.

  > Art. 300, § 3º. A tutela de urgência de natureza antecipada não será concedida quando houver perigo de irreversibilidade dos efeitos da decisão.

31. BARROS, Guilherme Freire de Melo. *Poder Público em Juízo para concursos*. Salvador: Juspodivm, 2019, p. 112.

Em outros termos, **se a decisão em sede de tutela antecipada puder produzir efeitos *irreversíveis*, a decisão não poderá ser concedida**. Exige-se, para que se *antecipe* qualquer tipo de tutela jurisdicional, a **reversibilidade da decisão.**

A preocupação é com a *irreversibilidade fática*, ou seja, com o retorno ao estado anterior no *mundo dos fatos*. Necessário assegurar que, caso o pedido principal seja julgado improcedente, os efeitos da tutela antecipada possam ser revertidos.

Entendida a regra, é preciso anotar outro aspecto da *reversibilidade*: as hipóteses em que a **não concessão da tutela cause danos irreversíveis.**

Sem dúvida a prática forense apresenta casos em que medidas antecipatórias são concedidas mesmo quando irreversíveis. É o que ocorre corriqueiramente em demandas envolvendo o direito à saúde. A razão de se afastar, no caso, o requisito da *reversibilidade*, é exatamente garantir a efetivação de um direito fundamental, qual seja, o direito à saúde. Assim, apesar de a *reversibilidade* figurar como requisito codificado e aplicável em regra, é possível afasta-lo incidentalmente em juízo de ponderação com outros interesses tutelados pela ordem jurídica, inclusive para a concessão de tutela provisória contra a Fazenda Pública.

Assim, a **irreversibilidade da lesão** é uma justificativa para se afastar a limitação do art. 300, §3° e também do art. 1°, §3°, da lei n° 8.437/92.

Nesse sentido, o Enunciado n° 40 da I Jornada de Direito Processual Civil do CJF: "A irreversibilidade dos efeitos da tutela de urgência não impede sua concessão, em se tratando de direito provável, cuja lesão seja irreversível"[32].

Esta regra não foi impactada pelo julgamento da ADI n° 4296, permanecendo vigente.

- Não é – nos termos do art. 1°, §5° – possível a concessão de tutela provisória que ordene a compensação de créditos tributários ou previdenciários.

32. Reforçando o entendimento, o Enunciado n° 419 do FPPC: "Não é absoluta a regra que proíbe tutela provisória com efeitos irreversíveis".

Esta regra é idêntica à prevista no art. 7°, §2°, da lei n° 12.016/2009 e, portanto, nosso entendimento é que foi impactada pelo julgamento da ADI n° 4296. Quer dizer, não mais prevalece esta restrição à concessão de liminar cujo objeto seja a compensação de créditos tributários.

Todavia, há previsão no Código Tributário Nacional sobre este tema (art. 170-A), que mantém hígida a vedação de ordem para compensação antes do trânsito em julgado da decisão. **Nosso entendimento é, portanto, que a restrição se mantém, nos termos do CTN** (recepcionado como *lei complementar*, inclusive).

Discordamos da posição exarada pelo STF, pois a razão para esta previsão é boa: nos termos do art. 156, II, do CTN, a compensação é causa de extinção do crédito tributário. Dessa maneira, se a decisão provisória ordenasse a compensação – e, portanto, a extinção do crédito – a própria demanda original perderia seu objeto, pois a tutela desconstitutiva definitiva já teria sido prestada. Para que haja extinção do crédito público, impõe-se decisão definitiva de mérito que, reconhecendo o direito à compensação, ordene sua realização com a consequente extinção da obrigação. A lição foi consagrada também no próprio CTN, em seu art. 170-A:

> Art. 170-A. É vedada a compensação mediante o aproveitamento de tributo, objeto de contestação judicial pelo sujeito passivo, antes do trânsito em julgado da respectiva decisão judicial.

Parece-nos, portanto, que **a tutela provisória poderá ter por objeto não a realização efetiva da compensação** (o que acarretaria a extinção do crédito tributário), **mas a suspensão de exigibilidade do tributo** que se pretende compensar[33].

- Nos termos do art. 2°, no mandado de segurança coletivo e na ação civil pública, não se admitirá decisão *liminar* (=*inaudita altera pars*) em face da Fazenda Pública. Para a concessão da

33. Sobre o tema, havia o enunciado n° 212 da Súmula do STJ: "A compensação de créditos tributários não pode ser deferida em ação cautelar ou por medida liminar cautelar ou antecipatória". Este enunciado foi cancelado após o julgamento da ADI n° 4296.

tutela provisória será preciso ouvir previamente, em 72h, o representante judicial da pessoa jurídica de direito público.

Esta regra é parcialmente idêntica à prevista no art. 22, §2°, da lei n° 12.016/2009 e, portanto, **nosso entendimento é que foi impactada pelo julgamento da ADI n° 4296 no que refere ao mandado de segurança coletivo**, não devendo mais prevalecer.

Assim, apenas na ação civil pública será necessária a oitiva do representante judicial da pessoa jurídica de direito público no prazo de 72h, antes da eventual concessão de tutela provisória.

É preciso compreender que o art. 2° da lei n° 8.437/92 apresenta um patente erro de técnica. É que a decisão somente será *liminar* se concedida *inaudita altera pars*. Como o dispositivo prevê exatamente a necessidade de oitiva prévia, não estamos diante de *liminar*, mas sim de *tutela provisória* a ser concedida após a ouvida do réu.

6.3.2. Lei n° 9.494/97

A lei n° 9.494/97 dispõe sobre a concessão de tutela antecipada em face da Fazenda Pública (além de outros temas). Vejamos o seu art. 1°:

> Art. 1º Aplica-se à tutela antecipada prevista nos arts. 273 e 461 do Código de Processo Civil o disposto nos arts. 5º e seu parágrafo único e 7º da Lei nº 4.348, de 26 de junho de 1964, no art. 1º e seu § 4º da Lei nº 5.021, de 9 de junho de 1966, e nos arts. 1º, 3º e 4º da Lei nº 8.437, de 30 de junho de 1992.

A leitura do art. 1° deve ser *atualizada* de acordo com as normas vigentes:

- A referência aos arts. 273 e 461 do CPC/73, deve ser compreendida como referência atual ao regramento da tutela provisória (art. 294 e seguintes) e do cumprimento de sentença que reconheça a exigibilidade de obrigação de fazer ou de não fazer (art. 536 e seguintes).

- Como tratado anteriormente, a lei n° 4.348/64 e a lei n° 5.021/66 foram revogadas pela lei n° 12.016/2009, responsável por regular atualmente o Mandado de Segurança. A referência deve ser compreendida, portanto, ao seu art. 7°, §2°, que trata das limitações à concessão de liminar em face da Fazenda Pública, **que foi declarado inconstitucional na ADI n° 4296, não devendo mais prevalecer tais restrições.**
- A lei n° 8.437/92 foi objeto de tratamento no subtópico anterior, encontrando-se em plena vigência **(ressalvado o impacto causado pela ADI n° 4296)**. A título de acréscimo, os arts. 3° e 4° da lei tratam da remessa necessária e do pedido de suspensão de liminar (ou suspensão de segurança), respectivamente.

Em suma, quer dizer o art. 1° da lei n° 9.494/97, que **se aplica o regramento geral do CPC à tutela provisória concedida em face da Fazenda Pública, observadas as limitações previstas na lei n° 8.437/92 e na lei n° 12.016/2009** (recentemente julgadas inconstitucionais na ADI 4296). A norma que se pode extrair do preceito é muito semelhante àquela inscrita no art. 1.059 do CPC (trabalhado adiante).

Todavia, como já apontamos anteriormente, a interpretação a tais vedações vem se dando cada vez mais de maneira restritiva. Inclusive, o próprio STF possui entendimento de que o tanto quanto decidido na ADC n° 4 **não se aplica à tutela provisória em causas de natureza previdenciária**. Nesse sentido, o enunciado n° 729 da Súmula do STF: "A decisão na Ação Direta de Constitucionalidade 4 não se aplica à antecipação de tutela em causa de natureza previdenciária".

Sobre este entendimento é muito importante uma ressalva: afirmar que a decisão proferida na ADC n° 4 não se aplica às causas previdenciárias **não implica autorização para concessão de tutela provisória em face da Fazenda Pública** neste tipo de demanda **mesmo diante de vedação legal**. Quer dizer, o enunciado n° 729 da súmula do STF apenas anotou que a ADC n° 4 não teve por objeto a análise das limitações à concessão de tutela provisória em demandas de natureza previdenciária.

"O enunciado 729 da súmula do STF *não* franqueia, *nem* permite, a concessão de tutela antecipada para determinar pagamento de quantia pecuniária em causas previdenciárias"[34]. Não se trata de *autorização* à concessão de tutela provisória em face da Fazenda Pública, mas sim a uma limitação ao manejo da Reclamação em causas de natureza previdenciária, pois não foram objeto do julgamento na ADC nº 4.

Como se sabe, se houver decisão contrária à precedente firmado em sede de controle concentrado de constitucionalidade, cabível será o manejo da Reclamação para o STF (art. 988, III, do CPC). A razão do enunciado nº 729 é esta: **limitar o manejo de Reclamação baseada na ADC nº4,** quando a concessão de tutela provisória contra a Fazenda Pública se der em demandas de natureza previdenciária.

Este é um detalhe que passa despercebido por boa parte da doutrina e pela maioria da jurisprudência, que *lê* o enunciado nº 729 da súmula do STF como uma autorização genérica para concessão de tutela provisória contra a Fazenda Pública em demandas de natureza previdenciária. Tal compreensão é incorreta e o problema precisa ser conhecido.

Passemos, agora, à análise do art. 2º-B, da lei nº 9.494/97:

> Art. 2º-B. A sentença que tenha por objeto a liberação de recurso, inclusão em folha de pagamento, reclassificação, equiparação, concessão de aumento ou extensão de vantagens a servidores da União, dos Estados, do Distrito Federal e dos Municípios, inclusive de suas autarquias e fundações, somente poderá ser executada após seu trânsito em julgado.

O dispositivo trata de limitações ao cumprimento provisório de sentença em face da Fazenda Pública. É que as sentenças que se enquadram no dispositivo **não poderiam ser executadas senão quando do seu trânsito em julgado.**

A *natureza jurídica* do cumprimento provisório de sentença é de *tutela provisória executiva*. Dessa maneira, limitações ao *cumprimento provisório de sentença* refletem também limitação à tutela provisória contra a Fazenda Pública.

Esta regra se relaciona intimamente à prevista no art. 7º, §2º, da lei nº 12.016/2009 e, portanto, **nosso entendimento é que foi impactada pelo julgamento da ADI nº 4296**, não devendo mais prevalecer.

34. CUNHA, Leonardo Carneiro da. *A Fazenda Pública em juízo*. Rio de Janeiro: Forense, 2016, p. 323.

Explico: o dispositivo da lei do MS considerado inconstitucional previa a impossibilidade de concessão de tutela provisória para ***reclassificação ou equiparação de servidores públicos e a concessão de aumento ou a extensão de vantagens ou pagamento de qualquer natureza.***

Se, agora, há permissão para concessão de tutela provisória nesse sentido em razão do julgamento da ADI n° 4296, significa que o título provisório pode ser objeto de cumprimento. Quer dizer então, o seguinte: **a sentença que tenha por objeto reclassificação, equiparação, concessão de aumento ou extensão de vantagens a servidores passa, após o julgamento da ADI n° 4296, a poder ser executada antes do trânsito em julgado, em sede de cumprimento provisório de sentença.**

6.3.3. Lei n° 12.016/2009

A lei n° 12.016/2009, disciplina o mandado de segurança individual e coletivo. Há preceitos que dispõem expressamente sobre restrições à concessão de tutela provisória contra a Fazenda Pública. Vejamos o art. 7°, §§ 2° e 5°:

> Art. 7º Ao despachar a inicial, o juiz ordenará: (...)
>
> § 2º Não será concedida medida liminar que tenha por objeto a compensação de créditos tributários, a entrega de mercadorias e bens provenientes do exterior, a reclassificação ou equiparação de servidores públicos e a concessão de aumento ou a extensão de vantagens ou pagamento de qualquer natureza. (...)
>
> § 5º As vedações relacionadas com a concessão de liminares previstas neste artigo se estendem à tutela antecipada a que se referem os arts. 273 e 461 da Lei no 5.869, de 11 janeiro de 1973 - Código de Processo Civil. (...)

Vejamos algumas normas que podem ser extraídas da leitura de tais preceitos:

- A referência aos arts. 273 e 461 do CPC/73, deve ser compreendida como referência atual ao regramento da tutela provisória (art. 294 e seguintes) e do cumprimento de sentença que reconheça a exigibilidade de obrigação de fazer ou de não fazer (art. 536 e seguintes).

Dessa forma, as vedações à concessão de *liminares* previstas no §2° são também vedações à concessão de tutela provisória em sede de mandado de segurança (§5°).

Ocorre que a ADI n° 4296 julgou inconstitucional o §2° do art. 7°, da lei n° 12.016/2009, não havendo mais falar em tais restrições.

- O art. 7°, §2° dispunha não ser possível a concessão de tutela provisória em sede de mandado de segurança, que ordenasse a compensação de créditos tributários. A norma aqui é idêntica à prevista no art. 1°, §5°, da lei n° 8.437/92, tratada em subtópico acima.

  É preciso, portanto, mantendo coerência com nosso entendimento, rememorar que há previsão no Código Tributário Nacional sobre este tema (art. 170-A), que mantém hígida a vedação de ordem para compensação antes do trânsito em julgado da decisão. **Nosso entendimento é, portanto, que a restrição se mantém, agora nos termos do CTN** (recepcionado como *lei complementar*, inclusive), que não foi objeto de análise na ADI n° 4296.

  Relembre-se que, em nossa opinião, **a tutela provisória poderá ter por objeto não a realização efetiva da compensação** (o que acarretaria a extinção do crédito tributário), **mas a suspensão de exigibilidade do tributo** que se pretende compensar.

- O art. 7°, §2° dispunha não ser possível a concessão de tutela provisória em sede de mandado de segurança, que ordenasse a entrega de mercadorias e bens provenientes do exterior. **Não mais prevalece em razão do julgamento da ADI n° 4296.**

  Dava-se aplicação restritiva a este dispositivo: a proibição à concessão de tutela provisória **servia apenas aos casos em que a própria entrada e comercialização dos bens era proibida no Brasil.**

  Se a retenção das mercadorias se dava **apenas** em razão do não pagamento do tributo, admitia-se a concessão de tutela provisória ordenando sua liberação, cabendo ao Fisco promover a cobrança administrativa e judicial dos valores devidos. Nesse sentido, o enunciado n° 323 da Súmula do

STF: "É inadmissível a apreensão de mercadorias como meio coercitivo para pagamento de tributos".

- O art. 7°, §2° dispunha não ser possível a concessão de tutela provisória em sede de mandado de segurança, que ordenasse a reclassificação ou equiparação de servidores públicos.

  Não mais prevalece em razão do julgamento da ADI n° 4296.

  Dava-se aplicação restritiva a este dispositivo: a proibição à concessão de tutela provisória **servia aos casos em o pedido era para implementação de reclassificação ou equiparação** de status nunca gozado **pelo servidor**.

  Se o pedido fosse **apenas** para que se ordenasse o retorno a uma determinada classificação ou status reduzido por decisão administrativa, admitia-se a concessão de tutela provisória.

- O art. 7°, §2° dispunha não ser possível a concessão de tutela provisória em sede de mandado de segurança, que ordenasse a concessão de aumento ou a extensão de vantagens ou pagamentos de qualquer natureza.

  Não mais prevalece em razão do julgamento da ADI n° 4296.

  Dava-se aplicação restritiva a este dispositivo: a proibição à concessão de tutela provisória **servia aos casos em o pedido era para a concessão originária de aumento ou extensão de vantagem ou pagamento** nunca antes oferecido ao servidor.

  Se o pedido fosse **apenas** para que se ordenasse o retorno a uma situação de vantagem reduzida por decisão administrativa, admitia-se a concessão de tutela provisória. Era o caso, por exemplo, da tutela provisória que ordenava a reintegração do servidor público ao cargo anteriormente ocupado. Ainda: "Caso, por exemplo, o servidor público tenha suprimida uma vantagem de sua remuneração, aí caberá a medida de urgência, pois não se trata de *concessão*, mas de *restauração* ou *recomposição* de vantagem"[35].

---

35. CUNHA, Leonardo Carneiro da. *A Fazenda Pública em juízo*. Rio de Janeiro: Forense, 2016, p. 304.

Há, ainda, o art. 14, §3°, da lei n° 12.016/2009:

> Art. 14, § 3º. A sentença que conceder o mandado de segurança pode ser executada provisoriamente, salvo nos casos em que for vedada a concessão da medida liminar.

O dispositivo trata de limitações à execução provisória em face da Fazenda Pública. A **regra é que a apelação interposta em face de sentença concessiva da segurança não possua efeito suspensivo**, admitindo-se o cumprimento provisório da sentença.

A **exceção fica por conta dos casos em que é vedada a concessão de tutela provisória contra a Fazenda Pública, tendo a regra sofrido forte impacto com o julgamento da ADI n° 4296**. Dessa maneira, as limitações ao *cumprimento provisório de sentença* refletem apenas as pouquíssimas limitações.

Além das hipóteses previstas na lei n° 12.016/2009, há também regra específica na lei n° 8.036/1990, que dispõe sobre o fundo de garantia por tempo de serviço (FGTS). Veja-se o seu art. 29-B:

> Art. 29-B. Não será cabível medida liminar em mandado de segurança, no procedimento cautelar ou em quaisquer outras ações de natureza cautelar ou preventiva, nem a tutela antecipada prevista nos arts. 273 e 461 do Código de Processo Civil que impliquem saque ou movimentação da conta vinculada do trabalhador no FGTS.

Esta regra **não foi impactada pelo julgamento da ADI n° 4296**, permanecendo vigente.

6.3.4. *Ações possessórias – o art. 562, p.ú. do CPC*

Em razão do interesse público, tutelado de forma especial pela ordem jurídica, há no procedimento das ações possessória uma prerrogativa da Fazenda Pública: **exige-se, antes da concessão da tutela provisória de manutenção ou reintegração de posse, a audiência do seu representante judicial**, nos termos do art. 562, parágrafo único, do CPC. Trata-se de ato necessário à própria validade da medida.

Esta regra **não foi impactada pelo julgamento da ADI n° 4296**, permanecendo vigente.

Em termos mais precisos que os do art. 562 do CPC, **quando a ação possessória for manejada contra o Poder Público** (*pessoas jurídicas de direito público*) não há se falar em concessão de ***medida liminar***.

É preciso compreender que o dispositivo apresenta um patente erro de técnica. É que a decisão somente será *liminar* se concedida *inaudita altera pars* (como tratado no *caput* do art. 562 do CPC, ao prever a *liminar possessória*). Como o dispositivo trata exatamente da necessidade de oitiva prévia, não estamos diante de *liminar*, mas sim de *tutela provisória possessória* a ser concedida após a ouvida do representante judicial da pessoa jurídica de direito público.

6.3.5. *O art. 1.059 do CPC*

O art. 1.059 do CPC dispõe:

> Art. 1.059. À tutela provisória requerida contra a Fazenda Pública aplica-se o disposto nos arts. 1º a 4º da Lei nº 8.437, de 30 de junho de 1992, e no art. 7º, § 2º, da Lei nº 12.016, de 7 de agosto de 2009.

O dispositivo está inserido nas disposições finais do código, e recepciona as limitações constantes nas leis n° 8.437/92 e n° 12.016/2009, para as tutelas provisórias requeridas contra a Fazenda Pública.

Obviamente, esta regra **foi impactada pelo julgamento da ADI n° 4296**, permanecendo apenas quanto à menção à lei n° 8.437/1992. Dessa forma, *atualizando* a regra do CPC de acordo com o arcabouço normativo atual: à tutela provisória requerida contra a Fazenda Pública aplica-se o disposto nos arts. 1º a 4º da Lei nº 8.437, de 30 de junho de 1992.

Observe-se que o dispositivo em comento se utiliza do termo *tutela provisória*, da mesma forma como se utiliza o artigo 294 do código. Assim, as limitações à concessão de tutela provisória em face da Fazenda Pública se aplicam à tutela de urgência ou de evidência, antecedente ou incidental.

Essa lição é de suma importância em razão do debate que existe a respeito do art. 1.059. Há parcela da doutrina que restringe sua interpretação, entendendo que tais limitações só se aplicam à tutela de urgência. Para esta corrente, não haveria falar em qualquer restrição à concessão de tutela de evidência em face da Fazenda Pública.

Fundamenta-se na ideia de que as restrições à concessão de tutela antecipada contra a Fazenda Pública sempre foram voltadas a **evitar constrição patrimonial e ingerência dos orçamentos públicos em**

juízo perfunctório, baseado na mera probabilidade do direito e no perigo de dano. As vedações legais serviriam para explicitar a impossibilidade de concessão de tutela antecipada de urgência em razão da ausência de um dos seus pressupostos autorizadores: o risco de dano grave ou de difícil reparação[36].

Assim, em vista que a tutela de evidência dispensa o *perigo de dano* e se baseia em elemento robusto favorável ao julgamento procedente do pedido, não haveria razão para que tais limitações à concessão de tutela provisória se aplicassem aqui.

Este autor discorda desta compreensão. Não se deixa de reconhecer as razões que fundamentaram a previsão de certas limitações à concessão de tutela provisória contra a Fazenda Pública. O fundamento de nosso posicionamento é de ordem dogmática: **não há motivo para que se dê interpretação distinta à utilização do termo *tutela provisória* em partes diferentes dentro do mesmo código**.

Na parte geral, ***tutela provisória*** abarca as tutelas de urgência e evidência, antecedente e incidental. Não existe qualquer elemento que nos faça crer que ***tutela provisória*** seja utilizado em sentido distinto nas disposições finais e transitórias do mesmo código. Boa ou má a opção legislativa, não nos parece possível defender um entendimento *contra legem*, para restringir o conteúdo da norma inscrita no art. 1.059 do CPC[37].

6.4. Estabilização da tutela antecipada antecedente

O art. 303 do CPC trata da **tutela satisfativa antecipada antecedente de urgência**. O procedimento consagrado nos arts. 303 e 304 é uma inovação que denota uma preocupação do legislador com a **efetividade e a razoável duração do processo**.

Tratamos do tema, com mais vagar, em outra obra[38].

36. BARROS, Guilherme Freire de Melo. *Poder Público em Juízo para concursos*. Salvador: Juspodivm, 2019, p. 110.

37. A própria doutrina é divergente quanto ao tema.
Há o enunciado n° 35 do FPPC: "As vedações à concessão de tutela antecipada contra a Fazenda Pública não se aplicam aos casos de tutela de evidência".
Em sentido contrário, há o enunciado n° 14 do Fórum Nacional do Poder Público: "Não é cabível concessão de tutela provisória de evidência contra a Fazenda Pública nas hipóteses mencionadas no art. 1.059, CPC".

38. Cf. AVELINO, Murilo Teixeira. *Processo Civil – parte geral, processo de conhecimento e procedimentos especiais de jurisdição contenciosa*. Salvador: Juspodivm, 2021.

Aqui, importa o seguinte: é possível a estabilização da tutela antecipada antecedente de urgência em face da Fazenda Pública[39].

Mesmo possível a estabilização de tutela antecipada antecedente contra a Fazenda Pública, **obviamente se aplicam as restrições à concessão de tutela provisória**. Se não é possível que o juiz decida em sede antecipatória de forma contrária ao Poder Público, é hipótese de rejeição do pedido de concessão da tutela provisória. Nos casos em que não se admite a concessão de tutela antecipada não poderá haver, naturalmente, estabilização.

Dessa forma, **não há falar em estabilização da tutela antecipada em casos de obrigação de pagar submetidos ao regime constitucional dos precatórios**. Até porque há "uma incompatibilidade entre a lógica do procedimento (urgência), com a necessidade da prévia inscrição em precatório"[40]. Deve-se negar, portanto, a concessão da tutela, intimando-se o autor para aditar a petição inicial em 5 dias (art. 303, §6°, CPC).

Uma vez concedida a tutela antecipada antecedente de urgência, ao réu cabe recorrer da decisão através de Agravo de Instrumento (art. 1.015, I do CPC). Ao autor, por outro lado, cabe aditar a petição inicial, nos termos do art. 303, §1°, I, sob pena de extinção sem mérito (§2° do mesmo dispositivo).

6.5. Tutela de evidência

A tutela de evidência tem natureza somente antecipatória, **dispensando a demonstração de qualquer elemento de *perigo***. Exige-se que o direito do autor seja *evidente*, ou seja, mais forte que algo *provável*. **A demonstração da *evidência* é o único pressuposto de fato para a aplicação da técnica.** Não é necessário que haja urgência para que se conceda tutela antecipada nas hipóteses do art. 311. A ideia aqui é proporcionar de forma mais célere a fruição do direito pelo autor.

---

39. Nesse sentido, o enunciado n° 130 da II Jornada de Direito Processual Civil do CJF: "É possível a estabilização de tutela antecipada antecedente em face da Fazenda Pública".
Ainda, o enunciado n° 582 do FPPC: "Cabe estabilização da tutela antecipada antecedente contra a Fazenda Pública".

40. MACEDO, Lucas Buril de; PEIXOTO, Ravi. Tutela provisória contra a Fazenda Pública no CPC/2015. ARAÚJO, José Henrique Mouta; CUNHA, Leonardo Carneiro da; RODRIGUES, Marco Antonio. *Coleção Repercussões do novo CPC – vol. 3. Fazenda Pública*. Salvador: Juspodivm, 2016, p. 369.

A tutela antecipada de evidência, como prevista no CPC/15, não se submete ao procedimento da *tutela antecipada antecedente*. Será requerida sempre em caráter incidental, na própria petição inicial (junto com o pedido principal) ou através de simples petição nos próprios autos. É possível requerê-la tanto no procedimento comum quanto nos procedimentos especiais, codificados ou não.

Cuidamos do tema com maior profundidade em obra distinta, para onde remetemos o leitor[41].

Importa o seguinte: **admite-se a concessão de tutela antecipada de evidência contra o Poder Público**. É preciso ponderar esta autorização, todavia, com as limitações tratadas anteriormente.

Vale uma nota a respeito do inciso II do art. 311 do CPC.

Caso as alegações de fato possam ser comprovadas apenas documentalmente e houver tese firmada em julgamento de casos repetitivos (IRDR e recursos repetitivos) ou em súmula vinculante, permite-se a concessão de tutela de evidência *inaudita altera pars*. Esta previsão **tem íntima relação com o microssistema de formação de precedentes vinculantes consagrado no CPC**. O pedido de tutela antecipada haverá de preencher dois requisitos, cumulativamente: i) comprovação documental através de *prova pré-constituída*; ii) existir tese firmada a respeito da questão em julgamento de casos repetitivos ou em súmula vinculante.

Quanto ao último requisito, uma nota: se houver jurisprudência pacífica sobre o tema, significa que já está fixado entendimento contrário à Fazenda Pública. Por isso, entendemos que qualquer decisão vinculante prevista no art. 927 do CPC, justifica a concessão da tutela provisória de evidência[42].

Por fim, atente-se que uma das grandes finalidades da tutela de evidência é **afastar o efeito suspensivo da apelação**. Lembre-se que a Apelação interposta contra a decisão que *confirma, concede ou revoga*

---

41. AVELINO, Murilo Teixeira. *Processo Civil – parte geral, processo de conhecimento e procedimentos especiais de jurisdição contenciosa*. Salvador: Juspodivm, 2021.

42. Nesse sentido, o Enunciado nº 48 da I Jornada de Direito Processual Civil do CJF **amplia as hipóteses de concessão da tutela de vidência previstas no inciso II do art. 311**. Veja-se: "É admissível a tutela provisória da evidência, prevista no art. 311, II, do CPC, também em caso de tese firmada em repercussão geral ou em súmulas dos tribunais superiores".

    No mesmo sentido, o Enunciado nº 135 da II Jornada de Direito Processual Civil do CJF: "É admissível a concessão de tutela da evidência fundada em tese firmada em incidente de assunção de competência".

tutela provisória **não** tem efeito suspensivo (art. 1.012, V do CPC), **permitindo desde logo o cumprimento provisório da sentença.**

Dessa maneira, ainda que se admita a utilização da técnica antecipatória fundada na evidência em demandas contra a Fazenda Pública, **o juiz somente poderá se valer dela para afastar o efeito suspensivo da Apelação se não houver impedimento à concessão de tutela provisória ou ao cumprimento provisório de sentença.**

Não será possível, por exemplo, conceder tutela de evidência para afastar o efeito suspensivo da Apelação caso tenha por desdobramento a expedição de precatório[43], pois não há possibilidade de cumprimento provisório de sentença na hipótese.

6.6. Meios de impugnação à decisão que concede a tutela provisória

A decisão interlocutória que concede tutela provisória em face da Fazenda Pública pode ser impugnada basicamente através de três instrumentos. Vejamos:

- **Recursos.** Em face de decisão interlocutória que verse sobre tutela provisória caberá Agravo de Instrumento (art. 1.015, I, do CPC); se a tutela provisória for concedida em sede de sentença, será impugnada por Apelação sem efeito suspensivo (art. 1.012, §1°, V, do CPC).
- **Reclamação.** Trata-se de demanda originária de tribunal, cabível nas hipóteses do art. 988 do CPC.

Tanto os *recursos* quanto a *Reclamação* foram objeto de estudo aprofundado em obra distinta, para onde remetemos o leitor[44].

- **Pedido de suspensão.** Trata-se de demanda incidental originária de tribunal, cujo manejo pode ser feito apenas pelo poder público. O instituto será tratado pormenorizadamente em capítulo adiante desta obra.

Todos os três instrumentos podem ser manejados concomitantemente, não havendo necessidade de que o representante da

43. CUNHA, Leonardo Carneiro da. *A Fazenda Pública em juízo*. Rio de Janeiro: Forense, 2016, p. 320.

44. AVELINO, Murilo Teixeira. *Processo Civil – tutela executiva, processo nos tribunais, precedentes e recursos*. Salvador: Juspodivm, 2021.

Fazenda Pública opte pela utilização de um ou outro. Tratam-se de técnicas concorrentes, cuja opção depende da estratégia processual a ser adotada no caso concreto.

6.7. Síntese: tutela provisória contra a Fazenda Pública

O assunto *tutela provisória contra a Fazenda Pública* é complexo em razão do emaranhado de disposições que conformam o regramento. Por isso, vimos a necessidade de apresentar aqui uma síntese conclusiva sobre o tema:

<table>
<tr><th colspan="2">Tutela Provisória contra a Fazenda Pública</th></tr>
<tr><td rowspan="3">Regra Geral</td><td>É cabível a concessão de tutela provisória contra a Fazenda Pública, seja de urgência ou evidência, antecedente ou incidental.</td></tr>
<tr><td>É possível a estabilização da tutela antecipada antecedente.</td></tr>
<tr><td>A impugnação da decisão pode se dar por recurso, Reclamação ou pedido de suspensão.</td></tr>
<tr><th colspan="2">Obrigações de fazer, não fazer e entregar coisa diferente de dinheiro</th></tr>
<tr><td>Regra Geral</td><td>Não há distinção entre o regime da tutela provisória em face da Fazenda Pública e em face de particular. O tratamento da questão é o mesmo.</td></tr>
<tr><th colspan="2">Obrigação de pagar</th></tr>
<tr><td>Regra Geral</td><td>Não é possível a concessão de tutela provisória em razão do regime de precatórios previsto no art. 100 da Constituição da República.</td></tr>
<tr><th colspan="2">Vedações legais, considerando o art. 1.059 do CPC e o julgamento da ADC nº 4 e da ADI nº 4296</th></tr>
</table>

<table>
<tr><th colspan="2">Tutela Provisória contra a Fazenda Pública</th></tr>
<tr><td rowspan="5">Permanece, como regra, a vedação à concessão de tutela provisória</td><td>Nas obrigações de pagar (art. 100, CR).</td></tr>
<tr><td>Caso a demanda corra no primeiro grau e tenha por objeto questionamento de ato administrativo, se a autoridade responsável pela prática do ato impugnado possuir prerrogativa de foro para o mandado de segurança (art. 1°, §1°, da lei n° 8.437/92).</td></tr>
<tr><td>Caso esgote, no todo ou em parte, o objeto da ação (art. 1°, §3° da lei n° 8.437/92 e art. 303, §3°, do CPC).</td></tr>
<tr><td>Que ordene a compensação mediante o aproveitamento de tributo, objeto de contestação judicial pelo sujeito passivo, antes do trânsito em julgado da respectiva decisão judicial (art. 170-A do CTN).</td></tr>
<tr><td>Que implique saque ou movimentação da conta vinculada ao trabalhador no FGTS (art. 29-B da lei n° 8.036/90).</td></tr>
</table>

<table>
<tr><th colspan="2">Tutela Provisória contra a Fazenda Pública</th></tr>
<tr><td rowspan="5">Não há vedação à concessão de tutela provisória</td><td>Em regra, nas obrigações de fazer, não fazer e entregar coisa diferente de dinheiro.</td></tr>
<tr><td>Que ordene a entrega de mercadorias e bens provenientes do exterior.</td></tr>
<tr><td>Que ordene a reclassificação ou equiparação de servidores públicos.</td></tr>
<tr><td>Que ordene a concessão de aumento ou extensão de vantagem ou pagamento de qualquer natureza.</td></tr>
<tr><td>No mandado de segurança coletivo, mesmo em sede liminar.</td></tr>
<tr><td rowspan="2">Possível a concessão, desde que não seja inaudita altera pars</td><td>Na ação civil pública, somente após a oitiva do representante judicial a pessoa jurídica de direito público (art. 2° da lei n° 8.437/92).</td></tr>
<tr><td>Em ação possessória, somente após a audiência do representante judicial da pessoa jurídica de direito público (art. 562, p.ú., CPC).</td></tr>
</table>

7. HONORÁRIOS NAS DEMANDAS ENVOLVENDO A FAZENDA PÚBLICA

O art. 85 do CPC detalha minuciosamente o regramento de fixação dos honorários advocatícios.

Aqui, nos debruçaremos sobre o estudo dos honorários de sucumbência, aqueles que são fixados no processo em favor do advogado da parte vencedora[45], nas causas em que seja parte a Fazenda Pública.

45. Apesar de não trazer nenhuma especificidade quanto à atuação da Fazenda Pública em juízo, importa atentar à alteração trazida pela lei n° 14.365/2022, que acrescentou o §20 ao art. 85, no seguinte sentido: "§ 20. O disposto nos §§ 2º, 3º, 4º, 5º, 6º, 6º-A, 8º, 8º-A, 9º e 10 deste artigo aplica-se aos honorários fixados por arbitramento judicial". Parece-nos que a ideia do legislador aqui foi apenas explicitar o óbvio e evitar o afastamento, em decisão judicial, dos preceitos referenciados. O tema dos honorários advocatícios gera enormes discussões na prática forense e as iniciativas legislativas

Os honorários são a remuneração do advogado por atuar no processo. Por isso mesmo **os valores decorrentes dos honorários sucumbenciais possuem natureza alimentar**, recebendo todas as proteções que a ordem jurídica confere aos alimentos (por exemplo, limitação à execução), inclusive os mesmos privilégios dos créditos oriundos da legislação trabalhista[46].

Conforme dispõe o art. 85, §14:

> Art. 85, § 14. Os honorários constituem direito do advogado e têm natureza alimentar, com os mesmos privilégios dos créditos oriundos da legislação do trabalho, sendo vedada a compensação em caso de sucumbência parcial.

Uma regra importante foi trazida pelo novo código para reforçar a natureza dos honorários como *direito do advogado*: é vedada a compensação de honorários no caso de sucumbência **parcial**. A lógica é simples: os honorários pertencem ao advogado e não às partes. Assim, havendo sucumbência recíproca, significa que ambos os causídicos, em parte, sagraram-se vitoriosos, fazendo jus à parcela referente ao capítulo da sentença em que obteve sucesso. A norma vem em boa hora, superando antiga jurisprudência que entendia pela compensação dos honorários.

O pressuposto de fato para que surja ao advogado o direito à percepção de honorários advocatícios é a sua atuação na causa. **Os honorários representam a remuneração do causídico por seu trabalho. Assim, tendo o advogado dispendido esforços no processo, deve recebê-lo, inclusive quando atuar em causa própria** (§17).

Em todas as fases que atue, é *possível* a fixação da verba. O §1° do art. 85 especifica *fases do processo* em que há a incidência de honorários, fulminando quaisquer dúvidas a respeito, onde grifamos:

> Art. 85, § 1º. São devidos honorários advocatícios na **reconvenção,** no **cumprimento de sentença, provisório ou definitivo,** na **execução, resistida ou não, e nos recursos interpostos,** cumulativamente.

---

são, muitas vezes, resultados de pressão política de classe, contra interpretações judiciais que acabam por afastar o direito aos honorários ou fixa-los em patamares bastante reduzidos. Em suma, o §20 do art. 85 não diz nada além do que já estava expresso no texto originário, reforçando sua aplicabilidade.

46. Enunciado n° 47 da Súmula Vinculante: "Os honorários advocatícios incluídos na condenação ou destacados do montante principal devido ao credor consubstanciam verba de natureza alimentar cuja satisfação ocorrerá com a expedição de precatório ou requisição de pequeno valor, observada ordem especial restrita aos créditos dessa natureza".

Mesmo as *decisões parciais,* seja as *de mérito* ou as proferidas *sem resolução de mérito*, dão causa à fixação de honorários[47].

Atente-se que a incidência dos honorários é **cumulativa**, ou seja, a atuação em cada uma dessas fases dá ao advogado o direito de receber honorários, sendo *somadas* todas as verbas para a conformação de um montante único ao qual fará jus.

Há algumas compreensões jurisprudenciais que merecem destaque:

- Enunciado nº 517 da Súmula do STJ: "São devidos honorários advocatícios no cumprimento de sentença, haja ou não impugnação, depois de escoado o prazo para pagamento voluntário, que se inicia após a intimação do advogado da parte executada".
- Enunciado nº 519 da Súmula do STJ: "Na hipótese de rejeição da impugnação ao cumprimento de sentença, não são cabíveis honorários advocatícios".
- Ainda, a tese fixada no tema nº 961 dos Recursos Repetitivos: "Observado o princípio da causalidade, é cabível a fixação de honorários advocatícios, em exceção de pré-executividade, quando o sócio é excluído do polo passivo da execução fiscal, que não é extinta".

Por fim, caso a Fazenda Pública reconheça a procedência do pedido e, por iniciativa própria, cumpra a obrigação, fará juz à redução dos honorários pela metade, nos termos do art. 90, §4º, do CPC[48].

7.1. Forma de cálculos dos honorários

O CPC regula a forma de cálculo dos honorários, que devem ser fixados em dinheiro, ainda que se considerando percentual relativo

---

47. Nesse sentido, o Enunciado nº 5 da I Jornada de Direito Processual Civil do CJF: "Ao proferir decisão parcial de mérito ou decisão parcial fundada no art. 485 do CPC, condenar-se-á proporcionalmente o vencido a pagar honorários ao advogado do vencedor, nos termos do art. 85 do CPC".

48. Nesse sentido, o Enunciado nº 9 da I Jornada de Direito Processual Civil do CJF: "Aplica-se o art. 90, § 4º, do CPC ao reconhecimento da procedência do pedido feito pela Fazenda Pública nas ações relativas às prestações de fazer e de não fazer".

    Ainda, o enunciado nº 114 do Fórum Nacional do Poder Público: "A necessária submissão ao procedimento de ofício requisitório não é obstáculo para a aplicação do benefício do art. 90, §4º, do CPC no que se refere ao reconhecimento do pedido pelo Poder Público".

ao **valor da condenação, do proveito econômico ou do valor atualizado da causa, nessa ordem**[49], que funcionam como base de cálculo.

É preciso ter em mente o que compõe a base de cálculo para a fixação dos honorários. É que **astreintes não devem ser incluídas** na base para definição dos honorários (STJ, Resp. 1.367.212/RR, 3ª Turma. Relator Ministro Ricardo Villas Bôas, Info. 608).

Nas causas envolvendo particulares, dispõe o §2° que os honorários serão fixados entre 10% (dez por cento) e 20% (vinte por cento) sobre o calor da condenação, do proveito econômico ou, não sendo possível mensurá-lo, sobre o valor atualizado da causa.

Os *critérios* a serem atendidos na definição do valor são: i) **grau de zelo do profissional**; ii) **lugar em que se deu a prestação do serviço**; iii) **natureza e importância da causa**; iv) **o trabalho realizado e o tempo exigido para o seu serviço.**

Perceba-se, assim, que os honorários são fixados em valor determinado com base em percentual. Não se pode definir honorários de forma distinta, por exemplo, em quantidade de salários-mínimos. Nesse sentido, atente-se ao Enunciado n° 201 da Súmula do STJ: "Os honorários advocatícios não podem ser fixados em salários-mínimos".

Nas causas em que a Fazenda Pública for parte, dispõe o §3° do art. 85, que a fixação dos honorários **deverá respeitar os critérios estabelecidos no §2°**. O que vai variar são os *percentuais de fixação* mínimos e máximos:

i) **entre 10%** (dez por cento) **e 20%** (vinte por cento) sobre o valor da condenação ou do proveito econômico obtido **até 200** (duzentos) **salários mínimos**;

ii) **entre 8%** (oito por cento) **e 10%** (dez por cento) sobre o valor da condenação ou do proveito econômico obtido **acima de 200** (duzentos) **salários mínimos até 2.000** (dois mil) **salários mínimos;**

iii) **entre 5%** (cinco por cento) **e 8%** (oito por cento) sobre o valor da condenação ou do proveito econômico obtido **acima**

49. CUNHA, Leonardo Carneiro da. A Fazenda Pública em juízo. Rio de Janeiro: Forense, 2016, p. 1122. Ainda, sobre o tema, o Enunciado n° 3 do Fórum Nacional do Poder Público: "Nos processos em que a Fazenda Pública for parte, em caso de improcedência do pedido, os honorários advocatícios devem ser fixados, em regra, sobre o proveito econômico obtido pelo vencedor".

2.000 (dois mil) **salários mínimos até 20.000** (vinte mil) **salários mínimos;**

iv) **entre 3%** (três por cento) **e 5%** (cinco por cento) sobre o valor da condenação ou do proveito econômico obtido **acima de 20.000** (vinte mil) **salários mínimos até 100.000** (cem mil) **salários mínimos**;

v) **entre 1%** (um por cento) **e 3%** (três por cento) sobre o valor da condenação ou do proveito econômico obtido **acima de 100.000** (cem mil) **salários mínimos.**

Tais percentuais devem ser aplicados em **todas as causas em que a Fazenda Pública for parte**, independente de figurar como autora ou ré, sagrando-se **vitoriosa ou derrotada**. Incidirão em **caso de extinção *com* ou *sem* resolução de mérito.**

Há um recentíssimo precedente do Superior Tribunal de Justiça que merece atenção, por excepcionar a regra do art. 85, §3°. Adiante-se, desde logo, que não parece se tratar de regra geral, mas apenas e excepcionalmente, da fixação dos honorários no rito especial da execução fiscal.

Tratando especificamente sobre **a fixação dos honorários em execução fiscal em que não há inclusão do encargo legal, o STJ entendeu pela incidência dos honorários advocatícios com fundamento no art. 827 do CPC, afastando os percentuais do art. 85, §3° do mesmo código**, veja-se:

> "PROCESSUAL CIVIL E TRIBUTÁRIO. AÇÃO DE EXECUÇÃO FISCAL. DESPACHO INICIAL. FIXAÇÃO DE HONORÁRIOS ADVOCATÍCIOS INICIAIS. APLICAÇÃO SUBSIDIÁRIA DO ART. 827, § 1º, DO CPC/2015. DIVERGÊNCIA JURISPRUDENCIAL. ANÁLISE PREJUDICADA. (...) 4. A discussão dos autos é saber se, na Execução Fiscal, quando não incluídos como encargo na CDA, os honorários provisórios arbitrados no despacho do juiz que ordena a citação devem observar o percentual estabelecido no art. 827 ou as faixas do art. 85, § 3°, todos do Código de Processo Civil/2015. (...) 6. O CPC/2015, nos arts. 523, § 1º, e 827, prevê o pagamento de honorários tanto na fase de cumprimento de sentença como no processo de execução, estabelecendo, em ambos os casos, o percentual fixo de 10% (dez por cento). (...) 8. Como se vê, se a verba honorária na fase de conhecimento está condicionada ao trabalho que se exigiu do advogado (art. 85, § 2º) e, mesmo nas causas em que a Fazenda

Pública for parte, tem quantificação variável (art. 85, § 3º), nos procedimentos executivos o percentual de 10% (dez por cento) é dado pela lei, sendo "ilegal o juiz fixar percentual inferior ou superior" (ASSIS, Araken de. Manual da Execução. 20 ed. São Paulo: Thomson Reuters Brasil, 2018, p. 805). A exclusão dessa verba (art. 523, caput e § 1º) ou sua redução à metade (art. 827, § 1º) condicionam-se única e exclusivamente ao comportamento do devedor. 9. A norma especial, no caso, não é o § 3º do art. 85, que versa sobre honorários definitivos na fase de conhecimento, mas o art. 827, que, compondo a sistemática legal dos honorários provisórios nos procedimentos executivos, "concede ao executado um estímulo para que satisfaça o mais rapidamente possível a execução" (WAMBIER, Teresa Arruda Alvim... [et al.], 2. ed. São Paulo: RT, 2016, p. 1.298). A regra do art. 85, § 3º, somente poderia ser considerada especial em relação ao art. 827 se disciplinasse concretamente os honorários provisórios. (...)" (STJ. 2ª Turma. AgInt no AREsp 1.738.784-GO, Rel. Min. Herman Benjamin, julgado em 05/10/2021).

Observe-se, ainda, que ***a progressividade* definida nas faixas de fixação é do tipo *perfeita***, ou seja, os percentuais devem ser delimitados levando em conta cada um dos níveis e não o montante total (progressividade imperfeita), aplicando-se o nível subsequente ao valor residual da primeira faixa.

Conforme dispõe o §5º, em hipóteses em que a condenação contra a Fazenda Pública ou o proveito econômico obtido pelo vencedor superem 200 (duzentos) salários mínimos, a fixação do percentual de honorários observará a faixa inicial e, naquilo que exceder, a faixa subsequente, sucessivamente.

Por exemplo, caso a condenação da Fazenda Pública seja em um valor equivalente a 15.000 (quinze mil) salários mínimos (em 2021, R$ 16.500.000,00), aplicar-se-ão três faixas: honorários entre 10% e 20% até 200 salários mínimos (R$ 220.000,00); entre 8% e 10% acima de 200 e até 2.000 salários mínimos (R$ 220.00,01 até R$ 2.200.000,00); e entre 5% e 8% acima de 2.000 e até 15.000 salários mínimos (R$ 2.200.000,01 até o limite da condenação de R$ 16.500.000,00).

Em qualquer hipótese de fixação de honorários quando a Fazenda Pública for parte, tais percentuais devem ser aplicados desde logo quando for líquida a sentença. Caso haja necessidade de liquidação, os percentuais serão fixados quando liquidado o julgado. O **valor do**

salário mínimo será o vigente quando da prolação da sentença – no primeiro caso – ou da decisão de liquidação – no segundo caso (§4°).

Ademais, perceba-se que os incisos do §3° do art. 85 somente mencionam como base de cálculo dos honorários "o valor da condenação ou do proveito econômico obtido". O §4° complementa a regra, todavia, ao dispor que não havendo condenação principal ou não sendo possível mensurar o proveito econômico, **os honorários serão fixados tendo por base o *valor atualizado da causa.***

O §6° do art. 85 esclarece o óbvio: os limites e critérios previstos nos §§ 2° e 3° se aplicam qualquer que seja o conteúdo da decisão. Decisões com ou sem mérito são regidas, no que tange à fixação de honorários, por tais preceitos.

Ainda, no **caso de litisconsórcio,** ou seja, quando concorrerem vários autores e/ou vários réus, os vencidos **respondem proporcionalmente** pelos honorários, da forma como distribuídos na sentença (art. 87, *caput*). Caso a sentença não faça tal distribuição de forma expressa, entende-se que os vencidos respondem solidariamente pelos honorários advocatícios (§2°). É a mesma regra aplicável às despesas processuais.

7.1.1. Fixação de honorários por equidade

Eis aqui um tema bastante polêmico, alvo de alterações legislativas recentes e da formação de precedentes vinculantes a respeito.

Conforme o §8° do art. 85, é possível que a **equidade** seja excepcionalmente utilizada para a fixação dos honorários. É o que ocorre nas causas em que o proveito econômico é inestimável ou irrisório ou, ainda, quando o valor da causa for muito baixo. Apenas nesses casos os honorários serão definidos *por apreciação equitativa*, observados os critérios dos incisos do §2°.

Apesar de remeter ao §2°, a lei n° 14.365/2022 procurou trazer critérios de fixação dos honorários por equidade. Acrescentou-se o §8°-A ao art. 85 do CPC. Veja-se:

> § 8º-A. Na hipótese do § 8º deste artigo, para fins de fixação equitativa de honorários sucumbenciais, o juiz deverá observar os valores recomendados pelo Conselho Seccional da Ordem dos Advogados do Brasil a título de honorários advocatícios ou o limite mínimo de

> 10% (dez por cento) estabelecido no § 2º deste artigo, aplicando-se o que for maior.

O dispositivo traz uma dificuldade de interpretação quanto ao seu conteúdo final. É que, como se pode observar da leitura, quando for hipótese de fixação dos valores com base no §8°, não se pode determiná-los em patamar inferior a 10%. A questão é definir qual a base de cálculo. Será o valor recomendado pelo Conselho Seccional respectivo ou 10%, o que for maior. Mas, 10% sobre o que?

Veja-se que o §2° do art. 85 traz três bases possíveis sobre as quais pode incidir a alíquota para fixação dos honorários: condenação, proveito econômico ou valor atualizado da causa. Por outro lado, o §8° permite a fixação dos honorários por apreciação equitativa quando for inestimável ou irrisório o proveito econômico ou quando o valor da causa for muito baixo. Dessa forma, parece-nos que estas serão hipóteses em que os honorários serão fixados de acordo com a tabela da respectiva Seccional da OAB ou em 10% sobre o valor da condenação.

Isso se dá porque o §8° incide exatamente quando não for possível fixar os honorários com base em dois critérios específicos: proveito econômico e valor da causa. Resta-nos apenas o critério da condenação. Mas aí, então, sendo possível obter desde logo um valor específico de condenação, aplicar-se-á o §2° e não o §8°.

Andou mal o legislador na alteração, deixando o percentual mínimo de 10% sem base sobre a qual incidirá. Dessa maneira, parece-nos que, no caso de fixação dos honorários por equidade, dever-se-á observar os valores mínimos indicados pela Seccional da OAB com abrangência no respectivo juízo.

Sigamos.

A Corte Especial do STJ, ao apreciar o tema n° 1076 dos recursos repetitivos, entendeu que a fixação dos honorários por equidade é critério subsidiário, devendo-se respeitar os parâmetros do art. 85, §3°, mesmo em demandas de alto valor. Somente incidirá o §8° do dispositivo (fixação por equidade) quando i) o proveito econômico obtido pelo vencedor for inestimável ou irrisório; ou ii) o valor da causa for muito baixo. Eis as teses:

> "1) A fixação dos honorários por apreciação equitativa não é permitida quando os valores da condenação ou da causa, ou o proveito

> econômico da demanda, forem elevados. É obrigatória, nesses casos, a observância dos percentuais previstos nos parágrafos 2º ou 3º do artigo 85 do Código de Processo Civil (CPC) – a depender da presença da Fazenda Pública na lide –, os quais serão subsequentemente calculados sobre o valor: (a) da condenação; ou (b) do proveito econômico obtido; ou (c) do valor atualizado da causa.
>
> 2) Apenas se admite o arbitramento de honorários por equidade quando, havendo ou não condenação: (a) o proveito econômico obtido pelo vencedor for inestimável ou irrisório; ou (b) o valor da causa for muito baixo".

Nesse mesmo sentido, é o Enunciado nº 6 da I Jornada de Direito Processual Civil do CJF: "A fixação dos honorários de sucumbência por apreciação equitativa só é cabível nas hipóteses previstas no § 8º do art. 85 do CPC".

Nas causas envolvendo a Fazenda Pública, desenvolveu-se tese defendendo que, a depender do potencial valor da condenação em honorários dever-se-ia manter a fixação dos honorários por critério equitativos. Talvez a ideia decorra do que dispunha o antigo §4º do art. 20 do CPC/73: "*Nas causas ... em que não houver condenação ou for vencida a Fazenda Pública ... os honorários serão fixados consoante apreciação eqüitativa do juiz*".

Com raras exceções, não deve prevalecer tal entendimento. É que **o CPC é bastante claro ao definir os critérios de fixação dos honorários para as causas envolvendo a Fazenda Pública. Impõe-se respeitar, portanto, o art. 85, §3º.**

Em razão da grande polêmica que o tema referente à fixação dos honorários por equidade trouxe, mesmo após a fixação de precedentes vinculantes sobre o tema, o legislador entendeu por bem positivar regra esclarecendo que a aplicação do §8º do art. 85 é residual. A lei nº 14.365/2022 acrescentou o §6º-A ao art. 85, **proibindo a fixação de honorários por equidade quando possível fixá-lo nos termos dos §§2º e 3º**. Veja-se:

> Art. 85, § 6º-A. Quando o valor da condenação ou do proveito econômico obtido ou o valor atualizado da causa for líquido ou liquidável, para fins de fixação dos honorários advocatícios, nos termos dos §§ 2º e 3º, é proibida a apreciação equitativa, salvo nas hipóteses expressamente previstas no § 8º deste artigo.

Campo para o desenvolvimento de eventuais *exceções* são as defesas no processo de execução fiscal. Por exemplo, nos parece que o julgamento procedente de *exceção de pré-executividade* apenas para excluir corresponsável do polo passivo da execução, mantendo-se a higidez do crédito executado e do próprio feito executivo, não atrai a incidência dos percentuais do §3° tendo por base o valor da execução. Em nossa opinião, neste caso, a fixação dos honorários deve levar em conta, em juízo de equidade, o quanto o patrimônio do executado poderia ser atingido pela execução, pois este é, efetivamente, o **proveito econômico**. Sendo ele insolvente e não dispondo de qualquer bem apto à constrição, a condenação tomando por base o valor dos débitos executados (=valor da causa) significaria enriquecimento indevido do sujeito excluído do polo passivo da execução fiscal.

O mesmo raciocínio poderia ser aplicado para embargos à execução, seja vencedor o contribuinte ou a Fazenda Pública.

Em semelhante raciocínio, entendeu o STJ pela fixação dos honorários por equidade quando o processo de execução fiscal for extinto sem resolução de mérito, mantendo-se a higidez do crédito discutido em demanda distinta. Assim, como o crédito não é desconstituído, mas mantem-se em debate em ação distinta, a fixação dos honorários na execução não se dá levando em conta o valor da exação (=valor da causa), mas pela apreciação equitativa prevista do art. 85, §8°[50].

Lembre-se, conforme dispõe o art. 85, §13, **devem ser acrescidas no valor do débito principal**, para todos os efeitos legais, as verbas sucumbenciais arbitradas: i) no **julgamento de Embargos à Execução** (=defesa típica do processo de execução) **quando rejeitados ou julgados improcedentes** (e não houver a incidência do *encargo legal*

50. Veja-se: PROCESSUAL CIVIL. EXECUÇÃO FISCAL. EXTINÇÃO SEM RESOLUÇÃO DO MÉRITO. RELAÇÃO JURÍDICA TRIBUTÁRIA. CONTROVÉRSIA EM AÇÃO CONEXA. HONORÁRIOS ADVOCATÍCIOS. EQUIDADE. OBSERVÂNCIA. 1. Na ação executiva fiscal, o valor da causa será o da dívida constante da certidão, com os encargos legais, de modo que, em regra, o "valor da condenação" e o "proveito econômico obtido" aos quais se refere o § 3º do art. 85 do CPC/2015 devem ter correlação com o crédito tributário controvertido. 2. Nos casos em que o acolhimento da pretensão não tenha correlação com o valor da causa ou não se observe proveito econômico com a extinção da execução, os honorários de sucumbência devem ser arbitrados por apreciação equitativa, com observância dos critérios do § 2º do art. 85 do CPC/2015, conforme disposto no § 8º desse mesmo dispositivo. 3. O § 8º do art. 85 do CPC/2015 deve ser observado sempre que a extinção da execução fiscal não acarrete impacto direto na questão de fundo, vez que o crédito tributário é ainda objeto de controvérsia judicial nas demais ações correlatas (...)" (STJ. 1ª Turma. REsp 1.776.512-SP, Rel. Min. Gurgel de Faria, julgado em 12/05/2020).

nas execuções fiscais da União) *e também* ii) as verbas sucumbenciais arbitradas na **fase de cumprimento de sentença**.

7.1.2. Execução de obrigação de pagar contra a Fazenda Pública

Não há regra especial para a fixação de honorários advocatícios em face da Fazenda Pública no caso de execução de título executivo extrajudicial. **Nos processos de execução fundados em título executivo extrajudicial, haverá a incidência de honorários**, mesmo que seja caso de expedição de precatório[51].

A distinção tratada no presente tópico está no **cumprimento de sentença contra a Fazenda Pública**, em razão da previsão do art. 85, §7°.

Para além dos honorários fixados na fase de conhecimento, o CPC prevê também a incidência de honorários na fase de cumprimento de sentença. Tais condenação não se confundem e são, obviamente, distintas.

As obrigações de fazer, não fazer e dar coisa diferente de dinheiro podem ser cumpridas pelo ente público de forma espontânea. Caso seja necessário que o vencedor dê início ao cumprimento de sentença, será o caso de condenação do ente em honorários na fase executiva.

Todavia, **a execução de obrigação de pagar quantia certa contra a Fazenda Pública se submete ao regime constitucional dos precatórios** (art. 100 da CR).

Em razão desta limitação constitucional, em regra a Fazenda Pública somente pode pagar caso o credor provoque a jurisdição através de demanda executiva. Em outras palavras, a Fazenda não pode pagar enquanto o credor não iniciar o cumprimento de sentença.

Esta é a regra geral de pagamento das obrigações pecuniárias definidas em juízo, que encontra exceção somente nos casos de *Requisição de Pequeno Valor* (tema também tratado no art. 100 da CR).

Assim, no caso de o pagamento se dar por *precatório*, necessária a iniciativa da parte para dar início ao cumprimento de sentença; no caso de o pagamento se dar por RPV, é possível que a Fazenda Pública pague desde logo. Trata da matéria o §7° do art. 85:

51. CUNHA, Leonardo Carneiro da. *A Fazenda Pública em juízo*. Rio de Janeiro: Forense, 2016, p. 131-132. Veja-se, ainda, o Enunciado n° 240 do FPPC: "São devidos honorários nas execuções fundadas em título executivo extrajudicial contra a Fazenda Pública, a serem arbitrados na forma do § 3° do art. 85".

> Art. 85, §7º Não serão devidos honorários no cumprimento de sentença contra a Fazenda Pública que enseje expedição de precatório, desde que não tenha sido impugnada.

Podemos extrair *três* regras do §7° do art. 85:

- **Não serão devidos honorários** advocatícios no cumprimento de sentença contra a Fazenda Pública **quando o pagamento ensejar a expedição de precatórios e não houver apresentação de defesa**.

  A ideia é a seguinte: a FP não se quedou inerte, não deixou de pagar espontaneamente; a própria Constituição exige o início da execução para a expedição dos precatórios.

  Há **uma exceção** a esta regra. É o caso do enunciado n° 345 da Súmula do STJ: "São devidos honorários advocatícios pela Fazenda Pública nas execuções individuais de sentença proferida em ações coletivas, ainda que não embargadas".

  Esta compreensão baseia-se na premissa de que a execução individual de sentença coletiva se materializa em uma nova relação jurídica processual. Além disso, há esforço do patrono na individualização, identificação da titularidade e liquidação do valor do débito, ainda que venha a ser pago em precatório. Assim, é o caso de o advogado receber honorários em razão do trabalho dispendido, mesmo que a Fazenda Pública não se oponha à execução.

- **Serão devidos honorários** advocatícios quando, no cumprimento de sentença contra a Fazenda Pública, **o pagamento ensejar a expedição de RPV**.

  Explique-se: o regime de RPV permite que o próprio ente derrotado concorde desde logo com seu pagamento, não apresentando qualquer resistência. Assim, se foi necessário ao credor dar início ao cumprimento de sentença, significa que a Fazenda Pública deu causa ao novo procedimento, devendo pagar honorários.

  Há **uma exceção** a esta regra. É que se o valor da condenação superar o limite para pagamento em RPV, o art. 87, parágrafo único do ADCT prevê a possibilidade de o exequente abrir mão de parcela do seu crédito para que possa se enquadrar no limite da requisição de pequeno valor. Dando-se a renúncia após o início do cumprimento de sentença, apesar de a execução se dar por RPV, não haverá condenação da União em honorários advocatícios caso não haja impugnação[52].

- **Serão devidos honorários** advocatícios no cumprimento de sentença contra a Fazenda Pública **quando, apesar de o pagamento ensejar a expedição de precatórios, for apresentada impugnação** (=peça de defesa no cumprimento de sentença).

  O raciocínio é simples: apesar da submissão ao regime de precatórios, haverá a necessidade de atuação do advogado do credor durante o cumprimento de sentença face à apresentação da impugnação. É esta nova atuação que justifica a condenação da Fazenda Pública em honorários caso saia derrotada.

Por fim, há certa polêmica quanto ao percentual aplicado no cálculo dos honorários na execução contra a Fazenda Pública. A questão gira em torno da aplicação do percentual de 10% (previsto no art. 523, §1°) ou das faixas previstas no art. 85, §3°.

Filiamo-nos aqui à corrente que defende a incidência dos percentuais regressivos previstos no art. 85, §3°. Trata-se de regra específica de honorários nas causas em que a Fazenda Pública é parte, não havendo razão para distinguir entre demanda de conhecimento ou demanda executiva. É regra especial em razão da pessoa que figura como parte da demanda devendo, no caso, prevalecer[53].

7.1.3. Honorários recursais

Com o novo CPC, o tribunal (em decisão monocrática ou colegiada), ao julgar o recurso, deverá majorar os honorários anteriormente fixados. Como dispõe o §11 do art. 85:

> Art. 85, § 11. O tribunal, ao julgar recurso, majorará os honorários fixados anteriormente levando em conta o trabalho adicional realizado em grau recursal, observando, conforme o caso, o disposto nos §§ 2º a 6º, sendo vedado ao tribunal, no cômputo geral da fixação de honorários devidos ao advogado do vencedor, ultrapassar os respectivos limites estabelecidos nos §§ 2º e 3º para a fase de conhecimento.

52. RODRIGUES, Marco Antonio. *A Fazenda Pública no Processo Civil*. São Paulo: Atlas, 2016. P. 122.
53. Nesse mesmo sentido: PEIXOTO, Marco Aurélio Ventura; PEIXOTO, Renata Cortez Vieira. Fazenda Pública e Execução. Salvador: Juspodivm, 2018, p. 63.

A *ratio* é que a provocação de juízo distinto, através de recurso, implica a majoração dos honorários. Perceba-se que a **norma é impositiva: o tribunal** (juízo distinto do que proferiu a decisão recorrida) ***majorará* os honorários em sede recursal** levando em conta o trabalho realizado[54]. Nem mesmo a ausência de contrarrazões afasta a incidência do dispositivo, devendo o magistrado aplicar a regra da majoração[55]. Da mesma forma, deve haver a majoração independentemente de a decisão ter sido colegiada (regra) ou unipessoal (nas hipóteses admitidas pelo art. 932 do CPC)[56].

Atente-se que a majoração se dá em razão de julgamento de *recurso*. Não incide o dispositivo em comento quando o tribunal conhecer da causa **apenas** em razão da remessa necessária[57].

Havendo o provimento do recurso, caberá ao Tribunal redistribuir os honorários fixados originalmente no primeiro grau e, ainda, arbitrar os honorários recursais[58].

Esta regra serve de fomento à solução consensual dos conflitos e à redução de litigiosidade. Tornar o processo *mais caro*, naturalmente faz com que as partes ponderem o interesse econômico em manter a *litispendência* em fases recursais. Veio em boa hora o regramento.

Há, todavia, duas limitações.

A primeira é de ordem legal. O **valor acumulado dos honorários advocatícios** (da fase de conhecimento mais os da fase recursal) **não pode ultrapassar os limites estabelecidos no § 3° do art. 85.**

Assim, quando o percentual atingir o valor máximo da respectiva faixa, não será possível majorá-lo ainda mais, mesmo diante de novo recurso. Por exemplo, atingido o limite de 20% sobre o valor da condenação

---

54. Enunciado n° 241 do FPPC: "Os honorários de sucumbência recursal serão somados aos honorários pela sucumbência em primeiro grau, observados os limites legais".

55. Nesse sentido, o Enunciado n° 7 da I Jornada de Direito Processual Civil do CJF: "A ausência de resposta ao recurso pela parte contrária, por si só, não tem o condão de afastar a aplicação do disposto no art. 85, § 11, do CPC".

    Há, ainda, entendimento do STF: "A interposição de recurso sob a égide da nova lei processual possibilita a majoração dos honorários advocatícios (ora fixados em 10% dez por cento sobre o valor da causa), mesmo quando não apresentadas contrarrazões, nos termos do art. 85, § 11, do CPC/2015" (STF, AO 2063/CE, Órgão Plenário. Relator Ministro Marco Aurélio, Info. 865).

56. Enunciado n° 242 do FPPC: "Os honorários de sucumbência recursal são devidos em decisão unipessoal ou colegiada".

57. Nesse sentido, o enunciado n° 4 do Fórum Nacional do Poder Público: "A majoração dos honorários de sucumbência, prevista no § 11 do art. 85 do CPC, não se aplica ao julgamento da remessa necessária".

58. Enunciado n° 243 do FPPC: "No caso de provimento do recurso de apelação, o tribunal redistribuirá os honorários fixados em primeiro grau e arbitrará os honorários de sucumbência recursal".

até 200 salários mínimos, não será mais possível majorar o percentual; atingido o limite de 10% sobre o valor da condenação acima de 200 e até 2000 salários mínimo, não será mais possível majorar o percentual, e assim sucessivamente para as demais faixas do §3° do art. 85.

A segunda surgiu na doutrina e parece ter sido adota como posição majoritária. Prevalece o entendimento de que a previsão dos honorários recursais se refere apenas à *majoração* e **não à fixação originária** em sede recursal. Perceba-se que o §11 fala em *majorar* os honorários, ou seja, aumentar o percentual já fixado.

Nesse sentido, o Enunciado n° 8 da I Jornada de Direito Processual Civil do CJF: "Não cabe majoração de honorários advocatícios em agravo de instrumento, salvo se interposto contra decisão interlocutória que tenha fixado honorários na origem, respeitados os limites estabelecidos no art. 85, §§ 2º, 3º e 8º, do CPC".

Na mesma direção, a compreensão do STJ:

> "Os honorários recursais não têm autonomia nem existência independente da sucumbência fixada na origem e representam um acréscimo (o CPC/2015 fala em "majoração") ao ônus estabelecido previamente, motivo por que na hipótese de descabimento ou na de ausência de fixação anterior, não haverá falar em honorários recursais" (STJ. AREsp 1.050.334/PR, Rel. Min. Mauro Campbell Marques, 2ª Turma, julgado em 28/3/2017).

Corrobora com este entendimento a posição da jurisprudência no sentido de que **não são cabíveis *honorários recursais* nos procedimentos cujos ritos não prevejam a fixação originária de honorários**. É o que se dá, por exemplo, no **mandado de segurança**[59].

Eis o entendimento do STF:

> "Descabe a fixação de honorários recursais, preconizados no artigo 85, § 11 do Código de Processo Civil de 2015, quando tratar-se de extraordinário formalizado no curso de processo cujo rito os exclua" (STF, ARE 948.578 AgR/RS, 1ª Turma. Relator Ministro Marco Aurélio, Info. 831).

7.2. Honorários de titularidade da advocacia pública

O novo CPC consagrou o direito de os Advogados Públicos perceberem honorários advocatícios de sucumbência, nos termos

59. CUNHA, Leonardo Carneiro da. *A Fazenda Pública em juízo*. Rio de Janeiro: Forense, 2016, p. 126.

da lei (§19). Atualmente, os Advogados Públicos Federais recebem honorários advocatícios (art. 29 da lei n° 13.327/2016); os Procuradores dos Estados, DF e dos Municípios dependem de lei específica do ente federativo ao qual estão vinculados[60].

Recentemente, o STF firmou posicionamento pela constitucionalidade da percepção de honorários advocatícios pelos advogados públicos (em todas as esferas), desde que **respeitado o teto remuneratório**. Assim, a soma mensal de subsídios mais honorários não pode superar o teto do funcionalismo público (art. 37, XI, CR). Veja-se:

> "(...) POSSIBILIDADE DO RECEBIMENTO DE VERBA DE HONORÁRIOS DE SUCUMBÊNCIA POR ADVOGADOS PÚBLICOS CUMULADA COM SUBSÍDIO. NECESSIDADE DE ABSOLUTO RESPEITO AO TETO CONSTITUCIONAL DO FUNCIONALISMO PÚBLICO. 1. A natureza constitucional dos serviços prestados pelos advogados públicos possibilita o recebimento da verba de honorários sucumbenciais, nos termos da lei. A CORTE, recentemente, assentou que "o artigo 39, § 4º, da Constituição Federal, não constitui vedação absoluta de pagamento de outras verbas além do subsídio" (ADI 4.941, Rel. Min. TEORI ZAVASCKI, Relator p/ acórdão, Min. LUIZ FUX, DJe de 7/2/2020). 2. Nada obstante compatível com o regime de subsídio, sobretudo quando estruturado como um modelo de remuneração por performance, com vistas à eficiência do serviço público, a possibilidade de advogados públicos perceberem verbas honorárias sucumbenciais não afasta a incidência do teto remuneratório estabelecido pelo art. 37, XI, da Constituição Federal (...) (STF. ADI 6053, Rel. Marco Aurélio, Rel. p/ Acórdão: Alexandre de Moraes, Plenário, julgado em 22/06/2020).

O entendimento foi reafirmado em: STF. ADI 6159 e ADI 6162, Rel. Min. Roberto Barroso, Plenário, julgadas em 25/08/2020; STF. Plenário. ADI 6135/GO, ADI 6160/AP, ADI 6161/AC, ADI 6169/MS, ADI 6177/PR e ADI 6182/RO, Rel. Min. Rosa Weber, julgados em 19/10/2020.

Esta compreensão se aplica também aos honorários incidentes na quitação administrativa da dívida ativa ou decorrente do protesto de títulos[61].

---

60. Sobre o tema, o Enunciado n° 384 do FPPC: "A lei regulamentadora não poderá suprimir a titularidade e o direito à percepção dos honorários de sucumbência dos advogados públicos".

61. Nesse sentido: "Ação direta de inconstitucionalidade. Artigo 2º, § 5º, da Lei nº 2.913/12 do Estado de Rondônia, incluído pela Lei nº 3.526/15. Destinação aos procuradores estaduais de honorários

Perceba-se que o ente público ao qual o advogado está vinculado arca apenas com sua remuneração na forma de subsídios. Nada além disso. **Os honorários advocatícios percebidos pelo advogado público são verba de natureza privada, paga por aqueles que sucumbiram em juízo.** Por isso, não há falar em conflito entre o regime de subsídios (parcela remuneratória única, nos termos do art. 39 da CR) e a percepção de honorários de sucumbência[62].

Acabou por prevalecer, após questionamento em ADI, portanto, a **constitucionalidade da percepção de honorários advocatícios pelos membros da Advocacia Pública, respeitado o teto remuneratório do serviço público.**

Esta limitação (teto remuneratório do serviço público) se aplica apenas aos advogados cujo vínculo é de Direito Público. Quer dizer, não há falar em limite para a percepção de honorários para advogados de empresas estatais que não se adéquam ao conceito de Fazenda Pública[63].

---

advocatícios incidentes na hipótese de quitação da dívida ativa em decorrência da utilização de meio alternativo de cobrança administrativa ou de protesto de título. Constitucionalidade. Necessidade de observância do teto remuneratório. 1. À luz da jurisprudência da Corte, não viola o art. 22, inciso I, da Constituição Federal ou o regime de subsídio ou os princípios da impessoalidade, da isonomia, da moralidade e da razoabilidade lei estadual que destina aos procuradores estaduais honorários advocatícios incidentes na hipótese de quitação da dívida ativa em decorrência da utilização de meio alternativo de cobrança administrativa ou de protesto de título. Precedentes (ADI nº 6.165/TO, ADI nº 6.178/RN, ADI nº 6.181/AL, ADI nº 6.197/RR, ADI nº 6.053/DF, ADI nº 6.159/PI, ADI nº 6.170/CE e ADPF nº 597/AM). 2. Necessidade de a soma do subsídio e dos honorários advocatícios pagos aos procuradores estaduais se submeter ao teto remuneratório previsto no art. 37, inciso XI, da Constituição Federal. 3. Ação direta julgada parcialmente procedente, conferindo-se interpretação conforme à Constituição Federal ao art. 2º, § 5º, da Lei nº 2.913 do Estado de Rondônia, de 3 de dezembro de 2012, incluído pela Lei nº 3.526/15, de modo a estabelecer que a soma dos subsídios e dos honorários percebidos mensalmente pelos procuradores do Estado não poderá exceder o teto remuneratório, nos termos do art. 37, inciso XI, da Constituição Federal" (STF. ADI 5910/RO, Rel. Min. Dias Toffoli, Plenário. Julgado em 27/5/2022).

62. BARROS, Guilherme Freire de Melo. *Poder Público em Juízo para concursos*. Salvador: Juspodivm, 2019, p. 81.

63. Veja-se trecho de recente julgamento do STF: "(...) 9. A orientação do Supremo tem sido no sentido de que o recebimento de honorários por advogados públicos não pode implicar a superação do teto remuneratório do serviço público (ADIs 6.165, 6.178, 6.181, 6.197, Relator o ministro Alexandre de Moraes; e ADI 6.053, Relator do acórdão o ministro Alexandre de Moraes, todas julgadas na sessão virtual de 12 a 19 de junho de 2020). Essa orientação é aplicável aos advogados com vínculo de emprego público, já que o art. 37, XI, da Constituição também se dirige aos empregados públicos. 10. Empregados de empresa pública, sociedade de economia mista ou subsidiária que não seja monopolista nem receba recursos da Fazenda Pública para despesas de pessoal e custeio em geral não estão sujeitos ao teto remuneratório do serviço público, como já consignou o Supremo em vários precedentes, ao interpretar o disposto no art. 37, § 9º, da Carta da República, na redação dada pela Emenda Constitucional n. 19/1998 (por exemplo: AI 563.842 AgR, Primeira Turma, Relator o ministro Marco Aurélio, DJe de 1º de agosto de 2013; RE 572.143 AgR, Primeira Turma, Relator o ministro Ricardo Lewandowski, DJe de 25 de fevereiro de 2011)" (STF, ADI 3396, Relator(a): NUNES MARQUES, Tribunal Pleno, julgado em 23/06/2022).

PROCESSO DE CONHECIMENTO E FAZENDA PÚBLICA

1. GENERALIDADES

O procedimento comum é o mais completo e apto à perfeita realização da fase de conhecimento do processo. O **seu regramento se aplica de forma ampla, geral e residual**. Se para qualquer procedimento faltar regulação específica, a solução deve se dar com a aplicação das regras do procedimento comum.

É interesse perceber que os chamados *procedimentos especiais* previstos no CPC e em leis esparsas trazem a regulação somente dos aspectos procedimentais que fogem ao procedimento comum. À certa altura todos passam a se valer do regramento comum (art. 318). Do mesmo modo, na ausência de regulação em seu livro próprio, o *processo de execução* também é regulado pelas regras do procedimento comum.

Este capítulo se ocupará das principais nuances que envolvem à atuação da Fazenda Pública em juízo, destacando as principais técnicas desde a propositura da demanda através da petição inicial até o momento exatamente anterior à fase recursal.

2. AUDIÊNCIA PRÉVIA DE CONCILIAÇÃO OU DE MEDIAÇÃO

A citação é o ato de chamada do sujeito passivo ao processo, convocando o réu, o executado ou o interessado para integrar a relação processual e cientificando-lhe dos termos da demanda (art. 238 do CPC). Integrando o contraditório, a primeira participação do réu se dá, em regra, na audiência de conciliação ou de mediação (art. 334). Não sendo obtida a autocomposição, ao réu caberá apresentar a contestação, peça de defesa utilizada para a apresentação das *defesas do réu*.

O procedimento comum é estruturado de maneira a valorizar a tentativa de autocomposição. Os §§2º e 3º do art. 3º do novo CPC estimulam a autocomposição, impondo inclusive um dever ao Estado de promovê-la antes e durante o processo. Esta norma fundamental inspirou a estrutura do procedimento comum, tendo como destaque o art. 334. Com efeito, o procedimento é estruturado de forma a se realizar uma audiência prévia de conciliação e de mediação, que antecede o contato do juiz com a matéria de fundo.

Estando em ordem a petição inicial, cabe ao magistrado admiti-la. Não indeferindo a petição inicial, nem julgando liminarmente improcedente o pedido, o magistrado deverá determinar a citação do réu. Integrado ao contraditório, a primeira participação do réu se dá, em regra, na audiência de conciliação ou de mediação. Nos termos do *caput* do art. 334.

Assim, a regra é que o juiz determine a citação do réu, comunicando-lhe do dever de comparecimento à audiência de conciliação ou de mediação.

A audiência deve ser designada com antecedência mínima de 30 (trinta) dias. Por outro lado, o réu deve ser citado com pelo menos 20 (vinte) dias de antecedência da data da realização da audiência (*caput* do art. 334). Trata-se aqui de **prazos processuais**, devendo-se computar na sua contagem apenas os dias úteis. O autor será intimado regularmente para comparecimento em audiência na pessoa de seu advogado, por publicação oficial ou intimação eletrônica (§3° do art. 334), não havendo necessidade de intimação pelo correio ou por oficial de justiça.

Presentes as partes à audiência, o mediador ou conciliador conduzirá os trabalhos em busca da solução *total ou parcial* por autocomposição. Tudo o que for debatido durante o ato é sigiloso. Incide aqui o sigilo inerente às técnicas da mediação e conciliação. Obtido o acordo, cabe ao conciliador ou mediador reduzir a termo as condições do acerto (sem mencionar o conteúdo dos debates, frise-se) e lavra o termo com sua assinatura, das partes e dos seus procuradores, levando-o ao magistrado para homologação (§11).

Havendo autocomposição total, então, o magistrado homologará o acordo e extinguirá o processo com resolução do mérito (art. 487, III, *b*). Todavia, caso não se obtenha a autocomposição ou se esta for parcial[1], a audiência será encerrada e o processo seguirá normalmente o procedimento comum, cabendo ao réu apresentar contestação (art. 335, I).

2.1. Audiência prévia como ato necessário do procedimento

A **audiência prévia de conciliação e mediação é ato necessário do procedimento**, prévio à própria apresentação da peça de defesa do réu, cujo objetivo principal é a autocomposição. Assim, exceto em hipóteses excepcionais, a tentativa de autocomposição deve ocorrer.

É obrigatório o comparecimento das partes à audiência prévia. "O objetivo é implementar efetivamente o modelo multiportas e levar as partes a terem efetivo contato com as técnicas de negociação assistida, propiciando a efetiva solução adequada dos conflitos"[2]. Assim, somente não se realizará a tentativa de autocomposição nas duas hipóteses consagradas pelos incisos do §4° do art. 334:

> § 4º A audiência não será realizada:
>
> I - se ambas as partes manifestarem, expressamente, desinteresse na composição consensual;
>
> II - quando não se admitir a autocomposição.

Tratemos de cada uma delas.

O inciso I dispensa a realização da audiência prévia *se ambas as partes se manifestarem expressamente neste sentido.*

Quanto ao autor, cabe se manifestar na petição inicial a respeito do interesse na ocorrência da audiência prévia de conciliação ou mediação (art. 319, VI). Isso porque, apesar de ser ato necessário do procedimento, a audiência pode ser dispensada caso todas as partes manifestem desinteresse pela autocomposição. A ausência de manifestação autoral, todavia, não impede o juízo positivo de admissibilidade da petição inicial. Não havendo manifestação, deve-se presumir o interesse por sua realização já que, como adiantando, a audiência

---

1. Enunciado n° 576 do FPPC: "Admite-se a solução parcial do conflito em audiência de conciliação ou mediação".
2. LESSA NETO, João Luiz. Art. 334. In: STRECK, Lenio Luiz; NUNES, Dierle; CUNHA, Leonardo (orgs). *Comentários ao Código de Processo Civil.* São Paulo: Saraiva, 2016, p. 484.

prévia ocorre como regra; sua não realização é excepcional. Esta ideia é confirmada, inclusive, pela redação do §5° do artigo em comento:

> § 5º O autor deverá indicar, na petição inicial, seu desinteresse na autocomposição, e o réu deverá fazê-lo, por petição, apresentada com 10 (dez) dias de antecedência, contados da data da audiência.

Caso o autor demonstre *interesse* na tentativa de autocomposição, expressa ou tacitamente, **qualquer manifestação posterior do réu contrária à sua realização é ineficaz**, mantendo-se a audiência e o dever de comparecimento; caso o próprio autor manifesta o *desinteresse* inicial em sua realização, mesmo assim deve o magistrado marcar a audiência e citar o réu para comparecer. Somente não haverá audiência, nesta última hipótese, se também o réu manifestar o *desinteresse* de forma expressa, através de petição simples, **apresentada com até 10 (dez) dias de antecedência à data marcada para a audiência**. Trata-se de prazo processual, contado em dias úteis.

Por fim, havendo pluralidade de sujeitos em um ou em ambos os polos da relação, impõe-se que **todos** manifestem desinteresse na realização da audiência prévia para que esta não ocorra. Se apenas um dos litisconsortes, no polo ativo ou passivo, manifestar interesse na realização do ato, este deve ocorrer (§6º).

A segunda hipótese de não realização da audiência está no inciso II do art. 334: *quando não se admitir a autocomposição.*

Quando não for possível à parte transacionar de qualquer forma, a marcação da audiência prévia resta inútil, pois jamais levará à autocomposição. Eminentemente, tem-se compreendido que *não se admite a autocomposição* nas hipóteses em que o direito objeto do litígio é indisponível. Não é bem assim. Lembre-se, como colocado no capítulo anterior, que a *indisponibilidade* do interesse não é um impeditivo à autocomposição. Especialmente no que refere à atuação da Fazenda Pública no processo esta percepção é de suma importância.

Caberá ao ente público publicizar as hipóteses em que está autorizada ou vedada a realização da autocomposição. A doutrina afirma – ainda de maneira tímida, nos parece – que **cabe à Fazenda Pública publicizar ampla e previamente os casos em que está autorizada a autocompor para que, nas demais hipóteses, esteja dispensada a realização da audiência.**

Nesse sentido, o Enunciado nº 24 da I Jornada de Direito Processual Civil do CJF: "Havendo a Fazenda Pública publicizado ampla e previamente as hipóteses em que está autorizada a transigir, pode o juiz dispensar a realização da audiência de mediação e conciliação, com base no art. 334, §4º, II, do CPC, quando o direito discutido na ação não se enquadrar em tais situações"[3].

Aqui tanto as partes podem arguir a desnecessidade de realização do ato, quanto o magistrado, de ofício e mediante decisão justificada, pode promover a citação do réu diretamente para apresentar contestação.

Dessa forma, **não há limitação prévia e genérica para que a Fazenda Pública participe da audiência do art. 334**[4]. A **regra, pois, é sua participação.** Todavia, em razão da *indisponibilidade do interesse público*, haverá limitação para as hipóteses de autocomposição. Nesses casos, caberá aos órgãos de (re)presentação judicial da Fazenda Pública dar amplo e prévio conhecimento ao Poder Judiciário das situações em que não possuem interesse ou possibilidade de autocompor[5].

Assim, sendo o caso, o magistrado poderá fundamentar a dispensa da audiência a partir do conhecimento de que, naquela situação específica, o advogado público não tem autorização para transigir. Não havendo conhecimento do Judiciário ou sendo publicizados tais casos, impõe-se a marcação da audiência, convocando-se o Poder Público a participar.

A definição das matérias em que haverá ou não a marcação da audiência prévia pode ser objeto, inclusive, de protocolos institucionais entre o Judiciário e a Advocacia Pública. "Tais protocolos institucionais se revelam como importantes instrumentos para evitar uma realização

---

3. Outros fóruns se manifestaram no mesmo sentido. Veja-se o enunciado nº 54 do Fórum Nacional do Poder Público: "Quando a Fazenda Pública der publicidade às hipóteses em que está autorizada a transigir, deve o juiz dispensar a realização da audiência de mediação e conciliação, caso o direito discutido na ação não se enquadre em tais situações".

   Ainda, o Enunciado nº 573 do FPPC: "As Fazendas Públicas devem dar publicidade às hipóteses em que seus órgãos de Advocacia Pública estão autorizados a aceitar autocomposição".

4. Enunciado nº 673 do FPPC: "A presença do ente público em juízo não impede, por si, a designação da audiência do art. 334".

5. Discordamos, portanto, do entendimento consignado no enunciado nº 33 do Fórum Nacional do Poder Público: "A audiência de conciliação do art. 334 somente é cabível para a Fazenda Pública se houver autorização específica para os advogados públicos realizarem acordos".

   A nós, parece que o raciocínio é exatamente o oposto: deverão ser publicizadas as hipóteses em que houver vedação à autocomposição.

sucessiva de audiências desnecessárias, evitando, outrossim, inúteis esforços de ambas as partes quanto a uma autocomposição que não será viável na hipótese concreta"[6].

2.2. Multa pelo não comparecimento à audiência prévia

Uma vez marcada a audiência, impõe-se o comparecimento das partes e seus procuradores.

Aquele que não comparece à audiência designada, injustificadamente, causa um atraso ilegítimo ao processo, que aguardou a tentativa de autocomposição frustrada. Devido à gravidade desta falta, **a ausência é considerada ato atentatório à dignidade da justiça.** Diante disso, a parte que não compareceu injustificadamente será sancionada com uma multa de até 2% (dois por cento) da vantagem econômica pretendida ou do valor da causa. Esta multa será revertida em favor da União ou do Estado, na medida em que movimentou a máquina judiciária para a realização – que restou frustrada – do ato. O comparecimento à audiência é um dever. Vale conferir o disposto no art. 334, §8°.

É preciso distinguir as hipóteses em que o ente público **publiciza** a impossibilidade de autocomposição, daquelas em que o advogado público apenas manifesta o desinteresse, pontualmente, na realização da audiência prévia do art. 334 do CPC. **Caso tenha sido dada publicidade prévia e genérica pela impossibilidade de autocomposição, justifica-se a dispensa na realização do ato. Todavia, não sendo este o caso, impõe-se o comparecimento do representante da Fazenda Pública, sob pena de multa.**

Nesse sentido, trecho de emenda do STJ, que entendeu pela aplicação da multa quando a parte autora manifesta interesse na realização da audiência, mas Fazenda Pública não comparece, **mesmo que tenha manifestando seu desinteresse previamente**:

> "DIREITO PROCESSUAL CIVIL. PREVIDENCIÁRIO. RECUSO ESPECIAL. A AUDIÊNCIA DE CONCILIAÇÃO É FASE OBRIGATÓRIA DO PROCESSO CIVIL ATUAL. NOVA LEGISLAÇÃO PROCESSUAL CIVIL. JUSTIÇA MULTIPORTAS. VALORIZAÇÃO

6. RODRIGUES, Marco Antonio. *A Fazenda Pública no Processo Civil*. São Paulo: Atlas, 2016, p. 392.

> DA COMPOSIÇÃO AMIGÁVEL. TAREFA A SER IMPLEMENTADA PELO JUIZ DO FEITO. AUSÊNCIA DE COMPARECIMENTO DO INSS. APLICAÇÃO DE MULTA DE 2% SOBRE O VALOR DA CAUSA. ART. 334, § 8º. DO CPC/2015. INTERESSE DO AUTOR NA REALIZAÇÃO DO ATO. MULTA DEVIDA. RECURSO ESPECIAL DO INSS A QUE SE NEGA PROVIMENTO. (...) 4. O caráter obrigatório da realização dessa audiência de conciliação é a grande mudança da nova Lei Processual Civil, mas o INSS, contudo, intenta repristinar a regra de 1994, que estabelecia ser optativa a audiência de conciliação (art. 125, IV do CPC/1973 com redação dada pela Lei 8.952/1994), retirando o efeito programado e esperado pela legislação processual civil adveniente. (...) 6. No caso dos autos, o INSS manifestou desinteresse na realização da audiência, contudo, a parte autora manifestou o seu interesse, o que torna obrigatória a realização da audiência de conciliação, com a indispensável presença das partes. (...) 7. Assim, não comparecendo o INSS à audiência de conciliação, inevitável a aplicação da multa prevista no art. 334, § 8º. do CPC/2015, que estabelece que o não comparecimento injustificado do autor ou do réu à audiência de conciliação é considerado ato atentatório à dignidade da Justiça e será sancionado com multa de até 2% da vantagem econômica pretendida ou do valor da causa, revertida em favor da União ou do Estado. Qualquer interpretação passadista desse dispositivo será um retrocesso na evolução do Direito pela via jurisdicional e um desserviço à Justiça. 8. Recurso Especial do INSS a que se nega provimento" (STJ. 1ª Turma. REsp 1.769.949-SP, Rel. Min. Napoleão Nunes Maia Filho, julgado em 08/09/2020).

A multa se caracteriza como uma *sanção processual*, decorrente do descumprimento injustificado do dever de comparecer à audiência prévia de conciliação e mediação. Atente-se que o suporte fático para a incidência da multa é o *não comparecimento injustificado*. **O não comparecimento justificado e o comparecimento apenas para afirmar o desinteresse na autocomposição *não* autorizam a imposição da sanção**[7].

---

7. Nesse sentido, o Enunciado nº 121 da II Jornada de Direito Processual Civil do CJF: "Não cabe aplicar multa a quem, comparecendo à audiência do art. 334 do CPC, apenas manifesta desinteresse na realização de acordo, salvo se a sessão foi designada unicamente por requerimento seu e não houver justificativa para a alteração de posição".

   No mesmo sentido, o enunciado nº 39 do Fórum Nacional do Poder Público: "Não será considerado ato atentatório à dignidade da justiça a mera ausência de apresentação de proposta pela parte na audiência de conciliação e mediação".

3. REVELIA

Revelia é ausência de contestação. Não existe revelia parcial, pois o réu é revel ou não; ou apresenta contestação, ou não. A apresentação *intempestiva* da contestação produz os mesmos efeitos de sua não apresentação.

Não importam as razões que levaram o réu a não apresentá-la, importa somente sua ausência. Por isso, **a revelia é um ato-fato jurídico processual**.

Todavia, não se pode confundir *a revelia* com os *efeitos da revelia*, ou seja, nem sempre o *ato-fato* revelia traz consigo os seus efeitos. É possível que o réu seja revel, mas os efeitos material e processual – alternativa ou cumulativamente – não se verifiquem.

3.1. Efeito material da revelia

O *efeito material da revelia* é a **presunção (relativa) de veracidade das alegações de fato formuladas pelo autor**. Conforme dispõe o art. 344 do CPC.

Não se trata de se presumirem as *consequências jurídicas dos fatos*, mas meramente a ocorrência dos fatos alegados. Costuma-se reconhecer este fenômeno como uma **confissão ficta** decorrente da revelia. Assim, a presunção relativa de veracidade incide somente sobre as alegações de fato, não atingindo questões de direito.

Isto não significa, todavia, que a ação será julgada procedente. Caso dos fatos alegados pelo autor – e presumidamente verdadeiros – não decorram as consequências jurídicas necessárias à concessão do seu pleito, a ação será julgada improcedente. Em outras palavras, não é porque o réu é revel que ele vai perder; nada impede que mesmo diante da revelia o juiz entenda que o autor não tem razão.

Há certas hipóteses, todavia, em que este efeito material não se verifica. Trata-se do art. 345 do CPC:

Art. 345. A revelia não produz o efeito mencionado no art. 344 se:	
I - havendo pluralidade de réus, algum deles contestar a ação;	A contestação de um beneficia os demais litisconsortes, não permitindo a presunção de veracidade. A regra se aplica, sem dúvida, ao **litisconsórcio unitário**. Já em relação ao litisconsórcio simples, essa norma somente incide em relação aos fatos comuns. Atente-se: a contestação de um só aproveita ao outro caso os fatos que compõem a causa de pedir sejam os mesmos para ambos.
II - o litígio versar sobre direitos indisponíveis;	Qualquer sujeito que seja titular ou represente em juízo titulares de direito indisponível não sofrerá os efeitos materiais da revelia. É o que se dá, por exemplo, com os incapazes e com **a Fazenda Pública.** A jurisprudência entende que **quando a Fazenda Pública discutir questão privada no processo, a presunção de veracidade decorrente da revelia se aplica, não se verificando apenas quando o processo versar a respeito de tema de interesse público e, por consequência, direito indisponível.**

<table>
<tr><th colspan="2">Art. 345. A revelia não produz o efeito mencionado no art. 344 se:</th></tr>
<tr><td>III - a petição inicial não estiver acompanhada de instrumento que a lei considere indispensável à prova do ato;</td><td>Alguns atos jurídicos trazem como requisito de validade certos aspectos formais, eminentemente ligados à materialização de instrumento. É o que se dá, por exemplo, a respeito da transferência de propriedade imóvel, que só se prova através do registro do bem no cartório.

Ainda que o autor alegue ser proprietário de determinado bem sujeito a registro, se não apresentar o respectivo instrumento comprobatório, a revelia não é suficiente para que se presuma a propriedade.</td></tr>
<tr><td>IV - as alegações de fato formuladas pelo autor forem inverossímeis ou estiverem em contradição com prova constante dos autos.</td><td>As provas são avaliadas individualmente e em conjunto com todo o acervo probatório.

Assim, mesmo que o réu não conteste, se após a instrução as provas produzidas estiverem em contradição com os fatos alegados pelo autor, é possível superar a presunção de veracidade decorrente da revelia.

Doutra sorte, se as alegações de fato forem inverossímeis, também não se produzem os efeitos da revelia. O juiz, analisando os autos, percebe que as afirmações são absurdas, não se coadunando com a realidade. É o caso, por exemplo, em que o autor alega ter estado presente em dois lugares diferentes e distantes em um período muito curto de tempo, impossível de se alcançar através dos meios de transporte disponíveis.</td></tr>
</table>

Interessa-nos, no ponto, o inciso II supra. O STJ (Resp. 1.084.745) reafirmou a regra geral de que **não se aplicam os efeitos materiais da revelia ao Poder Público.** O ponto é reforçado, inclusive, **pela presunção de legalidade dos atos administrativos**, impondo ao autor-particular que efetivamente produza prova apta a demonstrar a razão do tanto quanto alegado na petição inicial.

Ademais, "O direito da Fazenda Pública é *indisponível*, devendo o magistrado, mesmo na hipótese de revelia, determinar a instrução do feito para que a parte autora possa se desincumbir do seu ônus *probandi*"[8], ou seja, independentemente da omissão da Fazenda Pública em apresentar defesa, deve o autor desconstituir a presunção de legitimidade dos atos administrativos.

Todavia, **a regra é excepcionada quando a demanda tiver por objeto questão privada, ainda que como parte o Poder Público.** Neste último caso, não se desincumbindo a Fazenda Pública do ônus de contestar, aplicar-se-á o efeito material da revelia, inclusive incidindo a presunção de veracidade dos fatos alegados pelo autor[9].

3.2. Efeito processual da revelia

Normalmente os atos de comunicação processual se dão em nome do advogado, através de publicação oficial. O réu revel, em regra, não terá procurador habilitado no processo. Em razão disso, não há advogado a ser intimado das decisões e despachos. Mesmo assim, o processo deve manter o seu curso regular.

A partir dessa situação, o legislador entendeu por bem determinar a fluência dos prazos contra o revel a partir da data de publicação oficial da decisão ou despacho em seu nome, independentemente de comunicação pessoal. Trata-se do *efeito processual da revelia* disposto no art. 346 do CPC.

A necessidade de publicação dos atos no órgão oficial se justifica na possibilidade de o réu vir ao processo defender seus interesses a qualquer tempo, não obstante arque com todos os prejuízos decorrentes de sua omissão. Em respeito à garantia do contraditório permite-se o ingresso do réu revel, *recebendo o processo no estado em*

8. CUNHA, Leonardo Carneiro da. *A Fazenda Pública em juízo*. Rio de Janeiro: Forense, 2016, p. 96.
9. LUSTOZA, Helton Krames. *Advocacia Pública em Ação*. Salvador: Juspodivm, 2017, p. 94.

que se encontrar. A partir deste momento, os atos de comunicação processual serão efetivados em nome de seu procurador, cessando o efeito processual da revelia.

Em verdade, é possível afirmar – de forma ampla – o seguinte: **não se produz o efeito processual da revelia caso o réu revel tenha advogado regularmente constituído nos autos**. Esta situação pode ocorrer em diversas hipóteses além da intervenção extemporânea do réu revel. É o caso, por exemplo, do advogado que apesar de fazer carga dos autos apresenta a contestação extemporaneamente; ou daquele que, não contestando, apresenta a *reconvenção* ou a exceção de suspeição ou impedimento do juiz.

Especialmente quanto à atuação da Fazenda Pública, é de conhecimento amplo e irrestrito que a representação (ao menos em nível estadual e federal) se dá pelas respectivas Procuradorias. Por isso**, ainda que se observe ausência de contestação, as intimações para os atos subsequentes continuam sendo remetidas às caixas no sistema de processo eletrônico**. Trocando em miúdos, apesar de não haver regra que exclua a Fazenda Pública dos efeitos processuais da revelia, este efeito não se manifesta em vista que desde o momento da triangularização da demanda, o réu (Poder Público) já possui advogado constituído nos autos, qual seja, o seu Procurador.

O mesmo **não** ocorre nos casos de **Municípios que não possuem Procuradoria estruturada**, hipótese em que de fato serão observados os efeitos processuais da revelia.

3.3. Produção de provas pelo revel

Nos termos do art. 346, parágrafo único, do CPC, **o réu revel tem o direito de intervir no processo a qualquer momento**, a partir de quando não haverá falar no efeito processual da revelia.

Passando a figurar no processo, o réu revel atuará regularmente. Neste sentido, **poderá requerer a produção de provas, desde que intervenha no momento em que isto ainda seja possível**. Conforme dispõe o art. 349:

> Art. 349. Ao réu revel será lícita a produção de provas, contrapostas às alegações do autor, desde que se faça representar nos autos a tempo de praticar os atos processuais indispensáveis a essa produção.

A compreensão adotada pelo legislador neste dispositivo reflete posição sumulada do Supremo Tribunal Federal. Trata-se do enunciado nº 231: "O revel, em processo civil, pode produzir provas, desde que compareça em tempo oportuno".

A ideia é de que, apesar de não poder apresentar mais a sua *contestação*, o réu pode requerer a produção de provas aptas a contraditar as alegações de fato do autor *presumidas verdadeiras* em razão da revelia. Prestigia-se o contraditório no viés da *ampla defesa*.

A *presunção* decorrente da revelia é, portanto, relativa, admitindo-se prova em contrário.

4. ÔNUS DA IMPUGNAÇÃO ESPECÍFICA

A contestação é a peça de defesa típica do réu. É nela que ele se opõe à pretensão do autor, oferecendo, exaustivamente, todas as razões de sua defesa. É apresentada em articulado escrito, subscrito por advogado regularmente constituído.

Uma das normas que informam o regramento básico da defesa é a que impõe ao réu o ônus da impugnação específica.

Impõe-se ao réu impugnar cada um dos fatos afirmados pelo autor de maneira específica e precisa. **Não se admite contestação genérica**. Fato não impugnado de modo específico será considerado fato ocorrido, pois não contestado. Existem, todavia, afirmações de fato feitas pelo autor que mesmo não impugnadas especificamente não serão consideradas como verdadeiras. Veja-se o *caput* do art. 341 do CPC:

> Art. 341. Incumbe também ao réu manifestar-se precisamente sobre as alegações de fato constantes da petição inicial, presumindo-se verdadeiras as não impugnadas, salvo se:
>
> I - não for admissível, a seu respeito, a confissão;
>
> II - a petição inicial não estiver acompanhada de instrumento que a lei considerar da substância do ato;
>
> III - estiverem em contradição com a defesa, considerada em seu conjunto.

Por último, o parágrafo único do art. 341 dispensa alguns sujeitos processuais do ônus da impugnação específica: **defensor público,**

advogado dativo e curador especial. Importante a novidade trazida pelo novo CPC, ao retirar do rol destes sujeitos o membro do Ministério Público (anteriormente dispensado, nos termos do art. 302, parágrafo único, do CPC/73) e incluir o defensor público.

Justifica-se a previsão na medida em que estes três sujeitos surgem de modo abrupto no processo e muitas vezes sequer têm conhecimento do contexto fático da demanda. Atuam na proteção dos interesses de pessoas que não tiveram contato prévio à apresentação de defesa, dificultando sobremaneira a impugnação dos fatos arguidos pelo autor. Admite-se, então, a **apresentação de defesa por *negativa geral*.**

Parte da doutrina defende que só se deve aplicar a regra à Defensoria Pública quando atuar como curador especial. Em casos de representação *comum* da Defensoria Pública, quando o defensor tem contato direto com a parte assistida, não haveria quebra de isonomia que justificasse a dispensa do ônus da impugnação específica.

Há certa polêmica, também, quanto à aplicação do ônus da impugnação específica à Fazenda Pública.

Não há previsão expressa quanto à dispensa, o que leva parcela da doutrina a defender que a advocacia pública a ele se submete[10].

Há, todavia, outro fator que demanda atenção: **contra a Fazenda Pública não incide a presunção de veracidade dos fatos alegados,** até mesmo porque os atos administrativos gozam de presunção de legitimidade.

Assim, deve-se compreender que, **em regra, o ônus da impugnação específica não se aplica à Fazenda Pública, pois atua na tutela de interesses indisponíveis.** Dessa forma, mesmo que falte impugnação de um ou outro ponto específico, a presunção de legitimidade dos atos administrativos impõe ao autor o *onus probandi*, ou seja, cabe a ele provar os fatos alegados, ainda que a peça de defesa não combata direta e especificamente.

A situação peculiar da Fazenda Pública se enquadra, então, no inciso I do art. 341 do CPC[11]. Todavia, nas demandas cujo objeto é interesse privado (por exemplo, relativas ao reajuste de aluguel de uma sede locada de órgão público), incidiria o ônus, cabendo ao

10. DIDER JR., Fredie. *Curso de Direito Processual Civil – vol. 1.* Salvador: Juspodivm, 2015, p. 654.
11. CUNHA, Leonardo Carneiro da. *A Fazenda Pública em juízo.* Rio de Janeiro: Forense, 2016, p. 99.

representante do Poder Público impugnar especificamente todos os fatos alegados pelo autor na petição inicial.

Concordamos com a compreensão da doutrina, no sentido de que "parece claro que é dever do advogado público, no momento de elaborar a defesa do Estado, atentar para a regra da impugnação específica dos fatos. Somente se o litígio versar sobre direitos indisponíveis é que o ônus da impugnação especificada está dispensado"[12].

5. REMESSA NECESSÁRIA

A **remessa necessária** ou **reexame necessário** possui papel de destaque no tratamento do Poder Público em juízo. O tema está regulado no art. 496 do CPC.

A lei prevê um **requisito específico** para que as sentenças proferidas contra o Poder Público sejam atingidas pelo manto da coisa julgada: o reexame de seu conteúdo pelo órgão colegiado ao qual o juiz singular está submetido.

Aplica-se a remessa necessária quando a Fazenda Pública for **parte** (autora ou ré) no processo e restar derrotada. Aplica-se também quando a Fazenda (derrotada) atua como **assistente litisconsorcial**. Trata-se de intervenção de terceiro em que haverá um litisconsórcio unitário facultativo e ulterior. Portanto, será parte. Não se aplica, por outro lado, quando a Fazenda atuar como assistente simples, em vista que nesse caso não se submeterá à coisa julgada material.

Estamos diante de uma destacada prerrogativa da Fazenda Pública em juízo. Dela gozam os entes da Administração Pública direta e também os entes da Administração Pública indireta com personalidade jurídica de Direito Público. Não se aplica às sociedades de economia mista e empresas públicas, em razão de sua natureza jurídica de Direito Privado.

Para que uma sentença produza efeitos, definitivamente, contrários ao Poder Público, sendo atingida pela coisa julgada material, é indispensável que se submeta àquela decisão ao Tribunal ao qual o magistrado de piso está vinculado. Em outros, a regra geral é que as sentenças proferidas contra a Fazenda Pública sejam reexaminadas

12. BARROS, Guilherme Freire de Melo. *Poder Público em Juízo para concursos*. Salvador: Juspodivm, 2019, p. 95.

pela instância colegiada superior ao juízo singular. **Não importa se atua como autora ou ré, restando derrotada, para que se forme a coisa julgada sobre questão principal ou incidental[13], é preciso haver remessa necessária.**

As nomenclaturas utilizadas para o instituto ajudam a compreender o tema. Fala-se em **reexame necessário** face à necessidade de a sentença ser reexaminada pelo Tribunal, para só então fazer coisa julgada.

O CPC adota a nomenclatura de **remessa necessária**, fazendo alusão à necessidade de remeter a sentença à instância superior. O atual Código promoveu restrições à remessa necessária, expandido as hipóteses de dispensa da remessa e tornando mais restrita a aplicação do instituto. Quer dizer que aumentaram as situações em que a sentença proferida contra o Poder Público fará coisa julgada mesmo sem ter sido reexaminada pelo Tribunal.

5.1. Cabimento

Só há remessa necessária de **sentença**. Não há remessa necessária de **decisões provisórias ou de acórdãos**. Assim, apenas a decisão definitiva proferida pelo juiz singular será objeto de reexame. Apenas **sentenças** se submetem a ela.

A regra geral a respeito da exigência de remessa está no *caput* do art. 496 do CPC:

> Art. 496. Está sujeita ao duplo grau de jurisdição, não produzindo efeito senão depois de confirmada pelo tribunal, a sentença:
>
> I - proferida contra a União, os Estados, o Distrito Federal, os Municípios e suas respectivas autarquias e fundações de direito público;
>
> II - que julgar procedentes, no todo ou em parte, os embargos à execução fiscal.

Deve-se atentar a um detalhe a respeito da redação do *caput*. Quando dispõe "não produzindo efeito" quer dizer produção de efeitos definitivos, ou seja, produção de coisa julgada. É possível, conforme

13. Nesse sentido, o enunciado n° 439 do FPPC: "Nas causas contra a Fazenda Pública, além do preenchimento dos pressupostos previstos no art. 503, §§ 1º e 2º, a coisa julgada sobre a questão prejudicial incidental depende de remessa necessária, quando for o caso".

tratado no capítulo anterior, a concessão de tutela provisória em face da Fazenda Pública, produzindo-se desde logo os efeitos da decisão.

A regra do inciso II é interessante e dá azo a uma interpretação restritiva no que concerne aos Embargos à Execução. Apenas haverá a remessa necessária quando os **Embargos** à Execução fiscal, manejados pelo contribuinte, **forem julgados total ou parcialmente procedentes**. A procedência, por óbvio, implica derrota do Poder Público, justificando-se a exigência de reexame.

A regra é, à primeira vista, dispensável, na medida em que esta decisão se enquadra perfeitamente no inciso I.

Todavia, a partir dela foi construída interpretação no seguinte sentido: nos casos em que é a Fazenda Pública a embargante, não há falar em remessa necessária, ainda que reste derrotada. Assim, **somente haverá remessa necessária em Embargos à Execução, quando se tratar de Execução Fiscal** (AgRg no AResp. 89.520/DF).

Em nenhuma outra hipótese de Embargos do Devedor haverá o reexame. Em casos de execução contra a Fazenda Pública, mesmo que os embargos sejam julgados improcedentes, não haverá remessa necessária.

Nesse sentido, o enunciado nº 158 da II Jornada de Direito Processual Civil do CJF: "A sentença de rejeição dos embargos à execução opostos pela Fazenda Pública não está sujeita à remessa necessária".

Entende-se, pois, por dar interpretação restritiva ao dispositivo, encontrando sua razão de ser numa limitação à remessa necessária quanto a sentença for proferida em sede de tutela executiva.

5.1.1. Julgamento antecipado parcial do mérito

Nas ações originárias de tribunais, em razão de a decisão definitiva ter a forma de acórdão, não há remessa necessária. Quanto a este ponto, não há dúvidas.

Uma certa polêmica reside quanto às **decisões parciais de mérito,** que nada obstante se situem que nada obstante situem-se topograficamente como decisões interlocutórias, apresentam conteúdo de "sentença", resolvendo definitivamente parcela da demanda.

O *julgamento antecipado do mérito* pode ser **total** ou **parcial**. O primeiro é regulado no art. 355, enquanto o segundo o é no art. 356 do CPC. Trata-se de técnica para abreviar o processo, ao menos parcialmente. Se a causa já estiver pronta para ser julgada, não havendo nada mais a ser feito, sendo bastantes as provas produzidas, será possível julgar antecipadamente a lide.

No julgamento antecipado *total* do mérito, haverá sentença e, portanto, restando derrotada a Fazenda Pública, haverá reexame necessário.

O debate surge diante de julgamento antecipado *parcial* do mérito contrário à Fazenda Pública. Interessa-nos questionar, no ponto, se há ou não remessa necessária.

O art. 356 regula a hipótese de julgamento antecipado *parcial* do mérito. Como a extinção do processo é parcial, dá-se através de **decisão interlocutória**. O recurso cabível contra essa decisão é o **agravo de instrumento** (art. 356, §5° c/c art. 1.015, II, do CPC). O dispositivo é plenamente aplicável às demandas em que figura como parte o Poder Público.

Assim como o julgamento antecipado total do mérito, o julgamento parcial também tem aptidão para coisa julgada. Trata-se de decisão definitiva a respeito de parcela do mérito da causa. O magistrado, ao proferir esta decisão, encerra parcialmente a instância.

Os §§1° a 4° do art. 356 dispõem sobre algumas regras relativas à execução destas decisões.

A decisão parcial poderá reconhecer obrigação *líquida* ou *ilíquida* (§1°). Vez proferida a decisão, poderá ser iniciada a liquidação ou a execução, independentemente de caução e ainda que haja recurso interposto contra ela (§2°). Isto significa que é **admissível a *execução provisória*** da decisão parcial de mérito. Transitada em julgado a decisão, sua execução será *definitiva* (§3°).

Perceba-se, embora se tenha uma execução definitiva, a outra parcela da demanda prossegue para a instrução. Assim, uma parcela da demanda transita em julgado e a outra não. O processo, todavia, é um só, impondo-se a adequação do procedimento a esta situação. Por isso, o §4° do art. 356 dispõe que a liquidação e o cumprimento da decisão que julgar antecipadamente o mérito poderão ser processados em *autos suplementares*, a requerimento da parte ou a critério do juiz (§4°).

O problema relativo à remessa necessária, em tais hipóteses, coloca-se da seguinte forma: topograficamente ou formalmente, trata-se de decisão interlocutória; todavia, o conteúdo da decisão assemelha-se ao de uma sentença parcial, na medida em que resolve definitivamente a respeito de parcela da demanda. Assim, **deve prevalecer o conteúdo, considerando-se *sentença* para efeitos de reexame necessário; ou a forma, considerando-se como *decisão interlocutória* e, consequentemente, afastando-se o reexame?**

A doutrina se divide em três posições:

- **Aplicação da remessa necessária** – deve prevalecer o conteúdo do ato e, por isso, apesar da menção a "sentença" no art. 496 CPC, as decisões parciais de mérito devem ser remetidas ao tribunal para reexame[14].
- **Não aplicação da remessa necessária** – deve prevalecer a forma do ato, interpretando-se restritivamente a menção a "sentença" contida no art. 496, não submetendo tais decisões ao reexame, pois decisões interlocutórias.
- **Nada obstante não haja remessa necessária de tais decisões, seu conteúdo somente fará coisa julgada após a apreciação pelo tribunal** – trata-se de uma posição mista.

  Ao mesmo tempo em que se reconhece a importância da posição topográfica da decisão, não se deixa de levar em conta o seu conteúdo.

  Assim, por se tratar – em forma – de decisão interlocutória, não se submete à remessa no momento em que proferida a decisão parcial.

  Por outro lado, em vista que o seu conteúdo é de mérito, resolvendo-se parcialmente em prejuízo da Fazenda Pública, a decisão somente estará apta à coisa julgada após a apreciação do Tribunal (se for hipótese de remessa) ou caso

14. Nesse sentido: CUNHA, Leonardo Carneiro da. *A Fazenda Pública em juízo*. Rio de Janeiro: Forense, 2016; BARROS, Guilherme Freire de Melo. *Poder Público em Juízo para concursos*. Salvador: Juspodivm, 2019. Ainda, o Enunciado n° 17 do Fórum Nacional do Poder Público: "A decisão parcial de mérito proferida contra a Fazenda Pública está sujeita ao regime da remessa necessária".

se verifique uma das situações de dispensa constantes nos §§3º e 4º do art. 496.

Assim, para avaliar se da decisão parcial de mérito caberá ou não remessa necessária, é preciso aguardar a decisão total do mérito da demanda. É que a análise a respeito da incidência ou não do art. 496 (=regra e exceções) depende da apreciação de todos os capítulos da demanda[15].

Filiamo-nos, pois, à terceira posição, que entendemos mais coerente com a proteção que deve ser dada tanto à razoável duração do processo quanto ao interesse público. Assim, permite-se ao particular que inicie o cumprimento provisório da sentença, já podendo gozar dos benefícios a si reconhecidos, ao mesmo tempo em que se garante que a definitividade do juízo aguardará apreciação pelo Tribunal.

5.2. Natureza jurídica

Reside certa polêmica na doutrina a respeito da natureza jurídica da remessa necessária. Basicamente, opõem-se duas teses:

- Trata-se de **recurso necessário** (posição minoritária[16]);
- Trata-se de **requisito de eficácia** da sentença definitiva proferida contra a Fazenda Pública.

  Por "requisito de eficácia" deve-se compreender eficácia de coisa julgada material relativa à sentença de mérito proferida contra a Fazenda Pública.

  Obviamente, a decisão que concede tutela provisória possui eficácia imediata – seja em sede de decisão interlocutória ou de sentença – e as sentenças terminativas, em regra, não se submetem ao reexame necessário.

Há dois principais argumentos para rejeitar a natureza recursal: i) **não há voluntariedade na remessa**, que se dá em virtude de lei, afastando-se assim uma das principais características dos recursos; ii) **não há previsão no rol dos recursos** (art. 994 do CPC)**, afastando-se da regra da *taxatividade***, que considera recurso apenas aquilo que a lei elenca em rol taxativo.

15. Nesse sentido: RODRIGUES, Marco Antonio. *A Fazenda Pública no Processo Civil*. São Paulo: Atlas, 2016.
16. CUNHA, Leonardo Carneiro da. *A Fazenda Pública em juízo*. Rio de Janeiro: Forense, 2016, p. 181-186.

Prevalece a segunda posição[17], que parece ser aquela adotada pelo CPC, nos parágrafos 1° e 2° do art. 496. Vejamos:

> § 1º Nos casos previstos neste artigo, não interposta a apelação no prazo legal, o juiz ordenará a remessa dos autos ao tribunal, e, se não o fizer, o presidente do respectivo tribunal avocá-los-á.
>
> § 2º Em qualquer dos casos referidos no § 1º, o tribunal julgará a remessa necessária.

Assim, independentemente de haver ou não a interposição de Apelação, os autos serão remetidos à instância superior, **devolvendo-se ao Tribunal o conhecimento de todo o conteúdo da sentença**. Sendo o caso de remessa pelo juiz de piso ou de avocação pelo Presidente do respectivo Tribunal, impõe-se o reexame da demanda. Somente após o acórdão, será possível falar em coisa julgada material contrária à Fazenda Pública.

Eventualmente, faltando a remessa necessária, o título será inexigível, não se admitindo o seu cumprimento (salvo, insista-se, se houver concessão de tutela provisória). É possível, inclusive, que o tema seja arguido em sede de impugnação ao cumprimento de sentença, com fulcro no art. 535, III do CPC[18].

Sobre o tema, há o enunciado n° 423 da Súmula do STF: "Não transita em julgado a sentença por haver omitido o recurso *ex officio*, que se considera interposto *ex lege*".

Atente-se que o enunciado fala em "recurso ex officio" em razão da previsão do CPC de 1939, vigente à época de sua aprovação, em 01/06/1964, que nominava o instituto dessa forma. Já com o CPC/73, o instituto foi deslocado para o tratamento da coisa julgada, o que se mantém com o CPC/15.

Esse contexto histórico ajuda a explicar as divergências a respeito da natureza jurídica da remessa necessária.

Por fim, uma nota: em razão de o reexame necessário não ter natureza de recurso e, como corolário, não possuir caráter de dialeticidade, **não haverá abertura de prazo para contrarrazões nem**

---

17. Ver, por exemplo: RODRIGUES, Marco Antonio. *A Fazenda Pública no Processo Civil*. São Paulo: Atlas, 2016; LUSTOZA, Helton Krames. *Advocacia Pública em Ação*. Salvador: Juspodivm, 2017; BARROS, Guilherme Freire de Melo. *Poder Público em Juízo para concursos*. Salvador: Juspodivm, 2019.
18. RODRIGUES, Marco Antonio. *A Fazenda Pública no Processo Civil*. São Paulo: Atlas, 2016, p. 82.

a possibilidade de recurso adesivo. Processar-se-á tão logo chegue ao Tribunal.

5.2.1. *Apelação parcial e remessa necessária*

Com o advento do CPC, surgiu um interessante debate a respeito do conteúdo normativo do §1°, especialmente quando afirma textualmente que "não interposta a apelação".

A situação é a seguinte: é possível que seja proferida contra o Poder Público uma sentença com diversos capítulos distintos – por exemplo, danos morais, materiais e obrigação de fazer.

Se não houver interposição de apelação, não haverá maiores problemas e a remessa necessária devolve ao tribunal o conhecimento de todos os capítulos da sentença. A remessa possuirá, pois, efeitos devolutivo e translativo.

Da mesma forma, caso a apelação combata todos os capítulos da decisão, também haverá efeito devolutivo em extensão e profundidade (=devolutivo e translativo, respectivamente), sem maiores complexidades. Partindo-se do nosso exemplo, o Tribunal reapreciará a sentença a respeito dos danos morais, materiais e obrigação de fazer.

O problema está quando há a interposição de **apelação**, mas esta é somente **parcial**, ou seja, **somente combate parcela dos capítulos da sentença, deixando de se manifestar sobre os demais**. Em nosso exemplo, seria o caso de a apelação apenas tratar dos danos morais, deixando de se manifestar sobre os danos materiais e sobre a obrigação de fazer. Sugiram duas interpretações possíveis:

- Uma vez interposta apelação parcial, devolve-se ao Tribunal apenas o conhecimento da parcela impugnada, transitando em julgado os demais capítulos.

A Fazenda Pública, recorrendo apenas de parcela da sentença, estaria aquiescendo com o resultado negativo em face dos capítulos não impugnados.

A interposição da apelação, pois, serviria para limitar a cognição do tribunal a respeito da questão, como o faz nas causas em geral.

- Uma vez interposta apelação parcial, devolve-se ao Tribunal em razão dela apenas a parcela impugnada. O restante das questões seriam devolvidas pela remessa.

Os demais capítulos não impugnados seriam devolvidos em razão da remessa necessária. Assim, o Tribunal conheceria de toda a matéria (=todos os capítulos), parcialmente em razão da apelação, parcialmente em razão da remessa necessária.

Acabou por prevalecer a segunda posição[19].

5.2.2. *Interposição de Recursos Excepcionais em sede de remessa necessária*

Não havendo a interposição de apelação em face da sentença proferida contra a Fazenda Pública, haverá a remessa necessária ao Tribunal. Da mesma forma que o recurso de apelação, a remessa será julgada por acórdão, proferido por órgão colegiado. No mesmo sentido, **será possível julgamento monocrático nos casos previstos no art. 932 do CPC**[20].

Apenas **não será aplicada a técnica de ampliação do *quórum***, em razão de vedação expressa do art. 942, §4°, II, do CPC.

Durante certo tempo, prevaleceu no STJ a compreensão de que a ausência de apelação geraria preclusão lógica para a interposição do Recurso Especial ou do Recurso Extraordinário diante do acórdão que julgasse a remessa necessária. Para a Corte, a ausência de recurso voluntário implicaria a impossibilidade de conhecer dos recursos excepcionais.

Tal entendimento foi superado, adotando-se orientação inversa: **mesmo que o tribunal conheça da questão em sede de remessa necessária,** sem a interposição de apelação pelo Poder Público, **admitir-se-á a interposição de Recurso Especial e Extraordinário**, não havendo falar em preclusão (Resp. 905.771/CE).

---

19. Ver: CUNHA, Leonardo Carneiro da. *A Fazenda Pública em juízo*. Rio de Janeiro: Forense, 2016; BARROS, Guilherme Freire de Melo. *Poder Público em Juízo para concursos*. Salvador: Juspodivm, 2019. Ainda, nesse sentido, o enunciado n° 432 do FPPC: "A interposição de apelação parcial não impede a remessa necessária".
20. Enunciado n° 253 da Súmula do STJ: "O art. 557 do CPC, que autoriza o relator a decidir o recurso, alcança o reexame necessário".
O Enunciado faz referência ao art. 557 do CPC/73, que previa hipóteses de julgamento monocrático da apelação. Hoje, todavia, com o advento no novo CPC, a regra deve ser lida levando em conta a previsão constante do art. 932.

5.2.3. *Impossibilidade de* reformatio in pejus

O julgamento da remessa necessária não pode implicar reforma da sentença para agravar a condenação do Poder Público. Em outros termos, o reexame necessário não admite a *reformatio in pejus*. É nesse sentido o enunciado n° 45 da Súmula do STJ: "No reexame necessário é defeso, ao Tribunal, agravar a condenação imposta à Fazenda Pública"[21].

Assim, caso o particular intente a reforma da sentença a seu favor, deve interpor normalmente a apelação. Caso não o faça, significa que aquiesceu com o resultado a si favorável, nos termos da sentença.

5.3. Casos em que não haverá remessa necessária

Conforme tratado no início deste tópico, o CPC atual ampliou os casos em que não haverá remessa necessária. Hoje é possível afirmar que grande parte dos processos em que há atuação da Fazenda Pública não se submetem ao reexame obrigatório.

O primeiro ponto que precisa ficar claro é o seguinte: **somente há falar em remessa necessária de sentença de mérito**. Sentenças que extinguem o processo sem resolução de mérito não se submetem ao reexame, na medida em que é permitida nova propositura da demanda, não havendo falar em qualquer prejuízo à tutela do interesse público indisponível.

Apenas excepcionalmente sentenças terminativas (=sem análise de mérito) se submetem ao reexame necessário. Isso se dá quando apesar da extinção sem mérito, é impossibilitada a repropositura da demanda como, por exemplo, no caso de perempção (art. 496, §3°, do CPC).

Sigamos.

Instituiu-se uma faixa de valor no §3° do art. 496, para limitar o reexame necessário:

> § 3º Não se aplica o disposto neste artigo quando a condenação ou o proveito econômico obtido na causa for de valor certo e líquido inferior a:

21. Na mesma linha, o enunciado n° 34 do Fórum Nacional do Poder Público: "Viola a proibição da reformatio in peius o agravamento, em remessa necessária, dos juros e correção monetária estabelecidos em sentenças condenatórias contra a Fazenda Pública".

> I - 1.000 (mil) salários-mínimos para a União e as respectivas autarquias e fundações de direito público;
>
> II - 500 (quinhentos) salários-mínimos para os Estados, o Distrito Federal, as respectivas autarquias e fundações de direito público e os Municípios que constituam capitais dos Estados;
>
> III - 100 (cem) salários-mínimos para todos os demais Municípios e respectivas autarquias e fundações de direito público.

Observe-se, nesse sentido, que a limitação acima **apenas se aplica para os casos em que a sentença for líquida**, utilizando-se como referência o valor do salário mínimo vigente na data de publicação da sentença[22].

Independentemente da natureza principal ou acessória da verba objeto da condenação, caso o valor supere as faixas acima colacionadas, será o caso de remessa ao Tribunal. É que o Tribunal, ao processar a remessa necessária, conhecerá de toda a condenação em face da Fazenda Pública. Nesse sentido, há o enunciado n° 325 da Súmula do STJ: "A remessa oficial devolve ao Tribunal o reexame de todas as parcelas da condenação suportadas pela Fazenda Pública, inclusive dos honorários de advogado".

Por outro lado, **quando a sentença for ilíquida, não há dispensa da remessa necessária pelo critério de valor**, apenas admitindo o enquadramento nas dispensas do §4°. Em face de sentenças ilíquidas haverá, portanto, reexame necessário. Mais uma vez, o entendimento sumulado no enunciado n° 490 do STJ: "A dispensa de reexame necessário, quando o valor da condenação ou do direito controvertido for inferior a 60 salários mínimos, não se aplica a sentenças ilíquidas".

O Enunciado faz referência à redação do CPC/73, que limitava a remessa necessária ao valor mínimo de 60 salários mínimos. Hoje, todavia, com o advento no novo CPC, a regra deve ser lida levando em conta os limites mínimos previstos no §3° do art. 496, acima colacionado.

22. Nesse sentido, o enunciado n° 35 do Fórum Nacional do Poder Público: "Para fins de remessa necessária, deve ser utilizado como referência o valor do salário mínimo vigente na data da publicação da sentença".

Interessa ainda o recente posicionamento da Corte, no sentido de que **o enunciado nº 490 da Súmula não se aplica** às sentenças ilíquidas nos processos de natureza previdenciária quando for possível, desde logo, mensurar que o valor da condenação ou proveito econômico não atingirá os limites mínimos previstos no art. 496, §3º, do CPC. Veja-se trecho da ementa:

> "(...) 3. A controvérsia cinge-se ao cabimento da remessa necessária nas sentenças ilíquidas proferidas em desfavor da Autarquia Previdenciária após a entrada em vigor do Código de Processo Civil/2015. 4. A orientação da Súmula 490 do STJ não se aplica às sentenças ilíquidas nos feitos de natureza previdenciária a partir dos novos parâmetros definidos no art. 496, § 3º, I, do CPC/2015, que dispensa do duplo grau obrigatório as sentenças contra a União e suas autarquias cujo valor da condenação ou do proveito econômico seja inferior a mil salários mínimos. 5. A elevação do limite para conhecimento da remessa necessária significa uma opção pela preponderância dos princípios da eficiência e da celeridade na busca pela duração razoável do processo, pois, além dos critérios previstos no § 4º do art. 496 do CPC/15, o legislador elegeu também o do impacto econômico para impor a referida condição de eficácia de sentença proferida em desfavor da Fazenda Pública (§ 3º) (...) 7. Não obstante a aparente iliquidez das condenações em causas de natureza previdenciária, a sentença que defere benefício previdenciário é espécie absolutamente mensurável, visto que pode ser aferível por simples cálculos aritméticos, os quais são expressamente previstos na lei de regência, e são realizados pelo próprio INSS. 8. Na vigência do Código Processual anterior, a possibilidade de as causas de natureza previdenciária ultrapassarem o teto de sessenta salários mínimos era bem mais factível, considerado o valor da condenação atualizado monetariamente. 9. Após o Código de Processo Civil/2015, ainda que o benefício previdenciário seja concedido com base no teto máximo, observada a prescrição quinquenal, com os acréscimos de juros, correção monetária e demais despesas de sucumbência, não se vislumbra, em regra, como uma condenação na esfera previdenciária venha a alcançar os mil salários mínimos, cifra que no ano de 2016, época da propositura da presente ação, superava R$ 880.000,00 (oitocentos e oitenta mil reais). 9. Recurso especial a que se nega provimento. (STJ. 1ª Turma. REsp 1.735.097-RS, Rel. Min. Gurgel de Faria, julgado em 08/10/2019).

Em suma: quando ilíquida a sentença, não haverá dispensa de remessa necessária em razão do valor, salvo se for possível identificar, desde logo, que mesmo a condenação se dando no máximo, ainda assim não se atingirão os limites de dispensa previstos no art. 496, §3°, do CPC.

Sigamos.

Além da dispensa por faixa de valor, o §4° do art. 496 reforça o sistema de precedentes, limitando a remessa necessária nos casos em que já há **precedente vinculante em sentido desfavorável à Fazenda Pública** ou quando já houver **orientação administrativa no mesmo sentido da sentença**. Veja-se:

> § 4º Também não se aplica o disposto neste artigo quando a sentença estiver fundada em:
>
> I - súmula de tribunal superior;
>
> II - acórdão proferido pelo Supremo Tribunal Federal ou pelo Superior Tribunal de Justiça em julgamento de recursos repetitivos;
>
> III - entendimento firmado em incidente de resolução de demandas repetitivas ou de assunção de competência;
>
> IV - entendimento coincidente com orientação vinculante firmada no âmbito administrativo do próprio ente público, consolidada em manifestação, parecer ou súmula administrativa.

O disposto no §4° vem ao encontro da tendência atual de redução de litigiosidade encampada no novo CPC, seja através do sistema de precedentes ou da atuação da Fazenda Pública voltada à racionalidade, ampliando-se as hipóteses de dispensa de contestar e recorrer a partir de súmulas e pareceres administrativos[23].

Em tais hipóteses, ou em outras que a legislação consagrar, não haverá falar em reexame necessário.

5.4. Legislação esparsa

5.4.1. Ação Popular e Ação Civil Pública

O regime da remessa necessária na Ação Popular é distinto da regra geral. Para entender a razão de ser da regra, impõe-se anotar o seguinte: nesta ação, a tutela do interesse público primário é feita

23. Sobre o tema, veja-se o enunciado n° 433 do FPPC: "Cabe à Administração Pública dar publicidade às suas orientações vinculantes, preferencialmente pela rede mundial de computadores".

pelo cidadão, que combate ato contrário aos interesses da coletividade praticado por agente público.

Por isso, na Ação Popular, a remessa necessária ocorre nos casos de improcedência ou extinção sem mérito da demanda. Quer dizer, o reexame necessário ocorrerá quando o autor restar derrotado, independentemente de a sentença ser proferida *com* ou *sem* exame do mérito. Nos termos do art. 19, *caput*, da Lei nº 4.717/65:

> Art. 19. A sentença que concluir pela carência ou pela improcedência da ação está sujeita ao duplo grau de jurisdição, não produzindo efeito senão depois de confirmada pelo tribunal; da que julgar a ação procedente caberá apelação, com efeito suspensivo.

A partir da regra acima colacionada, questiona-se a respeito da existência ou não de duplo grau de jurisdição obrigatórios na Ação Civil Pública.

Aqueles que entendem pela aplicação da remessa necessária em sede de ACP o fazem com base no *microssistema de demandas coletivas*, para interpretar a regra do art. 19 da Lei nº 4.717/65, como regra geral, aplicável a todas as técnicas de tutela de interesses coletivos.

Por outro lado, há posicionamento no sentido de que a regra da remessa necessária, por ser excepcional, é exclusivamente aplicada à Ação Popular, excluindo sua incidência do procedimento da Ação Civil Pública, já que a Lei nº 7.347/85 não traz qualquer previsão nesse sentido.

Sobre o tema, a posição do Superior Tribunal de Justiça é bastante vacilante, indicando-se acompanhar a jurisprudência mais recente sobre a matéria.

5.4.2. Mandado de Segurança

O art. 14, §1º, da Lei nº 12.016/09, prevê expressamente o cabimento da remessa necessária em razão das sentenças concessivas de segurança. Veja-se:

> Art. 14. Da sentença, denegando ou concedendo o mandado, cabe apelação.
>
> § 1º Concedida a segurança, a sentença estará sujeita obrigatoriamente ao duplo grau de jurisdição.

Sobre o tema, surge divergência: as hipóteses de dispensa da remessa necessária – conforme previsto nos §§3° e 4° do art. 496 do CPC – se aplicam ou não ao mandado de segurança?

Alguns entendem que tais exceções se aplicam, não havendo falar em remessa necessária, mesmo em sede de mandado de segurança, quando a sentença concessiva se enquadrar nos §§3° e 4° do art. 496 do CPC.

Outros, privilegiando o elemento de *especialidade* da regra, única para o procedimento do mandado de segurança, defendem a aplicação irrestrita da remessa necessária em caso de sentença concessiva da segurança. "Por isso, no mandado de segurança, não se aplicam as hipóteses de afastamento da remessa obrigatória do CPC"[24].

Nosso posicionamento é no sentido de que as hipóteses de remessa necessária devem ser vistas restritivamente. É que o instituto vem passando por reduções em sua abrangência, tendo o legislador, no CPC atual, reduzido ainda mais seu âmbito de aplicação. Nesse caso, parece razoável entender que a tendência de nosso ordenamento é mesmo reduzir as hipóteses de reexame necessário, seja para desafogar os tribunais, seja para permitir à advocacia pública uma melhor gestão do acervo.

Por isso, deve-se aplicar as hipóteses em que se dispensa a remessa necessária, nos termos do CPC, também ao mandado de segurança[25]. Importante atentar, todavia, que sob a égide do CPC/73, o STJ tinha manifestações em sentido contrário, entendendo pelo reexame necessário em qualquer caso, sob fundamento da especialidade do regramento.

5.4.3. *Juizados Especiais*

Não há falar em remessa necessária nos Juizados Especiais Federais. Trata-se do art. 13 da Lei n° 10.259/01:

> Art. 13. Nas causas de que trata esta Lei, não haverá reexame necessário.

---

24. RODRIGUES, Marco Antonio. *A Fazenda Pública no Processo Civil*. São Paulo: Atlas, 2016, p. 91. Ainda, precedente do STJ no Resp. 1.274.066/PR.

25. No mesmo sentido: CUNHA, Leonardo Carneiro da. *A Fazenda Pública em juízo*. Rio de Janeiro: Forense, 2016, p. 583; BARROS, Guilherme Freire de Melo. *Poder Público em Juízo para concursos*. Salvador: Juspodivm, 2019, p. 286.

No mesmo sentido, não haverá remessa necessária nos Juizados Especiais da Fazenda Pública. Conforme o art. 11 da Lei n° 12.153/09:

> Art. 11. Nas causas de que trata esta Lei, não haverá reexame necessário.

5.4.4. Arbitragem

A doutrina acerta, majoritariamente, que não há falar em remessa necessária em face de sentença arbitral.

Nesse sentido, o enunciado n° 164 do FPPC: "A sentença arbitral contra a Fazenda Pública não está sujeita à remessa necessária". Ainda, o enunciado n° 117 do Fórum Nacional do Poder Público: "A sentença arbitral não enseja a remessa necessária".

TUTELA EXECUTIVA E FAZENDA PÚBLICA

1. GENERALIDADES

Há *execução* quando uma prestação devida é satisfeita. Se alguém deve e paga, há execução. A execução pode ser *espontânea*, pelo cumprimento voluntário da obrigação, ou *forçada*, através da tutela executiva estatal.

A tutela jurisdicional executiva visa efetivar uma situação jurídica subjetiva ativa. Ou seja, materializar uma prestação (fazer, não fazer e dar) decorrente de um direito subjetivo *stricto sensu* titularizado por um sujeito de direito. A *execução forçada* se refere à prestação de tutela jurisdicional executiva, ou seja, aos meios através dos quais o monopólio da força pelo Estado serve à efetivação de direitos a uma prestação.

A Fazenda Pública, obviamente, pode figurar nos polos ativo e passivo de uma execução, seja em cumprimento de sentença, seja em processo de execução. Este capítulo terá por foco a execução em face da Fazenda Pública. O procedimento típico em que a FP figura no polo ativo, a *Execução Fiscal*, será objeto do capítulo adiante.

Aqui, portanto, trataremos da posição da Fazenda Pública na execução civil, começando pelos aspectos processuais e, ao fim, discorrendo sobre as normas constitucionais que regem a expedição dos precatórios e das RRPV.

2. IMPENHORABILIDADE DOS BENS PÚBLICOS

Os bens públicos são, em regra, impenhoráveis. Dentre as classificações necessárias à compreensão do tema, uma das mais importantes é a que afasta a *execução direta* da *execução indireta*.

Primeiro, é preciso compreender o seguinte: **há diferença entre *tutela executiva* e *medida executiva* ou *executória*.**

A *tutela executiva* se relaciona à **prestação da tutela jurisdicional** apta a ordenar/permitir a efetivação de um direito a uma prestação. A *medida executiva* ou *executória* se refere à **técnica de materialização da prestação jurisdicional**; é a medida prática, no mundo real, que efetivamente permite o gozo do bem da vida.

Quando falamos em ***execução direta* e *execução indireta*** estamos nos referindo a técnicas, ou seja, às **medidas executivas ou executórias**. A *tutela executiva* se materializa através de medidas práticas de execução direta e de execução indireta. Tem-se o seguinte:

- Tutela executiva por sub-rogação, ou seja, quando o Estado-Juiz se *substitui* à vontade do devedor = **execução direta.**

  É o exemplo do desapossamento, da transformação de obrigação de fazer em obrigação de pagar, da expropriação, etc.

- Tutela executiva mandamental, ou seja, quando o Estado-Juiz impõe uma prestação ao executado, compelindo o devedor à emissão volitiva, através de coerção pessoal ou patrimonial = **execução indireta.**

  É o exemplo das astreintes, da prisão civil do devedor de alimentos, do protesto de sentença e da inclusão do devedor nos cadastros de proteção ao crédito.

A Fazenda Pública, como exequente, pode se valer de técnicas de execução direta e indireta. Por outro lado, como executada, **em regra as técnicas de expropriação direta de bens não podem ser promovidas em face da Fazenda Pública.** É que os bens públicos se submetem a regime especial de indisponibilidade, não podendo ser alvo de constrição judicial e limitando, portanto, medidas constritivas. Em razão do regime jurídico administrativo, **os bens públicos são impenhoráveis e inalienáveis**. Por isso, quanto às obrigações de pagar, a Fazenda Pública se submete ao regime constitucional dos precatórios, não sendo possível, **em regra**, ordem de constrição de valores em conta dos entes públicos.

Quanto às obrigações de fazer, não fazer e dar, salvo comprovação concreta de impossibilidade de realização da obrigação, não há maiores distinções, sendo possível ordenar que o Poder Público realize suas prestações, ordenando-se as técnicas de execução direta e indireta.

3. TUTELA EXECUTIVA

A execução pode ser estruturada como *fase do processo* ou como *processo autônomo*; é possível que vise à satisfação de obrigações de fazer, não fazer, dar coisa diferente de dinheiro e pagar. Cada uma dessas estruturas e cada uma dessas espécies de obrigação possuem nuances e detalhes especiais que caracterizam o procedimento executivo próprio. Não é possível falar em um *procedimento geral* para a execução.

É possível observar, contudo, um regramento aplicável a todos os diferentes procedimentos executivos. O tema é tratado pelo CPC no Capítulo IV do Título I do Livro II da Parte especial do CPC/15, intitulado "Dos requisitos necessários para realização de qualquer execução". Todavia, sua regulação transborda os limites deste capítulo.

Remetemos o leitor a outra obra[1], onde tratamos com maior profundidade sobre a tutela executiva e também sobre a liquidação de sentença. As regras sobre **liquidação**, inclusive provisória[2], **se aplicam normalmente à execução proposta pela e também contra a Fazenda Pública**.

A partir daqui, cuidaremos especificamente do cumprimento de sentença e do processo de execução contra a Fazenda Pública.

4. CUMPRIMENTO DE SENTENÇA CONTRA A FAZENDA PÚBLICA

O tema relacionado à execução contra a Fazenda Pública exige o conhecimento a respeito da forma de adimplemento das condenações de pagar quantia certa impostas ao Poder Público. Incide aqui o regime dos *precatórios*, regulado não pelo CPC, mas pela própria Constituição da República em seu art. 100. O tema será melhor desenvolvido ao final deste capítulo. Trataremos agora dos aspectos processuais que diferenciam este *regime especial*, do *regime geral do cumprimento de sentença de pagar quantia certa*.

1. AVELINO, Murilo Teixeira. *Processo Civil – tutela executiva, processo nos tribunais, precedentes e recursos*. Salvador: Juspodivm, 2021.
2. PEIXOTO, Marco Aurélio Ventura; PEIXOTO, Renata Cortez Vieira. Fazenda Pública e Execução. Salvador: Juspodivm, 2018, p. 44-45.

Mesmo as obrigações de pagar decorrentes de sentença arbitral, devem se submeter ao regime de precatórios. Nesse sentido, o enunciado nº 101 do Fórum Nacional do Poder Público: "O cumprimento da sentença arbitral de obrigação de pagar quantia certa pela Fazenda Pública deve seguir a ordem cronológica de apresentação dos precatórios".

Deve-se atentar desde logo: o *regime especial de execução* contra a Fazenda Pública **se aplica somente para as obrigações de pagar quantia impostas ao Poder Público**. Quanto às obrigações de fazer, não fazer e dar coisa diferente de dinheiro, o regime é o mesmo dos particulares, ressalvadas limitações previstas em lei. Quando é a Fazenda Pública que promove o cumprimento de sentença, aplica-se normalmente o regramento geral codificado.

Vejamos como se dá o cumprimento de sentença em face do Poder Público.

O CPC (arts. 534 e 535) **prevê o *cumprimento de sentença que reconheça a exigibilidade de obrigação de pagar quantia certa pela Fazenda Pública* como fase do processo**. Trata-se de uma das principais inovações trazidas pelo código, pois sob a égide do CPC/73 era necessário sempre processo autônomo. A importância dada a esta nova previsão é tão grande que o código, no art. 910, remete a regulação do *processo de execução contra a Fazenda Pública*, no que couber, as normas referentes ao *cumprimento de sentença contra a Fazenda*.

Na execução por quantia certa contra a Fazenda Pública **não haverá intimação para pagar, mas para apresentar a impugnação em 30 (trinta) dias (art. 535, *caput*), nos próprios autos**. É que não se pode *pagar* sem a submissão ao regime de precatórios ou a expedição de *requisição de pequeno valor* (RPV).

Se a impugnação for parcial, a parte não questionada pela executada (=Fazenda Pública) será, desde logo, objeto de cumprimento (art. 535, §4º), **admitindo-se a expedição do precatório ou da RPV quanto à parte incontroversa**[3].

Não havendo impugnação ou no caso de sua rejeição, haverá a **expedição** de precatório ou o pagamento através de requisição de

3. Sobre o tema, o enunciado nº 56 do Fórum Nacional do Poder Público: "A expedição de requisitório do valor controvertido fica condicionada ao trânsito em julgado da decisão dos embargos à execução ou da impugnação ao cumprimento de sentença opostos pela Fazenda Pública".

pequeno valor (art. 535, §3°). Tratando-se de obrigação de valor limitado à RPV, é possível o pagamento diretamente no processo, sem a necessidade de expedição do precatório.

Por conta de a forma de pagamento se alterar em razão do valor executado, ao propor o cumprimento de sentença, cabe ao exequente apresentar demonstrativo discriminado e atualizado do valor do crédito. É este demonstrativo é o que permitirá identificar se estamos diante de execução sob o regime de precatório ou de RPV. Veja-se o art. 534, *caput*:

> Art. 534. No cumprimento de sentença que impuser à Fazenda Pública o dever de pagar quantia certa, o exequente apresentará demonstrativo discriminado e atualizado do crédito contendo:
>
> I - o nome completo e o número de inscrição no Cadastro de Pessoas Físicas ou no Cadastro Nacional da Pessoa Jurídica do exequente;
>
> II - o índice de correção monetária adotado;
>
> III - os juros aplicados e as respectivas taxas;
>
> IV - o termo inicial e o termo final dos juros e da correção monetária utilizados;
>
> V - a periodicidade da capitalização dos juros, se for o caso;
>
> VI - a especificação dos eventuais descontos obrigatórios realizados.

Como colocamos acima, **não é permitida a penhora de bens públicos**. Os bens de titularidade da Fazenda Pública, independentemente do regime a que se submetam, são considerados inalienáveis e, por conseguinte, impenhoráveis (art. 833, I). Assim, **não haverá penhora na execução contra a Fazenda Pública. Os bens titularizados pelo Poder Público não se submetem à execução forçada**.

O STF traz uma exceção à regra acima: "É válida a penhora em bens de pessoa jurídica de direito privado, realizada anteriormente à sucessão desta pela União, não devendo a execução prosseguir mediante precatório" (STF, RE 693.112/MG, Órgão Plenário. Relator Ministro Gilmar Menes, Info. 853).

Assim, mesmo que a União figure como sucessora de uma pessoa jurídica de direito privado, caso os seus bens tenham sido penhorados antes da assunção estatal, a penhora permanece válida e os bens se submetem normalmente à execução.

4.1. Impugnação ao cumprimento de sentença

A *impugnação ao cumprimento de sentença* é a **defesa típica do cumprimento de sentença.** É apresentada como petição nos próprios autos pela Fazenda Pública, na forma do art. 535 do CPC. Possui natureza material de *resposta* do executado e instrumental de *incidente processual.*

Sua regulação está prevista no capítulo referente ao cumprimento definitivo da sentença que reconheça exigibilidade de obrigação de pagar quantia certa. Todavia, há impugnação também face ao cumprimento de obrigações de fazer e não fazer (art. 536, § 4º) e de entregar coisa (art. 538, § 3º).

O prazo para impugnação ao cumprimento de sentença pela Fazenda Pública é específico: **30 (trinta) dias**. Assim, **não se aplica o *prazo em dobro*, conforme regulado no art. 183, §2°, do CPC**. Veja-se:

> Art. 535. A Fazenda Pública será intimada na pessoa de seu representante judicial, por carga, remessa ou meio eletrônico, para, querendo, no prazo de 30 (trinta) dias e nos próprios autos, impugnar a execução, podendo arguir: (...)

Como consequência, em vista que a intimação **não** será para pagar, **a multa de 10% (art. 523, §1°) não se aplica à Fazenda Pública (art. 534, §2°).** Lembre-se, nesse sentido, que o precatório é pago, como regra, em ordem cronológica de apresentação; a RPV é paga em até 2 meses (art. 535, §3°). Assim, logicamente não pode incidir a multa pelo não pagamento em 15 dias.

A impugnação dá início a um incidente cognitivo no cumprimento de sentença. Há, todavia, limitação horizontal na cognição, ou seja, **não é possível arguir toda e qualquer matéria de defesa**, mas somente aquelas listadas no *caput* e no §1° do art. 535. Questões eventualmente já resolvidas em sede de *execução provisória* ou atingidas pela coisa julgada material, naturalmente, não podem ser reavivadas na impugnação, pois são atingidas pela preclusão. Vejamos:

Matérias que podem ser arguidas em impugnação ao cumprimento de sentença pela Fazenda Pública (art. 535, *caput*)	
I – falta ou nulidade da citação se, na fase de conhecimento, o processo correu à revelia;	Exige-se a revelia, pois caso o ente público tenha vindo aos autos, o vício estará convalidado. É que, a esta altura, o executado já teria tido oportunidade de alegar o vício de citação. Assim, estaria precluso o debate da questão. Por isso que a alegação de vício de citação no cumprimento de sentença só será admitida se o executado foi revel na fase de conhecimento.
II – ilegitimidade de parte;	A questão somente poderá ser discutida se não houver sido apreciada anteriormente. É possível que fato superveniente altere a legitimidade das partes para o cumprimento de sentença, como é o caso da sucessão, da cessão do crédito ou da sub-rogação.
III – inexequibilidade do título ou inexigibilidade da obrigação;	A *inexequibilidade* caracteriza uma decisão que não contém qualquer elemento executivo. É o exemplo de uma decisão declaratória de obrigação de não fazer. A *inexigibilidade* se dá quando a obrigação consignada no título ainda não é exigível, ou seja, está submetida à condição ou termo. Considera-se também inexigível a fundada em lei ou ato normativo declarado inconstitucional, nos termos dos §§ 5° a 8° do art. 535.
IV – excesso de execução ou cumulação indevida de execuções;	A *cumulação* de execuções deve respeitar os requisitos de cumulação dos pedidos: i) juízo competente, ii) mesmo procedimento e iii) pedidos compatíveis. Já o *excesso de execução* está regulado no art. 917, § 2º. O § 2º do art. 535 regula somente um dos *tipos* de excesso, conforme trataremos adiante. De toda sorte, todo o regramento do art. 917, §2° é aplicável aqui, podendo ser trazido como matéria na impugnação apresentada pela Fazenda Pública.

V – incompetência absoluta ou relativa do juízo da execução;	A arguição de incompetência relativa sujeita-se à preclusão caso não trazida em sede de impugnação. Já a arguição de incompetência absoluta pode ser feita a qualquer tempo, pois é questão de ordem pública.
VI – qualquer causa modificativa ou extintiva da obrigação, como pagamento, novação, compensação, transação ou prescrição, desde que supervenientes à sentença.	O dispositivo aborda questões de fato arguíveis em sede de impugnação ao cumprimento de sentença. Exige-se, por óbvio, sejam: i) supervenientes ao trânsito em julgado da sentença ou à última oportunidade que se possa arguir fato novo no processo de conhecimento; ii) e que não tenha sido ainda apreciada. Nesse sentido, o Enunciado nº 56 do FPPC: "É cabível alegação de causa modificativa ou extintiva da obrigação na impugnação de executado, desde que tenha ocorrido após o início do julgamento da apelação, e, uma vez alegada pela parte, tenha o tribunal superior se recusado ou omitido de apreciá-la". Questões relativas a fatos supervenientes à apresentação da impugnação podem ser trazidas através de simples petição, nos termos do § 11 do art. 525 (que se aplica também no caso de cumprimento de sentença contra a Fazenda Pública. É possível arguir, por exemplo, a ocorrência de compensação de valores devidos a título de imposto, ou a realização de transação superveniente[4].
§ 1º A alegação de impedimento ou suspeição observará o disposto nos arts. 146 e 148.	A alegação de impedimento ou suspeição se dá por incidente, na forma regulada para o processo de conhecimento. Em tese, deve-se apresentar uma exceção instrumental, conforme defende a maioria da doutrina. Ressalvamos a nossa compreensão pessoal de que o tema pode ser arguido no bojo da peça de defesa[5].

4. CUNHA, Leonardo Carneiro da. *A Fazenda Pública em juízo*. Rio de Janeiro: Forense, 2016, p. 351.
5. Remetemos o leitor a outra obra, onde tratamos com mais vagar sobre o tema: AVELINO, Murilo Teixeira. *Processo Civil – parte geral, processo de conhecimento e procedimentos especiais de jurisdição contenciosa*. Salvador: Juspodivm, 2021.

Não obstante a redação expressa do art. 535, há outras matérias que podem ser alegadas em sede de impugnação ao cumprimento de sentença, como o questionamento a respeito da *certeza e liquidez* da obrigação, pois condições de procedibilidade do feito executivo. Em verdade, **matérias arguíveis a qualquer tempo** – como questões de ordem pública, pressupostos processuais e invalidades – também **podem ser objeto da impugnação.**

Recebida a impugnação ao cumprimento de sentença, deve-se intimar o exequente para se manifestar. Apesar de não haver regra expressa nesse sentido, a lição decorre da previsão dos arts. 9º e 10, onde se consagra o princípio do contraditório e a proibição de decisão surpresa.

Apesar de não ser comum, não há qualquer impedimento para dilação probatória no procedimento executivo. Sendo necessário, o magistrado poderá autorizar a produção de provas e até mesmo a realização de audiências.

Instruído o feito e resolvidas as eventuais questões prévias, cabe ao magistrado decidir. A decisão que julga a impugnação ao cumprimento de sentença será recorrível por Agravo de Instrumento ou por Apelação a depender do seu conteúdo.

Caso a **decisão acolha as razões** do executado para ***extinguir a execução***, terá natureza de sentença. Assim, contra sentença o **recurso cabível será a Apelação.** Por outro lado, se a **decisão rejeita as razões** do executado, dando continuidade ao feito executivo, terá natureza de decisão interlocutória. Assim, contra a decisão **caberá o recurso de Agravo de Instrumento**[6].

6. Nesse sentido, entendeu o STJ: "A impugnação ao cumprimento de sentença se resolverá a partir de pronunciamento judicial, que pode ser sentença ou decisão interlocutória, a depender de seu conteúdo e efeito: se extinguir a execução, será sentença, conforme o citado artigo 203, §1º, parte final; caso contrário, será decisão interlocutória, conforme art. 203, §2º, CPC/2015 (...) No sistema regido pelo NCPC, o recurso cabível da decisão que acolhe impugnação ao cumprimento de sentença e extingue a execução é a apelação. As decisões que acolherem parcialmente a impugnação ou a ela negarem provimento, por não acarretarem a extinção da fase executiva em andamento, tem natureza jurídica de decisão interlocutória, sendo o agravo de instrumento o recurso adequado ao seu enfrentamento" (STJ, Resp. 1.698.344/MG, 4ª Turma. Relator Ministro Luis Felipe Salomão, Info. 630).

Na mesma linha, o Enunciado nº 93 da I Jornada de Direito Processual Civil do CJF: "Da decisão que julga a impugnação ao cumprimento de sentença cabe apelação, se extinguir o processo, ou agravo de instrumento, se não o fizer".

De toda forma, sobre as questões decididas incide coisa julgada, impedindo-se a rediscussão da matéria.

Em caso de acolhimento da impugnação, ainda que parcial, serão arbitrados honorários em benefício do ente público executado.

4.1.1. Excesso de execução – quantia superior

O inciso IV do art. 535 consagra o *excesso de execução ou a cumulação indevida de execuções* como matérias que podem ser arguidas na impugnação. O que se entende por **excesso de execução** está disposto no art. 917, § 2º do CPC. O art. 535, § 2º, todavia, trata especificamente da alegação de excesso de execução inscrita no § 2º, I do art. 917, ou seja, "quando o exequente pleiteia quantia superior ao título".

Nesta hipótese, nos termos do § 2º, quando o executado alegar que o exequente, em excesso de execução, pleiteia quantia superior à do título, **cumprir-lhe-á declarar de imediato o valor que entende correto, sob pena de não conhecimento da arguição**.

Caso não aponte o valor correto ou não apresente o demonstrativo que justifique o quanto entende devido, **a impugnação será liminarmente rejeitada**, se o excesso de execução for o seu **único** fundamento, ou, se houver outro, a impugnação será processada, mas o juiz não examinará a alegação de excesso de execução. Esta regra está no § 5º do art. 525. Trata-se, assim, de norma geral, aplicável também à impugnação ao cumprimento de sentença em face da Fazenda Pública.

Alegando que o valor executado é excessivo, **cabe ao Poder Público apontar quanto entende devido e juntar a respectiva planilha de cálculo**[7].

De toda sorte, é possível que em razão da complexidade dos cálculos, o prazo para apresentação de impugnação não seja suficiente para sua realização. Dessa forma, **admite-se que em sede de impugnação, argua-se o excesso, requerendo justificadamente dilação de prazo para apresentação dos cálculos.** Nesse caso, não há

7. Ainda sob a égide do CPC/73, entendia o STJ também aplicável à Fazenda Pública a exigência de apresentar *memória de cálculos* quando alegasse o excesso de execução. Veja-se o REsp 1.115.217-RS. O entendimento deve continuar vigente com o CPC atual.

impedimento para que o magistrado receba a peça de defesa e defira prazo para a apresentação dos cálculos e indicação do valor que se a Fazenda Pública executada entende devido.

Nesse sentido:

> "PROCESSUAL CIVIL. RECURSO ESPECIAL. CUMPRIMENTO DE SENTENÇA CONTRA A FAZENDA PÚBLICA. ALEGAÇÃO DE EXCESSO. AUSÊNCIA DE PLANILHA DE CÁLCULOS. ART. 535, § 2º, DO CPC. CONCESSÃO DE PRAZO PARA O MUNICÍPIO. POSSIBILIDADE. RECURSO IMPROVIDO. 1. Em regra, a ausência de indicação do valor que a Fazenda Pública entende como devido na impugnação enseja o não conhecimento da arguição de excesso, por existência de previsão legal específica nesse sentido (art. 535, § 2º, do CPC). (...) 4. Nesse sentido, se é cabível a remessa dos autos à contadoria do juízo para a verificação dos cálculos, é razoável a concessão de prazo para apresentação da respectiva planilha pela Fazenda Pública, documento que pode inclusive vir a facilitar o trabalho daquele órgão auxiliar em eventual necessidade de manifestação. Precedente (REsp 1726382/MT, Rel. Ministro HERMAN BENJAMIN, SEGUNDA TURMA, julgado em 17/04/2018, DJe 24/05/2018). 5. Recurso especial a que se nega provimento" (STJ. 2ª Turma. REsp 1.887.589/GO, Rel. Min. Og Fernandes, julgado em 06/04/2021).

4.1.2. Inexigibilidade da obrigação fundada em lei ou ato inconstitucional

O legislador entendeu por bem **considerar inexigível a obrigação fundada em lei ou ato normativo considerado inconstitucional**.

Tem-se, pois, que se considera **inexigível** (art. 535, III) a obrigação reconhecida em título executivo judicial **fundado em lei ou ato normativo considerado inconstitucional** pelo **Supremo Tribunal Federal**, ou **fundado em aplicação ou interpretação** da lei ou do ato normativo **tido pelo Supremo Tribunal Federal como incompatível com a Constituição Federal**, em controle de constitucionalidade **concentrado ou difuso.**

Trocando em miúdos, se o STF, **em decisão plenária**[8], considera inconstitucional uma norma ou profere decisão de interpretação

8. Enunciado nº 58 do FPPC: "As decisões de inconstitucionalidade a que se referem os art. 525, §§ 12 e 13 e art. 535 §§ 5º e 6º devem ser proferidas pelo plenário do STF".

conforme a Constituição, com efeitos vinculantes, a obrigação que nela encontre fundamento é considerada inexigível.

Ciente dos grandes desdobramentos que esta previsão pode causar, o legislador dispôs que nessa situação o STF pode ***modular no tempo*** os efeitos da declaração de inconstitucionalidade ou interpretação conforme, em atenção à segurança jurídica (art. 535, § 6°). Assim, caso o STF declare os efeitos *pro futuro* de sua decisão, somente os títulos definitivamente constituídos a partir daquele marco serão *atingidos* pela decisão, tornando-se *inexigíveis*. **Os anteriores a ela serão considerados plenamente exigíveis.**

O marco para se considerar a (in)*exigibilidade* do título é a decisão do STF. Se o título for constituído definitivamente *antes* da decisão do STF, é plenamente exigível, só podendo ser desconstituído por ação rescisória.

Por outro lado, se o título for constituído definitivamente *depois* da decisão do STF, será considerado *inexigível*, devendo-se arguir o fato em sede de impugnação ao cumprimento de sentença, cuja decisão terá eficácia rescisória. Eis aí um ponto de suma importância: será possível a rescisão do julgado em sede de defesa na execução.

Este tema foi definido pelo STF, na fixação da tese n° 360 da Repercussão Geral. Veja-se, onde grifamos: "São constitucionais as disposições normativas do parágrafo único do art. 741 do CPC, do § 1° do art. 475-L, ambos do CPC/73, bem como os correspondentes dispositivos do CPC/15, o art. 525, § 1°, III e §§ 12 e 14, o art. 535, § 5°. São dispositivos que, **buscando harmonizar a garantia da coisa julgada com o primado da Constituição, vieram agregar ao sistema processual brasileiro um mecanismo com eficácia rescisória de sentenças revestidas de vício de inconstitucionalidade** qualificado, assim caracterizado nas hipóteses em que (a) a sentença exequenda esteja fundada em norma reconhecidamente inconstitucional – seja por aplicar norma inconstitucional, seja por aplicar norma em situação ou com um sentido inconstitucionais; ou (b) a sentença exequenda tenha deixado de aplicar norma reconhecidamente constitucional; e (c) desde que, em qualquer dos casos, o reconhecimento dessa

---

Com razão o enunciado. É que, para que se considere vinculante um precedente, é preciso que seja originário de decisão colegiada plenária (ou proferida pelo órgão especial). Trata-se do art. 927, V, do CPC.

constitucionalidade ou a inconstitucionalidade tenha decorrido de julgamento do STF realizado em data anterior ao trânsito em julgado da sentença exequenda" (STF, RE 611503, Órgão Plenário, Relator Ministro Teori Zavascki, Info. 916).

Não é lógico que havendo título executivo firmado com base em norma ou interpretação considerada inconstitucional pelo STF em **momento anterior**, fosse o prejudicado obrigado a manejar ação rescisória. Assim, a impugnação ao cumprimento de sentença funcionará como instrumento apto à desconstituição da coisa julgada.

Nos termos dos §§ 7° e 8° do art. 535, do CPC:

> Art. 535, § 7°. A decisão do Supremo Tribunal Federal referida no §5° deve ter sido proferida antes do trânsito em julgado da decisão exequenda.
>
> § 8°. Se a decisão referida no §5° for proferida após o trânsito em julgado da decisão exequenda, caberá ação rescisória, cujo prazo será contado do trânsito em julgado da decisão proferida pelo Supremo Tribunal Federal.

Atente-se, ainda, que o §8° do art. 535 institui um termo *a quo* para esta específica ação rescisória quando o posicionamento da Corte Suprema for proferido **em momento posterior** à constituição definitiva do título: **constam-se os 2 anos a partir do trânsito em julgado da decisão proferida pelo STF**.

4.1.3. Limitação do litisconsórcio multitudinário

Havendo pluralidade de exequentes, cada um deve trazer ao processo demonstrativo próprio de seu crédito, pois no caso de litisconsórcio ativo facultado, os valores para pagamento por precatório ou RPV são calculados individualmente. O art. 534, §1° dispõe:

> Art. 534, § 1º Havendo pluralidade de exequentes, cada um deverá apresentar o seu próprio demonstrativo, aplicando-se à hipótese, se for o caso, o disposto nos §§ 1º e 2º do art. 113.

Interessante é a previsão quanto à possibilidade de a Fazenda Pública requerer a limitação do litisconsórcio ativo multitudinário. O litisconsórcio *multitudinário* se dá quando diversas pessoas, em *enorme* quantidade, ocupam um dos polos da relação jurídica processual.

Em hipóteses onde se verifica **uma enorme quantidade de exequentes, dificultando o desenrolar do cumprimento de sentença ou da defesa,** é possível que a requerimento da Fazenda Pública o magistrado limite o litisconsórcio. Assim, admite-se o desmembramento do cumprimento de sentença por razões de eficiência[9]. É o que dispõe o art. 534, §1°, remetendo ao art. 113, §§ 1° e 2°, do CPC.

A recusa ao litisconsórcio multitudinário deve ser fundamentada na *dificuldade da defesa* (=contraditório) ou na *rápida solução do litígio* (=razoável duração do processo). O pedido de limitação **interrompe** o prazo de qualquer manifestação ou defesa, que começará a correr do início a partir da intimação da decisão que solucionar o incidente.

4.1.4. Efeito suspensivo da impugnação

Em regra, no regime comum, a impugnação ao cumprimento de sentença não possui efeito suspensivo. Cabe ao executado requerê-lo (art. 526, §6°, do CPC), sob pena de os atos executórios prosseguirem até a expropriação de bens, ainda enquanto se aguarda o julgamento dos articulados apresentados pelo executado.

Como já restou claro, todavia, não é possível à Fazenda Pública *garantir o juízo*, pois seu patrimônio é impenhorável (não podendo ser constrito, depositado ou objeto de caução). Além disso, nos termos do art. 100 da Constituição, a realização da obrigação de pagar somente se dá após o trânsito em julgado da impugnação.

Essa *impossibilidade* de constrição patrimonial recair sobre os bens públicos torna, de certa maneira, *irrelevante* perquirir a respeito do efeito suspensivo ou não da impugnação ao cumprimento de sentença, pois só haverá pagamento após o julgamento definitivo da defesa.

De toda forma, parcela da doutrina afirma que **a impugnação da Fazenda Pública possui efeito suspensivo automático**[10]**, posição que acaba por prevalecer.**

---

9. Nesse sentido, o Enunciado n° 386 do FPPC: "A limitação do litisconsórcio facultativo multitudinário acarreta o desmembramento do processo".

10. Entendendo nesta linha: ARAÚJO, José Henrique Mouta; PEIXOTO, Marco Aurélio Ventura. Poder Público em Juízo. Salvador: Juspodivm, 2018, p. 74; PEIXOTO, Marco Aurélio Ventura; PEIXOTO, Renata Cortez Vieira. Fazenda Pública e Execução. Salvador: Juspodivm, 2018, p. 75; DIDIER JR., Fredie; CUNHA, Leonardo Carneiro da; BRAGA, Paula Sarno; OLIVEIRA, Rafael Alexandria de. Curso de Processo Civil – vol. 5. Salvador: Juspodivm, 2020, p. 699.

4.2. Cumprimento provisório

Em regra, **não** há impedimento de execução provisória contra a Fazenda Pública. Todavia é importante atentar ao seguinte: a execução provisória tem natureza de *antecipação de tutela executiva*. Assim, **naquelas hipóteses em que não se admite a concessão de tutela provisória contra a Fazenda Pública, também não será admitida a execução provisória.**

A **execução provisória das obrigações de fazer, não fazer e dar coisa, submete-se ao mesmo regramento do *regime* de execução provisória contra particulares**[11], permitindo-se, inclusive, a imposição de multa (=astreintes) em face do Poder Público[12].

Quanto à obrigação de pagar quantia certa, há enorme polêmica doutrinária a respeito da possibilidade ou não de promoção do cumprimento provisória de sentença em face do Poder Público.

Importa o seguinte: o pagamento só se justifica com a resolução e o trânsito em julgado, não admitindo que a execução provisória se ultime, ou seja, se resolva com o ato final (=pagamento) antes de o título se tornar definitivo. Embora o trânsito em julgado não seja um requisito para o início do cumprimento de sentença, antes dele não será possível expedir o precatório ou a requisição de pequeno valor.

Isso se dá em razão do regime constitucional dos precatórios insculpido no art. 100, §5°, CR. Admite-se, todavia, que se inicie o procedimento executório com *provisoriedade*, não podendo avançar após a fase de impugnação. Trata-se somente de um *adiantamento procedimental* para quando houver, ao fim, o trânsito em julgado.

É que não há, genericamente, impedimento para o cumprimento provisório. A vedação constitucional é para o pagamento – ato final da execução – enquanto provisório o título. Em suma: **é possível o cumprimento provisória em face da Fazenda Pública, vedando-se**

Nesse sentido, o enunciado n° 120 do Fórum Nacional do Poder Público: "A impugnação ao cumprimento de sentença contra a Fazenda Pública tem efeito suspensivo automático em relação à matéria impugnada, devido à exigência constitucional de prévio trânsito em julgado para expedição de precatório ou de RPV".

11. O STF entende que a execução de obrigações de fazer em face da Fazenda Pública não atrai o regime de precatórios, permitindo execução provisória (STF, RE 573.872/RS, órgão Plenário. Relator Ministro Edson Fachin, Info. 866).

12. É permitida a imposição de astreintes em face do Poder Público para compeli-lo a fornecer medicamento a pessoa desprovida de recurso (STJ, Resp. 1.474.665/RS, 1ª Seção. Relator Ministro Benedito Gonçalves, Info. 606).

todavia a expedição do precatório ou RPV antes do trânsito em julgado da defesa[13]**.**

5. PROCESSO DE EXECUÇÃO CONTRA A FAZENDA PÚBLICA

Como afirmamos no tópico anterior, a compreensão do assunto exige o conhecimento a respeito da forma de adimplemento das condenações de pagar quantia certa impostas à Fazenda Pública. Incide aqui o regime dos *precatórios*, regulado não pelo CPC, mas pela própria Constituição da República em seu art. 100.

Deve-se atentar, mais uma vez: o *regime especial de execução* contra a Fazenda Pública **se aplica para as obrigações de pagar quantia.** Quanto às obrigações de fazer, não fazer e dar, o regime é o mesmo dos particulares, ressalvadas limitações previstas em lei, como é o caso das previstas nas leis n° 9.494/97 e n° 12.016/2009.

Não há dúvidas de que é possível a execução de título executivo extrajudicial em face da Fazenda Pública[14]. Caso se trate de execução por quantia certa, a Fazenda Pública **não haverá citação para pagar**, mas para apresentar os embargos à execução em **30 (trinta) dias** (art. 910, *caput*). É que não se pode *pagar* sem a submissão ao regime de precatórios ou a expedição de *requisição de pequeno valor* (RPV).

Caso os embargos sejam parciais, a parte não questionada pela executada (=Fazenda Pública) será, desde logo, objeto de pagamento, **admitindo-se a expedição do precatório ou de RPV quanto à parte incontroversa.**

Não opostos os embargos ou no caso de trânsito em julgado da decisão que os rejeita, haverá a **expedição** de precatório ou o pagamento através de RPV (art. 910, §1°). Tratando-se de obrigação de valor limitado ao RPV, é possível o pagamento diretamente no processo, sem a necessidade de expedição do precatório.

Como tratamos acima, **não é permitida a penhora de bens públicos.**

---

13. DIDIER JR., Fredie; CUNHA, Leonardo Carneiro da; BRAGA, Paula Sarno; OLIVEIRA, Rafael Alexandria de. Curso de Processo Civil – vol. 5. Salvador: Juspodivm, 2020, p. 701.
14. Enunciado n° 279 da Súmula do STJ: "É cabível execução por título extrajudicial contra a Fazenda Pública".

Por último, o §3° do art. 910 remete ao regramento disposto nos arts. 534 e 535, aplicáveis ao processo de execução, no que couber.

5.1. Embargos à Execução

Os *embargos à execução* são a **defesa típica do processo de execução.** São apresentados através do manejo de uma **ação autônoma, conquanto dependente do feito executivo**, na forma dos arts. 914 a 920 do CPC. Possuem natureza material de *resposta* do executado e natureza instrumental de *demanda autônoma.*

Aqui, trataremos dos aspectos gerais desta técnica[15].

A matéria de defesa nos embargos à execução é muito mais ampla que aquela admitida para a impugnação ao cumprimento de sentença. É que a execução dos títulos executivos extrajudiciais se dá por processo de execução, não tendo havido conhecimento prévio da Jurisdição a respeito da relação jurídica discutida. Assim, a cognição nos embargos, da mesma forma como se dá no *regime* privado de execução, é ampla, admitindo-se tratar de qualquer matéria deduzível como defesa em processo de conhecimento (art. 910, §2°).

Não há exigência de garantia do juízo para o manejo dos embargos à execução. Conforme dispõe o art. 914, *caput*, o executado, independentemente de penhora, depósito ou caução, poderá se opor à execução por meio de embargos. A norma está em consonância com o art. 910, que prevê desde logo a citação da Fazenda Pública para opor embargos e não para pagar ou garantir o juízo.

O prazo para embargar a execução é específico: **30 dias úteis**. Assim, não se aplica o *prazo em dobro*, conforme regulado no art. 183, §2°, do CPC.

Os embargos são ação autônoma em forma, mas com conteúdo de defesa à execução. Serão **distribuídos por dependência** (atente-se: **não são apensados**) à execução, mas autuados em apartado[16].

---

15. Nos aprofundamos sobre o tema em outra obra, para onde remetemos o leitor: AVELINO, Murilo Teixeira. *Processo Civil – tutela executiva, processo nos tribunais, precedentes e recursos.* Salvador: Juspodivm, 2021.

16. A razão para que os embargos sejam autuados em apartado é que eles serão sentenciados e o julgado por ser objeto de apelação. Assim, a apelação poderá ser processada nas instâncias superiores enquanto o processo de execução permanece sendo processado no primeiro grau.

O valor da causa não será necessariamente o total executado. Se o questionamento se dá apenas sobre excesso do *quantum* executado (havendo valor incontroverso), o valor da causa refletirá apenas a diferença daquilo que se entende acima do devido. Somente se a impugnação é sobre o total da execução, haverá coincidência entre o valor da execução e dos embargos[17].

Propostos os embargos, o magistrado analisará os requisitos de admissibilidade. Trata-se, aqui, de um **juízo de admissibilidade *qualificado***. Apesar de se tratar da propositura de uma nova ação, há um prazo preclusivo (30 dias para a Fazenda Pública) que deve ser respeitado, sob pena de rejeição pela intempestividade. Além disso, não pode haver quaisquer causas de indeferimento da petição inicial (arts. 330 e 331 do CPC) ou de improcedência liminar do pedido (art. 332 do CPC). Da mesma forma, os embargos não podem ser *manifestamente protelatórios*, o que justifica, inclusive, a imposição de multa por **ato atentatório à dignidade da justiça**.

Verificadas quaisquer das situações acima, cumulativamente ou alternativamente, o magistrado rejeitará liminarmente os embargos. São os termos do art. 918 do CPC.

Quando os vícios forem superáveis, o magistrado deve ordenar a oitiva da parte para que emende a inicial em 15 dias, nos termos do art. 321.

Por exemplo, a **apresentação dos embargos nos próprios autos da execução configura vício sanável, devendo o embargante ser intimado para correção do defeito e adequação da petição**. Veja-se:

> "DIREITO PROCESSUAL CIVIL. RECURSO ESPECIAL. AÇÃO DE EXECUÇÃO DE TÍTULO EXECUTIVO EXTRAJUDICIAL. PROTOCOLIZAÇÃO DE EMBARGOS À EXECUÇÃO NOS AUTOS DA PRÓPRIA AÇÃO EXECUTIVA. INOBSERVÂNCIA DO ART. 914, § 1º, DO CPC/2015. ERRO SANÁVEL. APLICAÇÃO DOS PRINCÍPIOS DA INSTRUMENTALIDADE DAS FORMAS E DA ECONOMIA PROCESSUAL. (...) 2. O propósito recursal é definir se configura erro grosseiro, insuscetível de correção, a protocolização de embargos à execução nos autos da própria ação executiva, em inobservância ao que dispõe o art. 914, § 1º, do CPC/2015. 3. Com efeito, é inegável

17. Nesse mesmo sentido: PEIXOTO, Marco Aurélio Ventura; PEIXOTO, Renata Cortez Vieira. Fazenda Pública e Execução. Salvador: Juspodivm, 2018, p. 81-82.

que a lei prevê expressamente que os embargos à execução tratam-se de ação incidente, que deverá ser distribuída por dependência aos autos da ação principal (demanda executiva). 4. Contudo, primando por uma maior aproximação ao verdadeiro espírito do novo Código de Processo Civil, não se afigura razoável deixar de apreciar os argumentos apresentados em embargos à execução tempestivamente opostos – ainda que, de forma errônea, nos autos da própria ação de execução – sem antes conceder à parte prazo para sanar o vício, adequando o procedimento à forma prescrita no art. 914, § 1º, do CPC/2015" (STJ. 3ª Turma. REsp 1.807.228-RO, Rel. Min. Nancy Andrighi, julgado em 03/09/2019).

Recebidos os embargos, ouve-se o exequente/embargado em 15 dias. Caso seja necessário instruir com provas além daquelas trazidas pelas partes em suas manifestações iniciais, o magistrado poderá admitir a produção e designar audiência. Na hipótese de a causa estar desde logo suficientemente instruída, o juiz julgará imediatamente (art. 920).

Os embargos, como ocorre nas ações de conhecimento pelo procedimento comum, são julgados por sentença. Da sentença caberá a interposição de apelação.

A apelação interposta em face da sentença que extingue os embargos sem resolução de mérito ou julgando-os improcedentes, como regra, não possui efeito suspensivo (art. 1.012, §1°, II, CPC). Todavia, esta regra precisa ser interpretada levando em conta a impossibilidade de emissão de precatório ou RPV antes do trânsito em julgado, face à limitação constitucional (art. 100). Este raciocínio faz com que **parcela da doutrina entenda que, no caso, a apelação da Fazenda Pública será recebida com efeito suspensivo**[18].

A sentença que julga os Embargos deve condenar o derrotado ao pagamento de honorários advocatícios. Em caso de acolhimento dos Embargos, ainda que parcial, serão arbitrados honorários em benefício do executado. Nesse caso, tais honorários serão objeto de cumprimento de sentença no bojo dos Embargos. Não há falar, aqui, em qualquer compensação, pois as verbas honorárias são autônomas entre si.

18. RODRIGUES, Marco Antonio. *A Fazenda Pública no Processo Civil*. São Paulo: Atlas, 2016, p. 131; DIDIER JR., Fredie; CUNHA, Leonardo Carneiro da; BRAGA, Paula Sarno; OLIVEIRA, Rafael Alexandria de. *Curso de Processo Civil – vol. 5*. Salvador: Juspodivm, 2020, p. 1012-1013.

Por outro lado, rejeitados os Embargos, justifica-se a imposição dos honorários além daqueles já devidos na execução, em razão de sucumbência do devedor em sua defesa. Assim, serão cumulados os honorários da execução com os honorários dos Embargos, respeitando-se os limites do art. 85 do CPC. Nesse caso, os honorários fixados no julgamento dos embargos podem ser executados no bojo da própria execução[19].

5.1.1. *Efeito suspensivo dos embargos à execução*

Em regra, no regime comum, os embargos à execução não possuem efeito suspensivo. Cabe ao executado requerê-lo (art. 919, §1°, do CPC), sob pena de os atos executórios prosseguirem até a expropriação de bens, ainda enquanto se aguarda o julgamento dos articulados apresentados pelo executado.

Como já restou claro, todavia, não é possível à Fazenda Pública *garantir o juízo*, pois seu patrimônio é impenhorável (não podendo ser constrito, depositado ou objeto de caução). Além disso, nos termos do art. 100 da Constituição, a realização da obrigação de pagar somente se dá após o trânsito em julgado dos embargos.

Essa *impossibilidade* de constrição patrimonial recair sobre os bens públicos torna, de certa maneira, *irrelevante* perquirir a respeito do efeito suspensivo ou não dos embargos à execução, pois só haverá pagamento após o julgamento definitivo da defesa.

De toda forma, parcela da doutrina afirma que **os embargos à execução manejados pela da Fazenda Pública possuem efeito suspensivo automático, posição que acaba por prevalecer**[20].

---

19. Nesse sentido, as teses fixadas no tema 587 dos Recursos Repetitivos: "a) Os embargos do devedor são ação de conhecimento incidental à execução, razão porque os honorários advocatícios podem ser fixados em cada uma das duas ações, de forma relativamente autônoma, respeitando-se os limites de repercussão recíproca entre elas, desde que a cumulação da verba honorária não exceda o limite máximo previsto no § 3º do art. 20 do CPC/1973. b) Inexistência de reciprocidade das obrigações ou de bilateralidade de créditos: ausência dos pressupostos do instituto da compensação (art. 368 do Código Civil). Impossibilidade de se compensarem os honorários fixados em embargos à execução com aqueles fixados na própria ação de execução".

20. Entendendo nesta linha: ARAÚJO, José Henrique Mouta; PEIXOTO, Marco Aurélio Ventura. Poder Público em Juízo. Salvador: Juspodivm, 2018, p. 74; RODRIGUES, Marco Antonio. *A Fazenda Pública no Processo Civil*. São Paulo: Atlas, 2016, p. 128; PEIXOTO, Marco Aurélio Ventura; PEIXOTO, Renata Cortez Vieira. Fazenda Pública e Execução. Salvador: Juspodivm, 2018, p. 82; DIDIER JR., Fredie; CUNHA, Leonardo Carneiro da; BRAGA, Paula Sarno; OLIVEIRA, Rafael Alexandria de. Curso de Processo Civil – vol. 5. Salvador: Juspodivm, 2020, p. 1011.

6. EXCEÇÃO OU OBJEÇÃO DE PRÉ-EXECUTIVIDADE

A exceção de pré-executividade ou objeção de pré-executividade é uma espécie de defesa endoprocessual na execução. Nos próprios autos do feito executivo, o executado pode apresentar uma **simples petição** onde alega, **limitadamente**, i) **matérias de defesa cognoscíveis de ofício pelo magistrado ou** ii) **que não exijam dilação probatória para sua verificação**.

Nas execuções contra sujeitos privados, prefere-se a apresentação de *exceção de pré-executividade* por vantagens claras: **não é necessário pagar custas** (o que se exige no caso dos embargos à execução) **e não há prazo preclusivo**, pois se trata de simples exercício do direito de petição. Limita-se somente a atividade cognitiva, quanto às matérias que podem ser arguidas.

Em razão de suas especificidades, não parece haver interesse no manejo da exceção pela Fazenda Pública nas execuções contra si. É que o ente público não precisa recolher custas para o manejo da defesa (seja impugnação ou embargos) e, além disso, exige-se o trânsito em julgado da defesa para que se realize o pagamento de valores (o que normalmente se associa a um *efeito suspensivo* da defesa).

Todavia, por materializar exercício do direito de petição, não se pode negar sua apresentação pela Fazenda Pública[21]. É possível vislumbrar o interesse de manejá-la[22], por exemplo, quando superado o prazo para apresentação da impugnação ou embargos e ainda restar questão cognoscível de ofício a ser arguida. Outra hipótese é provocar a revisão do valor dos precatórios (evitando erros formais ou materiais não alcançados pela coisa julgada, corrigíveis de ofício), com fulcro no art. 1°-E da lei n° 9.494/97.

7. EXECUÇÃO ENTRE ENTES PÚBLICOS DIVERSOS

É possível a execução fundada em título extrajudicial de um ente público contra outro. Nesse caso, **deverão ser observadas as regras procedimentais previstas no CPC para a execução contra a Fazenda Pública**.

---

21. PEIXOTO, Marco Aurélio Ventura; PEIXOTO, Renata Cortez Vieira. Fazenda Pública e Execução. Salvador: Juspodivm, 2018, p. 81.
22. CUNHA, Leonardo Carneiro da. *A Fazenda Pública em juízo*. Rio de Janeiro: Forense, 2016, p. 397-398.

Assim, a execução **não poderá correr pelo procedimento da Execução Fiscal (lei n° 6.830/80)**, devendo respeitar os arts. 534 e 535 do CPC (em caso de cumprimento de sentença) ou o art. 910 do CPC (em caso de execução de título extrajudicial)[23].

Assim, os arts. 534, 535 e 910 do CPC se aplicam à execução contra a Fazenda Pública intentada tanto por particular quanto por outro ente público. O procedimento da Execução Fiscal (lei n° 6.830/80) somente se aplica na execução promovida pelo ente público contra particular fundada em Certidão de Dívida Ativa.

8. ADIMPLEMENTO DAS OBRIGAÇÕES PELA FAZENDA PÚBLICA

A Fazenda Pública, como exequente, pode se valer de técnicas de execução direta e indireta. Assim, quando executa, vale-se do procedimento regulado pelo próprio CPC e, no caso da execução municiada pelas Certidões de Dívida Ativa, há o procedimento específico da *execução fiscal* (lei n° 6.830/80).

Por outro lado, como executada, **em regra**, as técnicas de expropriação direta de bens não podem ser promovidas em face da Fazenda Pública. É que os bens públicos se submetem a regime especial de indisponibilidade, não podendo ser alvo de constrição judicial e limitando, portanto, medidas constritivas. Nesse sentido, entendimento do Superior Tribunal de Justiça:

> "(...) 3. Atos de constrição do patrimônio de estatal prestadora de serviço público essencial, em regime não concorrencial: afronta aos princípios da separação dos Poderes (art. 2º, CF/1988), da eficiência (art. 37, caput, CF/1988) e da legalidade orçamentária (art. 167, VI, CF/1988) e ao sistema constitucional de precatórios (art. 100, CF/1988). Precedentes: ADPF 485, sob minha relatoria; ADPF 556, Relª. Minª. Carmen Lúcia; ADPF 387, Rel. Min. Gilmar Mendes; e ADPF 114 MC, Rel. Min. Joaquim Barbosa. 4. Ação conhecida e pedido julgado

23. Nesse sentido, ver o Resp. 1.000.028-SP, onde o STJ afirmou a possibilidade de os processos fiscais intentados contra a Fazenda Pública serem harmonizados com a norma do antigo art. 730 do CPC/73, diante das prerrogativas e princípios que ostenta a Administração, principalmente as características que guarnecem os bens públicos, fazendo-se uma necessária adaptação do procedimento especial da Execução Fiscal. Atestou-se a possibilidade de execução contra a Fazenda fundada em título executivo extrajudicial (Certidão de Dívida Ativa), observadas em seu procedimento as disposições aplicáveis ao procedimento regular de execução contra a Fazenda Pública previsto no CPC.

> procedente para determinar a suspensão das decisões judiciais que promoveram constrições judiciais por bloqueio, penhora, arresto ou sequestro e determinar a sujeição da Companhia Estadual de Habitação Popular – CEHAP-PB ao regime constitucional de precatórios" (STF. Plenário. ADPF 588/PB, Rel. Min. Roberto Barroso, julgado em 26/4/2021).

Quanto às obrigações de fazer, não fazer e dar coisa distinta de dinheiro, salvo comprovação concreta de impossibilidade de realização da obrigação, não há maiores distinções, sendo possível impor ao Poder Público que realize suas prestações, ordenando-se as técnicas de execução direta e indireta.

Vejamos, pois, as formas de adimplemento das obrigações pela Fazenda Pública.

8.1. Obrigações de fazer, não fazer e entregar coisa diferente de dinheiro

Se estivermos diante de **obrigações de fazer, não fazer e entregar coisa diferente de dinheiro, não há, como regra, distinção entre o regime da execução em face da Fazenda Pública e em face de particular**. O tratamento da questão é, em regra, o mesmo.

Perceba-se, por exemplo, que é possível a execução em face do poder público ordenando: i) o oferecimento de tratamento de saúde negado pelo SUS; ii) a implementação de uma bolsa de estudos negada administrativamente, ou iii) a nomeação de um candidato aprovado em concurso público dentro das vagas disponibilizadas no edital. Todos esses exemplos materializam ordens de *fazer* muito comuns de serem executadas em face da Fazenda Pública. Como dissemos, tratam-se todas elas de *obrigações de fazer*.

Observe-se, contudo, que a implementação do *fazer*, em todos os casos exemplificados, impacta diretamente no orçamento público. Implementar um determinado tratamento de saúde tem um custo não planejado no orçamento; a implementação de bolsa de estudo impacta nas contas da entidade pagadora; a nomeação de candidato impõe que sua remuneração seja paga mês a mês.

Estamos diante de **reflexos pecuniários do cumprimento de obrigações de fazer pela Fazenda Pública**, plenamente admitidos por nossa ordem jurídica. O regime diferenciado de execução, que atrai o regramento especial do art. 100 da Constituição é a ordem de ***pagar*** **quantia, cuja execução definitiva se submete ao precatório.**

Quando a execução materializa uma obrigação de *fazer, não fazer* ou *dar coisa diferente de dinheiro*, os **efeitos pecuniários reflexos não são uma limitação genérica à submissão do ente público ao regime comum** (aplicável também ao particular)[24].

Caso o Poder Público não cumpra a ordem, inclusive, é possível a imposição de ***astreintes*** **e outras medidas executivas típicas e atípicas** (art. 139, IV e art. 536 do CPC). Se houver a incidência de multa, o valor apurado será pago ao final, pelo regime de precatórios (ou RPV), pois será *obrigação de pagar*.

Por fim, verificando-se a impossibilidade de realização das obrigações de fazer, não fazer e entregar coisa, impõe-se a conversão em indenização pecuniária, passando sua execução a se dar pelo procedimento específico das obrigações de pagar.

8.2. Obrigações de pagar

As obrigações de pagar impostas à Fazenda Pública se submetem ao regime especial dos precatórios e das requisições de pequeno valor (RRPV).

O tema, pelo emaranhado de regras (constitucionais e infraconstitucionais) que compõe seu arcabouço normativo, é bastante complexo.

A definição a respeito do adimplemento da obrigação como precatório ou requisição de pequeno valor é meramente quantitativa e sua base é constitucional. Quer dizer, a própria Carta prevê parâmetros de valores, abaixo dos quais o pagamento se dará por requisição de pequeno valor e, acima deles, por precatório.

Vejamos.

8.2.1. Precatórios

O regramento fundamental dos precatórios está no art. 100 da Constituição. É que o pagamento de valores pela Fazenda Pública

24. No tema, muito importante acompanhar o julgamento do tema nº 6 da Repercussão Geral: "Dever do Estado de fornecer medicamento de alto custo a portador de doença grave que não possui condições financeiras para comprá-lo". Foi afetado o Recurso Extraordinário nº 566.471, que já conta com os votos dos Ministros Marco Aurélio (Relator), Alexandre de Moraes e Roberto Barroso, tendo pedido vistas dos autos o Ministro Gilmar Mendes.

somente pode se realizar após o transito em julgado da decisão que rejeita a impugnação ao cumprimento de sentença ou os embargos à execução.

Nesse sentido, o enunciado nº 532 do FPPC: "A expedição do precatório ou da RPV depende do trânsito em julgado da decisão que rejeita as arguições da Fazenda Pública executada".

O precatório é uma requisição que o Judiciário envia ao Executivo, requerendo dotação patrimonial para o pagamento das condenações judiciais impostas à Fazenda Pública.

A regra basilar dos **precatórios** é que eles **são pagos em ordem cronológica de apresentação**. Quer dizer, quem tiver o seu título definitivamente constituído primeiro, em tese, recebe primeiro. Veja-se o art. 100, *caput*, CR:

> Art. 100. Os pagamentos devidos pelas Fazendas Públicas Federal, Estaduais, Distrital e Municipais, em virtude de sentença judiciária, far-se-ão exclusivamente na ordem cronológica de apresentação dos precatórios e à conta dos créditos respectivos, proibida a designação de casos ou de pessoas nas dotações orçamentárias e nos créditos adicionais abertos para este fim.

Há, todavia, a **necessidade de os valores devidos serem inseridos no orçamento público do ente devedor**. Como se sabe, as leis orçamentárias anuais são aprovadas no segundo semestre de cada ano, valendo para o exercício financeiro subsequente. Assim, é preciso que no ano anterior, sejam incluídos no projeto de lei orçamentária os valores que serão pagos pelo ente público no exercício financeiro subsequente. Tais valores serão incluídos na rubrica referente às condenações judiciárias (= à conta dos créditos respectivos), para pagamento em ordem cronológica, respeitada a impessoalidade quanto à titularidade dos créditos (= *proibida a designação de casos ou de pessoas nas dotações orçamentárias a nos créditos adicionais para este fim*).

Assim, a primeira lição é esta: **os precatórios são pagos em ordem cronológica de apresentação e precisam ser inseridos no orçamento da pessoa jurídica de direito público devedora**. Daí decorrem outras duas importantes lições.

A primeira é a regra constante no §5° do art. 100, que regula a inclusão dos valores no orçamento público. Veja-se:

> Art. 100, § 5º. É obrigatória a inclusão no orçamento das entidades de direito público de verba necessária ao pagamento de seus débitos oriundos de sentenças transitadas em julgado constantes de precatórios judiciários apresentados até 2 de abril, fazendo-se o pagamento até o final do exercício seguinte, quando terão seus valores atualizados monetariamente.

Tem-se o seguinte: para que sejam incluídos no orçamento, os valores que serão pagos pelo ente público no exercício financeiro subsequente devem ser apresentados **até 2 de abril do ano anterior**. Tais valores serão pagos até o final do exercício seguinte, ou seja, até 31 de dezembro do ano em que se executa o orçamento. Por exemplo: sendo o precatório apresentado até 2 de abril de 2022, o ente público devedor poderá incluí-lo no orçamento seguinte, devendo pagar até 31 de dezembro de 2023. Por outro lado, se o precatório for apresentado em 3 de abril de 2022, ele só será incluído no orçamento de 2024, devendo ser pago até 31 de dezembro daquele ano.

A segunda regra se refere à ordem cronológica para pagamento dos precatórios. É que não há apenas uma lista, mas sim **três listas de pagamento**, devendo-se respeitar, dentro de cada uma delas, com prioridade, a ordem cronológica. As duas listas preferenciais estão previstas nos §§1° e 2° do art. 100 da CR:

> Art. 100, § 1º Os débitos de natureza alimentícia compreendem aqueles decorrentes de salários, vencimentos, proventos, pensões e suas complementações, benefícios previdenciários e indenizações por morte ou por invalidez, fundadas em responsabilidade civil, em virtude de sentença judicial transitada em julgado, e serão pagos com preferência sobre todos os demais débitos, exceto sobre aqueles referidos no § 2º deste artigo.
>
> § 2º Os débitos de natureza alimentícia cujos titulares, originários ou por sucessão hereditária, tenham 60 (sessenta) anos de idade, ou sejam portadores de doença grave, ou pessoas com deficiência, assim definidos na forma da lei, serão pagos com preferência sobre todos os demais débitos, até o valor equivalente ao triplo fixado em lei para os fins do disposto no § 3º deste artigo, admitido o fracionamento para essa finalidade, sendo que o restante será pago na ordem cronológica de apresentação do precatório.

Tem-se, portanto, o seguinte:

- **Precatórios *superpreferenciais*** (§2°) – precisam apresentar 2 requisitos: i) natureza **alimentícia**; ii) titulares (**originários**

e sucessores hereditários, apenas) com **60 anos de idade ou mais, ou portadores de doença grave ou com deficiência.** As *doenças graves* e as *deficiências* serão definidas em lei. O parâmetro utilizado é o art. 6°, XIV, da lei n° 7.713/88. Admite-se o reconhecimento por laudo médico de outras moléstias graves[25].

Os precatórios em lista *superpreferencial* somente admitem valores **até três vezes o limite para a RPV**. Aqui, **admite-se o fracionamento dos precatórios** (o que em regra é vedado). Isso significa que se o numerário devido superar o limite de três vezes o valor da RPV, será pago, até este limite, como *superpreferencial* e, depois, à conta dos alimentícios (*preferenciais*), em ordem cronológica de apresentação.

Por exemplo, no caso da União (cujo limite do RPV é de 60 salários mínimos), se o valor devido for na casa de 300 salários mínimos, será paga como superpreferencial quantia equivalente a 180 salários; a quantia restante (120 salários mínimos) será paga de acordo com a ordem cronológica de apresentação na lista seguinte, dos precatórios alimentícios.

Quanto à idade, se os 60 anos do titular do crédito forem atingidos após a expedição do precatório, mas enquanto pendente de pagamento, é possível requerer sua realocação na lista *superpreferencial*. Este entendimento foi afirmado pelo STF, inclusive, no julgamento da ADI n° 4425.

A Resolução n° 303/2019 do CNJ define, em seu art. 11, o seguinte:

> Art. 11. Para os fins do disposto nesta Seção, considera-se:
>
> I – idoso, o exequente ou beneficiário que conte com sessenta anos de idade ou mais, antes ou após a expedição do ofício precatório;
>
> *II – portador de doença grave, o beneficiário acometido de moléstia indicada no inciso XIV do art. 6º* da Lei nº 7.713, de 22 de dezembro de 1988, com a redação dada pela Lei nº 11.052, de 29 de dezembro de 2004, ou portador de doença considerada grave a partir de conclusão da medicina especializada, mesmo que a doença tenha sido contraída após o início do processo; e

25. RODRIGUES, Marco Antonio. *A Fazenda Pública no Processo Civil*. São Paulo: Atlas, 2016, p. 155.

III – pessoa com deficiência, o beneficiário assim definido pela Lei nº 13.146, de 6 de julho de 2015.

- **Precatórios *preferenciais*** (§1°) – são os precatórios de **natureza alimentícia**.

  O dispositivo elenca verbas alimentícias de algumas espécies: salários, vencimentos, proventos, pensões, benefícios previdenciários e indenizações por morte ou invalidez, fundadas em responsabilidade civil.

  A compreensão, todavia, é de que **o rol é exemplificativo**. Outras verbas da mesma natureza podem ser pagas nesta lista preferencial. É o exemplo dos **honorários advocatícios**, verbas de natureza alimentar, nos termos do art. 85, §14, do CPC, que podem ser executada nos próprios autos (assim como os honorários periciais).

  Sobre o tema, dois enunciados sumulados.

  Veja-se o Enunciado n° 144 da Súmula do STJ: "Os créditos de natureza alimentícia gozam de preferência, desvinculados os precatórios da ordem cronológica dos créditos de natureza diversa".

  Além dele, o enunciado n° 655 da Súmula do STF: "A exceção prevista no art. 100, *caput,* da Constituição, em favor dos créditos de natureza alimentícia, não dispensa a expedição de precatório, limitando-se a isentá-los da observância da ordem cronológica dos precatórios decorrentes de condenações de outra natureza".

  Atente-se que este último enunciado foi redigido de acordo com o texto original do art. 100, *caput*. A referência atualizada deve ser compreendida como ao §1° do dispositivo.

- **Precatórios ordinários** – todos os demais são precatórios ordinários, pagos após os *superpreferenciais* e *preferenciais*.

Primeiro, paga-se em ordem cronológica os *superpreferenciais*, depois em ordem cronológica os *preferenciais alimentícios* e, por fim, em ordem cronológica os ordinários. Passa-se para a lista subsequente apenas quando paga a totalidade da anterior.

Note-se, ainda, que para o enquadramento de precatório na lista de *superpreferenciais* é suficiente que o crédito seja alimentício

e **(cumulativamente)** titularizado por sujeito acima de 60 anos ***ou*** **(alternativamente)** com doença grave ***ou*** **(alternativamente)** portador de deficiência. A **cumulação de características pessoais é irrelevante e não implica aumento dos valores a serem pagos.** Em outros termos, sendo o titular de crédito alimentício pessoa com mais de 60 anos **e** portadora de deficiência, o seu precatório entra na lista *superpreferencial* em iguais condições ao alimentar titularizado por sujeito com doença grave. Nesse sentido:

> "(...) 2. Contudo, a preferência autorizada pela Constituição não pode ser reconhecida duas vezes em um mesmo precatório, porquanto, por via oblíqua, implicaria a extrapolação do limite previsto na norma constitucional. Aliás, o próprio § 2º do art. 100 da CF/1988 revela que, após o fracionamento para fins de preferência, eventual saldo remanescente deverá ser pago na ordem cronológica de apresentação do precatório. Portanto, as hipóteses autorizadoras da preferência (idade, doença grave ou deficiência) devem ser consideradas, isoladamente, a cada precatório, ainda que tenha como destinatário um mesmo credor (...)" (STJ. 1ª Turma. AgInt no RMS 61.014-RO, Rel. Min. Benedito Gonçalves, julgado em 20/04/2020).

Além disso, **as listas devem ser pagas por exercício.** Dessa forma, a lista *superpreferencial* do ano subsequente somente começará a ser paga após encerrado o pagamento de toda a lista ordinária do ano anterior. Por exemplo, os precatórios *superpreferenciais* devidos até 31 de dezembro de 2023, somente começarão a ser pagos quando for finalizado o pagamento de todos os precatórios ordinários devidos até 31 de dezembro de 2022.

8.2.1.1. Correção monetária e juros

A correção monetária impede que o tempo corroa os valores devidos. Serve para manutenção do valor real da moeda. Por isso, **a correção monetária será sempre devida.** Esta regra está prevista no §5° do art. 100, da CR. Assim, o precatório será pago sempre em valores atualizados. É exatamente esta previsão de atualização monetária que evita a expedição de precatórios complementares, o que é vedado pelo art. 100, §8º[26].

26. BARROS, Guilherme Freire de Melo. *Poder Público em Juízo para concursos*. Salvador: Juspodivm, 2019, p. 161.

Diferente, os juros moratórios são devidos exatamente em razão do atraso no pagamento. Por isso, **somente serão devidos juros moratórios se o ente público devedor não pagar no prazo**, ou seja, se não adimplir a dívida até 31 de dezembro do exercício financeiro definido para pagamento.

Por não se tratar de *mora*, **não há incidência de juros durante o período da expedição do precatório até o termo final para pagamento.** Nesse sentido, o enunciado nº 17 da Súmula Vinculante: "Durante o período previsto no parágrafo 1º do artigo 100 da Constituição, não incidem juros de mora sobre os precatórios que nele sejam pagos".

A referência ao §1º deve ser entendida ao §5º. Isso se dá em razão de o enunciado ter sido redigido antes das alterações realizadas pela EC nº 62/2009. Nesse sentido, a tese fixada no tema nº 1037 da Repercussão Geral: "O enunciado da Súmula Vinculante 17 não foi afetado pela superveniência da Emenda Constitucional 62/2009, de modo que não incidem juros de mora no período de que trata o § 5º do art. 100 da Constituição. Havendo o inadimplemento pelo ente público devedor, a fluência dos juros inicia-se após o 'período de graça'".

O chamado "período de graça" é o prazo constitucional do §5º para pagamento dos precatórios. Apresentados até 2 de abril, para pagamento até o final do exercício seguinte.

Todavia, **incidem juros de mora entre a data da realização dos cálculos e a data da expedição da ordem de pagamento**, seja por precatório ou RPV. Este foi o entendimento firmado no tema nº 96 da Repercussão Geral: "JUROS DA MORA – FAZENDA PÚBLICA – DÍVIDA – REQUISIÇÃO OU PRECATÓRIO. Incidem juros da mora entre a data da realização dos cálculos e a da requisição ou do precatório" (Rext. 579.431, Relator Ministro Marco Aurélio, Tribunal Pleno. Julgado em 19/04/2017).

Tratam-se, obviamente, de períodos distintos. É importante não confundir.

Quanto aos eventuais juros incidentes, admite-se que seu pagamento através de precatório complementar, a ser requerido perante o juízo de primeiro grau em que se processa o cumprimento de sentença.

Não incidem juros compensatórios no pagamento de precatórios, nos termos da parte final do art. 100, §12, CR.

Todavia, importante atentar ao art. 3° da Emenda Constitucional n° 113/2021:

> "Art. 3º Nas discussões e nas condenações que envolvam a Fazenda Pública, independentemente de sua natureza e para fins de atualização monetária, de remuneração do capital e de compensação da mora, inclusive do precatório, haverá a incidência, uma única vez, até o efetivo pagamento, do índice da taxa referencial do Sistema Especial de Liquidação e de Custódia (Selic), acumulado mensalmente".

Em uma primeira leitura, o dispositivo parece conflitar diretamente com o decidido pelo STF nas ADIs n° 4.357 e n° 4.425, especialmente ao apreciar o art. 100, §12, da CR. Trata-se de novidade legislativa, que certamente será objeto de análise pelo Supremo Tribunal Federal.

De toda sorte, a previsão é de que a taxa Selic substituirá, sozinha, a incidência de quaisquer outros índices de correção monetária, remuneração de capital e compensação de mora em toda e qualquer condenação em face da Fazenda Pública.

8.2.1.2. Atuação do Presidente do Tribunal na gestão dos precatórios

A **gestão administrativa** dos pagamentos em precatório cabe ao **Presidente do Tribunal** (TJ ou TRF). É ele quem **expede o precatório**. Nos termos do art. 535, §3°, I, do CPC:

> Art. 535, § 3º Não impugnada a execução ou rejeitadas as arguições da executada:
>
> I - expedir-se-á, por intermédio do presidente do tribunal competente, precatório em favor do exequente, observando-se o disposto na Constituição Federal; (...)

Uma vez rejeitada definitivamente a defesa da Fazenda Pública executada, total ou parcialmente, o juiz responsável pela execução elabora o precatório, submete ao contraditório e encaminha ao Presidente do Tribunal, que o expedirá, ordenando a inclusão da verba respectiva no orçamento público do ano subsequente, para pagamento[27].

27. PEIXOTO, Marco Aurélio Ventura; PEIXOTO, Renata Cortez Vieira. Fazenda Pública e Execução. Salvador: Juspodivm, 2018, p. 89.

Sua atuação não se exaure neste ato. Em verdade, o Presidente do Tribunal exerce outras posições fundamentais. É que as dotações orçamentárias e os créditos disponíveis para o pagamento dos precatórios são disponibilizadas diretamente ao Poder Judiciário, cabendo a ele gerir os valores e determinar o pagamento dos credores. Nos termos do §6° do art. 100, da CR:

> § 6º As dotações orçamentárias e os créditos abertos serão consignados diretamente ao Poder Judiciário, cabendo ao Presidente do Tribunal que proferir a decisão exequenda determinar o pagamento integral e autorizar, a requerimento do credor e exclusivamente para os casos de preterimento de seu direito de precedência ou de não alocação orçamentária do valor necessário à satisfação do seu débito, o sequestro da quantia respectiva.

A segunda parte do dispositivo traz uma importantíssima função do Presidente do Tribunal: **ordenar o sequestro das contas públicas.** Eis aí uma **situação excepcionalíssima em que se admitirá ordem de constrição patrimonial em face do Poder Público.**

O "sequestro" das contas é permitido em duas hipóteses:

- Quando houver **desrespeito da ordem cronológica de pagamento.**

  A legitimidade ativa para requerer o sequestro é dos credores preteridos, independentemente da posição que ocupem. Por exemplo, se o 4° na ordem cronológica for o primeiro a receber, possuem legitimidade para requerer o sequestro das contas públicas o 1°, o 2° e o 3° na ordem. O 5° colocado não possui legitimidade para o pedido.

  O 1° requer em nome próprio direito próprio e, portanto, sua legitimidade ativa é ordinária. Já o 2° e o 3° podem requer em nome próprio direito alheio (do 1° colocado) e, portanto, sua legitimidade ativa é extraordinária.

  A medida constritiva, aqui, poderá incidir sobre o patrimônio público e sobre o credor que recebeu antes do devido[28].

- Quando **o ente devedor não disponibilizar valores no orçamento para satisfação do débito.**

28. DIDIER JR., Fredie; CUNHA, Leonardo Carneiro da; BRAGA, Paula Sarno; OLIVEIRA, Rafael Alexandria de. *Curso de Processo Civil – vol. 5*. Salvador: Juspodivm, 2020, p. 711.

O Presidente do Tribunal, nesta hipótese, poderá atuar de ofício ou por provocação do credor que não teve seu crédito satisfeito, ordenando o "*sequestro*"[29], que incidirá sobre as contas públicas.

Houve grande polêmica para definição da natureza da atuação do Presidente do Tribunal na gestão dos precatórios. O debate girou em torno de saber se sua atuação era jurisdicional ou administrativa. A principal razão para definir a questão dizia respeito à forma de impugnar os atos praticados por ele.

Caso se considerasse sua atuação jurisdicional, seria cabível o manejo de recurso em face das decisões. Por outro lado, considerando-se a atuação administrativa, a impugnação de qualquer ato praticado se daria apenas por Mandado de Segurança.

Acabou por prevalecer a segunda posição. Assim, **entende-se que a função do Presidente do Tribunal na gestão dos precatórios é administrativa** e, portando, **os atos por ele praticados estão sujeitos ao Mandado de Segurança**, não havendo falar em recurso.

Nesse sentido, o enunciado n° 311 da Súmula do STJ: "Os atos do presidente do tribunal que disponham sobre processamento e pagamento de precatório não têm caráter jurisdicional". Ainda, o enunciado n° 733 da Súmula do STF: "Não cabe recurso extraordinário contra decisão proferida no processamento de precatórios".

Não é só isso. É possível que o magistrado seja responsabilizado por atos praticados na gestão dos precatórios. Verificando-se que o Presidente do Tribunal está provocando o retardamento ou frustrando o pagamento regular dos precatórios, restará configurado **crime de responsabilidade, respondendo também perante o CNJ**. Esta é a regra do art. 100, §7°, da CR:

> Art. 100, § 7º O Presidente do Tribunal competente que, por ato comissivo ou omissivo, retardar ou tentar frustrar a liquidação regular

29. Utilizamos "sequestro" entre aspas em razão de este ser o termo utilizado pelo constituinte. Todavia, tecnicamente, não se trata propriamente disto. É que o sequestro é medida cautelar e não satisfativa. Nesses casos, todavia, a ordem do "sequestro" satisfaz a pretensão do credor em receber o valor a si devido. Trata-se, portanto, de "medida satisfativa, de natureza executiva, destinada a entregar a quantia apreendida ao credor preterido em sua preferência" (DIDIER JR., Fredie; CUNHA, Leonardo Carneiro da; BRAGA, Paula Sarno; OLIVEIRA, Rafael Alexandria de. *Curso de Processo Civil – vol. 5*. Salvador: Juspodivm, 2020, p. 710).

> de precatórios incorrerá em crime de responsabilidade e responderá, também, perante o Conselho Nacional de Justiça.

8.2.1.3. Impossibilidade de fracionamento dos precatórios

Como regra, o precatório não pode ser fracionado. Trata-se do previsto no art. 100, §8°, da CR:

> Art. 100, § 8º É vedada a expedição de precatórios complementares ou suplementares de valor pago, bem como o fracionamento, repartição ou quebra do valor da execução para fins de enquadramento de parcela do total ao que dispõe o § 3º deste artigo.

A norma visa evitar burla à regra de que os precatórios devem ser pagos em ordem cronológica, levando em conta o valor devido. Assim, não se pode requerer que *fração* do valor devido seja pago em RPV (previsto no §3° do art. 100) e o restante em precatório. Admiti-lo seria burlar a regra constitucional.

Cada quantia, de cada credor, de cada processo, deve ser paga em parcela única. Esta é a regra geral.

Já apontamos uma exceção acima, quando tratamos do pagamento dos precatórios em lista *superpreferencial* (§2° do art. 100, CR).

Há outro caso em que se admite o fracionamento: a expedição do precatório (e também do RPV) **pode ocorrer pelo valor parcial no caso em que a própria defesa do ente devedor seja também parcial**. Em outros termos, havendo **parcela incontroversa**, o pagamento pode ser ordenado desde logo, enquanto ainda não julgada definitivamente a defesa quanto à parte controversa[30]. O CPC dispõe, nesse sentido, que se a impugnação for parcial, a parte não questionada pela executada (=Fazenda Pública) será, desde logo, objeto de cumprimento (art. 535, §4°).

---

30. No Resp. 658.542/SC, de 2007, a Corte Especial do STJ entendeu que parcelas incontroversas contra a Fazenda Pública podem ser objeto de execução parcial, inclusive com emissão de precatórios. Assim, em relação à parcela reconhecida pela União, admitiu-se a expedição de precatório em sede de execução provisória. O entendimento foi reafirmado no AgInt 1.598.706/RS, 1ª Turma, Relator Ministro Sérgio Kukina.

    É preciso fazer uma correção de ordem técnica no julgado. É que **a execução da parcela incontroversa não é "provisória"**. Trata-se de **execução definitiva de parcela do débito, reconhecido pela Fazenda Pública**.

O Supremo Tribunal Federal fixou a tese nº 28 da Repercussão Geral sobre o tema: "Surge constitucional expedição de precatório ou requisição de pequeno valor para pagamento da parte incontroversa e autônoma do pronunciamento judicial transitada em julgado observada a importância total executada para efeitos de dimensionamento como obrigação de pequeno valor" (STF. RE 1205530, Rel. Marco Aurélio, Plenário. Julgado em 08/06/2020).

Atente-se a um importante detalhe: **para a definição da forma de pagamento** (se por precatório ou por RPV) **do valor incontroverso, deve-se considerar o valor total executado**. Assim, ainda que a parte incontroversa, individualmente considerada, admita o pagamento por RPV, se o valor total executado atrair o pagamento por precatório, a quantia incontroversa deve ser paga desta forma[31].

Por fim, importa deixar claro que **a Constituição veda o fracionamento considerando a titularidade do crédito**. Havendo vários créditos distintos decorrentes de decisão proferida em um único processo, obviamente haverá a expedição de ordens de pagamento distintas, sejam RRPV ou precatórios.

O exemplo mais corriqueiro que materializa esta regra é a execução dos honorários advocatícios. Trata-se de crédito distinto da condenação principal e, assim, objeto de ordem para pagar distinta dos valores devidos à parte principal. **Admite-se, portanto, o destaque dos honorários para pagamento em requisitório específico, pago a título de verba alimentícia**. É possível, inclusive, que os honorários sejam pagos através de RPV e o débito *principal* por precatório.

Também os honorários contratuais podem ser objeto de destaque do montante total da condenação. A autorização está no art. 22, §4º, da lei nº 8.906/94 (Estatuto da OAB). De acordo com o dispositivo, se o advogado fizer juntar aos autos o seu contrato de honorários antes de expedir-se o precatório, o juiz deve determinar que lhe sejam pagos diretamente, por dedução da quantia a ser recebida pelo constituinte, salvo se este provar que já os pagou.

Veja-se, nesse sentido, o enunciado nº 47 da Súmula Vinculante: "Os honorários advocatícios incluídos na condenação ou destacados do montante principal devido ao credor consubstanciam verba de

31. No mesmo sentido: RODRIGUES, Marco Antonio. *A Fazenda Pública no Processo Civil*. São Paulo: Atlas, 2016, p. 144.

natureza alimentar cuja satisfação ocorrerá com a expedição de precatório ou requisição de pequeno valor, observada ordem especial restrita aos créditos dessa natureza".

Outra situação bastante comum em que **não se considera haver fracionamento** é quando há **litisconsórcio ativo facultativo** na demanda. Admite-se que a execução considere os valores devidos individualmente a cada um dos exequentes, pois créditos independentes.

Em casos assim, todavia, o crédito devido ao causídico, a título de honorários, é um crédito único, ou seja, não pode ser fracionado de acordo com cada um dos litisconsortes ativos facultativos. Quer dizer, nada obstante os autores (litisconsortes) possam receber individualmente seus créditos, *fracionando* o montante total, os honorários de titularidade do advogado são considerados crédito único, pois decorrente de uma única demanda. Dessa forma, **não se admite o fracionamento de honorários fixados em uma única demanda proposta em litisconsórcio ativo facultativo**. Nesse sentido:

> "(...) 1. Uma vez que o crédito do advogado se origina de uma relação de direito processual, sendo devido em função de atos únicos praticados no curso do processo, em proveito de todos os litisconsortes e independentemente de quantos eles sejam, fixados os honorários de forma global sobre o valor da condenação, o crédito constituído é uno, indivisível e guarda total autonomia no que concerne ao crédito dos litisconsortes. 2. Nas causas em que a Fazenda Pública for condenada ao pagamento da verba honorária de forma global, é vedado o fracionamento de crédito único, consistente no valor total dos honorários advocatícios devidos, proporcionalmente à fração de cada litisconsorte, sob pena de afronta ao art. 100, § 8º, da Constituição. 3. Embargos de divergência providos para determinar que a execução dos honorários advocatícios se dê de forma una e indivisa. (...)" (STF. Plenário. RE 919269 ED-EDv/RS, Rel. Min. Dias Toffoli, julgado em 7/2/2019).

8.2.1.4. Maneiras diversas de utilização de créditos em face da Fazenda Pública

Interessante previsão foi acrescentada no art. 100, §11, pela Emenda Constitucional nº 62/2009, tendo sofrido recente alteração pela Emenda Constitucional nº 113/2021. Veja-se a redação atualizada do dispositivo:

> Art. 100, § 11. É facultada ao credor, conforme estabelecido em lei do ente federativo devedor, com auto aplicabilidade para a União, a oferta de créditos líquidos e certos que originalmente lhe são próprios ou adquiridos de terceiros reconhecidos pelo ente federativo ou por decisão judicial transitada em julgado para:
>
> I - quitação de débitos parcelados ou débitos inscritos em dívida ativa do ente federativo devedor, inclusive em transação resolutiva de litígio, e, subsidiariamente, débitos com a administração autárquica e fundacional do mesmo ente;
>
> II - compra de imóveis públicos de propriedade do mesmo ente disponibilizados para venda;
>
> III - pagamento de outorga de delegações de serviços públicos e demais espécies de concessão negocial promovidas pelo mesmo ente;
>
> IV - aquisição, inclusive minoritária, de participação societária, disponibilizada para venda, do respectivo ente federativo; ou
>
> V - compra de direitos, disponibilizados para cessão, do respectivo ente federativo, inclusive, no caso da União, da antecipação de valores a serem recebidos a título do excedente em óleo em contratos de partilha de petróleo.

Permite-se, portanto, que o titular (originário ou por cessão) de crédito de precatório (ou de outra espécie, desde que reconhecido pelo Poder Público), possa utilizá-lo para outros fins, perante o ente público devedor.

Apesar de o dispositivo não mencionar, entendemos que os créditos de RPV podem ser também utilizados, conforme previsão legal do ente respectivo.

Conforme a previsão, trata-se de **norma constitucional de eficácia plena para a União** e, portanto, autoaplicável. Por outro lado, tem-se **norma constitucional de eficácia limitada para os demais entes federativos**. É necessário que cada um dos entes federativos regule esta forma de utilização dos créditos, sob pena de o credor não poder exercer a faculdade.

Atente-se: **cada ente precisa regular em lei a utilização de créditos de precatório *devidos por si***, nos termos do §11 do art. 100 da CR. Obviamente, um ente federativo não pode regular a matéria em lugar de outro entre. Por isso poderão ser oferecidos ao ente público créditos reconhecidos por si ou decorrentes de precatórios devidos pelo próprio ente.

8.2.1.5. Cessão de precatório

O precatório materializa um direito de crédito. É possível que este direito seja cedido. Há norma expressa autorizando a cessão do crédito, conquanto haja condicionante fundamental: **o crédito cedido não poderá ser pago como RPV e perderá eventual posição de *superpreferência*.** São os termos do art. 100, §13, da CR:

> Art. 100, § 13. O credor poderá ceder, total ou parcialmente, seus créditos em precatórios a terceiros, independentemente da concordância do devedor, não se aplicando ao cessionário o disposto nos §§ 2º e 3º.

Portanto, o precatório cedido será pago ocupando a **lista ordinária ou, sendo alimentício, a lista preferencial** (§1° do art. 100). Note-se que **a cessão não altera a eventual natureza alimentícia do crédito**. Retira-lhe apenas a possibilidade de ser pago à lista *superpreferencial* em razão do disposto expressamente no §13 do art. 100 da CR.

Nesse sentido, a tese fixada no tema 361 da Repercussão Geral: "A cessão de crédito alimentício não implica a alteração da natureza".

O precatório poderá ser cedido total ou parcialmente. **Não é necessário que a cessão se realize por escritura pública[32], prescindindo também da autorização do devedor** (o que reflete o regramento comum das *cessões de crédito* e o princípio da liberdade das formas, previsto no art. 107 do Código Civil). Todavia, para que tenha eficácia externa, impõe-se que seja comunicada em juízo. Realizado o negócio, para que o precatório seja emitido em nome do cessionário – e não do titular originário – é preciso comunicar em juízo, por meio de petição, dirigida ao tribunal de origem e ao ente federativo devedor (art. 100, §14, CR).

A Emenda Constitucional n° 113/2021 acrescentou mais uma limitação, capaz de impactar sensivelmente na experiência prática. É que, mesmo admitindo-se a cessão do crédito, dever-se-á respeitar o §9° do art. 100. Quer dizer, mesmo que haja cessão, *o valor do requisitório deverá ser depositado em juízo, caso credor originário ou seus substituídos sejam devedores inscritos em dívida ativa, até o limite necessário para garantir a respectiva cobrança.*

---

32. Ver, nesse sentido: STJ. RMS 67.005-DF, Rel. Min. Sérgio Kukina, 1ª Turma. Julgado em 16/11/2021.

8.2.1.6. Assunção de débitos pela União

A Emenda Constitucional n° 62/2009 inseriu dispositivo polêmico no art. 100 da CR. Trata-se do seu parágrafo 16. Vejamos:

> § 16. A seu critério exclusivo e na forma de lei, a União poderá assumir débitos, oriundos de precatórios, de Estados, Distrito Federal e Municípios, refinanciando-os diretamente.

O constituinte reformador previu, portanto, que a União, a *seu exclusivo* critério, pode assumir débitos de outros entes. O dispositivo ainda não foi alvo de julgamento pela inconstitucionalidade, mas a doutrina já se posiciona nesse sentido[33].

Chama atenção a potencial violação à isonomia e ao princípio federativo, especialmente quanto à proibição de tratamento discriminatório entre os entes federativos. Entendemos, assim, por sua inconstitucionalidade.

A única maneira que nos parece possível extrair norma constitucional do preceito é entender que **a *lei*, ao regular esta assunção de dívida, deve definir** – ao *critério exclusivo da União* – **parâmetros objetivos, disponibilizados a todos os entes que se interessem em ter seus débitos assumidos pelo ente central**.

8.2.1.7. Comprometimento das contas públicas e refinanciamento pelo ente público

Aqui estamos tratando dos débitos de um ente público decorrentes das condenações judiciais impostas a si. Ainda que haja a possibilidade de realizar a programação orçamentária (pela regra do art. 100, §5°), é possível – e comum, inclusive – que o comprometimento das receitas públicas impeça o adimplemento dentro do prazo constitucionalmente previsto.

O problema do descontrole das contas públicas, impactado também pela necessidade de alocação de receitas para o pagamento das condenações judiciais, fez com que o constituinte reformador acrescentasse, pela EC n° 94/2016, regramento específico com o ob-

33. CUNHA, Leonardo Carneiro da. *A Fazenda Pública em juízo*. Rio de Janeiro: Forense, 2016, p. 389; BARROS, Guilherme Freire de Melo. *Poder Público em Juízo para concursos*. Salvador: Juspodivm, 2019, p. 169.

jetivo de manter a regularidade orçamentária quanto ao pagamento dos precatórios e das requisições de pequeno valor. Tratam-se dos parágrafos 17 a 19 do art. 100 da CR. A redação de tais dispositivos é confusa e, portanto, o tema exige atenção.

Impõe-se que os entes federativos avaliem, **mensalmente**, o **comprometimento percentual** da respectiva **receita corrente líquida** com o pagamento de precatórios e RPV. Esta avaliação será feita com **base anual**, ou seja, a cada mês será avaliado o percentual de comprometimento levando em conta 12 meses. É o §17 do art. 100:

> § 17. A União, os Estados, o Distrito Federal e os Municípios aferirão mensalmente, em base anual, o comprometimento de suas respectivas receitas correntes líquidas com o pagamento de precatórios e obrigações de pequeno valor.

O §18 define o que se entende por **receita corrente líquida** como *o somatório das receitas tributárias, patrimoniais, industriais, agropecuárias, de contribuições e de serviços, de transferências correntes e* ***outras*** *receitas correntes.*

Dentro de *outras*, inclui-se *a participação no resultado da exploração de petróleo ou gás natural, de recursos hídricos para fins de geração de energia elétrica e de outros recursos minerais no respectivo território, plataforma continental, mar territorial ou zona econômica exclusiva, ou compensação financeira por essa exploração* (art. 20, §1°, CR).

É preciso, todavia, **excluir do cálculo as receitas em duplicidade** e ***deduzir***:

- Na **União**, i) as parcelas entregues aos Estados, ao Distrito Federal e aos Municípios por determinação constitucional; ii) a contribuição dos servidores para custeio de seu sistema de previdência e assistência social; iii) as receitas provenientes da compensação financeira entre o RGPS e o RPPS em razão da contagem recíproca de tempo para fins de aposentadoria (§ 9º do art. 201 da CR).
- Nos **Estados**, i) as parcelas entregues aos Municípios por determinação constitucional; ii) a contribuição dos servidores para custeio de seu sistema de previdência e assistência social; iii) as receitas provenientes da compensação financeira

entre o RGPS e o RPPS em razão da contagem recíproca de tempo para fins de aposentadoria (§ 9º do art. 201 da CR).

- No **Distrito Federal** e nos **Municípios**, i) a contribuição dos servidores para custeio de seu sistema de previdência e assistência social; ii) as receitas provenientes da compensação financeira entre o RGPS e o RPPS em razão da contagem recíproca de tempo para fins de aposentadoria (§ 9º do art. 201 da CR).

O valor da **receita corrente líquida** será definido **em base anual**, compreendendo o *segundo mês imediatamente anterior ao de referência e os 11 (onze) meses precedentes.*

Por exemplo, para realizar a aferição mensal no mês de março de 2022, será levada em conta base anual referente aos meses de fevereiro/2021 a janeiro/2022. Assim, será calculada a receita corrente líquida neste período e avaliado o seu grau de comprometimento com a realização dos pagamentos de precatórios e requisições de pequeno valor.

Depois de identificado **o grau de comprometimento percentual da receita corrente líquida** nesta base anual, o montante será objeto de comparação. A comparação se dará com a **média do comprometimento percentual da receita corrente líquida nos 5 (cinco) anos imediatamente anteriores** (art. 100, §19°, primeira parte, CR).

Retornando ao nosso exemplo, suponhamos que o grau de comprometimento na base anual fevereiro/2021-janeiro/2022 atinja o percentual de 8%. Este resultado será comparado com a média do comprometimento em 5 anos anteriores, ou seja, a média de comprometimento das bases fevereiro/2016-janeiro/2017, fevereiro/2017-janeiro/2018, fevereiro/2018-janeiro/2019, fevereiro/2019-janeiro/2020 e fevereiro/2020-janeiro/2021.

Promovida esta comparação, dois resultados são possíveis. Primeiro, o percentual de comprometimento na base fevereiro/2021-janeiro/2022 pode ser igual ou menor que a média dos 5 anos anteriores. Nesse caso, nada será feito e os pagamentos de precatório e RPV continuam normalmente. É o que ocorre – em nosso exemplo – se a média calculada nos 5 anos for igual ou superior a 8%.

Por outro lado, é possível que o percentual de comprometimento na base fevereiro/2021-janeiro/2022 seja superior à média dos 5 anos anteriores. Para isso, basta que esta média seja inferior a 8%. Nesse caso, **a parcela que exceder poderá ser financiada.**

Este financiamento "especial" não é contabilizado no cálculo: i) dos limites globais para o montante da dívida consolidada da União, Estados, DF e Municípios; ii) dos limites globais e condições para as operações de créditos externo e interno da União, Estados, DF e Municípios (incluído suas autarquias e demais entidades controladas pelo Poder Público Federal); iii) de quaisquer outros limites de endividamento previstos.

Interessante perceber, nesse sentido, que bastaria ao legislador ter afirmado o seguinte: **para o financiamento em questão não serão considerados quaisquer limites de endividamento previstos para os entes públicos.**

Ainda, para este financiamento, **admite-se a vinculação de receita pública**, não se aplicando a vedação da vinculação de receita de impostos prevista no art. 167, IV, da CR.

A autorização para o financiamento está no §19 do art. 100 da CR, que prevê este complexo regramento:

> § 19. Caso o montante total de débitos decorrentes de condenações judiciais em precatórios e obrigações de pequeno valor, em período de 12 (doze) meses, ultrapasse a média do comprometimento percentual da receita corrente líquida nos 5 (cinco) anos imediatamente anteriores, a parcela que exceder esse percentual poderá ser financiada, excetuada dos limites de endividamento de que tratam os incisos VI e VII do art. 52 da Constituição Federal e de quaisquer outros limites de endividamento previstos, não se aplicando a esse financiamento a vedação de vinculação de receita prevista no inciso IV do art. 167 da Constituição Federal.

8.2.1.8. Fracionamento de precatórios de alto valor

Afirmamos anteriormente que a regra geral é pela impossibilidade de fracionamento dos precatórios (art. 100, §8°, da CR). Esta regra é construída para que os credores não se valham do fracionamento para receber parcela do crédito como RPV, burlando a ordem cronológica de pagamento.

Outros fins – desde que legítimos – podem justificar o fracionamento. Já apresentamos duas exceções: i) o pagamento dos precatórios em lista *superpreferencial* e ii) o pagamento de parcela incontroversa.

Com a EC nº 94/2016, o constituinte reformador acrescentou mais uma hipótese de fracionamento. Trata-se da **possibilidade de pagamento diferido dos precatórios de alto valor**. A previsão está no art. 100, §20, da CR:

> § 20. Caso haja precatório com valor superior a 15% (quinze por cento) do montante dos precatórios apresentados nos termos do § 5º deste artigo, 15% (quinze por cento) do valor deste precatório serão pagos até o final do exercício seguinte e o restante em parcelas iguais nos cinco exercícios subsequentes, acrescidas de juros de mora e correção monetária, ou mediante acordos diretos, perante Juízos Auxiliares de Conciliação de Precatórios, com redução máxima de 40% (quarenta por cento) do valor do crédito atualizado, desde que em relação ao crédito não penda recurso ou defesa judicial e que sejam observados os requisitos definidos na regulamentação editada pelo ente federado.

Trocando em miúdos, é o seguinte: havendo precatório para pagamento em determinado exercício financeiro, cujo valor individualmente considerado supere 15% do total dos valores a serem pagos pelo ente público para aquele período, será possível fracionar seu pagamento.

Imagine-se que determinado município precisará pagar, a título de precatórios, até 31 de dezembro de 2022, a quantia de R$ 1.000.000,00 (um milhão de reais). Se um dos precatórios for no valor de R$ 160.000,00 (cento e sessenta mil reais) – o que equivale a 16% do montante apresentado para o exercício de 2022 – poderá ser objeto de pagamento diferido ou parcelado.

Este pagamento se dará da seguinte forma: R$ 24.000,00 (vinte e quatro mil reais, referente a 15% dos R$ 160.000,00) até 31 de dezembro de 2022; o restante em 5 parcelas de R$ 27.200,00 (vinte e sete mil e duzentos reais), acrescidas de juros de mora e correção monetária, nos 5 exercícios financeiros subsequentes (2023 a 2027).

A parte final do dispositivo consagra **norma de eficácia limitada**. É que, alternativamente ao parcelamento, é possível que o ente federativo devedor edite regulamentação dispondo sobre o acordo direto com o credor, aplicando-se deságio máximo de 40% do valor atualizado para pagamento em período inferior a 5 anos. Toda a negociação correrá perante o Judiciário e só poderá tratar do valor total executado, quer dizer, não será possível a negociação direta quando se tratar de parcela incontroversa e pender recurso ou defesa aguardando julgamento definitivo.

8.2.1.9. Emenda Constitucional n° 62/2009 e ADIs n° 4.357 e n° 4.425

A Emenda Constitucional n° 62/2009 promoveu diversas alterações no regramento dos precatórios, modificando tanto o art. 100 da CR quanto diversos dispositivos no ADCT para estabelecer técnicas alternativas para quitação dos precatórios. Tais alterações foram desafiadas por duas Ações Diretas de Inconstitucionalidade, as ADIs n° 4.357 e n° 4.425 (ambas de Relatoria do Ministro Ayres Britto, tendo como Relator para o Acórdão Ministro Luiz Fux, Tribunal Pleno, julgadas em 13/03/2013), que restaram *procedentes em parte*, para considerar constitucionais algumas mudanças e inconstitucionais diversas outras. Em questão de ordem, posteriormente, foram modulados os efeitos temporais da declaração de inconstitucionalidade.

Foram **consideradas constitucionais**:

- A **criação da lista *superpreferencial*** do §1°, tendo sido consignado que "2. *O pagamento prioritário, até certo limite, de precatórios devidos a titulares idosos ou que sejam portadores de doença grave promove, com razoabilidade, a dignidade da pessoa humana (CF, art. 1º, III) e a proporcionalidade (CF, art. 5º, LIV), situando-se dentro da margem de conformação do legislador constituinte para operacionalização da novel preferência subjetiva criada pela Emenda Constitucional nº 62/2009*";
- A quantificação dos juros moratórios relativos a débitos fazendários inscritos em precatórios segundo o índice de remuneração da caderneta de poupança, prevista na redação do §12 do art. 100, salvo quanto aos precatórios de natureza tributária (objeto de declaração de inconstitucionalidade parcial sem redução de texto).

Vamos apresentar esquematicamente os entendimentos do Supremo Tribunal Federal pela **inconstitucionalidade** das modificações promovidas pela EC n° 62/2016 no art. 100, da CR (grifamos):

Dispositivos inseridos no art. 100 pela EC nº 62/2009	**Decisão do STF nas ADIs nº 4.357 e nº 4.425**
§ 9º No momento da expedição dos precatórios, independentemente de regulamentação, deles deverá ser abatido, a título de compensação, valor correspondente aos débitos líquidos e certos, inscritos ou não em dívida ativa e constituídos contra o credor original pela Fazenda Pública devedora, incluídas parcelas vincendas de parcelamentos, ressalvados aqueles cuja execução esteja suspensa em virtude de contestação administrativa ou judicial.	"(...) **INCONSTITUCIONALIDADE DA SISTEMÁTICA DE COMPENSAÇÃO DE DÉBITOS INSCRITOS EM PRECATÓRIOS EM PROVEITO EXCLUSIVO DA FAZENDA PÚBLICA**. EMBARAÇO À EFETIVIDADE DA JURISDIÇÃO (CF, ART. 5º, XXXV), DESRESPEITO À COISA JULGADA MATERIAL (CF, ART. 5º XXXVI), OFENSA À SEPARAÇÃO DOS PODERES (CF, ART. 2º) E ULTRAJE À ISONOMIA ENTRE O ESTADO E O PARTICULAR (CF, ART. 1º, CAPUT, C/C ART. 5º, CAPUT).
§ 10. Antes da expedição dos precatórios, o Tribunal solicitará à Fazenda Pública devedora, para resposta em até 30 (trinta) dias, sob pena de perda do direito de abatimento, informação sobre os débitos que preencham as condições estabelecidas no § 9º, para os fins nele previstos.	(...) 4. **O regime de compensação dos débitos da Fazenda Pública inscritos em precatórios, previsto nos §§ 9º e 10 do art. 100 da Constituição Federal**, incluídos pela EC nº 62/09, **embaraça a efetividade da jurisdição (CF, art. 5º, XXXV), desrespeita a coisa julgada material (CF, art. 5º, XXXVI), vulnera a Separação dos Poderes (CF, art. 2º) e ofende a isonomia entre o Poder Público e o particular** (CF, art. 5º, caput), cânone essencial do Estado Democrático de Direito (CF, art. 1º, caput).

§ 12. A partir da promulgação desta Emenda Constitucional, **a atualização de valores** de requisitórios, após sua expedição, até o efetivo pagamento, independentemente de sua natureza, será feita pelo índice oficial de remuneração básica da caderneta de poupança, e, para fins de **compensação da mora, incidirão juros simples no mesmo percentual de juros incidentes sobre a caderneta de poupança**, ficando excluída a incidência de juros compensatórios.	"(...)**IMPOSSIBILIDADE JURÍDICA DA UTILIZAÇÃO DO ÍNDICE DE REMUNERAÇÃO DA CADERNETA DE POUPANÇA COMO CRITÉRIO DE CORREÇÃO MONETÁRIA**. VIOLAÇÃO AO DIREITO FUNDAMENTAL DE PROPRIEDADE (CF, ART. 5º, XXII). INADEQUAÇÃO MANIFESTA ENTRE MEIOS E FINS. **INCONSTITUCIONALIDADE DA UTILIZAÇÃO DO RENDIMENTO DA CADERNETA DE POUPANÇA COMO ÍNDICE DEFINIDOR DOS JUROS MORATÓRIOS DOS CRÉDITOS INSCRITOS EM PRECATÓRIOS, QUANDO ORIUNDOS DE RELAÇÕES JURÍDICO-TRIBUTÁRIAS**. DISCRIMINAÇÃO ARBITRÁRIA E VIOLAÇÃO À ISONOMIA ENTRE DEVEDOR PÚBLICO E DEVEDOR PRIVADO (CF, ART. 5º, CAPUT). (...) 5. A **atualização monetária dos débitos fazendários inscritos em precatórios segundo o índice oficial de remuneração da caderneta de poupança viola o direito fundamental de propriedade** (CF, art. 5º, XXII) na medida em que é manifestamente incapaz de preservar o valor real do crédito de que é titular o cidadão.

	A inflação, fenômeno tipicamente econômico-monetário, mostra-se insuscetível de captação apriorística (ex ante), de modo que o meio escolhido pelo legislador constituinte (remuneração da caderneta de poupança) é inidôneo a promover o fim a que se destina (traduzir a inflação do período). 6. A quantificação dos **juros moratórios relativos a débitos fazendários inscritos em precatórios segundo o índice de remuneração da caderneta de poupança vulnera o princípio constitucional da isonomia** (CF, art. 5º, caput) **ao incidir sobre débitos estatais de natureza tributária**, pela discriminação em detrimento da parte processual privada que, salvo expressa determinação em contrário, responde pelos juros da mora tributária à taxa de 1% ao mês em favor do Estado (ex vi do art. 161, §1º, CTN). **Declaração de inconstitucionalidade parcial sem redução da expressão "independentemente de sua natureza", contida no art. 100, §12, da CF, incluído pela EC nº 62/09, para determinar que, quanto aos precatórios de natureza tributária, sejam aplicados os mesmos juros de mora incidentes sobre todo e qualquer crédito tributário.**

§ 15. Sem prejuízo do disposto neste artigo, lei complementar a esta Constituição Federal poderá estabelecer regime especial para pagamento de crédito de precatórios de Estados, Distrito Federal e Municípios, dispondo sobre vinculações à receita corrente líquida e forma e prazo de liquidação.	"(...) INCONSTITUCIONALIDADE DO REGIME ESPECIAL DE PAGAMENTO. OFENSA À CLÁUSULA CONSTITUCIONAL DO ESTADO DE DIREITO (CF, ART. 1º, CAPUT), AO PRINCÍPIO DA SEPARAÇÃO DE PODERES (CF, ART. 2º), AO POSTULADO DA ISONOMIA (CF, ART. 5º, CAPUT), À GARANTIA DO ACESSO À JUSTIÇA E A EFETIVIDADE DA TUTELA JURISDICIONAL (CF, ART. 5º, XXXV) E AO DIREITO ADQUIRIDO E À COISA JULGADA (CF, ART. 5º, XXXVI). (...) 8. O regime "especial" de pagamento de precatórios para Estados e Municípios criado pela EC nº 62/09, ao veicular nova moratória na quitação dos débitos judiciais da Fazenda Pública e ao impor o contingenciamento de recursos para esse fim, viola a cláusula constitucional do Estado de Direito (CF, art. 1º, caput), o princípio da Separação de Poderes (CF, art. 2º), o postulado da isonomia (CF, art. 5º), a garantia do acesso à justiça e a efetividade da tutela jurisdicional (CF, art. 5º, XXXV), o direito adquirido e à coisa julgada (CF, art. 5º, XXXVI).

Mais uma vez, atentamos ao art. 3° da Emenda Constitucional n° 113/2021, que previu a incidência da taxa SELIC nas condenações que envolvam a Fazenda Pública, substituindo outros índices de atualização monetária, de remuneração do capital e de compensação da mora, inclusive no caso de precatório. Como dissemos, em uma primeira leitura, o dispositivo parece conflitar diretamente com o decidido pelo STF nas ADIs n° 4.357 e n° 4.425, especialmente ao apreciar o art. 100, §12, da CR. Trata-se de novidade legislativa, que certamente será objeto de análise pelo Supremo Tribunal Federal.

Por arrastamento, foi declarada a inconstitucionalidade também do art. 1°-F da lei n° 9.494/97, com redação dada pela lei n° 11.960/2009:

> "(...) 7. O art. 1º-F da Lei nº 9.494/97, com redação dada pela Lei nº 11.960/09, ao reproduzir as regras da EC nº 62/09 quanto à atualização monetária e à fixação de juros moratórios de créditos inscritos em precatórios incorre nos mesmos vícios de juridicidade que inquinam o art. 100, §12, da CF, razão pela qual se revela inconstitucional por arrastamento, na mesma extensão dos itens 5 e 6 supra".

Em Embargos de Declaração, o Supremo Tribunal Federal esclareceu que o dispositivo foi declarado inconstitucional quanto ao conteúdo vinculado ao art. 100, §12, da CR. Eis o trecho relevante da ementa, onde grifamos:

> "(...) 1. O art. 1º-F da Lei nº 9.494/1997 foi declarado inconstitucional pelo Supremo Tribunal Federal, ao julgar as ADIs nº 4.357 e 4.425, apenas na parte em que o texto legal estava logicamente vinculado no art. 100, §12, da CRFB, incluído pela EC nº 62/2009, o qual se refere tão somente à atualização de valores de requisitórios, não abarcando as condenações judiciais da Fazenda Pública. 2. **A correção monetária nas condenações judiciais da Fazenda Pública segue disciplinadas pelo art. 1º-F da Lei nº 9.494/1997, devendo-se observar o índice oficial de remuneração da caderneta de poupança como critério de cálculo; o IPCA-E deve corrigir o crédito uma vez inscrito em precatório.** 3. **Os juros moratórios nas condenações judiciais da Fazenda Pública seguem disciplinadas pelo art. 1º-F da Lei nº 9.494/1997**, aplicando-se-lhes o índice oficial de remuneração da caderneta de poupança como critério de cálculo, **exceto no que diz respeito às relações jurídico-tributárias, aos quais devem seguir os mesmos critérios pelos quais a Fazenda Pública remunera o seu crédito**" (STF, ADI n° 4.357 QO-ED, Pleno. Relator Ministro Luiz Fux, julgado em 09/12/2015).

Atente-se, todavia, que em sede de questão de ordem, **os efeitos da declaração de inconstitucionalidade foram modulados**, da seguinte forma:

Dispositivos inseridos no art. 100 pela EC nº 62/2009	Modulação do STF na Questão de Ordem nas ADIs nº 4.357 e nº 4.425
Regime especial de pagamento instituído no §15	"(...) 2. In casu, modulam-se os efeitos das decisões declaratórias de inconstitucionalidade proferidas nas ADIs nº 4.357 e 4.425 para **manter a vigência do regime especial de pagamento de precatórios instituído pela Emenda Constitucional nº 62/2009 por 5 (cinco) exercícios financeiros a contar de primeiro de janeiro de 2016**".
Correção dos precatórios pelos índices oficiais da caderneta de poupança, conforme instituído no §12	"(...) 3. Confere-se **eficácia prospectiva** à declaração de inconstitucionalidade dos seguintes aspectos da ADI, **fixando como marco inicial a data de conclusão do julgamento da presente questão de ordem (25.03.2015)** e mantendo-se válidos os precatórios expedidos ou pagos até esta data, a saber: **(i) fica mantida a aplicação do índice oficial de remuneração básica da caderneta de poupança (TR), nos termos da Emenda Constitucional nº 62/2009, até 25.03.2015, data após a qual (a) os créditos em precatórios deverão ser corrigidos pelo Índice de Preços ao Consumidor Amplo Especial (IPCA-E) e (b) os precatórios tributários deverão observar os mesmos critérios pelos quais a Fazenda Pública corrige seus créditos tributários;** e (ii) ficam resguardados os precatórios expedidos, no âmbito da administração pública federal, com base nos arts. 27 das Leis nº 12.919/13 e nº 13.080/15, que fixam o IPCA-E como índice de correção monetária.

Compensação de precatórios com débitos inscritos em dívida ativa conforme instituído nos §§ 9º e 10	"(...) 6. Delega-se competência ao Conselho Nacional de Justiça para que considere a apresentação de proposta normativa que discipline (...) (ii) a possibilidade de compensação de precatórios vencidos, próprios ou de terceiros, com o estoque de créditos inscritos em dívida ativa até 25.03.2015, por opção do credor do precatório.

Não é só isso.

A Emenda Constitucional nº 62/2009 também instituiu um regime especial de pagamento de precatórios ao inserir o art. 97 ao ADCT. No julgamento das ADIs nº 4.357 e nº 4.425 o Supremo Tribunal Federal julgou inconstitucional este regime especial. Este julgamento foi também **objeto de modulação, determinando-se sua vigência por 5 exercícios financeiros, a contar de 1º de janeiro de 2016**.

Assim, o regime especial em questão esteve vigente até o final do exercício financeiro de 2020.

Um novo regime especial de pagamento dos precatórios foi inserido nos art. 101 a 105 do ADCT pela Emenda Constitucional nº 94/2016. Menos de um ano depois de ser editada a EC nº 94, os artigos do ADCT por ela inseridos já sofreram alteração pela EC nº 99/2017. Recentemente, a EC nº 109/2021 promoveu novas alterações no art. 101 do ADCT.

Este novo regime especial de pagamento dos precatórios **não pode ser adotado pela União**. É voltado **unicamente aos Estados, Distrito Federal e Municípios**. E apenas pode instituí-lo aqueles que, **em 25 de março de 2015, se encontravam em mora no pagamento de seus precatórios**. Aqueles que o adotarem, se comprometem a quitar seus débitos **vencidos e os que se vencerem até 31 de dezembro de 2029**.

Pelos limites deste trabalho, não nos aprofundaremos no estudo deste regime especial. Remetemos o leitor, portanto, à leitura das disposições constitucionais transitórias que regulam o tema.

8.2.1.10. Intervenção pelo não pagamento dos precatórios

Os artigos 34 a 36 da Constituição regulam modalidades de intervenção federal nos Estados e Municípios e de intervenção estadual nos Municípios. É causa de intervenção a suspensão, pelo ente menor, do pagamento de sua dívida fundada por dois anos consecutivos, sem motivo de força maior (art. 34, V, "a" e art. 35, I).

Assim, a falta de pagamento de precatórios por dois anos consecutivos justifica a intervenção. Todavia, a interpretação dada a tais dispositivos é restritiva. Deve-se compreender que **o inadimplemento que justifica a intervenção é o *voluntário e intencional*.** O inadimplemento por questões de insuficiência orçamentária, que impedem, comprovadamente, o atendimento dos débitos pelo ente federativo sem comprometer a prestação de outros serviços públicos essenciais, não justifica a intervenção. Assim entende o STF, há muito:

> "EMENTA: INTERVENÇÃO FEDERAL. Pagamento de *precatório* judicial. Descumprimento voluntário e intencional. Não ocorrência. Inadimplemento devido a insuficiência transitória de recursos financeiros. Necessidade de manutenção de serviços públicos essenciais, garantidos por outras normas constitucionais. Precedentes. Não se justifica decreto de *intervenção* federal por não pagamento de *precatório* judicial, quando o fato não se deva a omissão voluntária e intencional do ente federado, mas a insuficiência temporária de recursos financeiros." (STF. IF 5101, Rel. Min. Cezar Peluso, Plenário. Julgado em 28/03/2012).

8.2.1.11. Inconstitucionalidade do *cancelamento automático* dos precatórios e RRPV federais depositados há mais de dois anos

A lei nº 13.463/2017 buscou regular o aproveitamento dos valores destinados ao pagamento de precatórios e requisições de pequeno valor federais. A lei trouxe alguns dispositivos cujo objetivo foi incrementar os cofres do Tesouro Nacional com o aproveitamento de valores decorrentes dos depósitos não levantados de precatórios e RRPV.

Apesar de dispor que a gestão dos recursos depositados pela União cabe ao Judiciário, com a contratação de instituições financeiras integrantes da administração pública indireta federal (art. 1º, *caput*), previu também que os valores correspondentes à remuneração dos depósitos – descontada a remuneração devida à própria instituição financeira e o beneficiário do depósito – deverão ser recolhidos em favor do Poder Judiciário, que poderá utilizar até 10% deste total para o pagamento de perícias a serem realizadas em ação popular (art. 1°, p.ú.).

Todavia, causou polêmica o art. 2°, *caput* e §1°, da lei, ao prever o **cancelamento automático dos precatórios e RRPV federais expedidos e cujos valores não tenham sido levantados em dois anos após o depósito na instituição financeira oficial**. O cancelamento deveria ser operacionalizado mensalmente pela própria instituição financeira depositária, a quem incumbia transferir os valores à Conta Única do Tesouro Nacional.

Tais previsões foram consideradas inconstitucionais pelo Supremo Tribunal Federal, no julgamento da ADI n° 5557/DF. Veja-se trecho da ementa:

> EMENTA AÇÃO DIRETA DE INCONSTITUCIONALIDADE. PRECATÓRIOS. CONVERSÃO DE RITO. JULGAMENTO DEFINITIVO DA AÇÃO. ART. 2º, CAPUT E § 1º, DA LEI Nº 13.463/2017, QUE DETERMINA O CANCELAMENTO DOS PRECATÓRIOS E REQUISIÇÕES DE PEQUENO VALOR (RPV) FEDERAIS EXPEDIDOS E CUJOS VALORES NÃO TENHAM SIDO LEVANTADOS PELO CREDOR E ESTEJAM DEPOSITADOS HÁ MAIS DE DOIS ANOS EM INSTITUIÇÃO FINANCEIRA OFICIAL. TRANSFERÊNCIA PARA A CONTA ÚNICA DO TESOURO NACIONAL. VIOLAÇÃO DOS ARTS. 2º, 5º, CAPUT, XXII, XXXV, XXXVI, LIV E LV, E 100 DA CONSTITUIÇÃO DA REPÚBLICA. PROCEDÊNCIA. (...) 3. A Lei nº 13.463/2017 criou verdadeira inovação ao disciplinar o pagamento de montantes por precatórios e requisições de pequeno valor por meio da determinação de um limite temporal para o exercício do direito de levantamento do importe do crédito depositado. A transferência automática, pela instituição financeira depositária, dos valores depositados para a Conta Única do Tesouro Nacional sem prévia ciência do interessado ou formalização de contraditório (art. 5º, LV, CF) afronta o devido processo legal (CF, art. 5º, LIV) no que atine ao respeito ao contraditório e à ampla defesa. 4. Tal lei desloca a prévia ciência e o exercício do contraditório para momento posterior ao cancelamento automático, procedimento que viola a Constituição Federal. A mera possibilidade de novo requerimento do credor não desfigura a inconstitucionalidade material em razão da não observân-

> cia do contraditório e da ampla defesa. (...) Devem ser prestigiados o equilíbrio e a separação dos Poderes (art. 2º, CF), bem como a garantia da coisa julgada (art. 5º, XXXVI, CF) mediante a satisfação do crédito a conferir eficácia às decisões. A lei impugnada transfere do Judiciário para a instituição financeira a averiguação unilateral do pagamento e autoriza, indevidamente, o cancelamento automático do depósito e a remessa dos valores à Conta Única do Tesouro Nacional. Configurada uma verdadeira burla aos freios e contrapesos indispensáveis ao bom funcionamento dos Poderes. 6. A mora do credor em relação ao levantamento dos valores depositados na instituição financeira deve ser apurada no bojo do processo de execução, sem necessidade de cancelamento automático das requisições em ausência de prévia ciência ao interessado. Violação do devido processo legal (art. 5º, LIV, CF) e do princípio da proporcionalidade. Revela-se desproporcional a imposição do cancelamento automático após o decurso de dois anos do depósito dos valores a título de precatório e RPV. A atuação legislativa não foi pautada pela proporcionalidade em sua faceta de vedação do excesso. 7. Ao determinar o cancelamento puro e simples, imediatamente após o biênio em exame, a Lei nº 13.463/2017 afronta, outrossim, os incisos XXXV e XXXVI do art. 5º da Constituição da República, por violar a segurança jurídica, a inafastabilidade da jurisdição, além da garantia da coisa julgada e de cumprimento das decisões judiciais. Precedentes. 8. A lei impugnada imprime um tratamento mais gravoso ao credor, com a criação de mais uma assimetria entre a Fazenda Pública e o cidadão quando ocupantes dos polos de credor e devedor. Manifesta ofensa à isonomia, seja quanto à distinta paridade de armas entre a Fazenda Pública e os credores, seja no que concerne a uma diferenciação realizada entre os próprios credores: aqueles que consigam fazer o levantamento no prazo de dois anos e os que assim não o façam, independentemente da averiguação prévia das razões. (...) 9. O manejo dos valores de recursos públicos depositados e à disposição do credor viola o direito de propriedade (art. 5º, XXII, CF). Ingerência sobre o montante depositado e administrado pelo Poder Judiciário, que passa a ser tratado indevidamente como receita pública e alvo de destinação. 10. A ação direta conhecida e pedido julgado procedente. (STF. ADI 5755/DF, Rel. Min. Rosa Weber, Plenário. Julgado em 29 e 30/6/2022).

Durante os debates, houve manifestação (capitaneada pelo voto do Ministro Gilmar Mendes) pela possibilidade de oferecer interpretação conforme, para permitir o cancelamento dos requisitórios e aproveitamento dos valores, desde que realizado o contraditório prévio no procedimento executivo. Todavia, tal posição restou derrotada, entendo a Corte, por maioria, pela impossibilidade de cancelamento automático e aproveitamento dos valores pelo Tesouro Nacional.

8.2.2. *Requisições de pequeno valor*

As requisições de pequeno valor são mais uma técnica de cumprimento das obrigações de pagar acertadas judicialmente em face da Fazenda Pública. Entendeu o constituinte que em razão do *baixo* valor de tais condenação, não seria necessário incluí-las no orçamento do exercício financeiro subsequente. Em outros termos, o impacto orçamentário de tais condenação não justificaria o mesmo diferimento para pagamento que se dá no caso dos precatórios.

Assim, o regime de precatórios estudado acima *não se aplica aos pagamentos de obrigações definidas em leis como de pequeno valor* que a Fazenda Pública deva realizar em razão de sentença judicial transitada em julgado (art. 100, §3°).

Na definição do que se entende por *pequeno valor*, o constituinte remete para a lei a fixação de tais limites. Admite-se que cada um dos entes defina em lei própria o respectivo valor para expedição de RPV, ou seja, é possível que tenhamos valores distintos na comparação entre Estados ou entre Municípios. São os termos do §4° do art. 100, da CR:

> Art. 100, § 4º Para os fins do disposto no § 3º, poderão ser fixados, por leis próprias, valores distintos às entidades de direito público, segundo as diferentes capacidades econômicas, sendo o mínimo igual ao valor do maior benefício do regime geral de previdência social.

A única limitação constitucional, portanto, é que **nenhum ente federativo institua limite para pagamento de RPV inferior ao valor do maior benefício do regime geral de previdência social**. Se o fizer, a norma será inconstitucional. Eventuais leis anteriores (o texto atual da CR é resultado da EC n° 62/2009) definido limites mínimos inferiores ao constitucionalmente estabelecido, **consideram-se revogadas**[34].

Enquanto os entes não regulam os respectivos limites, o art. 87 do ADCT prevê: i) para **Estados e DF, 40 (quarenta) salários**

34. CUNHA, Leonardo Carneiro da. *A Fazenda Pública em juízo*. Rio de Janeiro: Forense, 2016, p. 370.

mínimos; ii) para **Municípios, 30 (trinta) salários mínimos**. A lei específica do ente pode, inclusive, prever valores superiores aos previstos constitucionalmente.

Cabe à lei local estadual, distrital ou municipal, dispor a respeito do que se entende "pequeno" valor para fins de expedição de RPV. Aplica-se o respectivo valor vigente à data da execução dos valores devidos pelo Poder Público. A **lei que venha a reduzir os limites previsto no art. 87 do ADCT não poderá atingir execuções contra a Fazenda Pública já em curso.**

Nesse sentido, a tese fixada no tema n° 792 da Repercussão Geral: "Lei disciplinadora da submissão de crédito ao sistema de execução via precatório possui natureza material e processual, sendo inaplicável a situação jurídica constituída em data que a anteceda".

O valor considerado para as requisições de pequeno valor da **União é de 60 (sessenta) salários mínimos** e está regulado nos arts. 3° c/c 17, §1°, da lei n° 10.259/2001 (Lei dos Juizados Especiais Federais).

Sendo o caso de condenação judicial transitada em julgado dentro do valor para expedição de RPV, cabe à Fazenda Pública disponibilizar a quantia independentemente de dotação específica em orçamento. O pagamento é ordenado **pelo juiz** e deve ser realizado no **prazo de 2 meses**. Veja-se o art. 535, §3°, II, do CPC:

> Art. 535, § 3º Não impugnada a execução ou rejeitadas as arguições da executada:
>
> II - por ordem do juiz, dirigida à autoridade na pessoa de quem o ente público foi citado para o processo, o pagamento de obrigação de pequeno valor será realizado no prazo de 2 (dois) meses contado da entrega da requisição, mediante depósito na agência de banco oficial mais próxima da residência do exequente.

Em sede de repercussão geral (tema n° 450), a Corte entendeu que é "**devida a correção monetária no período compreendido entre a data da elaboração do cálculo da requisição de pequeno valor – RPV e sua expedição para pagamento**".

Ainda, entendeu-se que o prazo de 2 meses para pagamento de RPV, previsto no dispositivo acima colacionado é constitucional. Veja-se a ementa que trata, inclusive, de outros interessantes temas:

> "Direito Processual Civil. Artigo 535, § 3º, inciso II, e § 4º, do Código de Processo Civil de 2015. Execução contra a Fazenda Pública. Requisições de pequeno valor. Prazo para pagamento. Competência legislativa da União. Execução da parte incontroversa da condenação. Possibilidade. Interpretação conforme. Parcial procedência do pedido. 1. A autonomia expressamente reconhecida na Constituição de 1988 e na jurisprudência do Supremo Tribunal Federal aos estados-membros para dispor sobre obrigações de pequeno valor restringe-se à fixação do valor referencial. Pretender ampliar o sentido da jurisprudência e do que está posto nos §§ 3º e 4º do art. 100 da Constituição, de modo a afirmar a competência legislativa do estado-membro para estabelecer também o prazo para pagamento das RPV, é passo demasiadamente largo. 2. A jurisprudência do Supremo Tribunal Federal confere ampla autonomia ao estado-membro na definição do valor referencial das obrigações de pequeno valor, permitindo, inclusive, a fixação de valores inferiores ao do art. 87 do ADCT (ADI nº 2868, Tribunal Pleno, Rel. Min. Ayres Britto, Rel. p/ ac. Min. Joaquim Barbosa, DJ de 12/11/04). (...) A norma do art. 535, § 3º, inciso II, do Código de Processo Civil detém natureza nitidamente processual, a atrair a competência privativa da União para dispor sobre tema (art. 22, inciso I, da Constituição de 1988). 4. O Supremo Tribunal Federal declarou, em julgamento com repercussão geral, a constitucionalidade da expedição de precatório ou requisição de pequeno valor para pagamento da parte incontroversa e autônoma do pronunciamento judicial transitada em julgado, observada a importância total executada para efeitos de dimensionamento como obrigação de pequeno valor. Precedente: RE nº 1.205.530, Tribunal Pleno, Rel. Min. Marco Aurélio, julgado em 8/6/20. 5. Procedência parcial do pedido, declarando-se a constitucionalidade do art. 535, § 3º, inciso II, da Código de Processo Civil de 2015 e conferindo-se interpretação conforme à Constituição de 1988 ao art. 535, § 4º, no sentido de que, para efeito de determinação do regime de pagamento do valor incontroverso, deve ser observado o valor total da condenação" (STF. Plenário. ADI 5534/DF, Rel. Min. Dias Toffoli, julgado em 18/12/2020).

Admite-se também aqui, que se a impugnação for parcial, a parte não questionada pela executada (=Fazenda Pública) será, desde logo, objeto de cumprimento (art. 535, §4°).

Por fim, importa deixar claro que **a Constituição veda o fracionamento considerando a titularidade do crédito**. Havendo vários créditos distintos decorrentes de decisão proferida em um único processo (o que ocorre no caso de litisconsórcio ativo voluntário e também na execução dos honorários sucumbenciais pelo advogado, por exemplo), obviamente haverá a expedição de ordens de pagamento distintas, sejam RRPV, precatórios ou ambos.

8.2.2.1. Renúncia a parcela do crédito

Se o valor da condenação superar o limite para pagamento em RPV, será necessário expedir o precatório. Todavia, o art. 87, parágrafo único do ADCT prevê a possibilidade de o exequente abrir mão de parcela do seu crédito para que possa se enquadrar no limite da requisição de pequeno valor. Veja-se:

> Art. 87, parágrafo único. Se o valor da execução ultrapassar o estabelecido neste artigo, o pagamento far-se-á, sempre, por meio de precatório, sendo facultada à parte exeqüente a renúncia ao crédito do valor excedente, para que possa optar pelo pagamento do saldo sem o precatório, da forma prevista no § 3º do art. 100.

Esta possibilidade passa a ser uma interessante forma de adiantar-se legitimamente ao recebimento do crédito, especialmente quando o valor da condenação superar por muito pouco o limite para a requisição de pequeno valor.

Dando-se a renúncia após o início do cumprimento de sentença, apesar de a execução se dar por RPV, não haverá condenação da União em honorários advocatícios caso não haja impugnação (tratamos sobre o tema com maior profundidade no capítulo 4).

8.2.2.2. Execução invertida ou cumprimento por iniciativa do devedor

A execução invertida ou cumprimento por iniciativa do devedor é um instituo regulado no art. 526 do CPC. Sua previsão decorre da regra de direito material que dá ao devedor o *direito de pagar*. Não somente o credor tem o *direito* de exigir a prestação, mas também o devedor pode oferecê-la, extinguindo a obrigação.

A Fazenda Pública pode se valer deste procedimento como forma de evitar a incidência de honorários advocatícios nas obrigações pecuniárias pagar através de RPV (sobre o tema, ver o capítulo 4, onde tratamos do regramento dos honorários em face da Fazenda

Pública). Todavia, é preciso compreendê-lo a partir do regramento das requisições de pequeno valor.

Admite-se, assim, que o ente público *devedor* inicie o procedimento executório. A **principal vantagem é evitar a incidência dos honorários sobre o valor da execução.** Por isso, só há interesse em fazê-lo quando a obrigação for paga por RPV.

Anotando a não incidência de honorários advocatícios na execução invertida, decidiu o STJ, onde grifamos:

> "(...) 'EXECUÇÃO INVERTIDA'. IMPOSSIBILIDADE DE FIXAÇÃO DE HONORÁRIOS ADVOCATÍCIOS. (...) 2. O Supremo Tribunal Federal, no julgamento do Recurso Extraordinário 420.816/PR, fixou compreensão no sentido de serem devidos honorários advocatícios na hipótese de execução sujeita a Requisição de Pequeno Valor (RPV). 3. Todavia o caso dos autos, possui peculiaridades, que afastam a aplicação desse precedente à hipótese. 4. **Na "execução invertida" a Fazenda Pública condenada em obrigação de pagar quantia certa, mediante RPV, ao invés de aguardar a fase executiva do débito já reconhecido, antecipa-se ao credor cumprindo espontaneamente a obrigação apresentado os cálculos da quantia devida.** (...) 6. Dessa forma, **a Fazenda Pública cumprindo espontaneamente a obrigação de pagar quantia certa, com a concordância do credor acerca do valor apresentado, não há que se falar em fixação de honorários advocatícios, na medida que não houve novo esforço laboral.** (...) somente no caso de o credor der início a execução (com o pedido de citação da Fazenda Pública para opor embargos à execução) é que será cabível a condenação em honorários, hipótese na qual aplica-se o entendimento firmado pelo STF no RE 420.816/PR. 8. Recurso especial parcialmente provido. (STJ, Resp. 1.536.555. Relator Ministro Mauro Campbell Marques, Segunda Turma. DJE 30/06/2015)".

Sendo o caso de emissão de precatório, em vista que a execução não impugnada não gera o dever de pagar honorários, não há interesse na iniciativa da Fazenda Pública, ainda que não haja qualquer limitação expressa.

Pagar é um *dever* e um *direito*. Por isso o devedor pode iniciar a liquidação (art. 509) e o cumprimento de sentença (art. 526).

É lícito ao ente público, antes de ser intimado para o cumprimento da sentença, comparecer em juízo e apresentar memória discriminada de cálculos com o valor que considera devido[35], requerendo que o credor seja intimado a se manifestar e, concordando, que seja ordenada a emissão da RPV. Não haverá depósito prévio do valor, ou seja, não haverá propriamente pagamento.

O autor será ouvido no prazo de 5 (cinco) dias, podendo impugnar o cálculo.

Assim, podem surgir algumas situações: i) se o credor permanece inerte, entende-se pela concordância quanto aos cálculos; ii) pode também vir ao processo e expressamente concordar com o valor oferecido; iii) pode vir ao processo e discordar dos cálculos.

Se o autor não se opuser, o juiz homologará os cálculos e ordenará a expedição do requisitório.

Vindo o credor aos autos para questionar o cálculo apresentado, deve demonstrar justificadamente o quanto entende devido. É possível, nessa hipótese, que o contador do juízo seja instado a se manifestar a respeito da correção dos valores (art. 524, §2°, CPC).

Decidindo o magistrado a respeito do valor (após a manifestação das partes[36] e/ou do contabilista do juízo), proferirá decisão interlocutória fixando-o e ordenando a expedição da RPV. Esta decisão é impugnável por Agravo de Instrumento.

8.2.3. Emendas Constitucionais n° 113/2021 e n° 114/2021

As Emendas Constitucionais n° 113/2021 e n° 114/2021 foram novidade legislativa de dezembro de 2021. Dentre outros temas (como *teto de gastos* e parcelamento de débitos previdenciários devidos por Municípios), promoveram relevantes alterações no regime de pagamento dos precatórios.

Algumas modificações já foram comentadas e referenciadas ao longo deste capítulo. Todavia, optamos por tratar das maiores novidades em tópico específico, por ser didaticamente melhor a sua percepção, oferecendo ao leitor o foco devido.

35. PEIXOTO, Marco Aurélio Ventura; PEIXOTO, Renata Cortez Vieira. Fazenda Pública e Execução. Salvador: Juspodivm, 2018, p. 47.

36. Sobre o tema, o enunciado n° 85 do Fórum Nacional do Poder Público: "A intimação para manifestação sobre os cálculos elaborados pelo juízo em fase de execução contra a Fazenda Pública deve preceder a expedição do requisitório de pagamento".

Não menos importante é a percepção de que o estudo, ao menos neste momento inicial, tem por fonte apenas os novos dispositivos, nada obstante seja comum o questionamento judicial de temas relativos ao pagamento de precatórios, que acabam por impactar sensivelmente em regimes especiais, como os que estudaremos adiante. As Emendas Constitucionais n° 113 e 114 já são objeto de duas Ações Diretas de Inconstitucionalidade (n° 7047 e n° 7064), sob a relatoria da Ministra Rosa Weber. De suma importância acompanhar o desenvolvimento destas demandas.

Senão vejamos.

8.2.3.1. Destinação do precatório/RPV emitido em favor de devedores do Fisco

É possível que devedores do Fisco, pessoas físicas ou jurídicas, venham a propor e vencer ações condenatórias em face dos entes públicos. Esses valores submetem-se, obviamente, ao regime de pagamento das obrigações de pagar da Fazenda Pública, através da emissão de precatório ou RPV.

Surge, então, uma situação de certa maneira esdruxula. Determinado sujeito é, ao mesmo tempo, credor e devedor da Fazenda Pública. Sob a perspectiva de que seria possível promover à compensação, o constituinte reformador inseriu, através da EC n° 62/2009, a possibilidade de realização de compensação. Todavia, esta previsão foi julgada inconstitucional pelo STF, na ADI 4.445 (conforme comentado em tópico acima).

Através da EC n° 113/2021, o constituinte reformador parece ter consagrado outra forma, **menos impositiva, mais casuística e até consensual**, de promover o aproveitamento dos valores pagos a título de precatórios e RRPV, quando os seus beneficiários possuem dívidas com a Fazenda Pública. Apesar de o dispositivo constitucional não mencionar expressamente, entendemos que o procedimento se aplica também às requisições de pequeno valor, que podem ser aproveitadas desta forma. Eis o conteúdo do novel dispositivo:

> Art. 100, § 9º. Sem que haja interrupção no pagamento do precatório e mediante comunicação da Fazenda Pública ao Tribunal, o valor correspondente aos eventuais débitos inscritos em dívida ativa contra o credor do requisitório e seus substituídos deverá ser depositado à

conta do juízo responsável pela ação de cobrança, que decidirá pelo seu destino definitivo.

O procedimento trazido pela reforma, deve ser o seguinte:

- O fluxo de pagamento dos requisitórios **não** deverá ser interrompido, seguindo-se normalmente.

  Não havendo qualquer manifestação da Fazenda Pública interessada, segue-se normalmente com a disponibilização dos valores aos respectivos titulares.

- Sendo de interesse da Fazenda Pública, o respectivo ente (a partir do acesso das listas de precatórios e requisitórios a serem expedidos) comunicará ao Tribunal que possui débito inscrito em dívida ativa em face de beneficiário do requisitório e/ou seus substituídos.

  A comunicação poderá ocorrer por ofício ou mediante peticionamento junto ao próprio Tribunal. Além disso, deverá vir acompanhada das informações relativas ao crédito, inclusive com os dados do processo em que o valor está sendo cobrado.

- Recebendo a comunicação, caberá ao Presidente do Tribunal, na gestão dos pagamentos, em lugar de autorizar o levantamento em nome dos beneficiários, ordenar o depósito em juízo dos respectivos valores devidos, à conta do juízo responsável pela demanda exacional.

  Obviamente, se o valor do crédito a ser recebido pelo beneficiário do requisitório for superior ao valor executado, será depositado à conta do juízo responsável pela cobrança apenas o tanto quanto suficiente ao seu adimplemento. O restante, claro, será liberado em favor do titular.

  Sendo o caso, não haverá necessidade de expedir novo requisitório. É que **a *divisão dos valores* ocorrerá após a disponibilização do numerário. Não se trata de fracionamento de precatório**, mas apenas de diversas destinações dos valores de um precatório já "pago".

Há dois pontos que não ficam claros do texto.

O primeiro diz respeito à utilização do termo "ação de cobrança". Note, que podemos inserir dentro deste conceito não apenas execuções fiscais, mas também qualquer ação de conhecimento, de rito comum ou especial, que vise a cobrança de créditos públicos.

Todavia, na parte inicial do dispositivo, o constituinte tratou de *débitos inscritos em dívida ativa contra o credor do requisitório*. Assim, **a *ação de cobrança* é a execução fiscal respectiva.**

Não olvidamos que títulos executivos extrajudiciais podem ser objeto de ação monitória ou mesmo de ação de conhecimento. Ocorre, todavia, que a certidão de dívida ativa é executada através do procedimento específico regulado pela lei 6.830/80. É seguro, portanto, compreender que a "ação de cobrança" referenciada será uma execução fiscal. Sobre o tema:

> "(...) 4. A Fazenda Pública pode valer-se da execução fiscal para os créditos fiscais (tributários ou não tributários) decorrentes de atividade essencialmente pública. Os referidos créditos devem ser inscritos em dívida ativa, a fim de possibilitar o ajuizamento da Execução Fiscal. Contudo, não ha impedimento para que a Fazenda Pública, em vez de inscrever o crédito em dívida ativa, proponha Ação Monitória, desde que possua prova escrita do crédito, no intuito de obter título judicial e promover, em seguida, o cumprimento de sentença. Isso porque quem dispõe de título executivo extrajudicial pode, mesmo assim, propor ação monitória. 5. Recurso Especial provido" (STJ, 2ª Turma, REsp 1.748.849/SP, Rel. Min. Herman Benjamin, DJe 17.12.2018).

Quer dizer, então, que **este procedimento somente será utilizado se houver débito inscrito e executado em face do credor** (e/ou seus substituídos) **de precatório ou RPV**.

O segundo ponto é o seguinte: a Fazenda Pública comunicará ao Tribunal respectivo a existência da demanda exacional. Haverá então o depósito em juízo dos valores, à conta do juízo responsável pela execução. **Não parece haver qualquer limitação quanto à definição deste juízo que será responsável pela destinação definitiva dos valores.**

Em outras palavras, será permitido o depósito à conta de juízo hierarquicamente não vinculado ao Tribunal, de qualquer estrutura ou ramo do Poder Judiciário. Assim, um precatório emitido pelo Tribunal Regional Federal da 5ª Região poderá, por exemplo, ser depositado à conta de um juízo trabalhista, ou de um juízo federal da 3ª Região, ou de um juízo estadual em São Paulo.

Parece-nos, portanto, que **a técnica não se limita às execuções promovidas junto ao mesmo Tribunal que emite os requisitórios de pagamento.** Assim, o valor poderá ser depositado à conta de qualquer juízo perante o qual corra a execução.

Sigamos.

- Uma vez depositado em juízo o valor, caberá ao juiz da "ação de cobrança" definir o seu *destino definitivo*.
- Não está claro o que significa *definir* o *destino definitivo*. Em verdade, se há execução fiscal (ou "ação de cobrança") em curso, impõe-se o pagamento. Dessa forma, depositado o valor em juízo, deverá servir necessariamente ao adimplemento do débito fiscal.
- Há alguns detalhes que precisam ser atentados, todavia.
- Se a execução fiscal não estiver garantida, o depósito dos respectivos valores servirá para garantir o juízo e permitir, então, o manejo dos embargos à execução fiscal. Apresentada a defesa, apenas após a sua resolução será permitido, de fato, o aproveitamento dos valores *definitivamente*, para quitar a dívida.
- O mesmo serve para as demais defesas heterotópicas. Enquanto não resolvidas definitivamente, impõe-se que o valor se mantenha depositado à conta do juízo.
- Caso o executado sagre-se vencedor, fará jus, finalmente, ao levantamento dos valores, através de alvará. Se restar derrotado, poderá o ente público requerer a transformação em pagamento definitivo. Na Justiça Federal, este procedimento deve ocorrer por meio eletrônico, conforme regulado pela Resolução CJF n° 708/2021.

Este é, em suma, o que se pode extrair em uma primeira leitura do novel preceito.

Há, ainda, outros pontos a serem tratados, que sem dúvida alguma serão objeto de discussão. Vejamos.

É possível que a "ação de cobrança" esteja servindo à cobrança de débitos inscritos em dívida ativa, cuja exigibilidade esteja suspensa. Isto é bastante comum, inclusive. Suponhamos que, proposta a execução fiscal, o devedor promova o parcelamento dos débitos. Suspende-se a execução fiscal, com fundamento no art. 151, VI, do CTN.

Uma vez suspensa a exigibilidade da obrigação tributária inscrita em dívida, ainda assim a Fazenda Pública poderá requerer o depósito dos valores recebidos a título de precatório/RPV em juízo, com fundamento no art. 100, §9°?

Parece-nos que não. É que, uma vez suspensa a exigibilidade da obrigação, a Fazenda Pública não poderá promover atos de constrição patrimonial. O eventual depósito dos valores em juízo, por isso, não seria de qualquer utilidade, em vista que, enquanto vigente o parcelamento, os valores apenas permaneceriam depositados em juízo. Seria possível, por outro lado, que o executado concordasse com o aproveitamento dos valores para quitar, em adiantamento, parcelas do acordo. Todavia, para isto, não é necessário que haja o depósito à conta do juízo da cobrança.

Em verdade, na prática, a Fazenda Nacional não promove constrição quando os débitos inscritos estão com exigibilidade suspensa. Lembre-se, nesse sentido, que se todos os débitos inscritos estiverem suspensos (por qualquer razão), o devedor fará jus à emissão de certidão positiva com efeitos de negativa. Em outros termos, ele estará *regular* perante o Fisco, não havendo qualquer impedimento para receber, normalmente, valores a título de precatório ou RPV.

Mais uma relevante questão que precisará ser definida é **se os precatórios e RRPV de natureza alimentícia se submeterão à técnica prevista no art. 100, §9°**. Como se sabe, o art. 833 do CPC cuida das hipóteses de impenhorabilidade, vedando constrição matrimonial sobre diversas verbas desta natureza até o limite de 50 salários mínimos. Não há menção expressa a quantia percebida a título de requisitórios o que, em uma primeira leitura, justificaria a possibilidade de, independentemente da natureza alimentícia, serem depositados à conta do juízo da execução.

Ocorre que verbas alimentares são aquelas consideradas *indispensáveis à manutenção da dignidade do devedor e de sua família*. Além disso, é perfeitamente possível que a condenação do ente público seja decorrente de ações de cobrança referente *vencimentos, subsídios, soldos, salários, remunerações, proventos de aposentadoria, pensões, pecúlios e montepios*, verbas consideradas impenhoráveis pelo CPC.

Dessa forma, **os limites da impenhorabilidade do art. 833, IV, c/c §2°, do CPC, devem se aplicar.**

Todavia, lembre-se que a atuação do Presidente do Tribunal, na gestão dos precatórios, possui natureza meramente administrativa. **O magistrado com competência para decidir sobre a incidência ou não da regra de impenhorabilidade é o juiz que processa a "ação de cobrança"**. Esta lição pode ser extraída, inclusive, da parte final do §9° do art. 100 da CR, ao prever que o valor do requisitório *deverá ser depositado à conta do juízo responsável pela ação de cobrança, que decidirá seu destino definitivo.*

Parece-nos, em conclusão, o seguinte: **mesmo que o precatório possua natureza alimentícia, poderá ser objeto de depósito à conta do juízo da "ação de cobrança", nos termos do novel dispositivo constitucional.** Todavia, **caberá ao magistrado responsável por dar-lhe destinação final, avaliar a natureza impenhorável da verba e, decidindo neste sentido, liberar o valor de até 50 salários mínimos**, ao beneficiário do requisitório.

Mais uma relevante questão é saber se esta nova *técnica* para viabilizar o aproveitamento dos valores de precatórios e RRPV emitidos em favor de devedores do Fisco exclui ou impede o *pedido de penhora de precatórios*. É que, desde antes da alteração constitucional ora comentada, quando a Fazenda Pública identifica a iminência de liberação de valores aos seus devedores, requer a penhora do precatório ou RRPV, nos autos da execução fiscal. O procedimento é simples e se dá por via de peticionamento direto nos autos da execução, requerendo ao Magistrado que oficie o juízo responsável pelo processamento da ação em que haverá a liberação dos valores, para que realize a penhora do numerário, de forma a não liberá-lo ao titular.

Realizada a penhora, os valores depositados são transferidos ao juízo da execução fiscal, servindo como garantia.

Parece-nos, em um primeiro momento, que não se pode impedir o pedido de penhora de precatório realizado diretamente nos autos da execução fiscal. As técnicas não são excludentes entre si. É possível, por questões estratégicas, que a Fazenda Pública opte por uma ou outra forma de realização de constrição. E as razões para tal são diversas. Podemos pensar nas necessidades decorrentes da própria estrutura do órgão de representação judicial, ou mesmo evitar discussões sobre o *destino definitivo* dos valores antes que a garantia do juízo se aperfeiçoe pela penhora. Esta questão, sem dúvida alguma, será apreciada pela jurisprudência.

Outro ponto de suma importância e que não foi objeto de regulação, diz respeito à destinação do precatório/RPV emitido em favor de devedores do Fisco que estejam em recuperação judicial ou falidos. É que a gestão de ativos das recuperandas e falidas é feita pelo juízo universal. Todavia, especialmente quanto à tutela do crédito público, a concessão de recuperação judicial ou falência, por si só, não impede o prosseguimento das execuções fiscais.

Recentemente, a lei nº 14.112/2020 alterou o processo empresarial com o escopo de atualizar a legislação recuperacional e falimentar. Incluiu-se menção expressa à realização de atos em cooperação judiciária (art. 69 do CPC) no art. 6º da Lei nº 11.101/2005, como forma de o juízo universal gerir atos constritivos sobre bens que não se submetem ao procedimento concursal, nada obstante mereçam tratamento específico em razão da essencialidade para manutenção da atividade empresarial.

As execuções fiscais permanecem em curso regular, admitida, todavia, a competência do juízo da recuperação judicial para: i) determinar a suspensão dos atos de constrição que recaiam sobre bens essenciais à manutenção da atividade empresarial durante o *stay period*; ii) determinar a substituição dos atos de constrição que recaiam sobre bens essenciais à manutenção da atividade empresarial até o encerramento da recuperação judicial.

Tais medidas serão, conforme expressamente previsto, implementadas mediante atos de cooperação judiciária, respeitado o princípio da menor onerosidade da execução e o dever do devedor de indicar medida executiva menos gravosa e igualmente eficaz de garantir a dívida.

Ainda que a execução fiscal não se suspenda, considerando que cabe ao juízo universal decidir a respeito da manutenção ou substituição dos atos constritivos realizados no feito exacional, a uma primeira vista, parece-nos que a prática de atos de cooperação judiciária serve à gestão dos valores de precatório/RPV emitidos em favor de devedores do Fisco. Quer dizer, no caso de devedor em recuperação judicial ou falido, mediante comunicação da Fazenda Pública ao

Tribunal, o valor correspondente aos eventuais débitos inscritos em dívida ativa contra o credor do requisitório e seus substituídos deverá ser depositado à conta do juízo responsável pela ação de cobrança, que se valerá das técnicas de cooperação judiciária para comunicação direta com o juízo universal, que decidirá pelo seu destino definitivo respeitadas, obviamente, as preferências legais instituídas em favor do crédito público.

Este é mais um tema que merecerá desenvolvimento doutrinário e jurisprudencial.

Por último: **um ente pode pedir o depósito em juízo de precatórios emitidos por outro ente?** O Estado de Minas Gerais pode, por exemplo, pedir que seja depositado em juízo, requisitório a ser emitido pela União, ou pelo Estado de Pernambuco, ou pelo município de Fortaleza?

Parece-nos que não há qualquer vedação, **sendo perfeitamente possível que um ente indique, para depósito à conta do juízo que processa a "ação de cobrança", requisitório a ser pago por ente diverso**. Este entendimento é coerente com o que colocamos acima, no sentido de que a técnica prevista no art. 100, §9°, da CR não se limita às execuções promovidas junto ao mesmo Tribunal (e os juízos a si vinculados) que emite os requisitórios de pagamento.

Note que o instituto atualmente previsto **não é uma nova hipótese de *compensação*.** A compensação, ela sim, apenas poderia ocorrer entre precatórios pagos e valores executados por um mesmo ente. Aqui, não há *compensação*, mas *aproveitamento* de valores, cuja destinação final será decidida pelo juízo processante da ação de cobrança. Não há, portanto, de aplicar a mesma limitação.

Assim, se o valor poderá ser depositado à conta de qualquer juízo perante o qual corra a execução, significa que qualquer ente poderá requerer o aproveitamento de valores a serem pagos por quaisquer entes.

Colocados os principais contornos da matéria, não se olvide – como sói acontecer em matéria de precatórios – que muito provavelmente este dispositivo será questionado em sede de ADI. É preciso atentar a eventuais decisões judiciais que lhe tenham por objeto.

8.2.3.2. Aproveitamento consensual de valores devidos por um ente a outro

A EC nº 113/2021 trouxe interessante previsão: hipótese de **aproveitamento consensual de valores devidos por um ente a outro**. Quer dizer, sendo um ente federativo condenado a pagar a outro, por precatório ou RPV, será possível negociar o aproveitamento de tais valores para amortizar dívidas que o beneficiário possua em face do condenado a pagar. Veja-se os §§21 e 22 do art. 100, da CR:

> § 21. Ficam a União e os demais entes federativos, nos montantes que lhes são próprios, desde que aceito por ambas as partes, autorizados a utilizar valores objeto de sentenças transitadas em julgado devidos a pessoa jurídica de direito público para amortizar dívidas, vencidas ou vincendas:
>
> I - nos contratos de refinanciamento cujos créditos sejam detidos pelo ente federativo que figure como devedor na sentença de que trata o caput deste artigo;
>
> II - nos contratos em que houve prestação de garantia a outro ente federativo;
>
> III - nos parcelamentos de tributos ou de contribuições sociais; e
>
> IV - nas obrigações decorrentes do descumprimento de prestação de contas ou de desvio de recursos.
>
> § 22. A amortização de que trata o § 21 deste artigo:
>
> I - nas obrigações vencidas, será imputada primeiramente às parcelas mais antigas;
>
> II - nas obrigações vincendas, reduzirá uniformemente o valor de cada parcela devida, mantida a duração original do respectivo contrato ou parcelamento.

Algumas notas podem ser extraídas do novel texto constitucional.

Podem se valer desta técnica as pessoas jurídicas de direito público em quaisquer níveis da Federação. Não parece haver limitação aos entes que compõem a Administração Direta. Assim, **podem se valer desta composição a União, Estados, Distrito Federal e Municípios, além de suas respectivas autarquias e fundações públicas de direito público**.

A utilização das verbas, para aproveitamento, envolverá sempre uma condenação judicial transitada em julgado, de um lado, e de outro, dívidas que o vencedor da demanda judicial possua em face do derrotado, de: i) contratos de refinanciamento; ii) contratos em que houve prestação de garantia a outro ente federativo; iii) parcelamentos de tributos ou de contribuições sociais; e iv) obrigações decorrentes do descumprimento de prestação de contas ou de desvio de recursos.

Pelas figuras identificadas nos inciso do §21, portanto, é possível adiantar que **na maioria dos casos, tais convenções terão os polos ocupados pela União como devedora do requisitório e, de outro lado, Estados e Municípios** como titulares de contratos de refinanciamento, ou que tenha havido oferecimento de garantia pela União, ou quando houverem parcelado débitos tributários e previdenciários devidos à União ou sido sancionadas em razão da não aprovação de prestação de contas, provavelmente em razão da má destinação de verbas constitucionais repassadas.

É comum que os "entes menores" precisem contar com financiamentos e refinanciamentos pela União. Também é comum que a União preste garantia em contratos firmados por tais entes. Da mesma forma, lembre-se que a *imunidade tributária recíproca* (art. 150, VI, *a*) abrange apenas a criação de *impostos*, não afetando outras espécies tributárias e contribuições previdenciárias, que podem ser devidas pelos Estados e Municípios à União. Ainda, os repasses constitucionais de verbas, pela União aos demais entes, submete-se à necessidade de prestação de constas quanto às destinações dos recursos. Caso determinado ente tenha suas contas reprovadas pelo Tribunal de Contas, poderá ser sancionado.

Justifica-se, então, a tendência de que o preceito haja sido inserido na CR para permitir que a União, devedora dos demais entes em demandas judiciais, evite o comprometimento do orçamento anual com a previsão de dispêndio dos respectivos recursos.

Eis aqui mais uma relevante questão: **a aplicação da técnica facilita a gestão de recursos orçamentários, pois evita seu comprometimento com a previsão de rubricas para o pagamento das condenações judiciais na União**. Impacta assim, diretamente, no teto de gastos públicos previsto constitucionalmente (art. 107 do ADCT).

O dispositivo é bastante bem redigido nesse sentido. Permite-se a utilização de *valores objeto de sentenças transitadas em julgado*. Este aproveitamento se dá **antes de expedido o precatório ou RPV**, ou seja, antes do comprometimento orçamentário das quantias. Toda a negociação entre os entes deve ocorrer antes da expedição do requisitório.

A "amortização" abrangerá parcelas vincendas e vencidas. Quanto as **vencidas**, serão quitadas *totalmente* das mais antigas às mais recentes. Quanto às **vincendas**, será amortizado o valor total devido, implicando a redução uniforme do valor de cada parcela futura. Não será possível abater parcelas futuras, para reduzir o prazo do contrato ou parcelamento.

Por último – mas não menos importante – a previsão do art. 100, §21, fomenta a consensualidade entre os entes que compõem a Fazenda Pública. A utilização do termo "desde que aceito por ambas as partes" deixa muito claro que estamos diante de um **negócio jurídico de direito público.** E este negócio jurídico possui natureza mista, processual e material. Altera-se o procedimento executivo contra a Fazenda Pública, evitando que se ultime com a expedição do requisitório; alteram-se os termos do negócio jurídico de direito material (contratos de refinanciamento, oferecimento de garantias ou parcelamentos) ou do dever jurídico decorrente de sanção imposta.

Parece uma situação de vantagem para todos os entes envolvidos. Para aquele que deve em razão da sentença judicial transitada em julgado, evita-se o comprometimento orçamentário. Para o beneficiário da decisão, evita-se o dispêndio de recursos orçamentários com contratos ou obrigações, abrindo espaço para destinação distinta que o pagamento da dívida pública.

Atente-se, em complemento, que não havendo negociação prévia, ultimando-se expedição do **precatório federal**, será possível nas negociações firmadas entre a União e os demais entes federados, permitir a destinação dos valores pagos a título de precatórios para deduzir dos valores devidos pelos Estados e Municípios à União. Esta possibilidade está consagrada no art. 160, §2°, também incluído pela EC n° 113/2021:

> Art. 160, § 2º Os contratos, os acordos, os ajustes, os convênios, os parcelamentos ou as renegociações de débitos de qualquer espécie, inclusive tributários, firmados pela União com os entes federativos conterão cláusulas para autorizar a dedução dos valores devidos dos montantes a serem repassados relacionados às respectivas cotas nos Fundos de Participação ou aos precatórios federais.

A compreensão deste dispositivo acima colacionado reforça, inclusive, aquilo que apontamos anteriormente, no sentido de que o negócio jurídico de direito público previsto no §21 do art. 100 da CR, tenha sido inserido na CR para permitir que a União, devedora dos demais entes em demandas judiciais, evite o comprometimento do orçamento anual com a previsão de dispêndio dos respectivos recursos.

No caso dos precatórios federais já emitidos, havendo cláusula de *dedução dos valores devidos* nos compromissos firmados pela União (credora) e demais entes (devedores), a quantia poderá ser aproveitada.

Especialmente quanto às previsões dos §§21 e 22 do art. 100 da CR, não nos parece haver, ao menos em primeira leitura, qualquer sinal de inconstitucionalidade. E o elemento negocial é relevante para esta conclusão. **Não há imposição. Há permissão para realização de negócio jurídico entre entes públicos**. Andou bem o constituinte reformador, no ponto.

8.2.3.3. Imposição temporária de limites para alocação de despesas com o pagamento de precatórios

A EC nº 114/2021 passou a prever um **regime temporário** de limitação para alocação de despesas com o pagamento de precatórios. Trata-se do novel art. 107-A do ADCT.

O dispositivo, cuja leitura é indicada, é de complexa compreensão. Tentaremos aclarar seus termos, adiante.

Até o fim de 2026, instituiu-se, para cada exercício financeiro, um **limite para alocação de despesas com pagamento de precatórios nas propostas orçamentárias**.

Aqui, é preciso ficar claro: o legislador trata do limite para o pagamento dos **precatórios. Não se incluirá neste limite o valor necessário ao pagamento das RPVs**, pois possuem (como já exaustivamente trabalhado), prioridade de pagamento. Esta percepção está no §1º do art. 107-A do ADCT:

> Art. 107-A, § 1º O limite para o pagamento de precatórios corresponderá, em cada exercício, ao limite previsto no **caput** deste artigo, reduzido da projeção para a despesa com o pagamento de requisições de pequeno valor para o mesmo exercício, que terão prioridade no pagamento.

O novo regime, portanto, não impacta no pagamento de Requisições de Pequeno Valor.

Sigamos.

Para cada exercício financeiro, **haverá normalmente a separação do numerário necessário para o pagamento dos precatórios expedidos.** Apenas **a alocação das despesas orçamentárias é que sofrerá impactos**, ou seja, **a rubrica necessária ao efetivo pagamento dos precatórios não será incluída no orçamento.** Assim, será *separado* todo o valor. Porém, na alocação orçamentária, **apenas uma parcela desta quantia será efetivamente incluída no orçamento com destinação ao pagamento dos precatórios.**

Esta limitada parcela que servirá, efetivamente, ao pagamento dos precatórios será, para cada exercício, equivalente aos valores pagos a este título em 2016, incluídos os restos a pagar. Há previsão, para cada exercício, da **correção** desta quantia. A correção se dá nos termos do §1° do art. 107, do ADCT, cuja redação foi alterada pela EC n° 113/2021, ou seja:

- Para o exercício de 2017, à despesa primária paga no exercício de 2016, incluídos os restos a pagar pagos e demais operações que afetam o resultado primário, incidiu correção de 7,2% (sete inteiros e dois décimos por cento).

  Perceba-se que esta regra já está com sua eficácia exaurida. Importa atentar, portanto, à próxima regra de correção.
- Para os exercícios posteriores (de 2018 em diante), ao valor do limite referente ao exercício imediatamente anterior, incidiu e incidirá correção pela variação do Índice Nacional de Preços ao Consumidor Amplo (IPCA), ou de outro índice que vier a substituí-lo, apurado no exercício anterior a que se refere a lei orçamentária.

Para cada exercício, então, será possível identificar o quanto se destinará, de fato, ao pagamento de precatórios.

Notemos, portanto, que **entre o valor necessário ao pagamento de todos os precatórios incluídos no orçamento e o valor que efetivamente será pago, haverá um saldo.** É que será *separado* o valor *total*, ao tempo em que o efetivamente pago sofrerá limitações.

Restará assim, portanto, um **espaço fiscal** decorrente da diferença entre o valor dos precatórios expedidos e o respectivo limite do que será efetivamente pago. Por *espaço fiscal*, aqui, compreenda-se a **possibilidade de ampliação de gastos em razão da redução de outros gastos**. Em suma, haverá valores disponíveis para outras destinações, em razão da limitação da destinação com o pagamento de precatórios. Em linguagem popular, *tira de um lado, para colocar no outro*.

Os valores disponíveis no *espaço fiscal* possuem, desde logo, vinculação a outras despesas. Serão destinados ao *programa de renda básica familiar* (o chamado *Auxílio Brasil*) previsto no art. 6°, p.ú, da CR (incluído também pela EC n° 114/2021) e à seguridade social, nos termos do art. 194 da CR.

De maneira bastante confusa, os incisos do *caput* do art. 107-A do ADCT tentam demonstrar a *forma de cálculo* de tais valores. É o seguinte:

- No exercício de 2022, todo o valor do espaço fiscal (=diferença do valor total dos precatórios incluídos no orçamento e aquilo que será efetivamente pago) será destinado ao programa de renda básica familiar e à seguridade social;
- Para a identificação dos valores referentes ao exercício de 2023, precisamos rememorar que o art. 100, §5° da CR foi alterado pela EC n° 114/2021.

  Antes da reforma, eram incluídos no orçamento de um exercício financeiro, para o pagamento de precatórios, todos os valores apresentados até 1° de julho do ano anterior. Após a EC n° 114/2021, esta data foi alterada para 2 de abril.

  Por conta desta alteração, o cálculo do *espaço fiscal* a ser destinado ao programa de renda básica familiar e à seguridade social sofrerá os impactos desta "transição de regime".

  Assim, no exercício de 2023, o cálculo do espaço fiscal levará em consideração a diferença entre o total de precatórios expedidos entre 2 de julho de 2021 (regramento do art. 100, §5°, antes da alteração) e 2 de abril de 2022 (regramento do art. 100, §5°, após a alteração) e o limite de efetiva destinação calculado para o exercício de 2023;
- Daí em diante, para os exercícios de 2024 a 2026, todo o valor do espaço fiscal será destinado ao programa de renda básica familiar e à seguridade social.

A redação, mais uma vez, é bastante confusa. Mas não foge da regra do art. 100, §5°, da CR. O espaço fiscal será exatamente o resultado do valor total dos precatórios incluídos no orçamento (após a EC n° 114/2021, calculados de *3 de abril de dois anos anteriores e 2 de abril do ano anterior ao exercício*) subtraído aquilo que será efetivamente pago no exercício.

A conclusão óbvia a que se chega, após a compreensão dos termos tratados acima, é que haverá precatórios a serem pagos, que não o serão.

Por isso, foi preciso formular **critérios** para definir quais valores serão *prioritariamente pagos* para, então, os que não puderem sê-lo em razão dos limites de alocação impostos, comporem o *espaço fiscal*, cuja destinação será ao programa de renda básica familiar e à seguridade social.

O §8° do art. 107-A do ADCT regula esta ordem:

§8°. Os pagamentos em virtude de sentença judiciária de que trata o art. 100 da Constituição Federal serão realizados na seguinte ordem:	
I - obrigações definidas em lei como de pequeno valor, previstas no § 3º do art. 100 da Constituição Federal;	Como dissemos acima, as requisições de pequeno valor não entram no cálculo do *espaço fiscal* em razão da previsão expressa do §1°, do art. 107-A, do ADCT. Perceba que o §8° se refere a todos os pagamentos em virtude de sentença judiciária de que trata o art. 100 da CR, o que abarca, necessariamente, as RPVs. Por isso a menção expressa a elas no dispositivo.

§8°. Os pagamentos em virtude de sentença judiciária de que trata o art. 100 da Constituição Federal serão realizados na seguinte ordem:	
II - precatórios de natureza alimentícia cujos titulares, originários ou por sucessão hereditária, tenham no mínimo 60 (sessenta) anos de idade, ou sejam portadores de doença grave ou pessoas com deficiência, assim definidos na forma da lei, até o valor equivalente ao triplo do montante fixado em lei como obrigação de pequeno valor; III - demais precatórios de natureza alimentícia até o valor equivalente ao triplo do montante fixado em lei como obrigação de pequeno valor;	O inciso II se comunica diretamente com o §2° do art. 100 da CR. Perceba-se que a referência expressa é aos *precatórios superpreferenciais*. Como o cálculo do *espaço fiscal* respeita apenas aos precatórios, faz sentido que a referência seja apenas a eles. Os incisos III e IV criam, temporariamente (até o exercício de 2026) uma subdivisão entre os precatórios alimentícios previstos no §1° do art. 100 da CR. Assim, dentro da *lista preferencial* para pagamento de precatórios alimentícios, criam-se sub-listas. A primeira e prioritária, de pagamento
IV - demais precatórios de natureza alimentícia além do valor previsto no inciso III deste parágrafo; V - demais precatórios.	de valores até 3x o montante fixado para o pagamento de RPV; a segunda, de pagamento dos demais precatórios, naquilo que sobeje o valor de 3x o limite fixado para a RPV. Da mesma forma como o pagamento dos valores em lista *superpreferencial* é uma exceção à regra que veda o fracionamento dos precatórios, nos parece que aqui há, também, mais uma exceção a esta regra, admitindo o fracionamento dos precatórios alimentícios. Por fim, o inciso V segue a regra geral, de pagamento dos precatórios em lista ordinária, seguindo-se a ordem cronológica de apresentação.

O art. 107-A, § 2º, por sua vez, dispõe que os precatórios que não forem pagos terão prioridade para pagamento em exercícios seguintes, observada a ordem cronológica e o disposto no § 8º acima trabalhado.

Todavia, sem prejuízo da possibilidade de o ente público se valer das técnicas previstas nos §§ 9º e 21 do art. 100 da CR (trabalhadas com mais vagar em tópicos acima), o que evitará o pagamento de precatórios, abre-se ao credor dos precatórios não pagos, vias alternativas:

- Aguardar o pagamento dos valores;
- Efetuar o aproveitamento do crédito em face do ente público pela forma prevista no art. 100, §11, da CR (tratado com mais detalhes no tópico 8.2.1.4 acima);
- Optar pelo recebimento, em parcela única, até o final do exercício seguinte, com renúncia de 40% (quarenta por cento) do valor desse crédito.

  Esta opção se dará mediante acordos diretos perante Juízos Auxiliares de Conciliação de Pagamento de Condenações Judiciais contra a Fazenda Pública Federal.

  Esta parte do texto parece contraditória em seus próprios termos. Por um lado, oferece esta opção como uma *faculdade* do credor. Por outro lado, afirma que haverá *negociação* prante o Judiciário.

  A solução que nos parece mais adequada é a seguinte: cabe ao credor do precatório a *faculdade* de seguir por um dos três caminhos aqui assinalados. Optando por se submeter à negociação, todavia, esta somente se realizará se houver concordância do ente público.

  É que, tratando-se de questão orçamentária e de limite de gastos, é preciso que haja efetiva possibilidade pagamento dos valores *até o final do exercício seguinte*, mesmo com a renúncia de 40% pelo credor.

  Por último, importante atentar que o §7° do art. 107-A do ADCT traz uma *regra de transição* para que esta *opção* possa ser exercida ainda em 2022. Veja-se:

  > § 7º Na situação prevista no § 3º deste artigo, para os precatórios não incluídos na proposta orçamentária de 2022, os valores necessários à

> sua quitação serão providenciados pela abertura de créditos adicionais durante o exercício de 2022.

> Assim, em vista que a EC nº 114/2021 previu o cálculo do *espaço fiscal* e destinação dos valores já para 2022, a opção pelo recebimento com deságio, se efetivada, impactará no orçamento corrente, demandando a abertura de créditos adicionais.

> Quer dizer, o credor de precatório que deveria ser pago em 2022 (referentes a exercícios anteriores, portanto), mas que não o será em razão da limitação dos pagamentos necessário à garantia do *espaço fiscal* (*não incluídos na proposta orçamentária*), pode consentir com o deságio de 40%, para receber ainda neste exercício financeiro. Nesse caso, os valores necessários ao pagamento – que não estão incluídos no orçamento atual – serão suportados por créditos adicionais abertos durante o exercício.

Eis aí, portanto, as possibilidades à disposição do credor de precatórios *preterido* em razão do regime especial instituído pela EC nº 114/2021.

Até o presente momento, deixamos claro que **os valores pagos a título de RPV não se incluem** nos *limites* previstos para o pagamento dos precatórios. Assim, dos valores orçamentários destinados ao pagamento das condenações judiciais, nos termos do art. 100 da CR, **não há qualquer alteração quanto ao pagamento das Requisições de Pequeno Valor**.

Em acréscimo, precisamos considerar o seguinte: as previsões dos §§ 11 e 21 do art. 100 da CR evitam expedição de precatórios. Na linha como apontamos anteriormente, inclusive, uma das grandes vantagens para adoção de tais técnicas é evitar o comprometimento orçamentário (lembre-se do teto de gastos instituído pelo art. 107-A do ADCT). Assim, os valores destacados ao aproveitamento a partir daquelas técnicas não são computados para efeitos do cálculo do *limite de gastos com precatórios*.

Da mesma forma, na medida em que o §3º do art. 107-A do ADCT prevê também uma técnica alternativa para o recebimento dos valores (com deságio), faz sentido que o montante também não se inclua nos limites previstos para os gastos com precatório.

É nesse sentido o §5° do art. 107-A do ADCT:

> § 5º Não se incluem no limite estabelecido neste artigo as despesas para fins de cumprimento do disposto nos §§ 11, 20 e 21 do art. 100 da Constituição Federal e no § 3º deste artigo, bem como a atualização monetária dos precatórios inscritos no exercício.

Por fim, o art. 107-A traz ainda duas importantes regras:

- Caberá ao Conselho Nacional de Justiça regulamentar a atuação dos Presidentes dos Tribunais competentes para o cumprimento deste artigo.

  Trata-se de interessante previsão, na medida em que o próprio constituinte reconhece a complexidade do novo regime. Assim, o CNJ deverá regulamentar através de resolução, a atuação dos magistrados Presidentes competentes para a gestão administrativa dos precatórios.

- Da mesma forma como os valores aproveitados pelas técnicas previstas no art. 100, §§ 11, 20 e 21, da CR, e no art. 107-A, §3°, do ADCT, não se incluem no limite para pagamento de precatórios, **também não se incluem no teto de gastos estabelecido no art. 107 do ADCT**.

8.2.3.4. Precatórios Federais decorrentes de demandas de complementação do FUNDEF

A EC n° 114/2021, em seu art. 4°, parágrafo único, **excluiu do teto de gastos** (art. 107 do ADCT) **e do limite de pagamento dos precatórios** (art. 107-A, do ADCT), a partir de 2022, **os precatórios decorrentes de demandas relativas à complementação dos repasses do FUNDEF** (Fundo de Manutenção e Desenvolvimento do Ensino Fundamental e de Valorização do Magistério), pela União aos Estados e Municípios.

Trata-se, portanto, de mais um *regime especial.*

Esses precatórios serão pagos em **três parcelas anuais e sucessivas**, a partir de sua expedição (apesar de o texto não ser expresso nesse sentido, parece ser este o caso), da seguinte forma: I - 40% (quarenta por cento) no primeiro ano; II - 30% (trinta por cento) no segundo ano; III - 30% (trinta por cento) no terceiro ano.

Em seguida, o art. 5° da emenda **vincula a destinação de valores percebidos a este título pelos Estados e Municípios**. Deverão ser aplicados na manutenção e desenvolvimento do ensino fundamental público e na valorização do magistério. A ideia aqui é manter, para os precatórios (verbas decorrentes de condenações judiciais) a destinação originária dos valores do próprio FUNDEF[37].

Desses valores com destinação vinculada, ao menos 60% (sessenta por cento) deverá ser utilizado para o pagamento de abono aos profissionais do magistério, inclusive aposentados e pensionista, vedando-se a incorporação de tais valores na respectiva remuneração, aposentadoria ou pensão.

Por fim, parece-nos que **este regime especial é temporário**, devendo permanecer enquanto houver precatórios a serem pagos decorrentes de demandas de complementação do FUNDEF ou até que seja atingido o termo final das limitações de gastos, nos termos dos arts. 107 e 107-A do ADCT, o que ocorrer primeiro.

37. Esta vinculação atinge apenas o principal. O STF, recentemente, decidiu pela possibilidade de utilização dos juros de mora incidentes sobre o valor dos precatórios devidos, para o pagamento de honorários advocatícios contratuais nas demandas envolvendo verbas destinadas ao FUNDEF e ao FUNDEB. Veja-se: "(...) 3. É inconstitucional o pagamento de honorários advocatícios contratuais com recursos alocados no FUNDEF/FUNDEB, que devem ser utilizados exclusivamente em ações de desenvolvimento e manutenção do ensino. Precedentes. 4. A vinculação constitucional em questão não se aplica aos encargos moratórios que podem servir ao pagamento de honorários advocatícios contratuais devidamente ajustados, pois conforme decidido por essa CORTE, "os juros de mora legais têm natureza jurídica autônoma em relação à natureza jurídica da verba em atraso" (RE 855091-RG, Rel. Min. DIAS TOFFOLI, Tribunal Pleno, julgado em 15/3/2021, DJe de 8/4/2021)" (STF, ADPF 528, Relator Ministro Alexandre de Moraes, Pleno. Julgado em 21/03/2022). O STJ seguiu está orientação: "(...) 1. No caso em apreço, observa-se que o acórdão impugnado ressaltou a consonância do entendimento do Tribunal local com o posicionamento desta Corte de Justiça, segundo o qual as verbas destinadas ao FUNDEF/FUNDEB possuem vinculação constitucional, sendo vedada a sua utilização para finalidade diversa da educação básica. Julgou-se, pois, ser descabido o destaque de parcela dessas verbas para o pagamento de honorários advocatícios. (...) 4. O Plenário do Supremo Tribunal Federal decidiu de forma unânime a questão, em julgamento recentíssimo, proferido em caráter vinculante na ADPF nº 528, no qual restou consignada a vedação do pagamento de honorários advocatícios contratuais com recursos alocados no FUNDEF/FUNDEB, ressalvado o pagamento de honorários advocatícios contratuais valendo-se da verba correspondente aos juros de mora incidentes sobre o valor do precatório devido pela União em ações propostas em favor dos Estados e dos Municípios" (STJ. AgInt no REsp 1.880.972-AL, Rel. Min. Og Fernandes, 2ª Turma. Julgado em 19/04/2022).

EXECUÇÃO FISCAL

1. GENERALIDADES

O legislador regula *diferentes procedimentos*. Além do procedimento comum regulado pelo CPC, o próprio código consagra os chamados procedimentos especiais. Não só, mas lei esparsa prevê também ritos diferenciados. Vários fatores podem influenciar a necessidade de uma especialidade do procedimento: valor da causa, natureza do direito material controvertido, a pretensão da parte, a atuação de determinado sujeito em juízo, etc.

Procedimento, nesse caso, é sinônimo de *rito*, ou seja, *a forma por que se movem os atos no processo*. *Especiais* são os ritos próprios para o processamento de determinadas causas selecionadas pelo legislador no próprio CPC e em leis extravagantes.

O *procedimento comum* é o que se aplica a todas as causas para as quais a lei processual não haja instituído um rito próprio ou específico. Do mesmo modo, aplica-se subsidiariamente aos procedimentos especiais naquilo que não regulem.

A execução fiscal é um **procedimento executivo específico dedicado à cobrança em juízo da Dívida Ativa de natureza tributária e não tributária da Fazenda Pública**. O procedimento não é regulado no CPC, mas sim na **lei nº 6.830/80**. De toda sorte, o art. 1º da lei deixa claro que o CPC rege *subsidiariamente* a execução fiscal, o que se dá, por exemplo, **com a contagem dos prazos em dias úteis também neste rito**[1].

1. Nesse sentido, o enunciado nº 116 da II Jornada de Direito Processual Civil do CJF: "Aplica-se o art. 219 do CPC na contagem dos prazos processuais previstos na Lei n. 6.830/1980".

2. CERTIDÃO DE DÍVIDA ATIVA (CDA)

A lei confere a alguns instrumentos força executiva necessária para instrumentalizar um processo de execução. É como se o processo de formação daqueles títulos, em âmbito extrajudicial, dispensasse a chancela ou declaração do Estado-juiz a respeito da relação jurídica que consubstanciam, permitindo-se desde já o acesso à jurisdição visando a satisfação das obrigações ali consolidadas.

O rol de títulos extrajudiciais está consagrado no art. 784 do CPC. Especialmente em seu inciso IX, consagra-se como título executivo extrajudicial a **certidão de dívida ativa da Fazenda Pública da União, dos Estados, do Distrito Federal e dos Municípios, correspondente aos créditos inscritos na forma da lei**. A lei é exatamente a de nº 6.830/80.

A Certidão de Dívida Ativa (CDA) é o título que instrumentaliza o procedimento especial da Execução Fiscal consagrado na lei nº 6.830/80. A **CDA é expedida após a inscrição de um crédito público em dívida ativa** e deve conter os mesmos elementos do termo de inscrição (art. 2º, §6º, da LEF). Este crédito pode ser de natureza tributária ou não tributária (art. 39 da lei nº 4.320/64), desde que seja de titularidade de um dos entes da administração.

Qualquer valor cuja cobrança seja atribuída por lei aos legitimados ativos mencionados no art. 1º é considerado Dívida Ativa da Fazenda Pública, compreendendo a tributária e a não tributária, inclusive a atualização monetária, juros e multa de mora e demais encargos previstos em lei ou contrato (art. 2º, §§1º e 2º, da LEF).

Nos termos do art. 2º, §5º, da LEF, são informações indispensáveis à inscrição em dívida ativa:

> Art. 2º, § 5º - O Termo de Inscrição de Dívida Ativa deverá conter:
>
> I - o nome do devedor, dos co-responsáveis e, sempre que conhecido, o domicílio ou residência de um e de outros;
>
> II - o valor originário da dívida, bem como o termo inicial e a forma de calcular os juros de mora e demais encargos previstos em lei ou contrato;
>
> III - a origem, a natureza e o fundamento legal ou contratual da dívida;
>
> IV - a indicação, se for o caso, de estar a dívida sujeita à atualização monetária, bem como o respectivo fundamento legal e o termo inicial para o cálculo;

V - a data e o número da inscrição, no Registro de Dívida Ativa; e

VI - o número do processo administrativo ou do auto de infração, se neles estiver apurado o valor da dívida.

A inscrição em dívida ativa consubstancia um **ato de controle de legalidade administrativo do débito, presumindo-se a certeza e liquidez da obrigação**. No âmbito da União, o órgão responsável pela apuração da certeza e liquidez do crédito e, após, sua inscrição, é a Procuradoria Geral da Fazenda Nacional (art. 2°, §4°, da LEF). Após a realização deste controle, prepara-se (por processo manual, mecânico ou eletrônico) o termo de inscrição em dívida ativa e, após, expede-se a certidão, que municiará a petição inicial da execução fiscal.

O art. 2°, §3° da LEF prevê que a inscrição em dívida ativa "será feita pelo órgão competente para apurar a liquidez e certeza do crédito e suspenderá a prescrição, para todos os efeitos de direito, por 180 dias, ou até a distribuição da execução fiscal, se esta ocorrer antes de findo aquele prazo". A **suspensão do prazo prescricional prevista no dispositivo se aplica apenas para os débitos de natureza não tributária**. A razão é o art. 146, III, "b", da Constituição da República, segundo o qual cabe à lei complementar estabelecer normas tributárias que tratem de prescrição. A lei n° 6830/80 é lei ordinária e, portanto, não pode regular prazo de prescrição tributária.

Emitida a CDA (que conterá os mesmos elementos do termo da inscrição), serve para municiar a execução, constando do próprio corpo da petição inicial do feito executivo fiscal. A **obrigação inscrita em dívida e materializada na CDA é sempre obrigação de pagar quantia, líquida certa e exigível** de titularidade do ente público.

Trata-se de um **título executivo formado a partir da atuação unilateral do credor**, dando-se oportunidade ao réu de participar do contraditório administrativo. O procedimento de inscrição do débito em dívida ativa decorre de lei e a emissão da certidão consubstanciando obrigação de pagar encontra legitimidade na presunção de legalidade dos atos administrativos.

Admite-se que o advogado público responsável pela emissão da CDA promova também a Execução Fiscal. Não há qualquer vício que impeça esta atuação[2].

---

2. Conforme julgou recentemente o STJ: "(...) ATUAÇÃO, EM JUÍZO, DO PROCURADOR DA FAZENDA NACIONAL QUE EMITIU A CDA. REGULARIDADE. (...) IX. Não é vedado, ao Procurador da Fazenda

Somente se admite a propositura de execução fiscal se houver certidão de dívida ativa. Trata-se do único título que pode fundamentá-la.

Por fim, é preciso tratar de uma interessantíssima regra prevista no §8° do art. 2°, da LEF:

> Art. 2°, § 8º - Até a decisão de primeira instância, a Certidão de Dívida Ativa poderá ser emendada ou substituída, assegurada ao executado a devolução do prazo para embargos.

A *decisão de primeira instância* a que se refere o preceito é a **decisão dos embargos à execução fiscal**. Quer dizer, até o julgamento dos embargos à execução fiscal pelo juízo singular, é admitida a correção de vícios formais ou materiais na CDA, exceto para se alterar a sujeição passiva. Havendo qualquer alteração quanto à obrigação que fundamenta a execução, caberá ao Advogado Público informar em juízo, juntando a nova certidão de dívida ativa. Nesse sentido, o enunciado n° 392 da Súmula do STJ: "A Fazenda Pública pode substituir a certidão de dívida ativa (CDA) até a prolação da sentença de embargos, quando se tratar de correção de erro material ou formal, vedada a modificação do sujeito passivo da execução".

Feita a emenda ou substituição, assegura-se ao executado a oportunidade de se manifestar sobre ela, devolvendo-se o prazo para embargos[3].

As situações práticas que justificam a emenda ou substituição da CDA são diversas. Administrativamente, é comum que o acolhimento de pleitos formulados pelos contribuintes junto à Receita Federal do

---

Nacional que emitiu a certidão de dívida ativa, atuar como representante judicial da Fazenda Nacional, na respectiva execução fiscal. Nos termos do art. 12, I e II, da Lei Complementar 73/93, à Procuradoria-Geral da Fazenda Nacional compete especialmente: (i) apurar a liquidez e certeza da dívida ativa da União de natureza tributária, inscrevendo-a para fins de cobrança, amigável ou judicial; e (ii) representar privativamente a União, na execução de sua dívida ativa de caráter tributário. Nada, no aludido dispositivo, sugere que as atividades devam necessariamente ser praticadas por membros diferentes da PGFN. O alegado impedimento também não encontra suporte na Lei 6.830/80, especialmente em seu art. 2º, que trata, em pormenores, do ato de inscrição (...)" (STJ. 2ª Turma. REsp 1.311.899-RS, Rel. Min. Assusete Magalhães, julgado em 23/02/2021).

3. Há certa polêmica sobre a extensão da devolução do prazo após a emenda da CDA. A divergência está em saber se o prazo para embargos é devolvido para o manejo de novos embargos sem limitação temática, ou apenas parcialmente, admitindo-se novos embargos somente nos limites da emenda/substituição. O debate envolve a relação entre o art. 2°, §8°, da LEF e o art. 203 do Código Tributário Nacional.

Brasil ou às Secretarias de Finanças sejam deferidos, impactando no valor inscrito em dívida ativa. Por outro lado, judicialmente, decisões proferidas em defesas heterotópicas manejadas pelo devedor podem também, quando desfavoráveis ao Fisco, exigem que a CDA seja corrigida. Hipóteses assim justificam a aplicação do art. 2°, §8°.

Da mesma forma, é possível que haja, antes da decisão de primeira instância, o cancelamento da inscrição em dívida ativa. Nesta hipótese, será caso de extinção da execução sem resolução de mérito, **sem qualquer ônus para as partes** (art. 26).

2.1. Protesto de CDA

O protesto é regulado pela lei n° 9.492/97. Trata-se de uma técnica muitas vezes mais eficaz para o adimplemento das obrigações do que o procedimento executivo. É que o protesto é um ato público, formal e solene, registrado em cartório (tabelionato de protesto), que dificulta sobremaneira a atuação dos devedores no mercado. Estar com um título protestado é um *mau sinal* para aqueles que atuam no mercado, especialmente os empresários.

O protesto dá publicidade e torna inequívoca a mora, sendo modalidade eficaz para o cumprimento da obrigação. A lei n° 12.767/2012 inclui um parágrafo único ao art. 1°, da lei n° 9.492/97, afirmando expressamente a possibilidade de protesto das Certidões de Dívida Ativa:

> Art. 1° Protesto é o ato formal e solene pelo qual se prova a inadimplência e o descumprimento de obrigação originada em títulos e outros documentos de dívida.
>
> Parágrafo único. Incluem-se entre os títulos sujeitos a protesto as certidões de dívida ativa da União, dos Estados, do Distrito Federal, dos Municípios e das respectivas autarquias e fundações públicas.

O *protesto de CDA* figura, portanto, como um efetivo instrumento de recuperação do crédito público, para além do procedimento executivo fiscal. O STF, inclusive, já decidiu pela **constitucionalidade** da medida (ADI 5135/DF), consignando que "*O protesto das Certidões de Dívida Ativa constitui mecanismo constitucional e legítimo, por não restringir de forma desproporcional quaisquer direitos fundamentais garantidos aos contribuintes e, assim, não constituir sanção política*".

Mesmo tendo o STF decidido pela constitucionalidade do protesto de CDA, chegou ao STJ controvérsia a respeito do interesse de a Fazenda Pública promover o protesto, tendo em vista que a CDA possui presunção de liquidez, certeza e exequibilidade. A controvérsia foi resolvida, fixando tese no tema n° 777 dos Recursos Repetitivos: "A Fazenda pública possui interesse e pode efetivar o protesto da CDA, documento de dívida, na forma do art. 1º, parágrafo único, da Lei 9.492/1997, com a redação dada pela Lei 12.767/2012"[4].

Em acréscimo, a Corte definiu que **Estados e Municípios podem promover o protesto de suas respectivas CDAs mesmo se não houver lei local autorizativa.** A regra geral, portanto, é a permissão do protesto. Veja-se:

> "CIVIL E TRIBUTÁRIO. PROTESTO DE CDA. LEI N. 9.492/1997. NORMA NACIONAL. PLENA EFICÁCIA. ADOÇÃO PELA FAZENDA MUNICIPAL. POSSIBILIDADE. LEI LOCAL AUTORIZATIVA. DESNECESSIDADE. (...) 2. A Lei n. 9.492/1997, por tratar de matéria afeta ao direito civil e comercial, é de competência legislativa privativa da União (art. 22, I, da CF/1988), sendo, portanto, de caráter nacional, dispensando autorização legislativa local para a sua imediata aplicação pela Fazenda Pública estadual ou municipal. 3. Hipótese em que basta à Fazenda Pública credora atender ao procedimento previsto na própria Lei n. 9.492/1997 para obter o protesto de seu título de crédito (CDA), não havendo necessidade de lei específica do ente tributante que preveja a adoção dessa medida, visto que a citada lei federal (nacional) já é dotada de plena eficácia. 4. O Poder Legislativo de cada ente federativo pode deliberar por restringir a atuação da sua Administração, estabelecendo, por exemplo, condições mínimas de valor e de tempo, para que a CDA seja levada a protesto, sendo certo que, na ausência dessas restrições legais ao protesto, não há óbice para que a Fazenda Pública cobre seu crédito por essa via extrajudicial, que, a toda evidência, é menos grave e onerosa em comparação com o ajuizamento de execução fiscal. 5. Recurso especial provido" (STJ. 1ª Turma. REsp 1.895.557-SP, Rel. Min. Gurgel de Faria, julgado em 22/06/2021).

4. Importante atentar, ainda, que em precedente recente, o STJ entendeu como legítima a realização de protesto de CDA desde a edição da lei n° 9.492/97. Quer dizer, mesmo antes da alteração promovida pela lei n° 12.767/2012, já era possível a realização do ato (ver: STJ. EREsp 1.109.579-PR, Rel. Min. Mauro Campbell Marques, 1ª Seção. Julgado em 27/10/2021).

3. LEGITIMIDADE

A execução fiscal somente pode ser manejada pelos entes que compõem a Fazenda Pública. Inclui-se aqui a União, os Estados, o DF e os Municípios, suas respectivas autarquias e fundações públicas.

O conceito de Fazenda Pública, para fins de admissibilidade do rito previsto na Lei nº 6.830/80, se encontra no próprio artigo 1º da LEF: União, Estados, Distrito Federal, Municípios e suas respectivas **autarquias (inclusive aquelas de regime especial, a exemplo dos conselhos de fiscalização profissional)**. A esse rol **acrescentem-se as fundações públicas de direito público e as associações públicas.**

Por não estarem inseridas (como regra) no conceito de Fazenda Pública, **empresas públicas e sociedades de economia mista**, por sua natureza de pessoas jurídicas de direito privado, **não podem se valer da execução fiscal**.

Há, porém, **duas exceções: 1) Empresa Brasileira de Correios e Telégrafos (EBCT)**. O STF já consolidou o entendimento de que a EBCT é equiparável à Fazenda Pública, de modo que está legitimada à propositura de execução fiscal; **2) A segunda exceção toca à Caixa Econômica Federal, que está legitimada à execução fiscal para a cobrança do FGTS**, com base na Lei 8.844/94.

A lei n° 8.844/94 autoriza, todavia, a celebração de convênio entre ente público e Empresa Pública ou Sociedade de Economia Mista, para que esta possa promover execução fiscal.

É que o art. 2° da lei n° 8.844/1994 prevê o seguinte:

> Art. 2º Compete à Procuradoria-Geral da Fazenda Nacional a inscrição em Dívida Ativa dos débitos para com o Fundo de Garantia do Tempo de serviço - FGTS, bem como, diretamente ou por intermédio da Caixa Econômica Federal, mediante convênio, a representação Judicial e extrajudicial do FGTS, para a correspondente cobrança, relativamente à contribuição e às multas e demais encargos previstos na legislação respectiva.

Através de Convênio **a PGFN passou a executar créditos do FGTS**.

Conselhos Profissionais (natureza de autarquia especial) podem ajuizar execução fiscal. A **OAB**, devido ao seu *regime sui generis*, **não**

pode propor execução fiscal, devendo os seus créditos serem cobrados através do procedimento comum de execução no CPC.

Por outro lado, ocupa o polo passivo na execução o devedor pessoa física ou jurídica, responsáveis (*nos termos da lei*) e sucessores a qualquer título. É o art. 4° da LEF que traz o rol de legitimados passivos: i) o devedor; ii) o fiador; iii) o espólio; iv) a massa; v) o responsável, nos termos da lei, por dívidas, tributárias ou não, de pessoas físicas ou pessoas jurídicas de direito privado; e vi) os sucessores a qualquer título.

É possível que pessoa jurídica sucessora assuma os débitos fiscais de pessoa jurídica sucedida. **Mesmo que o fato gerador tenha se dado após a sucessão, se o tributo foi lançado em nome da sucedida, justifica-se o redirecionamento da Execução Fiscal à sucessora**, independentemente de alteração da CDA. Veja-se a tese firmada no tema n° 1049 dos Recursos Repetitivos: "A execução fiscal pode ser redirecionada em desfavor da empresa sucessora para cobrança de crédito tributário relativo a fato gerador ocorrido posteriormente à incorporação empresarial e ainda lançado em nome da sucedida, sem a necessidade de modificação da Certidão de Dívida Ativa, quando verificado que esse negócio jurídico não foi informado oportunamente ao fisco".

Caso venha a ser proposta contra empresa, é possível o redirecionamento da execução face à verificação de responsabilidade do sócio nos termos do art. 135 do CTN. Não basta o mero inadimplemento da obrigação tributária para que se admita o redirecionamento. Impõe-se seja demonstrada a responsabilidade do redirecionado, nos termos da legislação tributária[5].

Sobre a possibilidade de redirecionamento da Execução Fiscal, importante o enunciado n° 435 da Súmula do STJ: "Presume-se dissolvida irregularmente a empresa que deixar de funcionar no seu domicílio fiscal, sem comunicação aos órgãos competentes, legitimando o redirecionamento da execução fiscal para o sócio-gerente".

Uma vez dissolvida irregularmente a empresa, justifica-se o redirecionamento ao sócio-gerente, nos termos do art. 135, III, do CTN. O sujeito redirecionado, **aquele que passará a figurar como**

---

5. Nesse sentido, o enunciado n° 430 da Súmula do STJ: "O inadimplemento da obrigação tributária pela sociedade não gera, por si só, a responsabilidade solidária do sócio-gerente".

executado, é o que exercia poderes de gestão ao tempo da dissolução irregular. O sócio-administrador no momento de ocorrência do fato gerador, se não deu causa à dissolução irregular, não poderá ser responsabilizado; da mesma maneira, não importa se o redirecionado possuía ou não poderes de gestão quando da ocorrência do fato gerador, sendo relevante apenas esta posição no momento da dissolução irregular.

Assim decidiu o STJ na fixação de teses vinculantes. No tema 962 dos Recursos Repetitivos, decidiu-se expressamente pela impossibilidade de responsabilizar o gestor do momento do fato gerador, mas que não exercia a gestão no momento da dissolução irregular: "O redirecionamento da execução fiscal, quando fundado na dissolução irregular da pessoa jurídica executada ou na presunção de sua ocorrência, não pode ser autorizado contra o sócio ou o terceiro não sócio que, embora exercesse poderes de gerência ao tempo do fato gerador, sem incorrer em prática de atos com excesso de poderes ou infração à lei, ao contrato social ou aos estatutos, dela regularmente se retirou e não deu causa à sua posterior dissolução irregular, conforme art. 135, III, do CTN".

Por outro lado, no tema 981, firmou-se a responsabilidade do gestor no momento da dissolução irregular, mesmo que não tenha exercido poderes de gestão à época do fato gerador: "O redirecionamento da execução fiscal, quando fundado na dissolução irregular da pessoa jurídica executada ou na presunção de sua ocorrência, pode ser autorizado contra o sócio ou o terceiro não sócio, com poderes de administração na data em que configurada ou presumida a dissolução irregular, ainda que não tenha exercido poderes de gerência quando ocorrido o fato gerador do tributo não adimplido, conforme art. 135, III, do CTN".

Ainda, o STJ fixou tese na análise do tema n° 444 dos Recursos Repetitivos: "**(i)** o prazo de redirecionamento da Execução Fiscal, fixado em cinco anos, contado da diligência de citação da pessoa jurídica, é aplicável quando o referido ato ilícito, previsto no art. 135, III, do CTN, for precedente a esse ato processual; **(ii)** a citação positiva do sujeito passivo devedor original da obrigação tributária, por si só, não provoca o início do prazo prescricional quando o ato de dissolução irregular for a ela subsequente, uma vez que, em tal circunstância, inexistirá, na aludida data (da citação), pretensão contra os sócios-gerentes (conforme decidido no REsp 1.101.728/SP, no rito do art. 543-C do CPC/1973, o mero inadimplemento da exação não configura ilícito atribuível aos sujeitos de direito descritos no art. 135 do CTN). **O termo inicial do prazo prescricional para a cobrança do crédito dos sócios-gerentes infratores, nesse contexto, é a data da prática de ato inequívoco indicador do intuito de inviabilizar a satisfação do crédito tributário já em curso de cobrança executiva promovida contra a empresa contribuinte, a ser demonstrado pelo Fisco, nos termos do art. 593 do CPC/1973 (art. 792 do novo CPC - fraude à execução), combinado com o art. 185 do CTN (presunção de fraude contra a Fazenda Pública)**; e, **(iii)** em qualquer hipótese, a decretação da prescrição para o redirecionamento impõe seja demonstrada a inércia da Fazenda Pública, no lustro que se seguiu à citação da empresa originalmente devedora (REsp 1.222.444/RS) ou ao ato inequívoco mencionado no item anterior (respectivamente, nos casos de dissolução irregular precedente ou superveniente à citação da empresa), cabendo às instâncias ordinárias o exame dos fatos e provas atinentes à demonstração da prática de atos concretos na direção da cobrança do crédito tributário no decurso do prazo prescricional".

Por fim, uma importante nota, já frisada no capítulo em que tratamos da tutela executiva em face do Poder Público: é possível a propositura de execução por um ente público contra outro. Nesse caso, deverão ser observadas as regras procedimentais previstas no CPC para a execução contra a Fazenda Pública. Assim, a execução **não poderá correr pelo procedimento da Execução Fiscal (lei n° 6.830/80)**, devendo respeitar os arts. 534 e 535 do novo CPC (em caso de cumprimento de sentença) ou o art. 910 do novo CPC (em caso de execução de título extrajudicial).

4. COMPETÊNCIA

Em regra, a competência para processar e julgar a execução fiscal é do juízo do foro de domicílio do devedor. Execuções fiscais propostas pela União ou entes que componham a Administração Pública indireta em âmbito federal, correm na Justiça Federal, em regra[6]. Excepcionalmente, se a execução fiscal decorre de multa

6. Nesse sentido, o enunciado n° 66 da Súmula do STJ: "Compete à Justiça Federal processar e julgar execução fiscal promovida por conselho de fiscalização profissional".

eleitoral, correrá perante a Justiça Eleitoral. Se a inscrição em Dívida Ativa da União tiver origem em multa aplicada pelo Ministério do Trabalho e Emprego, a competência para processamento será da Justiça do Trabalho.

Execuções Fiscais propostas pelos Estados, Distrito Federal e Municípios correm na Justiça Estadual. Não há mais delegação de competência legal para que a Justiça Estadual processe as execuções fiscais da União. As execuções que já haviam se iniciado se mantêm na Justiça Estadual.

A execução fiscal se processa sempre perante o juiz singular. A única exceção que se pode pensar, abstraindo-se inclusive o direito material internacional (imunidade de execução), é a execução fiscal proposta contra Estado ou Organismo estrangeiro, que seria de competência originária do STF[7].

A competência para processar e julgar a execução fiscal excluirá a de qualquer outro juízo, inclusive aquele com competência material para processar a falência, a recuperação judicial, a insolvência civil e o inventário (art. 5° da LEF).

Perceba-se o seguinte: a regra é que o crédito público não se submete às demandas concursais. Muito importante atentar, todavia, ao incidente de classificação previsto no novo art. 7°-A da lei n° 11.101/05 que, apesar de não ser uma *demanda concursal*, trata de identificar a prioridade de créditos públicos[8].

Não há, da mesma maneira, disposições especiais sobre competência territorial, aplicando-se o regramento previsto no CPC, com destaque ao art. 46, §5°:

A Exceção fica por conta da OAB que, em razão de seu regime sui generis, não pode se valer da execução fiscal.

7. DIDIER JR., Fredie; CUNHA, Leonardo Carneiro da; BRAGA, Paula Sarno; OLIVEIRA, Rafael Alexandria de. *Curso de Processo Civil – vol. 5*. Salvador: Juspodivm, 2020, p. 1038.

8. *É de suma importância que o leitor atente às recentes alterações promovidas na Lei n° 11.101/05, no que refere ao trato do crédito público objeto de execução fiscal. É que, de fato, o tanto quanto inscrito em dívida ativa não se submete ao concurso na falência e na recuperação. Mas agora há o chamado "incidente de classificação" que – dentre tantas outras técnicas, destacando-se também os art. 10-A e 10-C, da lei n° 10.522/02 – visa superar uma completa e injustificável desconsideração do conteúdo do art. 31 da LEF:* "Art. 31 - Nos processos de falência, concordata, liquidação, inventário, arrolamento ou concurso de credores, nenhuma alienação será judicialmente autorizada sem a prova de quitação da Dívida Ativa ou a concordância da Fazenda Pública". De fato, o dispositivo não é observado na prática forense e, muitas vezes, a Fazenda Pública sequer é intimada nos feitos recuperacionais e de falência. Atualmente, todavia, esta é uma realidade que está em processo de mudança.

> Art. 46. § 5º A execução fiscal será proposta no foro de domicílio do réu, no de sua residência ou no do lugar onde for encontrado.

Uma vez proposta a execução em um dos foros concorrentes listados no dispositivo supracitado, aplica-se a regra da *perpetuatio jurisdictionis*, ou seja, alterando-se o domicílio do executado, mantem-se o feito no foro cuja competência já foi fixada. Nesse sentido, enunciado nº 58 da súmula do STJ: "Proposta a execução fiscal, a posterior mudança de domicílio do executado não desloca a competência já fixada".

5. INTIMAÇÃO PESSOAL

Quando de seu advento, umas das inovações trazidas pela LEF foi o regramento especial consagrando a prerrogativa de intimação pessoal do representante judicial da Fazenda Pública. Nos termos do art. 25:

> Art. 25 - Na execução fiscal, qualquer intimação ao representante judicial da Fazenda Pública será feita pessoalmente.
>
> Parágrafo Único - A intimação de que trata este artigo poderá ser feita mediante vista dos autos, com imediata remessa ao representante judicial da Fazenda Pública, pelo cartório ou secretaria.

Àquela altura, não havia no CPC/73 qualquer regramento especial que consagrasse tal prerrogativa à Fazenda Pública em juízo.

No CPC atual, a Fazenda Pública conta com dispositivo codificado instituindo a prerrogativa de intimação pessoal por carga, remessa ou meio eletrônico (=pelos sistemas de processo judicial eletrônico)[9], tudo conforme o art. 183, §1º. Não é admitida a intimação do ente público através do Diário Oficial, por Edital, por carta ou mesmo por correio eletrônico (=e-mail).

9. A intimação eletrônica se dá por meios dos sistemas de processo judicial eletrônico disponibilizados pelo Judiciário. Não se confunde com a publicação no diário de justiça em meio virtual (chamado de diário de justiça eletrônico ou simplesmente "DJe"). Sobre o tema, definiu o STJ: "(...) 1. Controvérsia acerca da contagem de prazo recursal na hipótese de duplicidade de intimações, um via DJe e outra por meio de portal eletrônico. 2. "As intimações serão feitas por meio eletrônico em portal próprio aos que se cadastrarem na forma do art. 2º desta Lei, dispensando-se a publicação no órgão oficial, inclusive eletrônico" (art. 5º, 'caput', Lei 11.419/2006, sem grifos no original). 3. Prevalência da intimação eletrônica sobre a intimação via DJe, na hipótese de duplicidade de intimações. Entendimento em sintonia com o CPC/2015. 4. Contagem do prazo recursal a partir da data em que se considera realizada a intimação eletrônica" (STJ, Agl no AResp. 903.091/RJ, 3ª Turma. Relator Ministro Paulo de Tarso Sanseverino, Info. 601).

Atualmente, portanto, à importantíssima previsão do art. 25 da LEF, uma vez especial, foi abarcada como regra geral para a atuação da Fazenda Pública em juízo. O dispositivo permanece vigente, refletindo o regramento geral.

6. PROCEDIMENTO

Nos termos do art. 6°, *caput*, da LEF, a petição inicial da execução fiscal indicará apenas o juízo a quem é dirigida, o pedido e o requerimento para a citação. Todavia, em vista que a própria CDA – que integra exordial – contém os dados do devedor e da inscrição em dívida ativa, os elementos da petição inicial se assemelham bastante aqueles previstos no art. 319 do CPC. **Admite-se, inclusive, que CDA e petição inicial constituam um documento único.**

De toda sorte, em face ao regramento específico do art. 6°, entende-se que a ausência de elementos como a indicação do CPF/CNPJ ou RG do executado, ou a ausência de demonstrativo de cálculo do débito **não** impedem a admissibilidade da exordial[10].

A primeira parte do §1° do art. 6°, impõe que a petição inicial seja instruída com a CDA. Em verdade, **admite-se que se cumule, em uma mesa exordial, a execução de diversas CDAs, todas, claro, reunidas na inicial.** É medida de eficiência e, ao menos em nas execuções fiscais promovidas pela PGFN, fenômeno bastante comum.

A segunda parte do §1° e o §2°, todavia, trazem a previsão de técnica especial que não possui previsão no CPC para qualquer outro título executivo extrajudicial: **a possibilidade de CDA (título executivo) e petição inicial integrarem um mesmo documento**. A certidão de dívida ativa pode ser transcrita na própria inicial, formando-se o documento, inclusive, de forma eletrônica.

O valor da causa é o valor atualizado da CDA (capital atualizado, mais juros, multa de mora e demais encargos) e honorários.

10. Nesse sentido, o enunciado n° 558 da súmula do STJ: "Em ações de execução fiscal, a petição inicial não pode ser indeferida sob o argumento da falta de indicação do CPF e/ou RG ou CNPJ da parte executada".
Ainda, o enunciado n° 559: "Em ações de execução fiscal, é desnecessária a instrução da petição inicial com o demonstrativo de cálculo do débito, por tratar-se de requisito não previsto no art. 6° da Lei n. 6.830/1980".

No caso das execuções fiscais cujos créditos são de natureza tributária e previdenciária inscritos em dívida ativa da União, **não há falar em honorários em razão da incidência do encargo legal** no percentual de 20% (Dec.-lei n° 1.025/69 e Dec-lei n° 2.471/1988), já fixado no valor consolidado do débito e destinado ao custeio do sistema de cobrança da dívida, incluídos os honorários advocatícios.

Nas demais espécies de execução fiscal em que **não houver a inclusão do encargo legal, a fixação dos honorários se dará com base no art. 827 do CPC**, no percentual de 10%.

Note-se, nesse sentido, que "os honorários advocatícios da execução fiscal federal estão englobados no encargo, inclusive no que se refere aos embargos à execução"[11], quer dizer, julgados improcedentes os embargos à execução fiscal proposta pela União, presente o encargo legal no cálculo do valor consolidado da dívida, **não** haverá incidência de novos honorários.

Há diversos entendimentos do STJ referentes à fixação de honorários em execução fiscal, que merecem atenção. Vejamos.

Sobre a **legitimidade dos encargos legais**:

> "PROCESSUAL CIVIL. EXECUÇÃO FISCAL. ART. 535 DO CPC/1973. VIOLAÇÃO. INEXISTÊNCIA. SUCUMBÊNCIA DO CONTRIBUINTE. ENCARGO DO DL N. 1.025/1969. REVOGAÇÃO PELO CPC/2015. INEXISTÊNCIA. PRINCÍPIO DA ESPECIALIDADE. OBSERVÂNCIA. (...) 2. O encargo do DL n. 1.025/1969, embora nominado de honorários de sucumbência, não tem a mesma natureza jurídica dos honorários do advogado tratados no CPC/2015, razão pela qual esse diploma não revogou aquele, em estrita observância ao princípio da especialidade. 3. Hipótese em que o Tribunal Regional Federal da 2ª Região, mantendo a incidência do encargo do DL n. 1.025/1969 na sucumbência do contribuinte executado, acertadamente rejeitou a aplicação do escalonamento dos honorários estabelecido no § 3º do art. 85 do CPC/2015 às execuções fiscais. 4. Recurso especial não provido" (STJ. 1ª Turma. REsp 1.798.727-RJ, Rel. Min. Gurgel de Faria, julgado em 09/05/2019).

Ainda, o enunciado n° 400 da Súmula: "O encargo de 20% previsto no DL n. 1.025/1969 é exigível na execução fiscal proposta contra a massa falida".

11. BARROS, Guilherme Freire de Melo. *Poder Público em Juízo para concursos*. Salvador: Juspodivm, 2019, p. 198.

Sobre **a fixação dos honorários advocatícios com fundamento no art. 827 do CPC, afastando os percentuais do art. 85, §3° do mesmo código**:

> "PROCESSUAL CIVIL E TRIBUTÁRIO. AÇÃO DE EXECUÇÃO FISCAL. DESPACHO INICIAL. FIXAÇÃO DE HONORÁRIOS ADVOCATÍCIOS INICIAIS. APLICAÇÃO SUBSIDIÁRIA DO ART. 827, § 1º, DO CPC/2015. DIVERGÊNCIA JURISPRUDENCIAL. ANÁLISE PREJUDICADA. (...) 4. A discussão dos autos é saber se, na Execução Fiscal, quando não incluídos como encargo na CDA, os honorários provisórios arbitrados no despacho do juiz que ordena a citação devem observar o percentual estabelecido no art. 827 ou as faixas do art. 85, § 3°, todos do Código de Processo Civil/2015. (...) 6. O CPC/2015, nos arts. 523, § 1º, e 827, prevê o pagamento de honorários tanto na fase de cumprimento de sentença como no processo de execução, estabelecendo, em ambos os casos, o percentual fixo de 10% (dez por cento). 7. Também em ambos os casos, o Código concede benefício ao devedor que satisfizer o crédito exequendo voluntariamente. No cumprimento de sentença, os honorários só serão devidos se não houver pagamento no prazo de quinze dias contados da intimação para pagamento voluntário (art. 523, caput e § 1º). E, no processo de execução, embora no mandado citatório seja fixada ab initio a verba honorária, "[n]o caso de integral pagamento no prazo de 3 (três) dias, o valor dos honorários advocatícios será reduzido pela metade" (art. 827, § 1º). 8. Como se vê, se a verba honorária na fase de conhecimento está condicionada ao trabalho que se exigiu do advogado (art. 85, § 2º) e, mesmo nas causas em que a Fazenda Pública for parte, tem quantificação variável (art. 85, § 3º), nos procedimentos executivos o percentual de 10% (dez por cento) é dado pela lei, sendo "ilegal o juiz fixar percentual inferior ou superior" (ASSIS, Araken de. Manual da Execução. 20 ed. São Paulo: Thomson Reuters Brasil, 2018, p. 805). A exclusão dessa verba (art. 523, caput e § 1º) ou sua redução à metade (art. 827, § 1º) condicionam-se única e exclusivamente ao comportamento do devedor. 9. A norma especial, no caso, não é o § 3º do art. 85, que versa sobre honorários definitivos na fase de conhecimento, mas o art. 827, que, compondo a sistemática legal dos honorários provisórios nos procedimentos executivos, "concede ao executado um estímulo para que satisfaça o mais rapidamente possível a execução" (WAMBIER, Teresa Arruda Alvim... [et al.], 2. ed. São Paulo: RT, 2016, p. 1.298). A regra do art. 85, § 3º, somente poderia ser considerada especial em relação ao art. 827 se disciplinasse concretamente os honorários provisórios. (...)"

> (STJ. 2ª Turma. AgInt no AREsp 1.738.784-GO, Rel. Min. Herman Benjamin, julgado em 05/10/2021).

Por último, sobre a incidência de honorário advocatícios, uma situação específica em que há, atualmente, divergência entre a 1ª e a 2ª Turma do STJ. A 1ª Turma entende que uma vez proposta a execução, se antes mesmo da citação o devedor efetua o pagamento do crédito tributário, **haverá**, mesmo assim, condenação em honorários advocatícios (STJ. 1ª Turma. REsp 1931060/PE, Rel. Min. Manoel Erhardt (Des. Conv. TRF5), julgado em 14/09/2021). Por outro lado, a 2ª Turma entende que uma vez proposta a execução, se antes mesmo da citação o devedor efetua o pagamento do crédito tributário, **não haverá** condenação em honorários advocatícios (STJ. 2ª Turma. REsp 1.927.469-PE, Rel. Min. Og Fernandes, julgado em 10/08/2021). Importante acompanhar o desenvolvimento do tema, especialmente para as execuções fiscais estaduais e municipais.

Sigamos.

Quanto ao pedido de produção de provas a ser requerido na inicial, há expressa dispensa quanto a esta exigência no §3°, do art. 6°, ao dispor que "*A produção de provas pela Fazenda Pública independe de requerimento na petição inicial*".

Deferida a inicial, o despacho do magistrado contará com a ordem para a prática de atos sucessivos. Vejamos:

> Art. 7º - O despacho do Juiz que deferir a inicial importa em ordem para:
>
> I - citação, pelas sucessivas modalidades previstas no artigo 8º;
>
> II - penhora, se não for paga a dívida, nem garantida a execução, por meio de depósito, fiança ou seguro garantia;
>
> III - arresto, se o executado não tiver domicílio ou dele se ocultar;
>
> V - avaliação dos bens penhorados ou arrestados.

Primeiro, deverá o magistrado ordenar a citação. A Fazenda Pública não arcará com os custos da prática do ato, salvo se restar, ao final, vencida.

A regra de que a Fazenda Pública não arcará com os custos da citação, devendo-os recolhê-los apenas ao final, caso reste vencida, é resultado da interpretação que dá o STJ ao art. 39 da lei n°

6.830/80. Veja-se a tese fixada na apreciação do tema nº 1054 dos Recursos Repetitivos: "A teor do art. 39 da Lei 6.830/80, a fazenda pública exequente, no âmbito das execuções fiscais, está dispensada de promover o adiantamento de custas relativas ao ato citatório, devendo recolher o respectivo valor somente ao final da demanda, acaso resulte vencida".

Admite-se a citação por todas de suas formas. Há aqui uma regra especial quanto ao início do prazo: **considera-se realizada a citação na data de entrega da carta no endereço do executado ou, se a data for omitida no aviso de recepção, 10 (dez) dias após a entrega da carta à agência postal** (art. 8º, II).

É possível a realização da citação por Oficial de Justiça a **requerimento do ente público** exequente ou se frustrada a citação por carta, quer dizer, **se o AR não retornar em 15 (quinze) dias da entrega da carta à agência postal** (art. 8º, III).

É preciso atentar à recente alteração promovida no CPC pela lei nº 14.195/2021, tornando preferencial a citação por meio eletrônico. Em nossa opinião, **esta alteração impacta também a LEF**. Quer dizer, a lei nº 6.830/80 apenas consagrava regra semelhante ao tratamento geral da realização da citação por carta, adotada como técnica comum pelo CPC. A alteração legislativa torna preferencial a citação por meio dos endereços eletrônicos indicados pelo citando no banco de dados do Poder Judiciário, conforme regulamento do Conselho Nacional de Justiça. **Parece-nos, portanto, que a novidade se aplica, sem tirar nem pôr, às execuções fiscais**. De toda sorte, decidimos manter a nossa exposição focada no texto da LEF em vista da ausência, ainda, de posicionamento jurisprudencial a respeito do tema.

É possível a citação por edital **desde que frustradas as demais modalidades**[12] ou se o executado estiver ausente do país. O art. 8º, IV, traz os requisitos do edital, que deverá ser afixado na sede do Juízo e publicado uma só vez em diário oficial. Terá prazo de 30 (trinta) dias (ou 60, no caso de o executado estar ausente do país), e conterá apenas i) a indicação do exequente, ii) o nome do devedor e dos corresponsáveis, iii) a quantia devida, a natureza da dívida, a data e o número da CDA, iv) o prazo e o endereço da sede do Juízo.

12. Enunciado nº 414 da Súmula do STF: "A citação por edital na execução fiscal é cabível quando frustradas as demais modalidades".

Dando-se a citação por edital, é o caso de nomeação de curador especial (art. 72, II, CPC), inclusive com legitimidade para apresentação de embargos à execução e, da mesma forma, as demais espécies de defesa admitidas.

Admitida a petição inicial, **o devedor é citado para no prazo de 5 (cinco) dias pagar a dívida ou garantir a execução oferecendo bens à penhora ou depositando o valor devido.** O despacho com a ordem de citação interrompe o prazo de prescrição (art. 8°, §2°, da LEF).

Caso o devedor permaneça inerte, após a citação, abre-se o caminho para realização dos atos constritivos de seu patrimônio, especialmente a busca de bens e ativos passíveis de penhora.

Atente-se que caso a citação haja se realizado por edital, será nomeado curador especial. Nesse sentido, há o enunciado n° 196 da Súmula do STJ: "Ao executado que, citado por edital ou por hora certa, permanecer revel, será nomeado curador especial, com legitimidade para apresentação de embargos".

Ainda, **admite-se na execução fiscal a inscrição do devedor nos cadastros de inadimplentes**[13]. Veja-se a tese firmada no tema n° 1026 dos Recursos Repetitivos: "O art. 782, §3º do CPC é aplicável às execuções fiscais, devendo o magistrado deferir o requerimento de inclusão do nome do executado em cadastros de inadimplentes, preferencialmente pelo sistema SERASAJUD, independentemente do esgotamento prévio de outras medidas executivas, salvo se vislumbrar alguma dúvida razoável à existência do direito ao crédito previsto na Certidão de Dívida Ativa - CDA".

Realizando-se o pagamento total da dívida, dá-se a extinção da execução fiscal. Admite-se o pagamento parcial, da parcela que o executado julgar incontroversa (art. 9°, §6°, LEF), seguindo-se a discussão judicial quanto à parcela controversa.

Não intentando pagar, abre-se ao devedor a possibilidade de oferecer garantia à execução, cuja prova será juntada aos autos.

> Art. 9º Em garantia da execução, pelo valor da dívida, juros e multa de mora e encargos indicados na Certidão de Dívida Ativa, o executado poderá:

---

13. Tratamos do tema, com maior profundidade, em: AVELINO, Murilo Teixeira. *Processo Civil – tutela executiva, processo nos tribunais, precedentes e recursos.* Salvador: Juspodivm, 2021.

I - efetuar depósito em dinheiro, à ordem do Juízo em estabelecimento oficial de crédito, que assegure atualização monetária;

II - oferecer fiança bancária ou seguro garantia;

III - nomear bens à penhora, observada a ordem do artigo 11; ou

IV - indicar à penhora bens oferecidos por terceiros e aceitos pela Fazenda Pública.

Oferecido depósito, está aberto o prazo para apresentação dos embargos à execução fiscal. Nos termos do art. 9°, I, da LEF, o depósito em dinheiro deverá ser realizado à ordem do Juízo, em estabelecimento oficial de crédito, como forma de garantir a atualização monetária da quantia (art. 32, §1°), para que não haja redução real do valor depositado enquanto perdurar a litispendência. Apenas o depósito em dinheiro cessa a responsabilidade do executado pela atualização monetária e juros de mora (art. 9°, §4°, LEF).

Os depósitos, nas execuções fiscais propostas pela União, serão feitos obrigatoriamente na Caixa Econômica Federal. Nas execuções propostas pelos Estados, Distrito Federal e Municípios, o depósito será realizado na Caixa Econômica Federal ou no banco oficial da unidade federativa (art. 32, *caput*).

O mesmo procedimento é realizado quando a penhora recai sobre numerário (art. 11, §2°).

Caso sejam oferecidos fiança bancária ou seguro garantia, ou outros bens à penhora, o exequente será intimado para se manifestar sobre a idoneidade da garantia (por exemplo, se a fiança bancária obedece as condições pré-estabelecidas pelo Conselho Monetário Nacional, conforme disposto no art. 9°, §5°).

A nomeação de bens à penhora pelo executado deve respeitar a ordem de prioridade instituída no art. 11 da LEF (art. 9°, III).

O art. 4°, §3°, da LEF traz importante regra ao permitir que os demais responsáveis pelo débito executado também indiquem bens livres e desembaraçados do devedor. É que os bens dos responsáveis também se sujeitam ao adimplemento do débito inscrito em dívida ativa (possuem *responsabilidade* sem *dívida*) se os bens do devedor não forem suficientes. Por isso, **permite-se a indicação pelos responsáveis, interessados diretamente na proteção do seu próprio patrimônio**.

Havendo aceitação dos bens oferecidos, **lavra-se o termo de penhora**. Intimado o devedor, está aberto o prazo para embargos à execução fiscal.

Caso sejam rejeitados os bens oferecidos ou simplesmente se mantenha inerte o executado, caberá ao magistrado proceder à tentativa de penhora dos bens do executado, seja através da tentativa de bloqueio online via sistema SISBAJUD[14] ou ordenando penhora e avaliação por Oficial de Justiça *in loco*. A penhora poderá recair sobre qualquer bem do executado, exceto aqueles que a lei declare absolutamente impenhoráveis (art. 10).

Cabe ao Oficial de Justiça lavrar o termo de penhora, contendo a descrição detalhada dos bens penhorados e sua avaliação.

Caso sua atuação do meirinho ou de quaisquer outros auxiliares de justiça seja defeituosa (culposa ou dolosamente), causando prejuízo à execução, é possível a responsabilização civil, penal e administrativa (art. 37, *caput*). Ao Oficial de Justiça, impõe-se um prazo de 10 (dez) dias para efetuar as diligências que lhe forem ordenadas, salvo motivo de força maior devidamente justificado perante o juízo (art. 37, p.ú.).

Realizada a penhora, será registrada independentemente do pagamento de custas e outras despesas (art. 7°, IV, da LEF). Caberá ao meirinho entregar a cópia do termo ou auto de penhora no órgão próprio de registro do bem, quando for o caso (art. 14).

O executado será intimado mediante publicação, no órgão oficial, do ato de juntada do termo ou do auto de penhora. Recaindo sobre imóvel, deve-se intimar também o cônjuge (art. 12).

Admite-se também a realização da penhora pessoalmente ao executado caso não tenha ele recebido a carta de citação (art. 12,

---

14. Ainda que não se trate propriamente de precedente referente ao rito especial da execução fiscal, há uma importante tese fixada pelo STJ no tema 1012 dos Recursos Repetitivos, **entendendo, como regra, pela manutenção do bloqueio de contas e ativos financeiros quando o parcelamento do crédito fiscal se dá após a realização do ato constritivo**. Trata-se de tema com enorme incidência prática, pois diversas negociações com a Fazenda Pública são entabuladas apenas após a realização da constrição dos ativos financeiros. Veja-se: "O bloqueio de ativos financeiros do executado via sistema BACENJUD, em caso de concessão de parcelamento fiscal, seguirá a seguinte orientação: (i) será levantado o bloqueio se a concessão é anterior à constrição; e (ii) fica mantido o bloqueio se a concessão ocorre em momento posterior à constrição, ressalvada, nessa hipótese, a possibilidade excepcional de substituição da penhora online por fiança bancária ou seguro garantia, diante das peculiaridades do caso concreto, mediante comprovação irrefutável, a cargo do executado, da necessidade de aplicação do princípio da menor onerosidade".

§3º), ou mesmo se estiver presente no ato de realização da penhora. Esta segunda hipótese, inclusive, é bastante comum na prática, em vista que o próprio devedor, em diversas oportunidades, acompanha a diligência do Oficial de Justiça e é, ele mesmo, nomeado o depositário do próprio bem penhorado[15]. Penhora e intimação podem se dar, portanto, na mesma oportunidade.

Intimado o executado da penhora, inicia-se o prazo para manejo dos embargos à execução fiscal.

Caso os embargos não sejam apresentados ou restarem rejeitados com trânsito em julgado, será possível prosseguir com a constrição patrimonial.

Uma vez adimplido o crédito, extingue-se a execução (art. 924, II, do CPC).

7. RESPONSABILIDADE PATRIMONIAL NA EXECUÇÃO FISCAL

O tema é tratado nos arts. 789 e seguintes do CPC, que se comunica com o regramento da LEF. A regra de ouro é a de que se submete à execução civil o patrimônio do devedor ou do responsável. A **responsabilidade se caracteriza como a *sujeição patrimonial* à satisfação de um crédito**. Os **bens que respondem pela dívida são os presentes e futuros**. Os *presentes* são aqueles identificados no momento de propositura da execução. Os *futuros* são aqueles que, impossibilitado o adimplemento pelos *presentes*, podem vir a responder caso adentrem na esfera patrimonial do devedor ou do responsável.

Também não se pode excluir da responsabilização, *lege lata*, os bens *passados*, especialmente quando sua alienação se dá visando evitar o adimplemento, frustrando-se a execução. É esta a ideia que fundamenta a previsão da *fraude à execução*, cujo marco de verificação para a execução da dívida ativa, se dá **a partir da inscrição em dívida publicada nos órgãos oficiais de comunicação.**

É o art. 30 da LEF que se ocupa do tema:

> Art. 30 - Sem prejuízo dos privilégios especiais sobre determinados bens, que sejam previstos em lei, responde pelo pagamento da Dívi-

15. Sobre o tema, atente-se ao enunciado nº 68 do Fórum Nacional do Poder Público: "A responsabilidade do depositário infiel, prevista no art. 161, parágrafo único, do CPC, aplica-se à execução fiscal".

> da Ativa da Fazenda Pública a totalidade dos bens e das rendas, de qualquer origem ou natureza, do sujeito passivo, seu espólio ou sua massa, inclusive os gravados por ônus real ou cláusula de inalienabilidade ou impenhorabilidade, seja qual for a data da constituição do ônus ou da cláusula, excetuados unicamente os bens e rendas que a lei declara absolutamente impenhoráveis.

Veja-se, portanto, que a lei oferece especial preferência ao adimplemento do crédito público.

Atente-se ainda, desde logo, que existem bens não atingidos pela execução. Dá-se, por exemplo, com os bens de família e com os indispensáveis à continuidade da atividade profissional. Em suma: há *impenhorabilidades* decorrentes da proteção da dignidade da pessoa humana e do mínimo existencial, conforme as hipóteses inscritas no art. 833 do CPC.

A doutrina é tranquila no entendimento de que **as regras de impenhorabilidade devem ser expressas e interpretadas restritivamente**. É que a responsabilidade patrimonial atinge os bens presentes e futuros do executado (art. 789 do CPC), de forma ampla. Assim, somente será abarcado pela impenhorabilidade o bem que a lei expressamente atribua o caráter de impenhorável.

As regras do CPC, portanto, complementam a LEF no que refere ao regramento da responsabilidade patrimonial[16].

8. ORDEM PREFERENCIAL DE PENHORA

Depósito em dinheiro, apresentação de fiança bancária, seguro garantia ou penhora de bens do executado produzem o mesmo efeito: *garantir a execução* (art. 9°, §3°, LEF). Quer dizer, vincula-se aos autos garantia de adimplemento da obrigação.

Há uma ordem preferencial para a penhora instituída no art. 11 da lei n° 6.830/80. A *preferência legal* prevista impõe uma conclusão inicial: **não há *onerosidade excessiva* no respeito à ordem de preferência**.

16. Remetemos o leitor a outra obra, onde tratamos mais detalhadamente sobre o tema: AVELINO, Murilo Teixeira. *Processo Civil – tutela executiva, processo nos tribunais, precedentes e recursos*. Salvador: Juspodivm, 2021.

Quer dizer que cabe ao magistrado seguir o disposto no art. 11, faixa a faixa, penhorando os bens do devedor que ali se identifiquem, até o limite do valor da execução. O respeito à regra não precisa ser motivado.

Existe limitação, obviamente, nos casos de impenhorabilidade, aplicando-se aqui o disposto no art. 833 do CPC.

Impõe-se a penhora em dinheiro como preferencial, inclusive porque facilita o adimplemento. O **desrespeito à ordem de penhora precisa ser justificado, ainda que possível, no caso concreto**. Os princípios da adequação, da menor onerosidade da execução e da proteção dos interesses do exequente devem fundamentar a relativização da ordem. Aqui, é perfeitamente aplicável a autorização contida no §1° do art. 835 do CPC:

> Art. 835, § 1º. É prioritária a penhora em dinheiro, podendo o juiz, nas demais hipóteses, alterar a ordem prevista no caput de acordo com as circunstâncias do caso concreto.

A lei de execuções fiscais prevê em seu art. 11, a ordem a ser obedecida na penhora ou arresto[17]: i) dinheiro; ii) título da dívida pública, bem como título de crédito, que tenham cotação em bolsa; iii) pedras e metais preciosos; iv) imóveis; v) navios e aeronaves; vi) veículos; vii) móveis ou semoventes; e viii) direitos e ações.

Dispõe ainda o §1° do art. 11 da LEF que, *excepcionalmente, a penhora poderá recair sobre estabelecimento comercial*[18]*, industrial ou agrícola, bem como em plantações ou edifícios em construção.* O estudo do tema deve ser feito tendo em conta o disposto no art. 791 e 862 do CPC[19].

Da mesma forma, a LEF se comunica com o CPC quanto às regras a respeito de remoção e depósito do bem penhorado. O § 3° do art. 11 dispõe que o *juiz ordenará a remoção do bem penhorado para depósito judicial, particular ou da Fazenda Pública exequente,*

---

17. O arresto de bens previsto no art. 830 do CPC é aplicável à execução fiscal. Nesse sentido, o enunciado n° 70 do Fórum Nacional do Poder Público: "Em execução fiscal é cabível o arresto executivo do artigo 830 do CPC mediante indisponibilidade de valores e ativos financeiros".
18. Enunciado n° 451 da Súmula do STJ: *"É legítima a penhora da sede do estabelecimento comercial"*.
19. Trabalhamos o tema em outra obra, para onde remetemos o leitor: AVELINO, Murilo Teixeira. *Processo Civil – tutela executiva, processo nos tribunais, precedentes e recursos.* Salvador: Juspodivm, 2021.

sempre que esta o requerer, em qualquer fase do processo. Podem ser aplicadas aqui as regras do art. 840 do CPC. Na prática, todavia, muito raramente os bens são de fato removidos. Na maioria dos casos o próprio devedor ou representante legal (quando o devedor é pessoa jurídica) são nomeados como depositários dos bens penhorados.

Sendo infrutífera a busca de bens do devedor, e tendo-se exaurido as diligências sem qualquer resultado útil, permite-se a decretação de indisponibilidade genérica de bens e direito, conforme previsto no art. 185-A do CTN[20].

Nada obstante a abrangência da medida, na prática, não se mostra muito frutífera para a efetiva recuperação do crédito público.

8.1. Substituição da penhora por dinheiro, fiança bancária e seguro-garantia

Como dito acima, com fulcro no art. 835, §1°, do CPC, é preferencial a garantia da execução em dinheiro. Quer dizer o seguinte: não há uma plena *igualdade na preferência* entre a penhora ou depósito em dinheiro e o oferecimento de fiança bancária ou seguro garantia. **Sempre, em execuções de obrigação de pagar, a preferência é pela garantia do juízo com numerário**. O que a ordem jurídica admite, todavia, é que se equipare ao dinheiro a fiança bancária ou o seguro garantia para fins de substituição da penhora. Não havendo dinheiro em espécie ou aplicação bancária a ser penhorada, prefere-se sempre o oferecimento da fiança ou seguro. Aqui, **não há falar em penhora, mas da garantia espontânea do juízo pelo executado**. Instado a pagar ou garantir o juízo, pode oferecer fiança ou seguro, não sendo o caso de o exequente recusa-los em prol de uma – apenas eventualmente frutífera – tentativa de bloqueio de contas e ativos financeiros.

Se vertermos os olhos ao art. 11 da LEF e ao art. 835, *caput*, do CPC, identificaremos uma ordem de bens a serem constritos. **Caso o executado tenha penhorado bem de sua titularidade *diferente de dinheiro*, poderá liberá-lo pelo oferecimento da fiança bancária ou do seguro garantia**. Equipara-se, portanto, ao dinheiro, para efeitos

20. Enunciado n° 560 da Súmula do STJ: "A decretação da indisponibilidade de bens e direitos, na forma do art. 185-A do CTN, pressupõe o exaurimento das diligências na busca por bens penhoráveis, o qual fica caracterizado quando infrutíferos o pedido de constrição sobre ativos financeiros e a expedição de ofícios aos registros públicos do domicílio do executado, ao Denatran ou Detran".

de *substituição da penhora*, preferindo aos demais bens e servindo, caso deseje o executado, para evitar constrição patrimonial sobre seu patrimônio.

Todavia, **a Fazenda Pública poderá recusar a substituição de dinheiro efetivamente constrito por qualquer outra garantia, inclusive fiança bancária ou seguro garantia.**

Obviamente, seguro garantia e fiança bancária não podem ser penhorados. Por isso, não constam do rol do art. 11 da LEF ou do art. 835 do CPC.

É esta a lição que se pode extrair do atual §2° do art. 835 do código:

> § 2º Para fins de substituição da penhora, equiparam-se a dinheiro a fiança bancária e o seguro garantia judicial, desde que em valor não inferior ao do débito constante da inicial, acrescido de trinta por cento.

Perceba-se que a admissibilidade da fiança bancária e do seguro garantia, para efeitos de substituição da penhora, condiciona-se ao oferecimento de **apólice acrescida de 30% do valor da execução.**

O executado pode requer a substituição da penhora. Há um requisito específico e cumulativo: **comprovar que a substituição será menos onerosa a si e não trará qualquer prejuízo ao exequente**. A **substituição do bem penhorado por *dinheiro* sempre será permitida**, pois nunca poderá causar prejuízo ao exequente. Equipara-se, para este efeito, o oferecimento de fiança bancária ou seguro garantia, desde que idôneos e capazes de assegurar o adimplemento total da obrigação[21].

Sobre o tema, manifestou-se o STJ:

> "(...) 10. Dentro do sistema de execução, a fiança bancária e o seguro garantia judicial produzem os mesmos efeitos jurídicos que o dinhei-

---

21. O STJ tem precedente no sentido de que a idoneidade do seguro garantia exige que a apólice tenha **validade indeterminada**. Veja-se: "(...) 2. Em que pese o entendimento desta Corte Superior seja pela possibilidade de oferecimento de seguro-garantia para assegurar a execução fiscal, observa-se que o Tribunal de origem entendeu pela sua inidoneidade na espécie, por apresentar prazo de vigência determinado, entendimento que se coaduna com a jurisprudência desta Corte. Precedentes: AgInt no AREsp 1.432.613/RJ, Rel. Ministra ASSUSETE MAGALHÃES, SEGUNDA TURMA, julgado em 01/03/2021, DJe 08/03/2021; AgInt no REsp 1.874.712/MG, Relator Ministra REGINA HELENA COSTA, PRIMEIRA TURMA, DJe 11/12/2020; AgInt no AREsp 1.044.185/PR, Rel. Ministro FRANCISCO FALCÃO, SEGUNDA TURMA, DJe 23/10/2017" (STJ. AgInt no REsp 1.924.099-MG, Rel. Min. Benedito Gonçalves, 1ª Turma. Julgado em 24/05/2022).

> ro para fins de garantir o juízo, não podendo o exequente rejeitar a indicação, salvo por insuficiência, defeito formal ou inidoneidade da salvaguarda oferecida. 11. Por serem automaticamente conversíveis em dinheiro ao final do feito executivo, a fiança bancária e o seguro garantia judicial acarretam a harmonização entre o princípio da máxima eficácia da execução para o credor e o princípio da menor onerosidade para o executado, a aprimorar consideravelmente as bases do sistema de penhora judicial e a ordem de gradação legal de bens penhoráveis, conferindo maior proporcionalidade aos meios de satisfação do crédito ao exequente" (STJ, Resp. 1.691.748/PR, 3ª Turma. Relator Ministro Ricardo Villas Bôas, Info. 615).

Ainda, importante atentar que **o oferecimento de precatório não equivale ao oferecimento de dinheiro em substituição ao bem penhorado.** Ainda que se admita a penhora de precatório, ao exequente é permitido rejeitar a substituição de bem penhorado por crédito de precatório titularizado pelo executado. Trata-se de **direito de crédito**, enquadrado no art. 11, VIII, da LEF. Nesse sentido, o enunciado nº 406 da súmula do STJ: "A Fazenda Pública pode recusar a substituição do bem penhorado por precatório".

O art. 15, I, da LEF permite ao executado requerer a substituição da penhora a qualquer tempo:

> Art. 15 - Em qualquer fase do processo, será deferida pelo Juiz:
>
> I - ao executado, a substituição da penhora por depósito em dinheiro, fiança bancária ou seguro garantia; e (...)

A regra, inclusive, é reforçada pelo art. 848, p.ú, do CPC.

Por fim, obviamente, em vista que a constrição patrimonial se dá no interesse do exequente, à Fazenda Pública permite-se requerer a substituição dos bens penhoras por outros, independentemente da ordem enumerada no art. 11, bem como o reforço da penhora insuficiente (art. 15, II). Quer dizer, em vista que o maior interessado na realização do pagamento é o próprio credor e que a ele é possível dispor da execução (art. 775 do CPC), tem a faculdade de requerer a substituição da penhora, mesmo que indique bens que estejam em ordem inferior aos substituídos.

8.2. Nomeação de bens de terceiro

A nomeação de bens à penhora pelo executado deve respeitar a ordem de prioridade instituída no art. 11 da LEF (art. 9º, III).

Admite-se que indique bens próprios ou de terceiros desde que, neste caso, haja concordância dos proprietários. Sendo o caso de indicação à penhora de bem imóvel do executado ou de terceiro, será necessário expresso consentimento do respectivo cônjuge (art. 9°, §1°).

Este regramento é complementado, ainda, pelo art. 19 da LEF, que permite ao terceiro cujo bem foi penhorado, remir o bem ou pagar o valor da dívida, como forma de evitar a perda da garantia.

Antes de se efetivar qualquer ato de expropriação, o executado ou o terceiro cujo bem foi dado em garantia, podem oferecer pagamento ou consignar a importância da dívida em juízo como forma de remir a execução.

8.3. Impugnação da avaliação

Como dissemos acima, caberá ao Oficial de Justiça avaliar os bens penhorados. É possível, todavia, que haja impugnação da avaliação pela Fazenda Pública exequente ou pelo próprio executado.

Nos termos do art. 13, §1°, esta impugnação deverá ocorrer antes de publicado o edital do leilão. Nos termos da LEF, ocorrendo a impugnação, caberá ao magistrado nomear avaliador oficial para realizar nova avaliação.

Na prática, inclusive, em razão mesmo do longo período de tempo que decorre desde a penhora até a efetiva marcação do leilão, é comum que a avaliação original precise ser atualizada, cabendo ao magistrado, identificando a defasagem do valor, ordenar nova avaliação do bem penhorado antes da marcação do leilão.

O "avaliador oficial" é um auxiliar de justiça com conhecimento específico necessário à identificação do real valor do bem. É possível que funcione um perito constante da lista do tribunal, seja nomeado órgão oficial com especialização na área ou mesmo particular cuja especialização permita avaliar corretamente o bem penhorado. Por exemplo, caso sejam penhoradas obras de arte, o ideal é que a avaliação se dê por especialistas curadores de arte, que podem ser vinculados a museus públicos, privados ou mesmo galerias de arte.

Não havendo "avaliador oficial" na comarca – ou seja, basicamente um perito na área específica com condições de avaliar o bem, inscrito nos cadastros do tribunal – poderá, como dissemos, ser nomeada pessoa ou entidade com habilitação para realização do ato, a critério do juiz (art. 13, §2°).

Nos termos do art. 13, §3°, da LEF, apresentado o laudo, o magistrado decidirá de plano. Todavia, para evitar a prolação de decisão surpresa, impõe-se sejam ouvidas as partes previamente. Definido o valor, o bem poderá seguir para leilão.

9. REUNIÃO DE EXECUÇÕES

O art. 28 da LEF instituiu uma hipótese especial de modificação de competência para além daquelas prestas no CPC:

> Art. 28 - O Juiz, a requerimento das partes, poderá, por conveniência da unidade da garantia da execução, ordenar a reunião de processos contra o mesmo devedor.
>
> Parágrafo Único - Na hipótese deste artigo, os processos serão redistribuídos ao Juízo da primeira distribuição.

Aqui não há falar em conexão conforme o conceito jurídico positivo consagrado no CPC. Conforme a previsão do art. 28 da LEF, o elemento de semelhança entre as execuções fiscais é a parte, ou seja, o fato de serem propostas em face do mesmo devedor. E a reunião dos feitos somente se justifica caso haja requerimento de ao menos uma das partes e o magistrado verifique sua *oportunidade e conveniência* para proteger a unidade da garantia da execução. Em verdade, trata-se de técnica posta à disposição do Judiciário para evitar conflitos relativos à penhora de bens do devedor. Quer dizer, se há distintas e diversas execuções em face do mesmo devedor, o adimplemento dos créditos cobrados pelo mesmo procedimento e pelo mesmo devedor será mais eficiente se reunidas as demandas.

Em sede de recurso especial repetitivo (tema 392 - Recurso Especial Repetitivo 1.158.766/RJ. Relator Ministro Luiz Fux, Primeira Seção. DJE 22/09/2010), o Superior Tribunal de Justiça fixou a tese: "*A reunião de processos contra o mesmo devedor, por conveniência da unidade da garantia da execução, nos termos do art. 28 da Lei 6.830/80, é uma faculdade outorgada ao juiz, e não um dever*". O tribunal acrescentou alguns requisitos, além dos previstos na LEF (identidade quanto ao executado, requerimento e conveniência da unidade da garantia): i) estarem os feitos em fases processuais análogas; ii) juízos de mesma competência. O entendimento esmiuçou o que já se entendia pelo enunciado nº 515 da Súmula: "A reunião de execuções fiscais contra o mesmo devedor constitui faculdade do Juiz".

O dispositivo, ao fim, restou pouco explorado em sua potencialidade.

10. DEFESA DO EXECUTADO – EMBARGOS À EXECUÇÃO FISCAL

A execução fiscal tem por objeto promover a tutela executiva diante de um crédito público devido e não adimplido. Nos termos do art. 3º da LEF, **o débito regularmente inscrito em dívida ativa goza de presunção de certeza e liquidez**. Esta presunção, todavia, é relativa. Admite-se seja ilidida por *prova inequívoca, a cargo do executado ou terceiro* (art. 3º, p.ú.). Toda a discussão a respeito da legitimidade da exação é feita através das técnicas de defesa colocadas à disposição do executado.

Admite-se a utilização da exceção de pré-executividade como defesa no bojo do procedimento executivo. A vantagem, aqui, é a desnecessidade de garantia do juízo e a possibilidade de questões cognoscíveis de ofício permitirem arguição a qualquer tempo, não se submetendo a prazo preclusivo.

Nesse sentido, enunciado nº 393 da Súmula do STJ: "A exceção de pré-executividade é admissível na execução fiscal relativamente às matérias conhecíveis de ofício que não demandem dilação probatória".

Da mesma maneira, defesas heterotópicas podem ser utilizadas para discutir a obrigação materializada na CDA (por exemplo, as ações declaratórias de inexistência de relação jurídico-tributária e as ações constitutivas negativas do crédito).

Sobre o manejo das defesas em sede de execução fiscal, é importante notar que a redação do art. 38 da LEF não se coaduna com a inafastabilidade da jurisdição. Quer dizer, o dispositivo dever ser lido com ressalvas ao dispor que:

> Art. 38 - A discussão judicial da Dívida Ativa da Fazenda Pública só é admissível em execução, na forma desta Lei, salvo as hipóteses de mandado de segurança, ação de repetição do indébito ou ação

> anulatória do ato declarativo da dívida, esta precedida do depósito preparatório do valor do débito, monetariamente corrigido e acrescido dos juros e multa de mora e demais encargos.
>
> Parágrafo Único - A propositura, pelo contribuinte, da ação prevista neste artigo importa em renúncia ao poder de recorrer na esfera administrativa e desistência do recurso acaso interposto.

Digo: não se exige, para a propositura de defesas heterotópicas o depósito prévio do valor do débito. Nesse sentido o **enunciado nº 28 da Súmula Vinculante**: "É inconstitucional a exigência de depósito prévio como requisito de admissibilidade de ação judicial na qual se pretenda discutir a exigibilidade de crédito tributário".

Da mesma maneira, a depender do objeto da discussão judicial, não se pode exigir do contribuinte a renúncia ao poder de recorrer em esfera administrativa. Em verdade, muitas das ações anti-exacionais precedem mesmo a inscrição em dívida ativa. Assim, é comum que a demanda judicial se dê antes mesmo dos debates perante o Fisco. O que se tem, de fato, é que uma mesma matéria levada ao conhecimento da Jurisdição faz com que o recurso administrativo perca seu objeto. Além disso, não há uma completa incompatibilidade entre os debates administrativos e judiciais. Nada obstante seja de suma importância conhecer o dispositivo, deve-se atentar ao conteúdo que pode ser extraído dele.

Sigamos.

A defesa típica na execução fiscal (assim como na execução civil) são os **embargos à execução fiscal.** Os embargos são defesa típica para o executado originário e também para o eventual litisconsórcio passivo ulterior em razão do redirecionamento da execução[22]. Lembre-se que estamos diante de um instituo que materialmente possui natureza de defesa contra a execução, embora manejado em processo autônomo.

Há uma especificidade que afasta o regime da execução fiscal daquele previsto no CPC: **a necessidade de garantia da execução para manejar os embargos**. Esta previsão está contida no art. 16, §1º, da LEF:

> Art. 16, § 1º. Não são admissíveis embargos do executado antes de garantida a execução.

22. Nesse sentido, o enunciado nº 67 do Fórum Nacional do Poder Público: "Em execução fiscal, os embargos do devedor são a via adequada à defesa do executado incluído em litisconsórcio passivo ulterior, em razão de corresponsabilização".

Há certa polêmica quanto a necessidade de garantia do juízo. Parcela da doutrina entende que esta previsão restou revogada com o CPC. É que ela dataria de momento anterior, onde mesmo para os embargos à execução civil havia necessidade de garantia. Seria, portanto, apenas uma reprodução da *regra geral do CPC* à época. Atualmente, como o CPC não mais exige garantia de juízo, entende-se pela revogação do dispositivo. Este posicionamento não prevalece. **A jurisprudência reconhece a necessidade de garantia do juízo para o manejo dos embargos à execução fiscal.**

Excepcionalmente, todavia, **caso o executado demonstre inequivocamente a impossibilidade de oferecer bens à penhora suficientes à garantia do juízo, a jurisprudência admite a dispensa deste requisito.**

Sobre o tema, importantes posicionamentos do STJ.

A Corte anotou em recurso submetido ao rito dos repetitivos, ainda que este não tenha sido o objeto principal da tese: "(...) Em atenção ao princípio da especialidade da LEF, mantido com a reforma do CPC/73, a nova redação do art. 736, do CPC dada pela Lei n. 11.382/2006 - artigo que dispensa a garantia como condicionante dos embargos - não se aplica às execuções fiscais diante da presença de dispositivo específico, qual seja o art. 16, §1º da Lei n. 6.830/80, que exige expressamente a garantia para a apresentação dos embargos à execução fiscal" (Resp. 1.272.827/PE. Relator Ministro Mauro Campbell Marques, Primeira Seção. Julgado em 23/05/2013).

Por outro lado, admite-se a dispensa da garantia do juízo caso o devedor demonstre que não possui patrimônio suficiente. Veja-se:

> "PROCESSUAL CIVIL. EXECUÇÃO FISCAL. EMBARGOS DO DEVEDOR. EXECUTADO. BENEFÍCIO DA JUSTIÇA GRATUITA. PATRIMÔNIO. INEXISTÊNCIA. HIPOSSUFICIÊNCIA. EXAME. GARANTIA DO JUÍZO. AFASTAMENTO. POSSIBILIDADE. (...) 4. A Constituição Federal de 1988, por sua vez, resguarda a todos os cidadãos o direito de acesso ao Poder Judiciário, ao contraditório e à ampla defesa (art. 5º, CF/88), tendo esta Corte Superior, com base em tais princípios constitucionais, mitigado a obrigatoriedade de garantia integral do crédito executado para o recebimento dos embargos à execução fiscal, restando o tema, mutatis mutandis, também definido na Primeira Seção, no julgamento do REsp 1.127.815/SP, na sistemática dos recursos repetitivos. 5. Nessa linha de interpretação,

> deve ser afastada a exigência da garantia do juízo para a oposição de embargos à execução fiscal, caso comprovado inequivocadamente que o devedor não possui patrimônio para garantia do crédito exequendo. 6. Nada impede que, no curso do processo de embargos à execução, a Fazenda Nacional diligencie à procura de bens de propriedade do embargante aptos à penhora, garantindo-se posteriormente a execução. (...) 8. Num raciocínio sistemático da legislação federal aplicada, pelo simples fato do executado ser amparado pela gratuidade judicial, não há previsão expressa autorizando a oposição dos embargos sem a garantia do juízo (...)" (STJ. 1ª Turma. REsp 1487772/SE, Rel. Min. Gurgel de Faria, julgado em 28/05/2019).

Ainda, **admite-se a propositura de demanda cautelar, visando o oferecimento antecipado de garantia**. A utilidade deste tipo de ação é permitir a garantia prévia do crédito, mesmo antes do seu ajuizamento, como forma de viabilizar a **emissão de certidão positiva com efeitos de negativa** em nome do devedor. Veja-se, nesse sentido, julgamento do STJ que concluiu pelo **descabimento de condenação em honorários advocatícios nestas ações, por ausência de causalidade**:

> "PROCESSUAL CIVIL. CAUTELAR DE CAUÇÃO PRÉVIA. HONORÁRIOS ADVOCATÍCIOS. PARTES. RESPONSABILIDADE. INEXISTÊNCIA. 1. A cautelar prévia de caução configura-se como mera antecipação de fase de penhora na execução fiscal e, via de regra, é promovida no exclusivo interesse do devedor. 2. Atribuir ao ente federado a causalidade pela cautelar de caução prévia à execução fiscal representa imputar ao credor a obrigatoriedade da propositura imediata da ação executiva, retirando-se dele a discricionariedade da escolha do momento oportuno para a sua proposição e influindo diretamente na liberdade de exercício de seu direito de ação. 3. Ao devedor é assegurado o direito de inicialmente ofertar bens à penhora na execução fiscal, de modo que também não é possível assentar que ele deu causa indevida à medida cautelar tão somente por provocar a antecipação dessa fase processual (...)" (STJ. 1ª Turma. AREsp 1.521.312-MS, Rel. Min. Gurgel de Faria, julgado em 09/06/2020)

A partir da **efetivação da garantia do juízo** (e não da juntada aos autos do auto do mandado de penhora e avaliação) conta-se o prazo para apresentação dos Embargos.

> Art. 16 - O executado oferecerá embargos, no prazo de 30 (trinta) dias, contados:

> I - do depósito;
>
> II - da juntada da prova da fiança bancária ou do seguro garantia;
>
> III - da intimação da penhora. (...)

Perceba-se que há também distinção quanto ao prazo, se comparado ao regramento geral do CPC. Aqui, **o prazo para embargar é de 30 dias**. Trata-se de **prazo processual e, portanto, deve ser contado em dias úteis**[23].

Da mesma forma, não se aplica a regra do art. 231 do CPC quanto ao início do prazo para manejo dos embargos. Como deixa claro o dispositivo, o prazo se inicia a partir i) da realização do depósito pelo executado; ii) da juntada, pelo executado, da prova de fiança bancária ou do seguro garantia; iii) do momento em que for intimado da realização da penhora, nos termos do art. 12, ou pelo próprio oficial de justiça, **não havendo necessidade de juntada aos autos do termo**.

A cognição nos embargos é ampla, admitindo a aplicação das regras do CPC quanto às matérias que podem ser alegadas.

> Art. 16, § 2º. No prazo dos embargos, o executado deverá alegar toda matéria útil à defesa, requerer provas e juntar aos autos os documentos e rol de testemunhas, até três, ou, a critério do juiz, até o dobro desse limite.

Da mesma forma como nos Embargos previstos no CPC, **não se admite a reconvenção**. Ainda que haja dispositivo expresso, há compreensão jurisprudencial pacífica (após o advento de lei n° 8.383/91, regulando a compensação tributária) admitindo o requerimento de compensação na execução fiscal desde que: a) os créditos a serem compensados não sejam objeto de discussão judicial ou administrativa, estando certos, líquidos e exigíveis (a jurisprudência fala em "direito líquido e certo ao crédito", referenciando-se a impossibilidade de produzir prova a respeito); b) sejam titularizados face a mesma Fazenda que promove a execução fiscal[24].

---

23. Enunciado n° 20 da I Jornada de Direito Processual Civil do CJF: "Aplica-se o art. 219 do CPC na contagem do prazo para oposição de embargos à execução fiscal previsto no art. 16 da Lei n. 6.830/1980".

24. Nesse sentido, enunciado n° 394 da Súmula do STJ: "*É admissível, em embargos à execução, compensar os valores de imposto de renda retidos indevidamente na fonte com os valores restituídos apurados na declaração anual*".

> Art. 16, § 3º. Não será admitida reconvenção, nem compensação, e as exceções, salvo as de suspeição, incompetência e impedimentos, serão argüidas como matéria preliminar e serão processadas e julgadas com os embargos.

Há outra nota a ser feita aqui, quanto à previsão de que a exceção de incompetência será arguida fora das preliminares da contestação. Esta era a regra geral à época, prevista pelo CPC/73 para a exceção de incompetência relativa. Hoje, todavia, nos termos do inciso II do art. 337, tanto a incompetência relativa quanto a absoluta devem ser arguidas em sede de *preliminar* na peça de defesa.

Dessa forma, nos parece que a alteração do CPC impactou também nos embargos à execução civil e fiscal: a incompetência absoluta e relativa poderá ser objeto de preliminar, não havendo razão para se exigir o manejo de exceção instrumental.

Manejados os embargos, serão distribuídos por dependência e autuados em apartado, como a regra geral.

A Fazenda Pública é intimada pessoalmente para se manifestar também em 30 dias (prazo processual específico, contado em dias úteis).

É possível haver audiência de instrução e julgamento (o que raramente ocorre) e diligências para a produção de provas, se for necessário. Apesar de o *caput* do art. 17 utilizar o modo verbal imperativo "*designando, em seguida, audiência de instrução e julgamento*", o ato somente se realizará se houver questão a ser debatida e prova a ser produzida em audiência. Este é o permissivo ao parágrafo único do mesmo dispositivo:

> Art. 17, parágrafo único. Não se realizará audiência, se os embargos versarem sobre matéria de direito, ou, sendo de direito e de fato, a prova for exclusivamente documental, caso em que o Juiz proferirá a sentença no prazo de 30 (trinta) dias.

Restam, portanto, poucas situações em que será necessária a realização do ato presencial.

Os Embargos não possuem efeito suspensivo automático, tendo o STF, inclusive, se manifestado nesse sentido[25]. Aplica-se a regra

25. O STF definiu que o art. 919 do CPC se aplica aos Embargos à Execução Fiscal que, em regra, são recebidos sem efeito suspensivo. Veja-se: "AÇÃO DIRETA DE INCONSTITUCIONALIDADE. ARTS. 739-A

geral prevista no art. 919 do CPC, exigindo-se, para a concessão do efeito suspensivo: a) garantia do juízo; b) requerimento expresso do embargante; c) comprovação dos requisitos da tutela provisória de urgência ou evidência.

Atente-se, todavia, que **há uma regra específica que evita seja ultimada a execução quando garantida por dinheiro**. É que o seu levantamento, nos termos do art. 32, §2°, da LEF, só pode ocorrer após o trânsito em julgado da decisão dos Embargos.

Não se trata de suspender a execução, mas de proteger o particular contra os efeitos do levantamento dos valores antes do trânsito em julgado de sua defesa. É que, admitindo-se o levantamento dos valores pela Fazenda Pública exequente, as verbas seriam destinadas aos cofres públicos e, na eventualidade de os embargos serem julgados definitivamente procedentes, não haveria hipótese de recuperação dos valores senão através do regime de precatórios.

De toda forma, diante da iminência de deterioração dos bens constritos ou dados em garantia, admite-se a realização de alienação antecipada. Realizado tal procedimento, o produto da venda será depositado à conta do juízo, em garantia da execução, nos mesmos termos previstos no inciso 9°, I, supra comentado (art. 21).

Os embargos à execução fiscal são julgados por sentença. Em seu julgamento, com ou sem resolução de mérito[26], haverá a condenação em honorários advocatícios, salvo de estivermos diante de execução fiscal federal em cujo valor consolidado já foi incluído o encargo legal (conforme tratamos acima).

DO CÓDIGO DE PROCESSO CIVIL DE 1973 E 919 DO CÓDIGO DE PROCESSO CIVIL DE 2015. EMBARGOS À EXECUÇÃO. AUSÊNCIA DE EFEITO SUSPENSIVO AUTOMÁTICO. APLICABILIDADE DESSAS NORMAS À EXECUÇÃO FISCAL. AUSÊNCIA DE OFENSA AO DEVIDO PROCESSO LEGAL, AO CONTRADITÓRIO, À AMPLA DEFESA E AO DIREITO DE PROPRIEDADE E AOS PRINCÍPIOS DA RAZOABILIDADE, DA PROPORCIONALIDADE E DA ISONOMIA. AÇÃO DIRETA JULGADA IMPROCEDENTE" (STF, Plenário. ADI 5165-DF, Rel. Min. Cármen Lúcia, julgado em 21/02/2022).

A conclusão a que chegamos, portanto, é que **os embargos à execução fiscal não possuem efeito suspensivo automático**. É esta mesma a compreensão do STJ, que fixou tese repetitiva (tema 526): "A atribuição de efeitos suspensivos aos embargos do devedor 'fica condicionada' ao cumprimento de três requisitos: apresentação de garantia; verificação pelo juiz da relevância da fundamentação (fumus boni juris) e perigo de dano irreparável ou de difícil reparação (periculum in mora)". Apesar de não constar expressamente no texto da tese, a questão submetida a julgamento foi a seguinte: "Aplicabilidade do art. 739-a, §1º, do CPC. Análise do juiz a respeito de ocorrência de grave dano de difícil ou incerta reparação para a concessão de efeito suspensivo aos embargos do devedor opostos em execução fiscal".

26. Sobre o tema, atente-se ao enunciado n° 153 da súmula do STJ: "A desistência da execução fiscal, após o oferecimento dos embargos, não exime o exequente dos encargos da sucumbência".

10.1. Embargos à execução fiscal por carta

É possível que a execução (seja ela fiscal ou não) exija o manejo de carta precatória, mormente quando os atos constritivos se realizarem em comarca estranha àquela em que corre o feito. O CPC possui regramento sobre o tema, apontando que, neste caso a competência para receber os Embargos é concorrente entre o juízo deprecante (=o que processa a execução) e o juízo deprecado (=o juízo que promove os atos constritivos).

A competência para julgá-los, todavia, dependerá do conteúdo da defesa (art. 914, § 2º). Caso tratem exclusivamente de questão formal, sobre vícios ou defeitos da penhora, da avaliação ou da alienação dos bens efetuadas no juízo deprecado, a competência para julgá-los é do juízo deprecado. Nas demais situações, ou seja, caso tratem de questões meritórias da execução ou de vícios processuais supostamente perpetrados pelo juízo que processa a execução, a competência para julgá-los será do juízo deprecante. Caso, todavia, haja cumulação entre as matérias de forma e conteúdo da execução, a competência é do juízo deprecante.

A lei n° 6.830/80 previu regramento distinto em seu art. 20:

> Art. 20 - Na execução por carta, os embargos do executado serão oferecidos no Juízo deprecado, que os remeterá ao Juízo deprecante, para instrução e julgamento.
>
> Parágrafo Único - Quando os embargos tiverem por objeto vícios ou irregularidades de atos do próprio Juízo deprecado, caber-lhe-á unicamente o julgamento dessa matéria.

Parece-nos, todavia, que mesmo em razão da previsão do CPC, é possível oferecer os embargos à execução fiscal por carta tanto no juízo deprecante quanto no deprecado. Trata-se de regra de competência comum e, mesmo que se considere defeituosa a distribuição perante o juízo deprecante, o vício não é capaz, previamente, de gerar prejuízo. Portanto, nada obstante vigente a regra da LEF, não vemos maiores dificuldades neste raciocínio, aplicando-se aos embargos à execução fiscal por carta o art. 914, §2°, do CPC.

11. PRESCRIÇÃO INTERCORRENTE

Extingue-se a execução quando ocorrer a **prescrição intercorrente** (art. 924, V). O instituto já era previsto no art. 40 da Lei nº 6.830/80

(Lei de Execuções Fiscais), antes mesmo de sua recente previsão pelo CPC (art. 921). Atente-se, todavia, a uma diferença marcante:

- Para o **Direito Tributário** a ocorrência de prescrição significa **extinção do crédito tributário** (art. 174 do CTN). Assim, o processo de execução é extinto em virtude da própria extinção do crédito.
- Para o **Direito Civil** a prescrição encobre a pretensão, ou seja, retira a exigibilidade do crédito que, porém, se mantém existente. Assim, o processo de execução é extinto em virtude da falta do requisito *exigibilidade* para a execução, não havendo que se falar em extinção da obrigação.

Estamos diante de uma hipótese de prescrição verificável ao longo de um procedimento executivo já em andamento suspenso em razão da busca infrutífera por bens do devedor.

Antes de tratarmos especificamente do regramento previsto no art. 40 da LEF, importa atentar ao seguinte: quanto às Execuções Fiscais promovidas pela União, a lei nº 10.522/02, em seu art. 20, prevê a possibilidade de arquivamento das execuções consideradas de baixo valor. Atualmente, nos termos da ainda vigente portaria MF nº 75/2012, em seu artigo 2º, "*O Procurador da Fazenda Nacional requererá o arquivamento, sem baixa na distribuição, das execuções fiscais de débitos com a Fazenda Nacional, cujo valor consolidado seja igual ou inferior a R$ 20.000,00 (vinte mil reais), desde que não conste dos autos garantia, integral ou parcial, útil à satisfação do crédito*".

A Execução Fiscal arquivada nos termos da Portaria MF nº 75/2012, também se submete à prescrição intercorrente. Note, todavia, que nesta hipótese, dá-se diretamente o arquivamento do feito, sem necessidade de suspensão por um ano (diferindo do regramento da LEF). Dessa forma, **requerido o arquivamento, inicia-se a contagem do prazo de prescrição intercorrente de 5 (cinco) anos**.

Sobre o tema, o STJ, nos termos do enunciado nº 583 da Súmula, deixa claro que **o art. 20 da lei nº 10.522/2002 aplica-se somente às Execuções Fiscais promovidas pela PGFN**: "O arquivamento provisório previsto no art. 20 da Lei n. 10.522/2002, dirigido aos débitos inscritos como dívida ativa da União pela Procuradoria Geral da Fazenda Nacional ou por ela cobrados, não se aplica às execuções fiscais movidas pelos conselhos de fiscalização profissional ou pelas autarquias federais".

Feita esta importante nota, passemos a tratar do disposto no art. 40 da lei nº 6.830/80. De acordo como este preceito, **a execução será suspensa** se não localizado o devedor ou não encontrados bens sobre os quais possa recair a penhora. **Durante o período de suspensão, não há falar em prescrição**.

Ocorre que o processo não pode ficar suspenso por um período indeterminado, sob pena de o executado se manter, *ad eternum*, sob a sombra do feito executivo, que *poderia* atingir seu patrimônio a qualquer tempo. É para evitar esta situação que a LEF prevê a *prescrição intercorrente* como causa de ***extinção da execução***. O tema é regulado nos §§ 1º a 5º do art. 40.

O procedimento previsto pela LEF é o seguinte: na hipótese de o executado não ser localizado ou não possuir bens penhoráveis, o juiz suspenderá a execução pelo prazo de um ano, durante o qual se suspenderá também a prescrição. Decorrido o prazo máximo de suspensão (um ano) sem que seja localizado o executado ou que sejam encontrados bens penhoráveis, o juiz ordenará o arquivamento *sem baixa* dos autos (§ 2º). Os autos serão desarquivados para prosseguimento da execução se a qualquer tempo se for encontrado o devedor ou forem encontrados bens penhoráveis (§ 3º), na medida em que respondem pela execução os bens *presentes e futuros* do devedor (art. 789, CPC).

Apesar de o §3º admitir o desarquivamento da execução, há um limite temporal ou um termo *ad quem* a ser respeitado: **o prazo prescricional da execução**, que é **exatamente o mesmo prazo de prescrição da ação**[27].

Assim, o desarquivamento da execução fiscal quando for encontrado o devedor ou forem encontrados bens penhoráveis deve respeitar o prazo de 5 (cinco) anos após o arquivamento sem baixa.

Para que o desarquivamento dos autos produza o efeito de interromper o prazo de prescrição intercorrente, é necessário que os atos

27. Enunciado nº 150 da Súmula do STF: "Prescreve a execução no mesmo prazo de prescrição da ação". Reinterpretando este enunciado, a doutrina entende que este prazo também se verifica na hipótese de prescrição intercorrente. É o Enunciado nº 196 do FPPC: "O prazo da prescrição intercorrente é o mesmo da ação".

constritivos requeridos sejam proveitosos, obtendo resultado positivo. **O mero pleito de desarquivamento não é suficiente**[28].

Isso se dá porque decorrido o prazo de suspensão (um ano) sem manifestação do exequente, começa a correr o prazo de prescrição intercorrente. Assim, enquanto durar o arquivamento sem baixa, corre o prazo prescricional. Decorrido o prazo de prescrição o juiz, depois de ouvida a Fazenda Pública, poderá, de ofício, reconhecer a prescrição intercorrente e extinguir o processo (§ 4º).

Dispensa-se, todavia, a intimação da Fazenda Pública caso o valor da cobrança seja inferior ao mínimo fixado por ato do Ministro da Economia (§5°).

Nesse caso, ainda que a execução seja extinta, não haverá incidência de honorários advocatícios em desfavor do credor. Nada obstante a extinção do feito, quem deu causa ao processo foi o devedor. A verificação da prescrição intercorrente não atrai a causalidade ao credor-exequente nem afasta a sucumbência do devedor-executado se não houve lide a respeito. Sendo assim, dando-se **o acertamento da prescrição intercorrente de ofício, não cabe a condenação do credor-exequente em honorários advocatícios.**

Atente-se a um detalhe, que configura situação distinta: se a prescrição intercorrente for acertada pelo juiz após sua **arguição em sede de defesa, diante da qual se opôs a Fazenda Pública exequente, será cabível a fixação de honorários.** Aqui, os honorários se dão não em razão do conteúdo da decisão (=declaração da prescrição intercorrente), mas sim **em razão da resistência à pretensão por parte do exequente**, que restou derrotado.

Sobre o tema, dois julgados do STJ.

Primeiro:

> "(...) "1. Incide a prescrição intercorrente, quando o exequente permanece inerte por prazo superior ao de prescrição do direito material vindicado, conforme interpretação extraída do art. 202, parágrafo único, do Código Civil de 2002. 2. O contraditório é princípio que deve ser respeitado em todas as manifestações do Poder Judiciário, que deve zelar pela sua observância, inclusive nas hipóteses de de-

28. Nesse sentido, o enunciado nº 548 do FPPC: "O simples desarquivamento dos autos é insuficiente para interromper a prescrição".

> claração de ofício da prescrição intercorrente, devendo o credor ser previamente intimado para opor algum fato impeditivo à incidência da prescrição" (STJ, Resp. 1.589.753/PR, 3ª Turma. Relator. Ministro Marco Aurélio Bellizze, Info. 584).

Segundo:

> "RECURSO ESPECIAL. DIREITO CIVIL E PROCESSUAL CIVIL (CPC/15). ART. 85 DO CPC. AÇÃO DE EXECUÇÃO DE TÍTULO EXECUTIVO EXTRAJUDICIAL. PRESCRIÇÃO INTERCORRENTE. HONORÁRIOS ADVOCATÍCIOS SUCUMBENCIAIS EM FAVOR DO ADVOGADO DA PARTE EXECUTADA. DESCABIMENTO. PRINCÍPIO DA CAUSALIDADE. PRECEDENTES DO STJ. (...) 2. Controvérsia em torno da possibilidade de condenação da parte exequente ao pagamento de honorários advocatícios sucumbenciais no caso de extinção do processo de execução pela prescrição intercorrente. (...) 6. Caso concreto em que a prescrição intercorrente por ausência de localização de bens não afasta o princípio da causalidade em desfavor da parte executada, nem atrai a sucumbência para a parte exequente. 7. RECURSO ESPECIAL DESPROVIDO" (STJ. REsp 1.835.174-MS, Rel. Min. Paulo de Tarso Sanseverino, 3ª Turma. Julgado em 05/11/2019).

11.1. Temas 566 a 571 dos Recursos Repetitivos

O Superior Tribunal de Justiça se ocupou de conferir interpretações vinculantes a respeito do regime da prescrição intercorrente em sede de execução fiscal. Trata-se dos temas 566 a 571 dos Recursos Repetitivos, cujo paradigma foi o Resp. 1.340.553/RS (Primeira Seção, Relator Ministro Mauro Campbell Marques, DJE 16/10/2018). Discutiu-se a sistemática para a contagem da prescrição intercorrente (prescrição após a propositura da ação) prevista no art. 40 e parágrafos da Lei da Execução Fiscal (Lei n. 6.830/80).

A premissa é a de que as execuções fiscais não podem ficar paradas *ad aeternum*, seja nos escaninhos do judiciário seja nas prateleiras dos órgãos de (re)presentação judicial da Fazenda Pública. Como apontou trecho da ementa do Resp. 1.340.553/RS:

> "*Não havendo a citação de qualquer devedor por qualquer meio válido e/ou não sendo encontrados bens sobre os quais possa recair a*

penhora (o que permitiria o fim da inércia processual), inicia-se automaticamente o procedimento previsto no art. 40 da Lei n. 6.830/80, e respectivo prazo, ao fim do qual restará prescrito o crédito fiscal. Esse o teor da Súmula n. 314/STJ: 'Em execução fiscal, não localizados bens penhoráveis, suspende-se o processo por um ano, findo o qual se inicia o prazo da prescrição qüinqüenal intercorrente'".

Vejamos esquematicamente:

Tema 566 **Questão controvertida**: qual o pedido de suspensão por parte da Fazenda Pública que inaugura o prazo de 1 (um) ano previsto no art. 40, § 2º, da LEF.
Tese firmada: O prazo de 1 (um) ano de suspensão do processo e do respectivo prazo prescricional previsto no art. 40, §§ 1º e 2º da Lei n. 6.830/80 - LEF tem início automaticamente na data da ciência da Fazenda Pública a respeito da não localização do devedor ou da inexistência de bens penhoráveis no endereço fornecido, havendo, sem prejuízo dessa contagem automática, o dever de o magistrado declarar ter ocorrido a suspensão da execução. **Comentários**: note, nesse sentido, que não é necessário que o Advogado Público requeira a suspensão da execução nos termos do art. 40 da LEF, para que se inicie a contagem do prazo de suspensão. Em verdade, **tomando ciência de diligência infrutífera para localização do devedor ou de seus bens, inicia-se a contagem do prazo de suspensão**. Ainda que o magistrado deva anotar o início da suspensão, o despacho nesse sentido não é imprescindível para o início da contagem do prazo. Para evitar a suspensão, cabe à Fazenda Pública indicar meios frutíferos de constrição patrimonial ou requerer que a citação do réu se dê por outros meios ou indicando novo endereço (lembre-se: é admitida a citação por edital na execução fiscal). Simples pedidos para realização de pesquisas/diligências administrativas, não é suficiente para evitar o início do procedimento previsto no art. 40 da LEF.

Eis trecho da ementa do Resp. 1.340.553/RS: "*No primeiro momento em que constatada a não localização do devedor e/ou ausência de bens e intimada a Fazenda Pública, inicia-se automaticamente o prazo de suspensão, na forma do art. 40, caput, da LEF. Indiferente aqui, portanto, o fato de existir petição da Fazenda Pública requerendo a suspensão do feito por 30, 60, 90 ou 120 dias a fim de realizar diligências, sem pedir a suspensão do feito pelo art. 40, da LEF. Esses pedidos não encontram amparo fora do art. 40 da LEF que limita a suspensão a 1 (um) ano. Também indiferente o fato de que o Juiz, ao intimar a Fazenda Pública, não tenha expressamente feito menção à suspensão do art. 40, da LEF. O que importa para a aplicação da lei é que a Fazenda Pública tenha tomado ciência da inexistência de bens penhoráveis no endereço fornecido e/ou da não localização do devedor. Isso é o suficiente para inaugurar o prazo, ex lege*".
Tema 567 **Questão controvertida**: se o prazo de 1 (um) ano de suspensão somado aos outros 5 (cinco) anos de arquivamento pode ser contado em 6 (seis) anos por inteiro para fins de decretar a prescrição intercorrente.
Tese firmada: Havendo ou não petição da Fazenda Pública e havendo ou não pronunciamento judicial nesse sentido, findo o prazo de 1 (um) ano de suspensão inicia-se automaticamente o prazo prescricional aplicável.
Comentários: **o prazo de suspensão de um ano, mais os cinco anos para ocorrência da prescrição intercorrente são contados**, portanto, **de forma contínua**, totalizando seis anos para que o ente público informe maneiras frutíferas de prosseguir a cobrança. Findo o prazo de suspensão, o feito executivo deverá ser arquivado **sem baixa na distribuição**, iniciando-se a contagem da prescrição intercorrente.
Tema 568 **Questão controvertida**: quais são os obstáculos ao curso do prazo prescricional da prescrição prevista no art. 40, da LEF.
Tese firmada: A efetiva constrição patrimonial e a efetiva citação (ainda que por edital) são aptas a interromper o curso da prescrição intercorrente, não bastando para tal o mero peticionamento em juízo, requerendo, v.g., a feitura da penhora sobre ativos financeiros ou sobre outros bens.

Comentários: A **interrupção da prescrição se dá apenas com a indicação de medidas efetivas de continuidade da cobrança**, que permitam a realização da citação (mesmo por edital) e/ou a realização de constrição patrimonial. Simples pedido de diligência que restem infrutíferas, como o pedido de bloqueio de ativos e contas pelo sistema SISBAJUD ou bloqueio de veículos pelo sistema RENAJUD não é suficiente à interrupção.

É preciso que haja resultado positivo em tais diligências. No caso, considerar-se-á interrompida a prescrição a partir do protocolo da petição que requereu a providência.

Conforme constou a ementa do Resp. 1.340.553/RS: "*Os requerimentos feitos pelo exequente, dentro da soma do prazo máximo de 1 (um) ano de suspensão mais o prazo de prescrição aplicável (de acordo com a natureza do crédito exequendo) deverão ser processados, ainda que para além da soma desses dois prazos, pois, citados (ainda que por edital) os devedores e penhorados os bens, a qualquer tempo – mesmo depois de escoados os referidos prazos –, considera-se interrompida a prescrição intercorrente, retroativamente, na data do protocolo da petição que requereu a providência frutífera*".

Tema 569

Questão controvertida: se a ausência de intimação da Fazenda Pública quanto ao despacho que determina a suspensão da execução fiscal (art. 40, § 1º) ilide a decretação da prescrição intercorrente.

Tese firmada: Havendo ou não petição da Fazenda Pública e havendo ou não pronunciamento judicial nesse sentido, findo o prazo de 1 (um) ano de suspensão inicia-se automaticamente o prazo prescricional aplicável.

Comentários: Restando o feito executivo sem movimentação por seis anos (um de suspensão mais cinco de arquivamento), considera-se ocorrida a prescrição intercorrente. Note-se, todavia, que não pode pender pedido realizado da Fazenda Pública exequente. Quer dizer, se a demora decorre apenas na estrutura judiciária, não se pode imputar as consequências da mora ao exequente.

Parece ter havido aqui o reconhecimento da incidência do enunciado nº 106 da Súmula do STJ: "*Proposta a ação no prazo fixado para o seu exercício, a demora na citação, por motivos inerentes ao mecanismo da Justiça, não justifica o acolhimento da argüição de prescrição ou decadência*".

Assim, apenas se exequente não promover o andamento do feito por seis anos após a intimação do último ato infrutífero, é que restará configurada a prescrição. Para este cálculo é irrelevante que haja nos autos pedido de suspensão ou despacho judicial nesse sentido. É preciso, portanto, para o início da contagem do prazo de prescrição intercorrente (um ano de suspensão mais cinco de arquivamento), que a Fazenda Pública tenha ciência da não localização do devedor ou de seus bens.

Tema 570

Questão controvertida: se a ausência de intimação da Fazenda Pública quanto ao despacho que determina o arquivamento da execução (art. 40, § 2º) ilide a decretação da prescrição intercorrente.

Tese firmada: A Fazenda Pública, em sua primeira oportunidade de falar nos autos (art. 245 do CPC/73, correspondente ao art. 278 do CPC/2015), ao alegar nulidade pela falta de qualquer intimação dentro do procedimento do art. 40 da LEF, deverá demonstrar o prejuízo que sofreu (exceto a falta da intimação que constitui o termo inicial, onde o prejuízo é presumido), por exemplo, deverá demonstrar a ocorrência de qualquer causa interruptiva ou suspensiva da prescrição.

Comentários: A ausência de intimação da União quanto ao arquivamento do feito após o interregno suspensivo de um ano é um vício processual. Todavia, para que este vício seja considerado no julgamento a respeito da ocorrência ou não da prescrição intercorrente, é imprescindível que a Fazenda Pública comprove o prejuízo pela ausência de comunicação. Quer dizer: não basta alegar, em sede de recurso, a ausência de intimação do arquivamento; é preciso demonstrar o prejuízo, ou seja, que havia sido identificada medida idônea para a continuidade da cobrança ou que existiu causa administrativa de interrupção da prescrição durante o arquivamento provisório.

Hipótese bastante corriqueira é o pedido de parcelamento administrativo do débito, que se dá fora dos autos da execução fiscal arquivada provisoriamente e é apto a interromper o curso do prazo de prescrição intercorrente. Em recente enunciado, o STJ entendeu que o simples pedido de parcelamento, mesmo que não consolidado (=rejeitado pela Administração Tributária) é causa interruptiva da prescrição. Veja-se o enunciado n° 653 da Súmula: "O pedido de parcelamento fiscal, ainda que indeferido, interrompe o prazo prescricional, pois caracteriza confissão extrajudicial do débito".

Tema 571

Questão controvertida: se a ausência de intimação da Fazenda Pública quanto ao despacho que determina sua manifestação antes da decisão que decreta a prescrição intercorrente (art. 40, § 4º) ilide a decretação da prescrição intercorrente.

Tese firmada: A Fazenda Pública, em sua primeira oportunidade de falar nos autos (art. 245 do CPC/73, correspondente ao art. 278 do CPC/2015), ao alegar nulidade pela falta de qualquer intimação dentro do procedimento do art. 40 da LEF, deverá demonstrar o prejuízo que sofreu (exceto a falta da intimação que constitui o termo inicial, onde o prejuízo é presumido), por exemplo, deverá demonstrar a ocorrência de qualquer causa interruptiva ou suspensiva da prescrição.

Comentários: Da mesma forma, a ausência de intimação da União para se manifestar antes do reconhecimento de ofício da prescrição intercorrente é um vício processual. Para que este vício seja considerado no julgamento a respeito da ocorrência ou não da prescrição intercorrente, é imprescindível que a Fazenda Pública comprove o prejuízo pela ausência de comunicação.

Por fim, importante atentar que no julgamento do Resp. 1.340.553/RS, o STJ deixou claro que **a sentença, ao reconhecer o transcurso do prazo de prescrição intercorrente, deve delimitar corretamente os marcos de suspensão e arquivamento**. Reforça-se, assim, o dever de fundamentação da decisão (art. 93, IX, CR c/c art. 489, §1°, CPC). Veja-se trecho da ementa: "*O magistrado, ao reconhecer a prescrição intercorrente, deverá fundamentar o ato judicial por meio da delimitação dos marcos legais que foram aplicados na contagem do respectivo prazo, inclusive quanto ao período em que a execução ficou suspensa*".

12. CONCURSO DE PENHORAS E CONCURSO DE CREDORES

O concurso de penhoras, no processo, reflete a máxima do *prior tempore, potior jure*. Em outros termos, *o primeiro no tempo prefere no direito*. Não havendo falar em *insolvência do devedor*, **o parâmetro adotado pelo CPC para o *direito de preferência* de um credor sobre os demais é a realização da penhora**. Esta é, em verdade, situação muito mais comum. A penhora efetivada *antes* prefere à penhora efetivada *depois*, conforme extraído do parágrafo único do art. 797, do código.

O direito de preferência instituído pela penhora, todavia, tem um condicionante: submete-se às garantias materiais, **jamais** preferindo a elas. O crédito tributário possui preferência material em face do crédito do particular. São os termos do art. 186, *caput*, do CTN:

> Art. 186. O crédito tributário prefere a qualquer outro, seja qual for sua natureza ou o tempo de sua constituição, ressalvados os créditos decorrentes da legislação do trabalho ou do acidente de trabalho.

Assim, havendo diversas execuções em face de um mesmo devedor, manejadas por credores privados e pelo Fisco, mesmo que a execução privada efetive a penhora sobre o bem antes da Execução Fiscal, haverá preferência do Fisco no aproveitamento dos valores. A **exceção** fica por conta dos créditos privados originários da legislação trabalhista, que preferem aos fiscais. Como se disse, trata-se de **preferência material**, que supera a preferência processual em razão da penhora.

Nesse sentido:

> "RECURSO ESPECIAL. EXECUÇÃO DE TÍTULO EXTRAJUDICIAL. BEM HIPOTECADO EM FAVOR DO EXEQUENTE. HASTA PÚBLICA. LEVANTAMENTO DOS VALORES. INSURGÊNCIA DA FAZENDA NACIONAL. AUSÊNCIA DE INTIMAÇÃO. EXECUÇÃO FISCAL COM PENHORA SOBRE O BEM ALIENADO. CRÉDITO PREFERENCIAL. RESTITUIÇÃO DEVIDA. AUSÊNCIA DE OBSERVÂNCIA AO PRINCÍPIO DA BOA-FÉ. (...) 3. O entendimento desta Corte aponta no sentido de que, coexistindo execução fiscal e execução civil, contra o mesmo devedor, com pluralidade de penhoras recaindo sobre o mesmo bem, o produto da venda judicial, por força de lei, deve satisfazer o crédito fiscal em primeiro lugar. Precedente. 4.

> A postura adotada pela instituição financeira recorrente, que, mesmo ciente da existência de crédito preferencial em favor de terceiros, deixa de sinalizar tal fato ao juiz e vem aos autos requerer o levantamento do montante depositado, revela atitude contrária à boa-fé objetiva. 5. A decisão que deferiu o pedido de levantamento do produto da arrematação em benefício do credor particular não foi antecedida da necessária intimação da Fazenda Nacional - titular de crédito preferencial perseguido em execução fiscal garantida por penhora sobre o bem arrematado. (...)" (STJ. 3ª Turma. REsp 1.661.481-SP, Rel. Min. Nancy Andrighi, julgado em 10/03/2020).

Há, portanto, preferência do crédito fiscal em face do crédito privado (salvo se decorrente da legislação trabalhista).

A LEF trouxe, ainda, a previsão de preferência legal, em caso de concurso entre créditos fiscais de titularidade dos distintos entes federativos.

O art. 29 da lei nº 6.830/80 traz duas importantes regras, que merecem cuidado em razão de compreensões jurisprudenciais.

A primeira: a cobrança judicial da dívida ativa não se habilita feitos concursais, como falência, recuperação judicial inventário ou arrolamento, conforme tratamos em tópico acima. Há dois pontos a atentar aqui.

A um, com o advento da lei nº 14.112/2020, a lei 11.101/05 passou a prever, em seu art. 7º-A, um *incidente de classificação de crédito público* na falência, em que há a apresentação de créditos inscritos em dívida em face do falido. Após a realização do efetivo contraditório e decisão judicial a respeito, os créditos serão incluídos no quadro-geral.

A dois, apesar da redação expressa do art. 29, *caput*, da lei nº 6.830/80, dispor que o crédito inscrito em dívida ativa *não se sujeita à habilitação em falência*, o STJ entendeu que mesmo antes das alterações promovidas pela lei 14.112/2020 na lei nº 11.101/05, a habilitação se tratava, em verdade, de uma **possibilidade à disposição do credor**. Mesmo que houvesse execução fiscal em curso, **caso a Fazenda Pública não apresentasse pedido de constrição, seria possível requerer a habilitação do crédito na falência**. Trata-se do tema nº 1092 dos Recursos Repetitivos: "É possível a Fazenda Pública habilitar em processo de falência crédito objeto de execução fiscal em curso, mesmo antes da vigência da Lei n. 14.112/2020 e desde que não haja pedido de constrição no juízo executivo". Sendo este o caso, a execução fiscal ficará suspensa enquanto não se resolve definitivamente a falência.

A segunda regra é a previsão de ordem de preferência concursal entre União, Estados, Distrito Federal e Municípios. Veja-se o art. 29, parágrafo único, da LEF (na mesma linha do que prevê o art. 187 do CTN):

> Art. 29. Parágrafo Único - O concurso de preferência somente se verifica entre pessoas jurídicas de direito público, na seguinte ordem:
>
> I - União e suas autarquias;
>
> II - Estados, Distrito Federal e Territórios e suas autarquias, conjuntamente e pro rata;
>
> III - Municípios e suas autarquias, conjuntamente e pro rata.

Este dispositivo foi objeto da ADPF n° 357, recentemente julgada. Na oportunidade, o Supremo Tribunal Federal entendeu que **o dispositivo não foi recepcionado pela Constituição da República, em razão da consagração da isonomia entre os entes federativos.** Quer dizer, não há falar, portanto, em preferência legal da União em face dos créditos dos Estados, Distrito Federal e Municípios, na forma do dispositivo.

Assim, nas execuções fiscais: i) **há preferência do crédito Fiscal em face do crédito privado**; ii) **entre os créditos Fiscais, não há qualquer preferência do crédito da União em face dos demais entes, devendo-se observar, para definição da preferência, a ordem de realização da penhora.**

Veja-se a ementa da ADPF 357:

> "*ARGUIÇÃO DE DESCUMPRIMENTO DE PRECEITO FUNDAMENTAL.* CONSTITUCIONAL. TRIBUTÁRIO. PARÁGRAFO ÚNICO DO ART. 187 DO CÓDIGO TRIBUTÁRIO NACIONAL. PARÁGRAFO ÚNICO DO ART. 29 DA LEI N. 6.830/1980. CONCURSO DE PREFERÊNCIA ENTRE OS ENTES FEDERADOS NA COBRANÇA JUDICIAL DOS CRÉDITOS TRIBUTÁRIOS E NÃO TRIBUTÁRIOS. INCOMPATIBILIDADE DAS NORMAS IMPUGNADAS COM A CONSTITUIÇÃO DA REPÚBLICA DE 1988. AFRONTA AO INC. III DO ART. 19 DA CONSTITUIÇÃO. ARGUIÇÃO JULGADA PROCEDENTE. (...) 2. A autonomia dos entes federados e a isonomia

que deve prevalecer entre eles, respeitadas as competências estabelecidas pela Constituição, é fundamento da Federação. O federalismo de cooperação e de equilíbrio posto na Constituição da República de 1988 não legitima distinções entre os entes federados por norma infraconstitucional. 3. A definição de hierarquia na cobrança judicial dos créditos da dívida pública da União aos Estados e Distrito Federal e esses aos Municípios descumpre o princípio federativo e contraria o inc. III do art. 19 da Constituição da República de 1988. 4. Cancelamento da Súmula n. 563 deste Supremo Tribunal editada com base na Emenda Constitucional n. 1/69 à Carta de 1967. 5. *Arguição de descumprimento de preceito fundamental* julgada procedente para declarar não recepcionadas pela Constituição da República de 1988 as normas previstas no parágrafo único do art. 187 da Lei n. 5.172/1966 (Código Tributário Nacional) e no parágrafo único do art. 29 da Lei n. 6.830/1980 (Lei de Execuções Fiscais)" (STF. Plenário. ADPF 357/DF, Rel. Min. Cármen Lúcia, julgado em 24/6/2021).[29]

13. EXPROPRIAÇÃO

Todas as formas de expropriação reguladas no CPC são admitidas na execução fiscal. Não há menção, na lei n° 6.830/80, da alienação por iniciativa particular. Todavia, não há qualquer dúvida de que o procedimento é admitido também nas execuções fiscais[30], sendo, inclusive prática comum. O **regramento das formas de expropriação é o comum**, incidindo apenas as regras especiais dos arts. 22 a 24 da lei n° 6.830/80, as quais serão tratadas aqui.

Na **adjudicação**, o próprio bem penhorado pode servir à satisfação do crédito. Não se trata de adimplemento pela entrega de coisa certa, mas do recebimento da coisa penhorada pelo seu valor, em substituição à *quantia certa* consignada na certidão de dívida ativa.

Com a *adjudicação*, transfere-se o domínio do bem penhorado à Fazenda Pública exequente, que passa a ser o seu proprietário. A adjudicação dos bens penhorados se dá, caso promovida antes do

29. Sobre o tema, havia o enunciado n° 497 da Súmula do STJ: "Os créditos das autarquias federais preferem aos créditos da Fazenda estadual desde que coexistam penhoras sobre o mesmo bem". **Este enunciado foi cancelado após o julgamento da ADPF n° 357**.

30. No mesmo sentido: ARAÚJO, José Henrique Mouta; PEIXOTO, Marco Aurélio Ventura. *Poder Público em Juízo*. Salvador: Juspodivm, 2018, p. 84. Ainda, o enunciado n° 46 do Fórum Nacional do Poder Público: "Na execução fiscal, a alienação por iniciativa particular poderá ser utilizada em detrimento do leilão público se for de interesse do exequente".

leilão, pelo valor da avaliação (art. 24, I, da LEF). Caso venha a se realizar após o leilão, da mesma forma, poderá a Fazenda Pública adjudicar pelo valor da avaliação se for a única pretendente ou, em caso de haver pretendentes, com preferência nas mesmas condições da melhor oferta, no prazo de 30 (trinta) dias (art. 24, II, da LEF).

Em caso de o valor da avaliação (ou da oferta, se superior) ser maior que o *quantum* executado, a adjudicação será deferida apenas se a diferença for depositada pela exequente, à ordem do juízo, no prazo de 30 (trinta) dias (art. 24, p.ú.). Note-se que esta regra específica afasta a incidência do art. 876, §4° do CPC, que impõe o depósito imediato da diferença pelo adjudicante[31].

É preciso que se diga, todavia, que a adjudicação não é uma forma comum de expropriação de bens em execuções fiscais. Normalmente, o procedimento administrativo para que se admita a aquisição de bens pelo Poder Público no processo é bastante complexo e excepcional. Não é algo que costuma acontecer. Em verdade, costuma-se utilizar mesmo do leilão público e, mais recentemente, as experiências com alienação por iniciativa particular vem aumentando.

Não havendo interessado em adjudicar o bem, a execução deve prosseguir para a satisfação do crédito. Resta, então, promover a alienação do bem em juízo, que pode se dar de duas formas: i) **por iniciativa particular** (art. 879, I c/c 880, do CPC); ou **por leilão judicial**, anteriormente chamado de *hasta pública* (art. 879, II c/c 880, do CPC).

Há também uma ordem de preferência (não absoluta): primeiro o exequente **poderá** requerer a alienação por iniciativa particular. Somente se não houver interessados ou se ele próprio não desejar, proceder-se-á ao leilão.

A alienação por iniciativa particular evita o caro e moroso procedimento da alienação judicial. Pode ser promovido pelo próprio exequente ou por intermédio do corretor ou leiloeiro público credenciado perante o órgão judiciário (art. 880, *caput*, CPC), onde houver. A alienação por iniciativa particular nos feitos executivos fiscais costuma se dar desta segunda forma, através da atuação de leiloeiros e corretores credenciados perante o Poder Público e o Judiciário.

31. PEIXOTO, Marco Aurélio Ventura; PEIXOTO, Renata Cortez Vieira. Fazenda Pública e Execução. Salvador: Juspodivm, 2018, p. 153.

O leilão judicial é a terceira forma, em ordem de preferência, para a alienação do bem objeto da penhora (art. 881, *caput*, CPC). Ocorrerá **preferencialmente de forma eletrônica** e, somente se não for possível, de forma presencial (art. 882, *caput*, CPC).

A regra do CPC, mais recente, complementa o conteúdo do *caput* do art. 23 da LEF que, nada obstante afirme que *a alienação de quaisquer bens penhorados será feita em leilão público, no lugar designado pelo Juiz*, deve ser lida com a atenção voltada ao regramento do código.

Nos termos do art. 23, §1°, é possível, na eventualidade de haver mais de um bem penhorado nos autos, que a alienação se dê em lote, por indicação do exequente ou do executado. É o caso de os bens considerados em conjunto terem valor maior do que individualmente considerados, o que ocorre, por exemplo, quando a penhora se dá sobre áreas de mineração e sobre os direitos minerários. Um sem o outro têm valor absolutamente reduzido.

O leilão será, como de praxe, precedido da divulgação de edital, que deverá ser afixado na sede do juízo e publicado em resumo, uma só vez, gratuitamente, como expediente judiciário, no órgão oficial (art. 22, *caput*). Em complemento, deve-se seguir o disposto no CPC, que impõe a mais ampla divulgação e publicização do objeto do leilão, preocupando-se bastante o legislador com o fator *publicidade*[32]. O art. 887 do CPC dispõe que o leiloeiro público designado adotará providências para a ampla divulgação da alienação, inclusive através de publicação do edital na rede mundial de computadores.

Há dois enunciados de súmula do STJ que merecem destaque:

- Enunciado n° 121 da súmula do STJ: "Na execução fiscal o devedor deverá ser intimado, pessoalmente, do dia e hora da realização do leilão".
- Enunciado n° 128 da súmula do STJ: "Na execução fiscal haverá segundo leilão, se no primeiro não houver lanço superior a avaliação".

O leilão deverá se realizar após no mínimo 10 (dez) e no máximo 30 (trinta) dias da publicação do edital, devendo-se intimar pessoal-

32. Exemplo da aplicação das regras do CPC à alienação judicial dos bens penhorados em execução fiscal, é a possibilidade do parcelamento do valor da arrematação. Veja-se o enunciado n° 48 do Fórum Nacional do Poder Público: *"É aplicável aos processos de execução fiscal a forma de aquisição de bem penhorado contida no §1° do art. 895 do CPC/15".*

mente (o que pode ocorrer pelos sistemas de processo eletrônico) o representante judicial da Fazenda Pública (art. 22, §§1° e 2°). Note-se que esta regra específica afasta a incidência do art. 887, §1° do CPC, que prevê a publicação do edital com ao menos 5 (cinco) dias de antecedência da data marcada para a realização do leilão[33].

Realizado o leilão e alienado o bem, cabe ao arrematante o pagamento da comissão do leiloeiro e demais despesas indicadas no edital (art. 23, §2°). Não havendo alienação, deverá o exequente ser intimado para se manifestar, oportunidade em que poderá requerer nova avaliação, dispensar a constrição do bem ou requer outras atividades no interesse da continuidade da cobrança.

14. SENTENÇA, RECURSOS E COISA JULGADA

A execução fiscal se extingue por sentença, que pode julgar a execução e os embargos conjuntamente. A incidência da coisa julgada material dependerá da matéria objeto da decisão. A sentença que julgar procedente a defesa, impacta necessariamente nos sistemas da dívida ativa, devendo ser comunicada ao órgão de representação para que se proceda à sensibilização da informação nos sistemas (art. 33). Da mesma forma, a sentença que julga extinta a execução em face do adimplemento (art. 924, II, do CPC), produz coisa julgada.

O recurso cabível da decisão que extingue a execução fiscal é a apelação. Diante das decisões interlocutórias, o recurso cabível será o Agravo de Instrumento, com fundamento no permissivo do art. 1.015, p.ú, do CPC.

Há os chamados "Embargos Infringentes da Execução Fiscal" (art. 34). Trata-se de um recurso que faz as vezes de uma "apelação" julgada pelo próprio juiz da execução. É o recurso cabível nas decisões proferidas nas execuções fiscais de até 50 ORTN (obrigações reajustáveis do tesouro nacional). Segundo o STJ definiu em recurso repetitivo, 50 ORTN = R$ 328,27 corrigidos pelo IPCA-E a partir de janeiro de 2001. Sendo cabíveis tais *embargos infringentes*, não será o caso de interpor apelação.

33. PEIXOTO, Marco Aurélio Ventura; PEIXOTO, Renata Cortez Vieira. Fazenda Pública e Execução. Salvador: Juspodivm, 2018, p. 154.

Sendo hipótese do art. 34 da LEF, além de não se admitir a interposição de Apelação, também **não se admite a impetração de mandado de segurança contra a decisão**. A questão foi apreciada pelo STJ, fixando-se tese no IAC n° 3: "Não é cabível mandado de segurança contra decisão proferida em execução fiscal no contexto do art. 34 da Lei n. 6.830/80".

Apesar de a norma permanecer vigente, na prática, bastante raro o manejo deste recurso. Aponte-se, que no âmbito da União sequer são ajuizadas execuções fiscais com valor originário inferior a R$ 20.000,00 (vinte mil reais) (Portaria MF n° 75/2012).

Por fim, o art. 35 da LEF dispensava a atuação do *revisor* no julgamento das apelações. A figura do revisor era prevista no CPC para a apelação e os embargos infringentes (recurso absolutamente distinto, aponte-se, dos *embargos infringentes* da LEF, cuja previsão foi substituída no novo CPC, com certas adaptações, pela ampliação do quórum de julgamento prevista no art. 942). Com o advento do novo CPC, todavia, deixou de existir. Apesar de o art. 35 da LEF permanecer vigente, retrata apenas regra geral: não há mais atuação de revisor no julgamento de apelação.

MEDIDA CAUTELAR FISCAL

1. GENERALIDADES

O Código de Processo Civil não mais prevê, como havia no CPC/73, um livro dedicado aos processos cautelares. Veio em boa hora a extinção deste livro, especialmente porque ali havia procedimentos de natureza não cautelar e também porque a possibilidade de manejo das *cautelares atípicas* tornava despiciendo prever todas as nuances procedimentais relativas a cada um dos tipos.

Todavia, a lei nº 13.105/2015 (CPC) não revogou a lei nº 8.397/1992, que regula a *medida cautelar fiscal*. A previsão da *ação* ou *medida* cautelar fiscal em lei especial demonstra a preocupação do legislador em oferecer à Fazenda Pública um instrumento para **evitar o esvaziamento patrimonial por parte do devedor tributário** que tome conhecimento da exação e, a partir daí, busque se evadir. Trata-se de demanda exacional específica - verdadeiro processo cautelar - cujo escopo é *acautelar* o direito da Fazenda na recuperação do crédito público de **natureza tributária, não tributária** (art. 2°, *caput*, parte final), **inclusive o crédito proveniente das contribuições sociais previstas no art. 195 da Constituição** (art. 18).

O efeito prático da medida é a decretação da **indisponibilidade dos bens do requerido**, o que não representa gravame oneroso para o devedor, pois não implica transferência da propriedade, sendo mantidas as faculdades de usar e gozar os bens submetidos à medida.

Mesmo não havendo previsão específica na lei nº 8.397/1992, aplica-se o regramento do CPC supletiva e subsidiariamente ao rito da *medida cautelar fiscal*. Nos debruçamos sobre a tutela cautelar em obra distinta, para onde remetemos o leitor[1]. A compreensão do presente capítulo demanda o conhecimento da matéria.

2. LEGITIMIDADE

A medida cautelar fiscal **somente pode ser manejada pelos entes que compõem a Fazenda Pública.** Inclui-se aqui a União, os Estados, o DF e os Municípios, suas respectivas autarquias, tudo conforme o art. 1° da lei n° 8.397/1992.

Apesar de não haver texto expresso nesse sentido, compreende-se que todos os sujeitos com legitimidade ativa para propositura de execuções fiscais podem também se valer da medida cautelar fiscal. Portanto, estão incluídas como legitimadas à sua propositura as fundações públicas.

Por outro lado, ocupa o polo passivo na medida cautelar fiscal o sujeito passivo do crédito tributário ou não tributário (art. 2°) e também das contribuições sociais previstas no art. 195, da CR (art. 18).

Figurando como sujeito passivo da exação pessoa jurídica, a indisponibilidade cautelar de bens poderá atingir o patrimônio de pessoa física acionista controladora ou que exerça função de gestão, possuindo poderes decisórios (art. 4°, §1°, melhor trabalhado adiante). Abre-se a possibilidade, portanto, de a medica cautelar fiscal atingir o patrimônio de responsáveis, nos termos do Código Tributário Nacional.

Há certo debate a respeito da abrangência deste permissivo. Não adentraremos nos debates sobre o tema, afetos ao Direito material Tributário. De toda sorte, havendo interesse em atingir, pelo pedido de indisponibilidade, patrimônio de pessoa física sócia ou gestora, impõe-se sua inclusão no polo passivo da demanda (originária ou incidentalmente).

3. COMPETÊNCIA

A competência para processar e julgar a medida cautelar fiscal é do juízo da execução fiscal, ou seja, do juízo do foro de domicílio do devedor. Não há disposições especiais sobre competência territorial, aplicando-se o regramento previsto no CPC, com destaque ao art. 46,

1. AVELINO, Murilo Teixeira. *Processo Civil – parte geral, processo de conhecimento e procedimentos especiais de jurisdição contenciosa*. Salvador: Juspodivm, 2021.

§5°. Segue-se, da mesma forma, as mesmas regras de competência material. É o que se pode extrair do art. 5° da lei n° 8.397/92:

> Art. 5° A medida cautelar fiscal será requerida ao Juiz competente para a execução judicial da Dívida Ativa da Fazenda Pública.
>
> Parágrafo único. Se a execução judicial estiver em Tribunal, será competente o relator do recurso.

Em regra, portanto, a medida cautelar fiscal se processa perante juízo singular. A exceção fica por conta de *medida incidental*, proposta enquanto a execução fiscal já está sendo processada por Tribunal. Neste caso, a competência será do Tribunal, devendo-se distribuir o feito cautelar por dependência, ao mesmo Relator.

4. TUTELA DE URGÊNCIA DE FUNDAMENTAÇÃO VINCULADA

O CPC enquadra como tutelas de urgência a tutela antecipada e a tutela cautelar. A concessão das tutelas de urgência exige a verificação de **dois requisitos** (art. 300, *caput*): **i) probabilidade do direito alegado**, ou como tradicionalmente chamado: *fumus boni iuris*; **ii) perigo de dano ou risco ao resultado útil do processo**, ou como tradicionalmente chamado: *periculum in mora*,

Especificamente para a tutela cautelar regulada pela lei n° 8.397/92, é preciso conjugar as hipóteses estritas de cabimento, com os requisitos gerais de ***probabilidade do direito* e *perigo de dano ou risco ao resultado útil do processo***.

Quer dizer, somente será possível se utilizar do procedimento especial se o caso se enquadrar em um dos incisos do art. 2°:

> Art. 2° A medida cautelar fiscal poderá ser requerida contra o sujeito passivo de crédito tributário ou não tributário, quando o devedor:
>
> I - sem domicílio certo, intenta ausentar-se ou alienar bens que possui ou deixa de pagar a obrigação no prazo fixado;
>
> II - tendo domicílio certo, ausenta-se ou tenta se ausentar, visando a elidir o adimplemento da obrigação;
>
> III - caindo em insolvência, aliena ou tenta alienar bens;
>
> IV - contrai ou tenta contrair dívidas que comprometam a liquidez do seu patrimônio;

> V - notificado pela Fazenda Pública para que proceda ao recolhimento do crédito fiscal:
>
> a) deixa de pagá-lo no prazo legal, salvo se suspensa sua exigibilidade;
>
> b) põe ou tenta por seus bens em nome de terceiros;
>
> *VI - possui* débitos, inscritos ou não em Dívida Ativa, que somados ultrapassem trinta por cento do seu patrimônio conhecido;
>
> VII - aliena bens ou direitos sem proceder à devida comunicação ao órgão da Fazenda Pública competente, quando exigível em virtude de lei;
>
> VIII - tem sua inscrição no cadastro de contribuintes declarada inapta, pelo órgão fazendário;
>
> IX - pratica outros atos que dificultem ou impeçam a satisfação do crédito.

Estamos diante, portanto, de uma **demanda de *fundamentação vinculada*, em rol taxativo.**

Atente-se ao seguinte, todavia: apesar de estarmos diante de um rol taxativo, em *demanda cautelar de fundamentação vinculada* – ou seja, somente será possível manejar a cautelar fiscal com fulcro em uma das situações previstas no dispositivo acima citado – isso **não limita que o Poder Público requeira em juízo tutela cautelar fora destas hipóteses**. Poderá fazê-lo normalmente, desde que se valha do procedimento geral, previsto no CPC.

A utilização deste procedimento especial, portanto, admite-se apenas nas hipóteses do **art. 2° da lei n° 8.397/92**. Sobre elas, a configuração de quaisquer destas situações demonstra ***perigo de dano ou risco ao resultado útil da exação fiscal***. Relacionam-se à potencial insolvência do requerido, demonstrada pela prática de atos com o interno se furtar-se fraudulentamente ao pagamento[2]. Caso o devedor pratique quaisquer das condutas listadas, considerou o legislador que estará pondo em risco a recuperação do crédito público. Configura-se, assim, um dos requisitos gerais para a concessão da tutela cautelar de urgência.

O outro requisito geral, *a probabilidade do direito*, é demonstrada de acordo com o art. 3° da lei n° 8.397/92:

---

2. SEGUNDO, Hugo de Brito Machado. *Processo Tributário*. São Paulo: Atlas, 2019, p. 331.

> Art. 3° Para a concessão da medida cautelar fiscal é essencial:
>
> I - prova literal da constituição do crédito fiscal;
>
> II - prova documental de algum dos casos mencionados no artigo antecedente.

Quando propõe a medida cautelar fiscal, portanto, cabe à Fazenda Pública demonstrar que o crédito fiscal que fundamenta a exação já está constituído e, além disso, juntar prova documental que demonstre a ocorrência de uma das situações descritas no art. 2°. Desincumbindo-se disso, estará configurada a *probabilidade do direito*, quanto à legitimidade da cobrança.

Perceba-se que o inciso II do art. 3° exige ***prova documental* (ou documentada) da *urgência*.** Quer dizer, a situação de urgência precisa ser demonstrada em **prova pré-constituída.** Esta necessidade existe em razão da possibilidade da concessão de medida liminar e, por isso, é necessário à Fazenda Pública trazer desde logo a demonstração a situação de urgência.

Já o inciso I do art. 3° é necessário por conta da relação entre a medida cautelar fiscal e sua *ação principal*, qual seja, a Execução Fiscal. A prova literal da constituição do crédito, ainda que submetido a recurso administrativo ou discussão judicial, traz consigo a demonstração de que há probabilidade de que a exação ocorrerá e, portanto, é preciso proteger o patrimônio do devedor que se coloca em processo de insolvência e esvaziamento patrimonial. Esta "prova literal" pode ser feita, dentre outros, com o auto de infração lavrado, com o termo de lançamento (em qualquer de suas modalidades: de ofício, por declaração ou por homologação), com o termo de inscrição de dívida ativa, ou mesmo com a certidão de dívida ativa. Todos comprovam documentalmente a constituição do crédito fiscal.

Quando da propositura da medida cautelar fiscal, cabe à Fazenda Pública instruir a exordial com a prova exigida no art. 3°, e apresentar como causa de pedir uma das situações descritas no art. 2°, ambos da lei n° 8.397/92.

4.1. Constituição do crédito tributário e hipóteses excepcionais

Optamos por trazer este ponto em subtópico específico em razão da atenção que se deve dar a ele. Conforme colocado acima, é preciso demonstrar, quando do manejo da medida cautelar fiscal, a constituição do crédito tributário. Esta é a **regra geral: somente se admite o manejo da medida cautelar fiscal após a constituição do crédito tributário** (art. 1°, *caput*, da lei n° 8.397/92).

Há, todavia, **duas situações em se admite o manejo da medida cautelar fiscal antes da constituição do crédito tributário** (art. 1°, p.ú):

- Quando o sujeito passivo do crédito tributário, notificado pela Fazenda Pública para que proceda ao recolhimento do crédito fiscal, põe ou tenta por seus bens em nome de terceiros (art. 2°, V, "b");
- Quando o sujeito passivo do crédito tributário aliena bens ou direitos sem proceder à devida comunicação aos órgãos da Fazenda Pública competente, quando exigível em virtude de lei (art. 2°, VII).

O legislador entendeu por bem reputar graves tais condutas, que refletem técnicas de blindagem patrimonial, na tentativa de se evadir da exação fiscal. É importante atentar a elas pois, nestes casos e apenas neles, **dispensa-se a apresentação da prova literal da constituição do crédito tributário** (art. 3°, I).

4.2. Discussão administrativa do crédito constituído

Colocado o tópico anterior, perceba-se que **a lei exige a constituição do crédito tributário, não a constituição *definitiva*.** A discussão administrativa do débito já lançado (=constituído) não impõe qualquer empecilho ao manejo da medida cautelar fiscal. Não se pode confundir a exigência legal de **constituição do crédito** como necessidade de **constituição definitiva**.

Com efeito, **crédito constituído é aquele que se encontra materializado pelo lançamento**, nada além disso. O lançamento, por qualquer de suas técnicas, é suficiente ao preenchimento do suporte fático dos preceitos que se utilizem da expressão "*crédito constituído*".

Por outro lado, o **crédito constituído definitivamente** exige o exaurimento da discussão administrativa. Assim, crédito definitivamente constituído é aquele materializado pelo lançamento **e** cujo debate na esfera administrativa já se exauriu.

Tratam-se, pois, de situações diversas. Nesse sentido, a Lei nº 8.397/92 **não** exige a constituição definitiva do crédito para que se afigure cabível a medida cautelar fiscal.

Veja-se trecho de ementa no mesmo sentido aqui defendido, onde grifamos:

> "PROCESSUAL CIVIL E TRIBUTÁRIO. AGRAVO DE INSTRUMENTO. MEDIDA CAUTELAR FISCAL. CRÉDITO EM DISCUSSÃO NA VIA ADMINISTRATIVA. POSSIBILIDADE. REQUISITOS. INDISPONIBILIDADE DE BENS DO DEVEDOR. LEGALIDADE. (...) **Os artigos 1º e 3º, inciso I, da Lei nº 8.397/1992 preveem como requisito para ajuizamento da medida cautelar fiscal a existência de constituição do crédito, e não de constituição definitiva do crédito.** In casu, resta comprovada a constituição do crédito, que foi realizada mediante auto de infração. A existência de recurso administrativo não afasta a regular constituição. Aliás, a inteligência dos artigos 11 e 12, parágrafo único, da Lei nº 8.397/1992 leva a esse mesmo entendimento, qual seja, de que a **pendência de processo administrativo não impede o ajuizamento da medida cautelar fiscal.** (...) (STJ, AgREsp. 201401128592, Relator Ministro Benedito Gonçalves, Primeira Turma. DJE 16/09/2014)

A prova de constituição do crédito é, de fato, indispensável. Não há, todavia, exigência de que este mesmo crédito não esteja sendo objeto de discussão administrativa ou judicial. Esta conclusão decorre da simples análise literal do art. 1º da Lei nº 8.397/92. O legislador busca evitar que o manejo dos recursos administrativos sirva única e tão somente para diferir a *constituição definitiva do crédito*, permitindo ao requerido que se desfaça do seu patrimônio apenas para frustrar futura execução fiscal, naquilo que seria patente abuso de direito[3].

5. PROCEDIMENTO

A medida cautelar fiscal pode ser antecedente ou incidental.

O que irá determinar o enquadramento como antecedente ou incidental é o momento em que se requer a tutela cautelar, tendo como parâmetro a propositura da Execução Fiscal. Em outros termos, **a medida cautelar fiscal será antecedente quando for requerida**

3. SEGUNDO, Hugo de Brito Machado. *Processo Tributário*. São Paulo: Atlas, 2019, p. 331.

antes de manejada a execução. A medida cautelar será incidental, por sua vez, quando for requerida no mesmo momento ou depois de proposta a execução.

O pedido *incidental* pode se dar a qualquer tempo e grau de jurisdição, desde que demonstrada, obviamente, uma das hipóteses de cabimento, nos termos do art. 2° da lei n° 8.397/92.

5.1. Medida cautelar antecedente

A tutela cautelar é aquela que *protege o direito material* em face de *perigo iminente*. O que define a tutela cautelar é a sua função em face do direito material, a sua característica de servir à *segurança* do direito material objeto de tutela jurídica futura na demanda *principal*. Aqui, a necessidade de acautelar o patrimônio do devedor, garantindo-se o adimplemento do débito fiscal.

O procedimento para requerer *tutela cautelar antecedente* está consagrado nos artigos 305 a 310 do CPC, complementando o regramento previsto pela lei n° 8.397/92, que se refere ao instituto como ***procedimento preparatório*** (art. 11).

O procedimento para a concessão da tutela cautelar antecedente sofreu uma alteração de relevo com o novo CPC. Trata-se, agora, de um *procedimento sincrético*. Em um mesmo *processo* teremos mais de uma demanda, a cautelar "preparatória" e a principal.

No CPC/73, quando o pedido de tutela cautelar era antecedente à propositura da demanda principal, havia um *processo cautelar autônomo*. Esta mesmo linha é seguida pela lei n° 8.397/92, anterior ao Código de Processo Civil atualmente vigente. A realidade de demandas cautelares autônomas foi superada pelo CPC/15, que reforçou o sincretismo processual em nossa ordem jurídica. Todavia, **a prática Judiciária parece não ter recepcionado a técnica para a medida cautelar fiscal, mantendo-se a estrutura tradicional: propositura da medida cautelar fiscal e, posteriormente, propositura da Execução Fiscal em autos distintos.**

Há, inclusive, o art. 14 da lei n° 8.397/92, que dispões sobre o apensamento dos autos da medida cautelar à Execução Fiscal:

> Art. 14. Os autos do procedimento cautelar fiscal serão apensados aos do processo de execução judicial da Dívida Ativa da Fazenda Pública.

Apesar do preceito acima colacionado, em nossa opinião, todavia, o procedimento previsto pelo CPC é plenamente aplicável aqui[4]. Importa, todavia, conhecer as previsões da lei especial.

Retomando a análise do **procedimento preparatório** ou **antecedente**, o art. 6° da lei n° 8.397/92 traz os requisitos da petição inicial: i) o Juiz a quem é dirigida; ii) a qualificação e o endereço, se conhecido, do requerido; iii) as provas que serão produzidas; iv) o requerimento para citação.

Em acréscimo, os articulados devem preencher todos os requisitos dos arts. 319 e 320 do CPC. Além disso, obviamente, a demanda deve ser fundamentada necessariamente em uma das hipóteses do art. 2° da lei. Atente-se que o **valor da causa será o montante do crédito que se pretende garantir**[5].

Admitida a inicial – e não sendo o caso de concessão de *liminar* (conforme tratado adiante) –, o requerido será **citado** para, **em 15 (quinze) dias, contestar o pedido** e indicar as provas que pretende produzir (art. 8°, *caput*, da lei n° 8.397/92). O prazo aqui, portanto, é especial, distinguindo-se do prazo previsto pelo CPC. A forma de contagem do prazo para apresentação da defesa também é prevista pela lei especial, devendo-se observar:

> Art. 8° O requerido será citado para, no prazo de quinze dias, contestar o pedido, indicando as provas que pretenda produzir.
>
> Parágrafo único. Conta-se o prazo da juntada aos autos do mandado:
>
> a) de citação, devidamente cumprido;
>
> b) da execução da medida cautelar fiscal, quando concedida liminarmente.

Em caso de *revelia* (=falta de contestação), presumir-se-ão aceitos pelo requerido, como verdadeiros, os fatos alegados pela Fazenda Pública. Nesta hipótese, deverá o magistrado decidir sobre a concessão da tutela cautelar em 10 (dez) dias (art. 9°).

---

4. No mesmo sentido: BARROS, Guilherme Freire de Melo. *Poder Público em Juízo para concursos*. Salvador: Juspodivm, 2019, p. 226.

5. Nesse sentido, o Enunciado n° 44 da I Jornada de Direito Processual Civil do CJF: "É requisito da petição inicial da tutela cautelar requerida em caráter antecedente a indicação do valor da causa".

Caso o réu venha ao processo *contestar* o pedido, observar-se-á, somente daí em diante, o procedimento previsto no CPC. Admite-se a realização de audiência de instrução e julgamento, caso seja necessária produção de prova neste ato (art. 9º, parágrafo único).

Após a regular instrução, decidirá o magistrado, **por sentença.** O regime recursal é comum. Da sentença que decretar a medida cautelar fiscal caberá Apelação, **sem efeito suspensivo, salvo se houver oferecimento de garantia** à exação (art. 17).

Julgado procedente o pedido, permite-se a **efetivação da decisão concessiva desde logo**, não sendo necessário aguardar o trânsito em julgado da decisão.

Uma vez efetivada a medida cautelar *antecedente* ou *em procedimento preparatório*, **deverá a Fazenda Pública propor a Execução Fiscal em 60 (sessenta) dias, contados da data em que a exigência se tornar irrecorrível na esfera administrativa** (art. 11). Atente-se que os 60 (sessenta) dias, na medida cautelar antecedente, não são contados da efetivação da decisão, mas sim do momento **posterior** em que se tornar irrecorrível na esfera administrativa discussão a respeito da exação.

Por outro lado, se, quando da efetivação da medida cautelar, já estiver resolvida definitivamente a impugnação do contribuinte (ou seja, o crédito já estiver definitivamente constituído), caberá o manejo da execução fiscal **em 30 (trinta)** dias, conforme dispõe o *caput* do art. 308, *caput* do CPC.

É possível, obviamente, que **o pedido de tutela cautelar seja julgado improcedente.**

Indeferida a medida, o processo será extinto. Não há prejuízo ao manejo da Execução Fiscal, que poderá ser ajuizada normalmente. Da mesma forma, é possível apresentar nova medida cautelar fiscal, desde que os fundamentos do pedido sejam distintos do anterior, rejeitado. A ressalva fica por conta de o indeferimento da tutela cautelar se dar face ao **reconhecimento de pagamento, compensação, transação, remissão, prescrição ou decadência**. É como dispõe o art. 15 da lei nº 8.397/92:

> Art. 15. O indeferimento da medida cautelar fiscal não obsta a que a Fazenda Pública intente a execução judicial da Dívida Ativa, nem

> influi no julgamento desta, salvo se o Juiz, no procedimento cautelar fiscal, acolher alegação de pagamento, de compensação, de transação, de remissão, de prescrição ou decadência, de conversão do depósito em renda, ou qualquer outra modalidade de extinção da pretensão deduzida.

Na verdade, se for demonstrada a ocorrência de uma das hipóteses de extinção do crédito tributário previstas no art. 156 do Código Tributário Nacional, não será possível propor Execução Fiscal ou nova medida cautelar.

É preciso promover à leitura do art. 16 da lei n° 8.397/92 a partir de tais lições, ao prever que:

> Art. 16. Ressalvado o disposto no art. 15, a sentença proferida na medida cautelar fiscal não faz coisa julgada, relativamente à execução judicial da Dívida Ativa da Fazenda Pública.

O que se deve compreender de "**não faz coisa jul**gada**, relativamente à execução judicial da Dívida Ativa da Fazenda Pública**" é: não prejudica o manejo da execução fiscal. Obviamente, haverá coisa julgada a respeito dos fundamentos para a concessão de medida cautelar. Esta coisa julgada, todavia, não produz efeitos externos que impeçam o manejo da Execução Fiscal, ou seja, não impede a execução judicial da Dívida Ativa.

5.2. Medida cautelar incidental

O art. 1°, *caput*, da lei n° 8.397/92 prevê a possibilidade de o procedimento cautelar fiscal ser instaurado no curso da execução fiscal.

Trata-se de pedido incidental porque a *demanda cautelar* é promovida no mesmo momento (ou em momento posterior) da *demanda executiva*.

Nada obstante este autor compreenda que o pedido cautelar pode ser manejado no bojo da própria execução fiscal, desde que demonstrada uma das hipóteses de cabimento, **a prática indica que a medida cautelar, ainda que incidental, deverá ser proposta em autos apartados, como feito autônomo**. Nos termos do art. 14 da lei n° 8.397/92, os autos da medida cautelar serão apensados ao da Execução Fiscal.

Assim, independentemente de estarmos diante de uma medida cautelar fiscal antecedente ou incidental, deve-se seguir o mesmo rito (conforme tratado no tópico anterior), com prejuízo somente do art. 11, pois se dará com o feito executivo já proposto.

5.3. Decisão *liminar*

A medida cautelar fiscal **pode** ser concedida liminarmente, ou seja, *inaudita altera pars.*

A decisão liminar é uma alternativa mais célere em casos de urgência premente. A lei n° 8.397/92 traz sua previsão no art. 7°:

> Art. 7° O Juiz concederá liminarmente a medida cautelar fiscal, dispensada a Fazenda Pública de justificação prévia e de prestação de caução.
>
> Parágrafo único. Do despacho que conceder liminarmente a medida cautelar caberá agravo de instrumento.

A chamada *liminar cautelar* é uma tutela antecipada em um procedimento cautelar concedida sem a ouvida da parte contrária. Apesar de o parágrafo único do art. 7° falar em "*despacho*", trata-se obviamente de decisão e sua impugnação se dá por Agravo de Instrumento.

O dispositivo em comento dispensa, ainda, a justificação prévia e o oferecimento de caução pelo Poder Público.

A dispensa da justificação prévia se dá por uma razão simples: evitar que o devedor se evada ou esvazie patrimônio antes da efetivação da medida cautelar. Em verdade, ao prever a possibilidade de decisão *liminar*, há necessariamente dispensa de justificação prévia.

Quanto à dispensa de caução, é preciso compreendermos que o beneficiário da tutela provisória de urgência **responde objetivamente** pelos danos indevidamente causados à parte adversa. Diz-se que a execução da medida corre por conta e risco do beneficiário. Caso o beneficiário reste derrotado, arcará com os prejuízos experimentados pela parte contrária, que resta vitoriosa ao fim do processo. É possível, portanto, pelo regime do CPC, exigir-se *caução* para concessão da medida.

Todavia, em razão de o próprio Poder Público ser o beneficiário da medida, esvai qualquer risco de eventual dano não ser ressarcido.

Quer dizer, a Fazenda Pública, em regra, é sempre solúvel, ainda que os danos causados sejam apurados e submetidos ao regime de precatório. Por isso, não há necessidade de condicionar a concessão da medida liminar ao oferecimento de caução. Havendo prejuízo eventualmente apurado, o Poder Público beneficiário da medida indenizará o requerido que, ao final, sagrou-se vitorioso.

Por fim, rememore-se o conteúdo do art. 8°, p.ú, "b": o prazo de 15 dias para contestar, no caso de concessão de *liminar cautelar*, **conta-se da execução da medida**.

5.4. Efeitos da concessão da medida

A concessão da medida torna indisponíveis bens do devedor, tantos quantos suficientes ao adimplemento de seu passivo fiscal. Obviamente, não será permitido que a indisponibilidade recaia sobre parcela superior ao devido e muito menos sobre todo o patrimônio do requerido se este sobejar o débito. É este o conteúdo do art. 4° da lei n° 8.397/92:

> *Art. 4° A decretação da medida cautelar fiscal produzirá, de imediato, a indisponibilidade dos bens do requerido, até o limite da satisfação da obrigação.*

Os parágrafos do dispositivo acima colacionado, todavia, trazem importantes regras a respeito *do que* e *de quem* pode ser atingido pela ordem de *indisponibilidade*. Vejamos.

Em primeiro lugar, sendo a requerida **pessoa jurídica, somente é possível que a indisponibilidade atinja bens do ativo permanente** (§1°, primeira parte). Faz sentido: é que o ativo circulante (o seu estoque, por exemplo) da pessoa jurídica é responsável pela manutenção e desenvolvimento da atividade empresarial. Assim, o legislador entendeu por bem admitir a indisponibilidade apenas do ativo permanente. Desta forma, garante-se o adimplemento das obrigações fiscais, ao tempo em que não se limita o exercício da empresa.

Por outro lado, **a indisponibilidade pode ser estendida aos bens do acionista controlador e dos sócios-administradores**, que a lei definiu como os que "*em razão do contrato social ou estatuto tenham poderes para fazer a empresa cumprir suas obrigações fiscais*" (§1°, segunda parte). Há, todavia, um fator temporal, pois **somente**

podem ser atingidos os bens naqueles que ocupavam tais posições ao tempo (§1°, alíneas): i) **do fato gerador, nos casos de lançamento de ofício**; ii) **do inadimplemento da obrigação fiscal, nos demais casos.**

Além dos requisitos legais, prevalece a compreensão de que "a responsabilidade dos sócios ou administradores integrantes da gerência ou do conselho de administração depende da comprovação de excesso de mandato, infração à lei ou ao regulamento, seguindo-se a mesma sistemática de responsabilidade na execução fiscal"[6].

Atente-se que há relevante debate a respeito da natureza jurídica da "extensão" da indisponibilidade para bens de gestores da pessoa jurídica. Alguns defendem a necessidade de instauração de incidente de desconsideração da personalidade jurídica, outros aplicam por analogia a técnica de redirecionamento, nos moldes que ocorre na execução fiscal. A nós, parece que o debate respeita mais à identificação da natureza jurídica da responsabilidade do gestor, do que propriamente à técnica processual mais ou menos adequada para viabilizar a extensão. Resta-nos aqui, portanto, no estudo do Processo Civil, conhecer a previsão normativa que, inclusive, reflete a prática forense[7].

Em caso de fraude (especialmente através de interposta pessoa e ocultação de bens), a **jurisprudência admite que a indisponibilidade cautelar atinja bens de sujeitos ocultos, que não figurem como devedores no título executivo ou que não sejam parte na execução fiscal** (no caso de medida incidental), para além do ativo permanente da devedora principal. Nesse sentido, precedente do Superior Tribunal de Justiça:

> "PROCESSUAL CIVIL E TRIBUTÁRIO. MEDIDA CAUTELAR FISCAL INCIDENTAL. GRUPO ECONÔMICO DE FATO. INDISPONIBILIDADE DE BENS E/OU DIREITOS DE PESSOAS NÃO INTEGRANTES DO POLO PASSIVO. FRAUDE. REDIRECIONAMENTO. POSSIBILIDADE. 1. Havendo prova da ocorrência de fraude por grupo de pessoas físicas e/ou jurídicas, como a criação de pessoas jurídicas fictícias para oportunizar a sonegação fiscal ou o esvaziamento patrimonial dos reais devedores, o juízo da execução

---

6. CUNHA, Leonardo Carneiro da. *A Fazenda Pública em juízo*. Rio de Janeiro: Forense, 2016, p. 292.

7. Para LUSTOZA (LUSTOZA, Helton Krames. *Advocacia Pública em Ação*. Salvador: Juspodivm, 2017, p. 368), a indisponibilidade pode ser estendida nas hipóteses do art. 135 do CTN. O tema é bem trabalhado em: SEGUNDO, Hugo de Brito Machado. *Processo Tributário*. São Paulo: Atlas, 2019, p. 332-339.

> pode redirecionar a execução fiscal às pessoas envolvidas e, com base no poder geral de cautela e dentro dos limites e condições impostas pela legislação, estender a ordem de indisponibilidade para garantia de todos os débitos tributários gerados pelas pessoas participantes da situação ilícita, pois "os requisitos necessários para a imputação da responsabilidade patrimonial secundária na ação principal de execução são também exigidos na ação cautelar fiscal, posto acessória por natureza" (REsp 722.998/MT, Rel. Ministro Luiz Fux, Primeira Turma, julgado em 11/04/2006, DJ 28/04/2006). 2. Os bens indisponibilizados servirão, em conjunto, à garantia dos diversos créditos tributários cujo adimplemento era da responsabilidade das pessoas integrantes do esquema de sonegação fiscal. 3. Sendo o caso de atos fraudulentos, a indisponibilidade de bens decorrente da medida cautelar fiscal não encontra limite no ativo permanente a que se refere o § 1º do art. 4º da Lei n. 8.397/1992. (...)" (STJ. 1ª Turma. REsp 1.656.172-MG, Rel. Min. Gurgel de Faria, julgado em 11/06/2019).

Sigamos.

Em segundo lugar, caso se dê alienação de patrimônio pela pessoa jurídica requerida ou pelos seus gestores (listados no §1°) capaz de frustrar a pretensão da Fazenda Pública, **a indisponibilidade patrimonial pode atingir tais bens**. São os termos do art. 4°, §2°:

> Art. 4°, § 2° A indisponibilidade patrimonial poderá ser estendida em relação aos bens adquiridos a qualquer título do requerido ou daqueles que estejam ou tenham estado na função de administrador (§ 1°), desde que seja capaz de frustrar a pretensão da Fazenda Pública.

Obviamente, se a Fazenda Pública credora requer a indisponibilidade desses bens, é preciso demonstrar que o patrimônio restante da requerida ou dos demais gestores é insuficiente à garantia da exação fiscal, ou seja, que sua pretensão restaria frustrada em razão da alienação.

Por fim, nos termos do §3° do art. 4°, uma vez decretada a medida cautelar fiscal, será comunicada imediatamente ao registro público de imóveis, ao Banco Central do Brasil, à Comissão de Valores Mobiliários e aos demais órgãos responsáveis pelos registros de transferência de bens. A razão primordial desta comunicação é que tais instituições tomem conhecimento da constrição patrimonial e a façam cumprir, impedindo eventual disposição.

5.4.1. *Prestação de garantia*

Concedida a medida liminar, parcela dos bens do requerido estará indisponível, até o limite do seu passivo fiscal. Todavia, como forma de liberar os bens constritos, o legislador autoriza que o devedor (ou aqueles que tenham seus bens atingidos) ofereça bens em garantia. Trata-se do art. 10 da lei nº 8.397/92:

> Art. 10. A medida cautelar fiscal decretada poderá ser substituída, a qualquer tempo, pela prestação de garantia correspondente ao valor da prestação da Fazenda Pública, na forma do art. 9º da Lei nº 6.830, de 22 de setembro de 1980.
>
> Parágrafo único. A Fazenda Pública será ouvida necessariamente sobre o pedido de substituição, no prazo de cinco dias, presumindo-se da omissão a sua aquiescência.

A lei nº 6.930/80 (Lei de Execuções Fiscais) prevê a possibilidade de o devedor oferecer garantia real ou fidejussória abrangendo o valor da dívida, juros, multas e encargos. Admite-se garantia por depósito em dinheiro, oferecimento de fiança bancária ou seguro garantia, nomeação de bens à penhora.

Caso sejam oferecidos fiança bancária ou seguro garantia, ou outros bens à penhora, a Fazenda Pública será intimada para se manifestar sobre a idoneidade da garantia (por exemplo, se a fiança bancária obedece às condições pré-estabelecidas pelo Conselho Monetário Nacional, conforme disposto no art. 9º, §5º) e o pedido de substituição, no prazo de 5 (cinco) dias, presumindo-se aquiescência em face da omissão.

Obviamente, somente se justifica a substituição se a nomeação de bens à penhora pelo executado respeitar a ordem de prioridade instituída no art. 11 da LEF (art. 9º, III daquela lei). Por outro lado, em vista que a penhora em dinheiro sempre é prioritária, oferecido depósito correspondente ao valor devido à Fazenda Pública, é caso de aceitação.

Remetemos o leitor ao capítulo anterior, onde tratamos com mais detalhes sobre o oferecimento de garantia na Execução Fiscal, lições que se aplicam também aqui.

6. CESSAÇÃO DA EFICÁCIA DA MEDIDA CAUTELAR

A medida cautelar fiscal, uma vez concedida em decisão liminar ou definitiva, **conserva sua eficácia na pendência da discussão**

administrativa do débito e nos 60 dias subsequentes a partir da data em que a exigência se tornar irrecorrível. Da mesma forma, **conserva-se a sua eficácia mesmo ocorrendo qualquer das hipóteses de suspensão da exigibilidade do crédito** (art. 151 do CTN).

Nesse sentido, possível afirmar que **a inexigibilidade da obrigação materializada no título não impede a propositura da medida cautelar fiscal**. Da mesma forma, a pendência da execução fiscal não impacta na manutenção da indisponibilidade patrimonial.

Obviamente, é possível que decisão judicial no caso concreto disponha de forma distinta, revogando ou modificando a abrangência da medida. Veja-se, nos termos do art. 12:

> Art. 12. A medida cautelar fiscal conserva a sua eficácia no prazo do artigo antecedente e na pendência do processo de execução judicial da Dívida Ativa, mas pode, a qualquer tempo, ser revogada ou modificada.
>
> Parágrafo único. Salvo decisão em contrário, a medida cautelar fiscal conservará sua eficácia durante o período de suspensão do crédito tributário ou não tributário.

A *decisão judicial* mencionada no dispositivo acima colacionado poderá se fundamentar no art. 13 da lei n° 8.397/92, que traz algumas hipóteses de cessação da eficácia da medida cautelar:

> Art. 13. Cessa a eficácia da medida cautelar fiscal:
>
> I - se a Fazenda Pública não propuser a execução judicial da Dívida Ativa no prazo fixado no art. 11 desta lei;
>
> *II - se* não for executada dentro de trinta dias;
>
> III - se for julgada extinta a execução judicial da Dívida Ativa da Fazenda Pública;
>
> IV - se o requerido promover a quitação do débito que está sendo executado.
>
> Parágrafo único. Se, por qualquer motivo, cessar a eficácia da medida, é defeso à Fazenda Pública repetir o pedido pelo mesmo fundamento.

O *prazo legal* para o que o autor deduza o pedido principal é de 60 dias após **a exigência se tornar irrecorrível na esfera administrativa** (art. 11). Superado este prazo sem propositura da Execução Fiscal, a medida cautelar perde sua eficácia. Lembre-se, todavia, que se a medida for concedida após a constituição definitiva do crédito, deve-se observar o prazo do CPC (30 dias), para propositura da execução fiscal.

Da mesma forma, uma vez concedida a tutela cautelar, cabe à Fazenda Pública autora promover a sua efetivação, oferecendo ao órgão judiciário todas as informações necessárias à promoção das restrições sobre pessoas, bens ou direitos. Se não o fizer em 30 dias, a tutela cautelar perde a eficácia.

Deve-se atentar que se a demora por causas imputáveis somente ao Judiciário não podem prejudicar o beneficiário da decisão. Nesse sentido, o Enunciado nº 46 da I Jornada de Direito Processual Civil do CJF: "A cessação da eficácia da tutela cautelar, antecedente ou incidental, pela não efetivação no prazo de 30 dias, só ocorre se caraterizada omissão do requerente".

Cessa também a eficácia da tutela cautelar quando restar extinta a Execução Fiscal. Restando derrotada a Fazenda Pública, desaparece (em regra) um dos elementos indispensáveis às tutelas de urgência: a *probabilidade do direito*, impondo a cessação da eficácia da medida.

Por fim, a extinção dos débitos por pagamento implica a cessão da medida. É lógico: não havendo mais exação, não há razão para se acautelarem os bens do (então) devedor. Em acréscimo: a extinção dos débitos em quaisquer das hipóteses listadas no art. 156 do CTN gera também a cessação da eficácia da medida cautelar.

Note que a hipótese dos incisos III e IV podem ser coincidentes quando a extinção da Execução Fiscal se der em razão do adimplemento da obrigação.

Uma vez que a cautelar perde sua eficácia, **a renovação do pedido exige novo fundamento** (art. 13, parágrafo único), em desdobramento direto da cláusula *rebus sic stantibus*. Para que se permita requerer novamente a *proteção* do direito, portanto, é necessário que haja alteração da situação fática, com a apresentação de novos argumentos, diferentes daqueles que fundamentaram a concessão originária da medida cautelar.

MANDADO DE SEGURANÇA

1. GENERALIDADES

O mandado de segurança, remédio constitucional previsto no art. 5°, LXIX, serve à **proteção de direito líquido e certo não amparado por *habeas corpus* ou *habeas data*, quando o responsável pela ilegalidade ou abuso de poder for autoridade pública ou agente de pessoa jurídica no exercício de atribuições do Poder Público**. Seu procedimento é regulado pela lei n° 12.016/2009 que, em interessante nota, acabou por *tornar lei* diversas compreensões jurisprudenciais sobre o tema.

Importante perceber que **a situação jurídica tutelada pelo Mandado de Segurança pode ser objeto também de demanda pelo procedimento comum**. Por isso, tem-se o mandado de segurança como um procedimento especial *fungível* ou *disponível*, não necessário. Abre-se ao autor, portanto, vias alternativas[1].

De toda sorte, especialmente em razão da sumarização do rito, com restrições à produção da prova e menores custos do processo, trata-se de procedimento bastante utilizado na prática forense.

2. CABIMENTO

A hipótese de cabimento do mandado de segurança encontra previsão constitucional. Conceder-se-á mandado de segurança para proteger direito líquido e certo, não amparado por *habeas corpus* ou

1. Nesse sentido, o Enunciado n° 101 da Súmula: "O mandado de segurança não substitui a ação popular".

habeas data (art. 5°, LXIX, primeira parte, o que encontra reprodução no art. 1°, *caput*, primeira parte, da lei n° 12.016/2009).

Quer dizer que o mandado de segurança é uma das principais garantias constitucionais ao lado de *habeas corpus* e *habeas data*, para a proteção dos direitos fundamentais consagrados em nossa Carta. Trata-se, portanto, de um procedimento marcado pela fundamentalidade, instrumento de garantia do Estado de Direito em face de ilegalidade perpetrada pelo Poder Público.

Trata-se de um **instrumento residual**. Não cabível o *habeas corpus* ou o *habeas data*, será o caso de mandado de segurança.

É tradicional a posição jurisprudencial no sentido de que **não cabe a propositura de mandado de segurança contra lei em tese**[2]. Como dissemos, é preciso que o impetrante questione um ato concreto. Note-se, todavia, que questão relativa à inconstitucionalidade de norma pode servir à fundamentação do pedido. Em outros termos, a inconstitucionalidade da lei em tese pode ser utilizada para justificar o pedido que, ao final, seja de desconstituição de um ato concreto baseado naquele normativo cuja inconstitucionalidade é arguida como causa de pedir.

O mandado de segurança **terá por objeto, *sempre*, a impugnação de um ato concreto, comissivo ou omissivo, do Poder Público**.

Sigamos.

Há um elemento de *restrição* à concessão da segurança: conceder-se-á mandando de segurança **apenas para proteger *direito líquido e certo***.

Por *direito líquido e certo*, entende-se **aquele direito** (=situação jurídica) **cujos fatos que o fundamentam permitem demonstração por prova documental pré-constituída**. Quer dizer: ao propor o mandado de segurança e apontar a ilegalidade perpetrada pelo poder público, o impetrante precisa trazer aos autos, desde logo, *prova documental* apta a dar suporte a suas alegações. Como aponta a doutrina, "o que se deve ter como líquido e certo é o *fato*, ou melhor, a *afirmação de fato* feita pela parte autora"[3].

---

2. Nesse sentido, o Enunciado n° 266 da Súmula do STF: "Não cabe mandado de segurança contra lei em tese".
3. CUNHA, Leonardo Carneiro da. *A Fazenda Pública em juízo*. Rio de Janeiro: Forense, 2016, p. 503.

O *direito líquido e certo* é aquele que admite prova pré-constituída do tipo documental, apta a fundamentar o acertamento dos fatos na inicial.

Desta lição podemos extrair algumas consequências.

- **Qualquer questão de direito pode ser debatida em sede de mandado de segurança.** Desde as mais simples às mais complexas. Não há qualquer limitação quanto à questão jurídica tratada neste procedimento.

  Nesse sentido, enunciado nº 625 da Súmula do STF: "Controvérsia sobre matéria de direito não impede concessão de mandado de segurança"[4].

- **O procedimento do mandado de segurança não admite dilação probatória.** Perceba-se: admite-se produção de prova, mas apenas nos articulados iniciais do impetrante e na prestação de informações da autoridade indicada à inicial. A instrução se limita a isto.

  Há, portanto, instrução. Não há dilação probatória.

- **Há um requisito processual específico: a necessidade de o impetrante trazer desde logo as provas *documentais* com as quais pretende provar o alegado.** Não se admitem outros meios de prova, senão o documental[5]. Quer dizer, **não se admitem outros meios de prova, ainda que *documentados***[6].

  A ausência das provas pré-constituídas, aqui, é **causa de inadmissibilidade da demanda** e não de julgamento pela improcedência.

São lições essenciais para que se compreenda bem este procedimento. Mas não é só isso.

Obviamente, é preciso que haja ferimento ao *direito* do impetrante. Esta violação se dá, nos termos da lei nº 12.016/2009, face à **ilegalidade ou abuso de poder**, tudo em consonância com o texto constitucional. **Ato de *autoridade pública* praticado de maneira ilegal ou abusiva, justifica o manejo da demanda.**

---

4. Ainda, o enunciado 474 da Súmula: "Não há direito líquido e certo, amparado pelo mandado de segurança, quando se escuda em lei cujos efeitos foram anulados por outra, declarada constitucional pelo Supremo Tribunal Federal".
5. RODRIGUES, Marco Antonio. *A Fazenda Pública no Processo Civil*. São Paulo: Atlas, 2016, p. 198-200.
6. CUNHA, Leonardo Carneiro da. *A Fazenda Pública em juízo*. Rio de Janeiro: Forense, 2016, p. 506.

Abuso de poder é uma espécie de *ilegalidade.*

Este *ato*, poderá ser comissivo ou omissivo. Nesses termos, o mandado de segurança pode ter por objeto a omissão *ilegal* da autoridade pública na prática de um ato. Assim, **a ilegalidade ou abuso de poder pode se dar pela prática comissiva ou pela omissão** daquele que deveria atuar e não atua. Admite-se, assim, mandado de segurança em face de omissão.

Ainda, o mandado de segurança pode ser **repressivo ou preventivo**. Significa que sua impetração pode ser dar **em face de violação a direito ou quando houver justo receio de sofrer violação**. Este *justo receito*, obviamente, precisa ser plenamente justificado e demonstrado pelos articulados do autor. Normalmente, demonstra-se este *justo receito* a partir de casos passados, justificando que em situações semelhantes a autoridade costuma agir em violação ao direito tutelado. Não há, todavia, limitações. Impõe-se que o impetrante convença o magistrado de que é legítimo o seu receito quanto à potencial violação do direito.

Por fim, algumas notas a respeito dos *atos* que podem ser questionados através de mandado de segurança:

- Nada obstante não se admitir o manejo do *mandamus* contra *lei em tese*, **admite-se a impetração em face de lei de efeitos concretos** (aquela que não é dotada de generalidade e abstração), na medida em que, quanto a sua eficácia, assemelha-se a um ato administrativo.
- Há uma hipótese em que **se admite a utilização do mandado de segurança para controle preventivo de constitucionalidade**: o **impetrado por Parlamentar, impugnando ato praticado no decorrer do processo legislativo**.

  É que o parlamentar possui *direito líquido e certo* ao processo legislativo constitucional e, portanto, é legítimo para a propositura do *mandamus* como instrumento de controle da higidez do procedimento.
- **Admite-se o mandado de segurança para a declaração do direito à compensação tributária**. Nesse sentido, enunciado nº 213 da Súmula do STJ: "O mandado de segurança constitui ação adequada para a declaração do direito à compensação tributária".

> Por outro lado, **não se admite o mandado de segurança para *homologação* ou *chancela*, pelo juízo, da compensação realizada pelo contribuinte.** É o enunciado n° 460 da Súmula do STJ: "É incabível o mandado de segurança para convalidar a compensação tributária realizada pelo contribuinte".
>
> Atente-se à distinção. Uma vez concedida a segurança, reconhecendo o direito à compensação, caberá ao Fisco realizá-la. No caso da União, comunicada a Receita Federal do Brasil da decisão judicial, procederá aos cálculos relativos aos créditos e débitos do contribuinte.
>
> Por outro lado, se o próprio contribuinte efetua a compensação, não se pode impedir a fiscalização ou mesmo convalidar a sua conduta pela via do *mandamus*.

O Superior Tribunal de Justiça se aprofundou neste último tema através de recursos julgados pela sistemática dos repetitivos. Veja-se a tese fixada no tema 118: "**É necessária a efetiva comprovação do recolhimento feito a maior ou indevidamente para fins de declaração do direito à compensação tributária em sede de mandado de segurança**".

Esta tese gerou outros debates. Há tese fixada nos REsps n. 1.365.095/SP e 1.715.256/SP (controvérsia 43/STJ, acórdãos publicados no DJe de 11/3/2019), desenvolvendo o definido na tese firmada no REsp n. 1.111.164/BA:

> "(a) tratando-se de Mandado de Segurança impetrado com vistas a declarar o direito à compensação tributária, em virtude do reconhecimento da ilegalidade ou inconstitucionalidade da anterior exigência da exação, independentemente da apuração dos respectivos valores, é suficiente, para esse efeito, a comprovação cabal de que o impetrante ocupa a posição de credor tributário, visto que os comprovantes de recolhimento indevido serão exigidos posteriormente, na esfera administrativa, quando o procedimento de compensação for submetido à verificação pelo Fisco" e "(b) tratando-se de Mandado de Segurança com vistas a obter juízo específico sobre as parcelas a serem compensadas, com efetiva alegação da liquidez e certeza dos créditos, ou, ainda, na hipótese em que os efeitos da sentença supõem a efetiva homologação da compensação a ser realizada, o crédito do Contribuinte depende de quantificação, de modo que a inexistência

> de comprovação suficiente dos valores indevidamente recolhidos representa a ausência de prova pré-constituída indispensável à propositura da ação mandamental".

Em recente julgado, o tema foi novamente objeto de discussão: **definiu-se que o aproveitamento, a título de compensação, pode abarcar os valores pagos indevidamente nos 5 (cinco) anos anteriores ao ajuizamento do *mandamus*.** Veja-se:

> "PROCESSUAL CIVIL E TRIBUTÁRIO. MANDADO DE SEGURANÇA. DIREITO À COMPENSAÇÃO. DECLARAÇÃO. SÚMULA 213 DO STJ. VALORES RECOLHIDOS ANTERIORMENTE À IMPETRAÇÃO NÃO ATINGIDOS PELA PRESCRIÇÃO. APROVEITAMENTO. POSSIBILIDADE. (...) 2. O reconhecimento do direito à compensação de eventuais indébitos recolhidos anteriormente à impetração ainda não atingidos pela prescrição não importa em produção de efeito patrimonial pretérito, vedado pela Súmula 271 do STF, visto que não há quantificação dos créditos a compensar e, por conseguinte, provimento condenatório em desfavor da Fazenda Pública à devolução de determinado valor, o qual deverá ser calculado posteriormente pelo contribuinte e pelo fisco no âmbito administrativo segundo o direito declarado judicialmente ao impetrante. 3. Esta Corte Superior orienta que a impetração de mandado de segurança interrompe o prazo prescricional para o ajuizamento da ação de repetição de indébito, entendimento esse que, pela mesma ratio decidendi, permite concluir que tal interrupção também se opera para fins do exercício do direito à compensação declarado a ser exercido na esfera administrativa, de sorte que, quando do encontro de contas, o contribuinte poderá aproveitar o valor referente a indébitos recolhidos nos cinco anos anteriores à data da impetração. 4. Embargos de divergência providos" (STJ, 1ª Seção, EREsp 1.770.495/RS, rel. Min. Gurgel De Faria, DJe 17.12.2021).

3. LEGITIMIDADE

A legitimidade ativa para o mandado de segurança é ampla. Todo aquele que **titulariza direito e possui capacidade judiciária pode propor a demanda**. Isto inclui pessoas físicas, pessoas jurídicas, de direito público ou privado e também as *quase pessoas*, ou entes despersonalizados que possuem capacidade judiciária.

Quanto a pessoas físicas e jurídicas de direito privado, não há limitação. As pessoas jurídicas de direito público também possuem legitimidade, caso a atuação de ente distinto do Poder Público atinja sua posição ou prerrogativas institucionais. Da mesma maneira, para os entes despersonalizados, a exemplo dos órgãos públicos – a quem se reconhece capacidade judiciária – a possibilidade de impetração é limitada à proteção de suas prerrogativas institucionais e interesses específicos. É o exemplo dos Tribunais de Contas e das Câmaras Legislativas.

Conforme anota a doutrina com precisão: "deve-se entender que o mandado de segurança pode ser impetrado por qualquer *sujeito de direito*, ainda que desprovido de personalidade jurídica"[7].

Inclusive, se o *direito violado ou ameaçado* pelo ato impugnado for de titularidade de diversas pessoas, qualquer delas poderá, individualmente, requerer o mandado de segurança (art. 1°, §3°) que, uma vez procedente, beneficiará a todos.

É possível, inclusive, que terceiro prejudicado por decisão judicial impetre mandado de segurança, independentemente do manejo do recurso respectivo. Esta lição está consagrada no enunciado n° 202 da Súmula do STJ: "A impetração de segurança por terceiro, contra ato judicial, não se condiciona à interposição de recurso".

Como estamos diante do exercício de uma garantia constitucional, entende-se que **o *direito à impetração* do mandado de segurança é personalíssimo**. Significa que vindo a falecer o impetrante, os seus herdeiros não poderão se habilitar para atuar no feito. Impõe-se a extinção do mandado de segurança, restando aos sucessores, sendo o caso, as vias ordinárias.

Atente-se que se estivermos já em fase de cumprimento de sentença, admitir-se-á a sucessão processual, em vista que já haverá, no caso, pronunciamento judicial definitivo a respeito do *mandamus*. A sucessão se dará, portanto, na execução.

As maiores polêmicas a respeito do mandado de segurança, todavia, respeitam à posição ocupada no *polo passivo* da demanda. Inclusive, a nós, parece que esta garantia constitucional não se ade-

7. CUNHA, Leonardo Carneiro da. *A Fazenda Pública em juízo*. Rio de Janeiro: Forense, 2016, p. 523.

quada ao modelo tradicional *autor-réu* do processo de conhecimento, conforme regulado no CPC.

É que **o mandado de segurança é impetrado em face de um ato de *autoridade pública*.** A autoridade pública, todavia, **não é ré**. Em verdade, o responsável pela prática do ato impugnado é chamado de ***autoridade coatora***, que deverá ser necessariamente apontado na peça exordial.

A autoridade coatora não é ré no mandado de segurança. Ela é apontada e, intimada para falar, apresentará suas informações sobre os fatos alegados na petição inicial. **Não cabe a ela promover a defesa jurídica do ato** (apesar de, na prática, isto ocorrer com frequência), mas apenas prestar os esclarecimentos necessários para que o magistrado avalie a correção do ato impugnado. A *autoridade coatora* não se defende particularmente, pois a demanda não é proposta em face dela, ela não arcará com os custos do processo nem sofrerá sucumbência alguma; **a autoridade coatora presta informações sobre o fato, podendo ela mesma subscrever as informações, sem necessidade de participação de advogado ou procurador**; as suas **informações são consideradas *meio de prova documental***, prevalecendo a compreensão de que **não possuem natureza de *defesa***[8].

Por outro lado, o representante judicial do ente ao qual autoridade coatora é vinculada, é intimado para apresentar a defesa jurídica do ato. É o ente público ao qual a autoridade está vinculada que promove a defesa jurídica do ato impugnado, através das Procuradorias Públicas. É o ente público que arca com os custos do processo e eventualmente sofrerá a sucumbência. Da mesma maneira, é o ente público que maneja os recursos e atua *postulando* no processo[9].

Aqui também há divergência doutrinária quanto a *quem* ocupa o polo passivo no mandado de segurança. A nós, como adiantado, parece que o problema decorre da premissa, que tenta adequar o rito do mandado de segurança a um modelo adversarial pensado para o processo de conhecimento pelo rito comum. Não é o caso. Estamos

---

8. BARROS, Guilherme Freire de Melo. *Poder Público em Juízo para concursos*. Salvador: Juspodivm, 2019, p. 274.
9. É importante uma nota de ordem prática: no dia a dia forense é muito comum que a autoridade coatora apresente informações e insira também, em sua petição, elementos de defesa do ato. É comum também que as informações sejam apresentadas em conjunto, como anexo à defesa jurídica do ato praticada pelo órgão de representação judicial.

diante de um rito especial distinto, cujo "polo passivo" se estrutura de forma diferente, com dois "sujeitos" exercendo funções distintas sem nenhum deles se enquadrar propriamente como réu.

De toda sorte, prevalece hoje a compreensão de que **o polo passivo no mandado de segurança é ocupado pela pessoa jurídica de direito público a qual a autoridade coatora está vinculada** e cuja defesa cabe à Advocacia Pública[10]. A **autoridade coatora atua prestando informações, cuja natureza é de meio de prova.**

3.1. A autoridade coatora

Até o momento, temos nos referido ao cabimento do mandado de segurança em face de ato praticado por *autoridade pública*. Todavia, é preciso identificar *quem* pode ser considerado nesta posição, figurando como *autoridade coatora* indicada.

O texto constitucional (art. 5°, LXIX) menciona apenas que a demanda pode ser proposta *quando o responsável pela ilegalidade ou abuso de poder for autoridade pública ou agente de pessoa jurídica no exercício de atribuições do Poder Público*. Tem-se aqui a primeira diretriz: **o foco está na função exercida pelo sujeito e não em sua vinculação profissional**. Se o ato for praticado no exercício de função pública, caberá o mandado de segurança, independentemente de o sujeito ser ou não vinculado aos quadros de pessoa jurídica de direito público. Tradicionalmente, diz-se que os atos que se sujeitam ao mandado de segurança são aqueles praticados com poder de império, típico da atuação estatal[11].

A lei n° 12.016/2009 cuida de se aprofundar no tema. Primeiro, no *caput* do art. 1°, deixa claro que a **autoridade pode ser de qualquer categoria e exercer quaisquer funções**. Assim, caracterizando-se a função pública, admite-se o mandado de segurança.

Há, todavia, alguns sujeitos *equiparados* a autoridades públicas. É possível identificar que mesmo esses sujeitos *equiparados* exercem função de interesse público. Trata-se do art. 1°, §1°, da lei n° 12.016/2009:

---

10. Nesse sentido: CUNHA, Leonardo Carneiro da. *A Fazenda Pública em juízo*. Rio de Janeiro: Forense, 2016, p. 526-529; RODRIGUES, Marco Antonio. *A Fazenda Pública no Processo Civil*. São Paulo: Atlas, 2016, p. 224; BARROS, Guilherme Freire de Melo. *Poder Público em Juízo para concursos*. Salvador: Juspodivm, 2019, p. 274.
11. RODRIGUES, Marco Antonio. *A Fazenda Pública no Processo Civil*. São Paulo: Atlas, 2016, p. 206.

> Art. 1°, § 1º. Equiparam-se às autoridades, para os efeitos desta Lei, os representantes ou órgãos de partidos políticos e os administradores de entidades autárquicas, bem como os dirigentes de pessoas jurídicas ou as pessoas naturais no exercício de atribuições do poder público, somente no que disser respeito a essas atribuições.

Mais uma vez o foco é **no exercício de atribuições do poder público**, apenas do que disser respeito a elas. Obviamente, assim, se o ato praticado refletir gestão de interesses privados, não será possível impugná-lo por mandado de segurança[12].

Mesmo que se admita, por exemplo, a impetração em face de ato praticado por agente de empresa pública ou sociedade de economia, será preciso identificar se o ato impugnado se deu no exercício de atribuição do Poder Público. O exemplo recorrente é a menção ao ato praticado durante a realização de licitação pública realizada por empresa pública ou sociedade de economia mista[13].

Não sendo o caso, vedada a via do mandado de segurança. É esta a lição que se pode extrair do §2° do mesmo dispositivo (considerado **constitucional** pelo STF, no julgamento da ADI 4296):

12. Nesse sentido, entendeu o STJ que **o dirigente de federação esportiva não é considerado autoridade para efeitos de impetração de mandando de segurança**. Veja-se trecho da ementa: "(...) 2. A par das discussões doutrinárias suscitadas em relação à legitimidade passiva no mandamus, mormente no que se refere à controvérsia acerca de recair sobre a própria pessoa jurídica ou sobre a autoridade coatora, é assente a necessidade de que o ato impugnado seja emanado de autoridade pública ou esteja vinculado a funções/atividades públicas (delegadas ou concedidas) exercidas por particulares. 3. Na hipótese, a pessoa jurídica interessada - Federação Sergipana de Ciclismo - detém natureza de direito privado (art. 44, inc. II, do CC). 3.1 Conforme disposto no artigo 16 da Lei nº 9.615/98 (Lei Pelé), as entidades de prática desportiva e as entidades de administração do desporto, bem como as ligas de que trata o art. 20, são pessoas jurídicas de direito privado, com organização e funcionamento autônomo, e terão as competências definidas em seus estatutos ou contratos sociais. 3.2 Especificamente no que se refere à autonomia, à gestão e à natureza das funções desempenhadas, o artigo 82 da legislação de regência (Lei Pele - Lei nº 9.615/98) assim preceitua: "os dirigentes, unidades ou órgãos de entidades de administração do desporto, inscritas ou não no registro de comércio, não exercem função delegada pelo Poder Público, nem são consideradas autoridades públicas para os efeitos desta Lei". 3.3 Não subsiste, portanto, a argumentação empreendida pela Corte de origem, pautada pela extensão do entendimento inserto na Súmula 510 STF (Praticado o ato por autoridade, no exercício de competência delegada, contra ela cabe o mandado de segurança ou a medida judicial) às federações desportivas. Isso porque a própria legislação de regência afasta o caráter de delegação, conforme dispõe o artigo 82 citado acima, expondo especificamente não serem consideradas autoridades públicas os dirigentes, unidades ou órgãos de administração do desporto. 3.4 Uma vez inviável a subsunção ao conceito de autoridade pública ou exercício de função pública, sobressaindo o caráter privado da atividade desempenhada, declara-se a ilegitimidade passiva, a obstar o exame de mérito do mandado de segurança" (STJ. REsp 1.348.503-SE, Rel. Min. Marco Buzzi, 4ª Turma. Julgado em 22/02/2022).
13. Enunciado n° 333 da Súmula do STJ: "Cabe mandado de segurança contra ato praticado em licitação promovida por sociedade de economia mista ou empresa pública".

> Art. 1°, § 2°. Não cabe mandado de segurança contra os atos de gestão comercial praticados pelos administradores de empresas públicas, de sociedade de economia mista e de concessionárias de serviço público.

Em suma: é autoridade coatora aquele sujeito que pratica ato com ilegalidade ou abuso do poder no exercício de função pública.

Ainda que a autoridade com poder pratique o ato por força de competência delegada, será ela a autoridade coatora a ser indicada. Assim, **em caso de o ato ser praticado pelo delegatário da competência, caberá apontá-lo como autoridade coatora.** Nesse sentido, o Enunciado n° 510 da Súmula do STF: "Praticado o ato por autoridade, no exercício de competência delegada, contra ela cabe o mandado de segurança ou a medida judicial".

A respeito da identificação da autoridade coatora, importa atentar ao seguinte:

- Ato praticado por colegiado: a autoridade coatora é o seu Presidente;
- Ato complexo: a autoridade coatora é aquela que praticou o último ato da cadeia[14];
- Atos compostos: a autoridade coatora é aquela que pratica o ato principal;
- Atos praticados no bojo de procedimentos administrativos: a autoridade coatora é aquela que preside a realização do procedimento.

Há, por fim, um detalhe de suma importância: **o mero executor da ordem não é considerado autoridade coatora. A autoridade é o sujeito com competência decisória para a prática ou desfazimento do ato**, ainda que ele mesmo não seja quem efetivamente o executa. É esta a regra que se pode extrair do art. 6°, §3° da lei n° 12.016/2009:

> Art. 6°, § 3º. Considera-se autoridade coatora aquela que tenha praticado o ato impugnado ou da qual emane a ordem para a sua prática.

Sobre o tema, também **não pode figurar como autoridade coatora o agente público que apenas orienta genericamente os**

14. Nesse sentido, o Enunciado n° 627 da Súmula do STF: "No mandado de segurança contra a nomeação de magistrado da competência do Presidente da República, este é considerado autoridade coatora, ainda que o fundamento da impetração seja nulidade ocorrida em fase anterior do procedimento".

órgãos subordinados a respeito da aplicação da lei no âmbito administrativo. Veja-se o precedente:

> "(...) ILEGITIMIDADE DO SECRETÁRIO DE ESTADO DA RECEITA PARA FIGURAR, COMO AUTORIDADE IMPETRADA, NO POLO PASSIVO DO MANDADO DE SEGURANÇA. PRECEDENTES DO STJ. RECURSO EM MANDADO DE SEGURANÇA IMPROVIDO. (...) IV. A Primeira Seção do STJ, ao julgar o MS 4.839/DF (Rel. Ministro ARI PARGENDLER, DJU de 16/02/98), deixou anotado que "a autoridade coatora, no mandado de segurança, é aquela que pratica o ato, não a que genericamente orienta os órgãos subordinados a respeito da aplicação da lei no âmbito administrativo; mal endereçado o writ, o processo deve ser extinto sem julgamento de mérito". V. A Primeira Turma do STJ, ao julgar o AgRg no RMS 36.846/RJ (Rel. Ministro ARI PARGENDLER, DJe de 07/12/2012), decidiu que, no regime do lançamento por homologação, a iminência de sofrer o lançamento fiscal, acaso não cumpra a legislação de regência, autoriza o sujeito passivo da obrigação tributária a impetrar mandado de segurança contra a exigência que considera indevida. Nesse caso, porém, autoridade coatora é aquela que tem competência para o lançamento ex officio, que, certamente, não é o Secretário de Estado da Fazenda. Tal entendimento pode ser transposto para o caso dos autos, em que se questiona obrigação acessória (aposição de selos de controle). Na espécie, a autoridade coatora é aquela que tem competência para exigir o cumprimento da aludida obrigação ou autuar o contribuinte pelo seu descumprimento. (...)" (STJ. 2ª Turma. RMS 54.823-PB, Rel. Min. Assusete Magalhães, julgado em 26/05/2020).

3.1.1. Teoria da encampação

A identificação precisa da autoridade coatora é de suma importância, pois impacta necessariamente na definição da competência para processar e julgar o mandado de segurança.

Indicada erroneamente a autoridade coatora, será o caso de extinção do *mandamus* sem resolução de mérito. Todavia, em razão mesmo da complexa estrutura administrativa – que muitas vezes impede a identificação precisa da autoridade – e da *moderna teoria das invalidades*, que impõe o aproveitamento dos atos em busca da resolução de mérito, desenvolveu-se em âmbito jurisprudencial a chamada ***teoria da encampação***, cujo objeto é apresentar os requisitos necessários ao **aproveitamento do mandado de segurança em caso**

de indicação errônea da autoridade coatora. Para que se aplique esta teoria, cumulativamente:

- Deve existir vínculo hierárquico entre a autoridade que prestou as informações e a que ordenou a prática do ato impugnado (=a autoridade coatora *correta*), ou seja, ambas devem pertencer à mesma estrutura administrativa;
- A competência constitucionalmente delimitada deve ser a mesma para processar e julgar o mandado de segurança em face da autoridade indicada erroneamente e daquela que, de fato, é a autoridade coatora;
- A autoridade indicada deve ter se manifestado, em suas informações, sobre o mérito da causa.

É nesse sentido, o Enunciado nº 628 da Súmula do STJ: "A teoria da encampação é aplicada no mandado de segurança quando presentes, cumulativamente, os seguintes requisitos: a) existência de vínculo hierárquico entre a autoridade que prestou informações e a que ordenou a prática do ato impugnado; b) manifestação a respeito do mérito nas informações prestadas; e c) ausência de modificação de competência estabelecida na Constituição Federal".

Respeitados os três requisitos acima, admite-se a continuidade do mandado de segurança, superando-se o vício. Caso contrário, haverá a extinção da demanda sem resolução de mérito em razão da indicação equivocada da autoridade coatora.

Por fim, um importante detalhe. Tradicionalmente, como colocado acima, prevalece a compreensão de que o aproveitamento do mandado de segurança cuja autoridade coatora foi indicada erroneamente depende do preenchimento dos requisitos da teoria da encampação.

Todavia, o CPC/15 passou a consagrar a possibilidade de correção do polo passivo da demanda em seus arts. 338 e 339, aplicáveis também aos procedimentos especiais. A aplicação desta técnica de correção do polo passivo e, consequentemente, de aproveitamento dos atos defeituosos, ainda não encontra eco na jurisprudência a respeito do mandado de segurança. De toda sorte, há compreensão doutrinária nesse sentido. Trata-se do enunciado nº 123 da II Jornada de Direito Processual Civil do CJF: "Aplica-se o art. 339 do CPC à autoridade coatora indicada na inicial do mandado de segurança e à pessoa jurídica que compõe o polo passivo".

Na mesma linha, há dois enunciados do FPPC. Veja-se o enunciado nº 488: "No mandado de segurança, havendo equivocada indicação da autoridade coatora, o impetrante deve ser intimado para emendar a petição inicial e, caso haja alteração de competência, o juiz remeterá os autos ao juízo competente".

Ainda, o enunciado nº 511: "No mandado de segurança, havendo equivocada indicação da autoridade coatora, o impetrante deve ser intimado para emendar a petição inicial e, caso haja alteração de competência, o juiz remeterá os autos ao juízo competente".

4. COMPETÊNCIA

A lei nº 12.016/2009 não trata diretamente das regras de competência para processar e julgar o mandado de segurança. Há apenas, em seu art. 2º, a definição do que se considera autoridade coatora federal:

> Art. 2º. Considerar-se-á federal a autoridade coatora se as consequências de ordem patrimonial do ato contra o qual se requer o mandado houverem de ser suportadas pela União ou entidade por ela controlada.

Caso as consequências da demanda devam ser suportadas por ente federal, considera-se a autoridade federal e, portanto, a competência será da **Justiça Federal**. É, no mesmo sentido, o art. 109, VIII, da CR. Residualmente, caso as consequências da demanda devam ser suportadas por ente estadual ou municipal, considera-se a autoridade estadual ou municipal e, portanto, a competência será da **Justiça Estadual**.

Esta é a regra geral. Há, todavia, duas exceções: i) competirá à **Justiça do Trabalho** processar e julgar mandados de segurança quando o ato questionado envolver matérias sujeitos ao seu conhecimento (art. 114, IV, CR); ii) competirá à **Justiça Eleitoral** processar e julgar os mandados de segurança quando o ato envolver matéria de sua competência (art. 35 da lei nº 4.737/65).

Além do critério material, há também critérios em razão da função, que são considerados para a definição da competência de Tribunais para o julgamento originário do mandado de segurança. Há regras constitucionais de suma importância. Vejamos:

- Compete ao **Supremo Tribunal Federal**, independentemente da matéria envolvida, processar e julgar, originariamente, os mandados de segurança contra atos do Presidente da República, das Mesas da Câmara dos Deputados e do Senado Federal, do Tribunal de Contas da União, do Procurador-Geral da República e do próprio Supremo Tribunal Federal (art. 102, I, d)[15];

- Compete ao **Superior Tribunal de Justiça**, independentemente da matéria envolvida, processar e julgar, originariamente, os mandados de segurança contra ato de Ministro de Estado, dos Comandantes da Marinha, do Exército e da Aeronáutica ou do próprio Tribunal (art. 105, I, b);
- Compete aos **Tribunais Regionais Federais** processar e julgar, originariamente, os mandados de segurança contra ato do próprio Tribunal ou de Juiz Federal (art. 108, I, c).

Ainda que não haja dispositivo expresso na Constituição da República, a doutrina compreende que a competência para processar e julgar os mandados de segurança impetrados contra Governador de Estado é do Tribunal de Justiça. Trata-se de aplicação do princípio da simetria quanto à competência para os mandamus impetrados em face do chefe do Poder Executivo[16].

Quanto à competência recursal, como sói acontecer, caberá ao respectivo tribunal *ad quem* julgar os recursos interpostos em face das decisões dos juízes a si submetidos.

Por fim, quanto à definição da competência territorial, define-se pelas regras comuns do CPC para demandas em face da Fazenda Pública.

5. VEDAÇÕES AO MANEJO DO MANDADO DE SEGURANÇA

O mandado de segurança é um rito especial **marcado pela sumariedade**. Há a redução dos módulos processuais de instrução probatória, na medida em que somente se admite a prova documental

---

15. Sobre a competência do STF para conhecer de Mandado de Segurança, dois enunciados da Corte merecem destaque. Enunciado n° 330 da Súmula: "O Supremo Tribunal Federal não é competente para conhecer de mandado de segurança contra atos dos tribunais de justiça dos estados".
Enunciado n° 624 da Súmula: "Não compete ao Supremo Tribunal Federal conhecer originariamente de mandado de segurança contra atos de outros tribunais".
16. CUNHA, Leonardo Carneiro da. *A Fazenda Pública em juízo*. Rio de Janeiro: Forense, 2016, p. 549.

pré-constituída. Há, também, regra que prevê a prioridade na tramitação (art. 20 da lei nº 12.016/2009).

O legislador, nesse sentido, consagrou no art. 5º da lei nº 12.106/2009, algumas vedações à sua utilização. Vejamos:

> Art. 5º. Não se concederá mandado de segurança quando se tratar:
>
> I - de ato do qual caiba recurso administrativo com efeito suspensivo, independentemente de caução;
>
> II - de decisão judicial da qual caiba recurso com efeito suspensivo;
>
> III - de decisão judicial transitada em julgado.

É preciso tecer algumas considerações sobre tais vedações à utilização do mandado de segurança. A ideia geral que informa os incisos I e II a seguinte: **havendo instrumentos processuais comuns aptos à tutela o interesse jurídico do cidadão, não se deve buscar a via especial**. Quer dizer, o efeito suspensivo do recurso, seja na esfera administrativa, seja na esfera judicial, é apto a obstar a eficácia do ato a si prejudicial.

Sabe-se, todavia, que a regra no processo – seja administrativo, seja judicial – é que os recursos não possuam efeito suspensivo. Isso **não** quer dizer que esteja aberta a via do mandado de segurança. Em verdade, é possível ao recorrente requerer, em seus articulados, que o julgador (administrativo ou judicial) conceda *ope iudicis* eficácia suspensiva ao apelo. Esta **possibilidade de o recurso suspender a eficácia do ato, é suficiente a obstar o manejo do mandado de segurança**.

A jurisprudência cuidou ainda de trazer mais um requisito para o manejo do mandado de segurança contra ato judicial: a decisão impugnada precisa ser teratológica, ou seja, de absurda e patente ilegalidade. Em suma, somente se admite a impetração em face de decisão judicial se, cumulativamente: i) **a decisão não seja recorrível ou o recurso cabível não seja capaz de suspender a eficácia da decisão**; ii) **a decisão seja teratológica, por ilegalidade ou abuso de poder**.

Na esfera administrativa, o administrado poderá, portanto, manejar o respectivo recurso requerendo seja suspensa a eficácia do ato. Alternativamente, poderá deixar transitar em julgado a decisão para, daí então, sendo o caso, impetrar o *mandamus*. **O *transito em julgado* na esfera administrativa não impede o mandado de segurança.**

Na esfera judicial a regra é distinta. É que **não se admite o manejo de mandado de segurança em face de decisão judicial transitada em julgado** (inciso III, supra colacionado). Para desconstituir coisa julgada a ordem jurídica oferece a ação rescisória. Assim, somente será cabível o mandado de segurança em face de decisão judicial que não haja transitado em julgado e cujo recurso típico de impugnação não tenha aptidão para suspender a eficácia da decisão. Assim, **a impetração em face de decisão judicial é hipótese bastante restrita.**

Em perspectiva, os incisos do art. 5°, *caput*, da lei n° 12.016/09, remetem a compreensões jurisprudenciais. Vejamos alguns entendimentos.

- Há o enunciado n° 429 da Súmula do STF: "A existência de recurso administrativo com efeito suspensivo não impede o uso do mandado de segurança contra omissão da autoridade".

  É preciso compreender a razão de ser do enunciado. O efeito suspensivo do recurso, em face de omissão, não produz absolutamente qualquer efeito. Quer dizer, do nada (omissão), nada surge. Assim, independentemente do efeito em que o recurso é recebido, apenas uma tutela provisória recursal poderia suprir o interesse do recorrente na prática do ato.

  Por isso, neste caso específico, admite-se o manejo do mandado de segurança em face da omissão, mesmo existindo recurso administrativo com efeito suspensivo.

- A previsão do art. 5°, II, parte da regra fixada no enunciado n° 267 da Súmula: "Não cabe mandado de segurança contra ato judicial passível de recurso ou correição".
- Já a previsão do inciso III, parte do enunciado n° 268 da Súmula: "Não cabe mandado de segurança contra decisão judicial com trânsito em julgado".

Ainda, importantes precedentes do STJ a respeito do cabimento do mandado de segurança em face de decisão judicial.

- Anotando que **o trânsito em julgado da decisão, após a impetração do mandamus, não prejudica o julgamento do mandado de segurança**, veja-se:

> "EMBARGOS DE DECLARAÇÃO NO AGRAVO REGIMENTAL NO MANDADO DE SEGURANÇA. TRÂNSITO EM JULGADO

DA DECISÃO IMPETRADA OCORRIDO APÓS A IMPETRAÇÃO. (...) 2. É incabível mandado de segurança contra decisão judicial transitada em julgado, incidindo, portanto, o teor do art. 5º, inciso III, da Lei n. 12.016/2009 e da Súmula n. 268/STF. Precedentes. 3. No entanto, sendo a impetração do mandado de segurança anterior ao trânsito em julgado da decisão questionada, mesmo que venha a acontecer, posteriormente, não poderá ser invocado o seu não cabimento ou a sua perda de objeto, mas preenchidas as demais exigências jurídico-processuais, deverá ter seu mérito apreciado. (...)" (STJ. Corte Especial. EDcl no MS 22.157-DF, Rel. Min. Luis Felipe Salomão, julgado em 14/03/2019).

- Anotando a **total impossibilidade de impetração de mandado de segurança em face de decisão interlocutória, após a fixação da tese da taxatividade mitigada do rol de hipóteses de cabimento do Agravo de Instrumento** (art. 1.015, do CPC):

"(...) REQUERIMENTO CONSENSUAL DE DESIGNAÇÃO DA AUDIÊNCIA DE CONCILIAÇÃO PREVISTA NO ART. 334 DO CPC. IMPUGNAÇÃO IMEDIATA. POSSIBILIDADE. INUTILIDADE DO EXAME DA QUESTÃO APENAS EM APELAÇÃO. VIA ADEQUADA APÓS TEMA REPETITIVO 988. AGRAVO DE INSTRUMENTO. EXCEPCIONAL UTILIZAÇÃO DO MANDADO DE SEGURANÇA COMO MEIO DE IMPUGNAR DECISÕES INTERLOCUTÓRIAS APÓS TEMA REPETITIVO 988. IMPOSSIBILIDADE ABSOLUTA. 1- O propósito recursal é definir se, após a publicação do acórdão em que se fixou a tese referente ao tema repetitivo 988, segundo a qual "o rol do art. 1.015 do CPC é de taxatividade mitigada, por isso admite a interposição de agravo de instrumento quando verificada a urgência decorrente da inutilidade do julgamento da questão no recurso de apelação", ainda é admissível, ainda que excepcionalmente, a impetração de mandado de segurança para impugnar decisões interlocutórias. (...) 3 - A decisão judicial que, a requerimento do réu, indefere o pedido de designação da audiência de conciliação prevista no art. 334, caput, do CPC, ao fundamento de dificuldade de pauta, proferida após a publicação do acórdão que fixou a tese da taxatividade mitigada, somente é impugnável por agravo de instrumento e não por mandado de segurança. 4- Conquanto seja excepcionalmente admissível a impugnação de decisões judiciais lato sensu por mandado de segurança, não é admissível, nem mesmo excepcionalmente, a impugnação de decisões interlocutórias por mandado de segurança após a tese firmada no tema repetitivo 988,

> que estabeleceu uma exceção ao posicionamento há muito adotado nesta Corte, especificamente no que tange à impugnabilidade das interlocutórias, de modo a vedar, em absoluto, a impugnação dessa espécie de decisão pelas partes mediante mandado de segurança, porque há via impugnativa recursal apropriada, o agravo de instrumento. 5- Recurso ordinário constitucional conhecido e desprovido" (STJ. 3ª Turma. RMS 63.202-MG, Rel. Min. Marco Aurélio Bellizze, Rel. Acd. Min. Nancy Andrighi, julgado em 01/12/2020).

Verificando-se quaisquer das hipóteses do art. 5° da lei n° 12.106/2009, deve ser inadmitida a impetração.

6. TUTELA PROVISÓRIA

É possível que o impetrante requeira a concessão de tutela provisória no mandado de segurança. A lei n° 12.016/2009 dedica três dispositivos à regulação da questão (arts. 7°, 8° e 9°).

No capítulo 4, tratamos pormenorizadamente a respeito do **art. 7°, §2°**, que regula as vedações à concessão de tutela provisória contra a Fazenda Pública e foi, recentemente, **declarado inconstitucional na ADI n° 4296**. Remetemos o leitor àquele capítulo, frisando a enorme relevância do tema, especialmente pelas relações com outras fontes formais.

Ao regramento da tutela provisória no mandado de segurança se aplica o CPC. Admite-se, assim, a concessão de tutela antecipada de urgência ou de evidência[17], além da concessão de tutela cautelar. Por outro lado, não se admite a estabilização da tutela antecipada antecedente de urgência[18].

Vejamos alguns detalhes previstos para o *mandamus*.

Primeiro, o objeto da medida será (conforme art. 7°, *caput*, III) a suspensão do ato que motivou o pedido. Para sua concessão, é permitido ao magistrado exigir garantia (*caução, fiança ou depósito*) visando assegurar eventual ressarcimento à pessoa jurídica caso a segurança seja negada.

---

17. Nesse sentido, o enunciado n° 13 do Fórum Nacional do Poder Público: "Aplica-se a sistemática da tutela da evidência ao processo de mandado de segurança, observadas as limitações do art. 1.059 do CPC".

18. CUNHA, Leonardo Carneiro da. *A Fazenda Pública em juízo*. Rio de Janeiro: Forense, 2016, p. 576.

Havendo *decisão interlocutória* sobre tutela provisória, deve-se notificar a autoridade coatora. Uma vez notificada, deverá, no prazo de 48 (quarenta e oito) horas: i) remeter cópia do mandado ao órgão ao qual está vinculada; ii) remeter cópia do mandado e elementos necessário à defesa do ato ao órgão de representação judicial. Tudo nos termos do art. 9° da lei n° 12.016/2009:

> Art. 9º As autoridades administrativas, no prazo de 48 (quarenta e oito) horas da notificação da medida liminar, remeterão ao Ministério ou órgão a que se acham subordinadas e ao Advogado-Geral da União ou a quem tiver a representação judicial da União, do Estado, do Município ou da entidade apontada como coatora cópia autenticada do mandado notificatório, assim como indicações e elementos outros necessários às providências a serem tomadas para a eventual suspensão da medida e defesa do ato apontado como ilegal ou abusivo de poder.

Para impugnar a decisão será cabível o agravo de instrumento. Não importa se a decisão impugnada concede ou nega o pedido; se a tutela é de urgência ou evidência; cautelar ou antecipada. Esta regra, que está no art. 1.015, I, do CPC, é semelhante ao disposto no art. 7°, §1°, da lei n° 12.016/2009.

Em segundo lugar, nos termos do art. 296 do CPC, a **tutela provisória permanecerá eficaz enquanto o a demanda principal não for julgada**, inclusive durante os períodos de eventual suspensão do processo. É, todavia, permitido ao magistrado revogá-la ou modificá-la mediante fundamento novo.

Da mesma forma, a denegação da segurança implica a cessação dos efeitos da tutela provisória. Veja-se o Enunciado n° 405 da Súmula do STF: "Denegado o mandado de segurança pela sentença, ou no julgamento do agravo, dela interposto, fica sem efeito a liminar concedida, retroagindo os efeitos da decisão contrária".

É neste mesmo sentido o §3° do art. 7° da lei n° 12.016/2009:

> Art. 7°, § 3º. Os efeitos da medida liminar, salvo se revogada ou cassada, persistirão até a prolação da sentença.

Uma vez concedida a medida, enquanto vigente, o processo terá prioridade para julgamento (art. 7°, §4°). Em verdade, o procedimento do mandado de segurança já corre com prioridade sobre todos os atos judiciais, salvo *habeas corpus* (art. 20). Havendo concessão de liminar, haverá prioridade de tramitação mesmo dentre os mandados de segurança.

Por fim, o art. 8° da lei n° 12.016/2016, traz uma boa e relevante regra. Prevê uma hipótese de *perempção* ou *caducidade* da medida liminar: caso o beneficiário crie obstáculos à regular continuidade do processo. Veja-se:

> Art. 8º Será decretada a perempção ou caducidade da medida liminar ex officio ou a requerimento do Ministério Público quando, concedida a medida, o impetrante criar obstáculo ao normal andamento do processo ou deixar de promover, por mais de 3 (três) dias úteis, os atos e as diligências que lhe cumprirem.

A regra é oportuna, na medida em que a concessão da tutela provisória *altera o ônus do tempo no processo*. Originalmente, quem arca com *os ônus do tempo* no processo é o autor, pois busca a tutela jurisdicional visando obter para si uma posição jurídica de que não dispõe. A concessão da tutela *inverte o ônus do tempo*, oferecendo ao autor o gozo de sua pretensão antes da decisão definitiva. Todavia, esta situação não permite impor ao réu prejuízos indevidos pelo diferimento do processo no tempo. Verificando-se que o autor-impetrante, após a concessão da tutela provisória, passa a dificultar o andamento do processo, impõe-se a revogação da medida.

7. PRAZO PARA IMPETRAÇÃO

O mandado de segurança é uma garantia constitucional prevista para superação de ilegalidades perpetradas pelo Poder Público. Há *direito subjetivo* à utilização desta via mais célere, se comparada ao procedimento comum. Estamos falando, pois, do direito à utilização do rito especial.

E este direito submete-se a prazo extintivo. Nos termos do art. 23 da lei n° 12.016/2009:

> Art. 23. O direito de requerer mandado de segurança extinguir-se-á decorridos 120 (cento e vinte) dias, contados da ciência, pelo interessado, do ato impugnado.

Assim, **tomando ciência a respeito do ato** eivado de ilegalidade, o titular do direito possui **120 dias para impetração do mandado de**

segurança. O Supremo Tribunal Federal, inclusive, já se manifestou pela constitucionalidade desta previsão. Veja-se o enunciado n° 632 da Súmula do STF: "É constitucional lei que fixa o prazo de decadência para a impetração de mandado de segurança"[19].

Este prazo possui natureza **decadencial** e, portanto, não se suspende ou interrompe. Nesse sentido, o enunciado n° 430 da súmula do STF: "Pedido de reconsideração na via administrativa não interrompe o prazo para o mandado de segurança".

Outro detalhe, é que **não se trata de prazo processual**, devendo-se contar em dias corridos.

Ultrapassados os 120 dias, extingue-se o direito à utilização do mandado de segurança. Perceba-se, **o direito de fundo não é afetado em absolutamente nada, podendo ser objeto de demanda pelo rito comum**. Como se disse, o mandado de segurança não é um procedimento especial obrigatório. O interessado pode optar pela sua impetração ou pelo manejo de ação de rito comum. Superados os 120 dias da ciência da ilegalidade, todavia, restará disponível apenas a via comum, tendo decaído o direito à utilização do remédio constitucional.

Há um importante detalhe: quando o ato praticado em ilegalidade ou abuso de poder for de efeitos permanentes, o prazo para a impetração se renova dia a dia.

No mesmo sentido, quando o ato praticado se renova periodicamente (mês a mês, por exemplo), o prazo para a impetração do mandado de segurança, da mesma forma, renovar-se-á periodicamente. É o que se dá, por exemplo, quando a impetração tem por objeto supressão de vantagens ou verbas remuneratórias.

Obviamente, em se tratando de **mandado de segurança preventivo**, em vista que o ato impugnado ainda não foi, de fato, praticado, **não há falar em prazo decadencial**.

8. PROCEDIMENTO

O mandado de segurança é uma ação de conhecimento de rito especial. Assim, sua petição inicial deve preencher todos os requisitos

19. O art. 23 da lei n° 12.016/2009, foi questionado também na ADI 4296. O STF decidiu pela sua constitucionalidade, reiterando sua própria jurisprudência.

dos arts. 319 e 320 do CPC. Há, aqui, conforme já tratado anteriormente, dois requisitos distintivos.

Primeiro, é preciso trazer, desde logo, todas as provas documentais necessárias e suficientes à demonstração da ilegalidade ou abuso perpetradas pelo Poder Público. As provas, inclusive, devem acompanhar a petição que instruirá o processo e, da mesma forma, acompanhar a contrafé ou segunda via (art. 6°, *caput*, primeira parte).

Em caso de urgência, é permitido impetrar o mandado de segurança por telegrama, radiograma, fax ou outro meio eletrônico de autenticidade comprovada (art. 4°, *caput*). Dando-se a impetração desta forma, a peça exordial original deve ser apresentada ao juízo nos cinco dias úteis subsequentes (art. 4°, §2°).

Obviamente, a exigência de reprodução das provas na contrafé e a possibilidade de impetração por telegrama, radiograma ou fax perdem o sentido atualmente, na medida em que os feitos que correm através dos sistemas de processo eletrônico, cujos documentos são acessíveis e reproduzíveis a partir de qualquer local com acesso à internet.

Não é correto afirmar que o mandado de segurança não admite instrução. Na verdade, a instrução é colhida a partir das postulações das partes e das informações prestadas pela autoridade coatora. O que não existe é uma *fase de instrução*, dada à produção de outras provas. Em outros termos, **não há dilação probatória**. Tudo quanto alegado à peça exordial, deve vir baseado em provas documentais.

Não sendo suficiente a instrução, é caso de o magistrado negar a concessão da segurança, **julgando o processo extinto sem resolução de mérito, por ausência de pressuposto processual específico** (art. 485, IV, do CPC). Em verdade, as hipóteses de extinção do processo sem resolução de mérito, inscritas no art. 485 do CPC, aplicam-se normalmente ao mandado se segurança (art. 6°, §5°).

Uma vez extinto o mandado de segurança sem resolução de mérito, admite-se a renovação do pedido, através do mesmo rito especial, enquanto não atingido o prazo decadencial de 120 dias (art. 6°, §6°).

Há, todavia, uma exceção: caso os documentos se achem em posse do Poder Público ou de terceiros, poderá o impetrante requerer e o magistrado ordenar a exibição dos documentos no prazo de 10 (dez) dias. São os termos do §1° do art. 6°:

> Art. 6º. § 1º No caso em que o documento necessário à prova do alegado se ache em repartição ou estabelecimento público ou em poder de autoridade que se recuse a fornecê-lo por certidão ou de terceiro, o juiz ordenará, preliminarmente, por ofício, a exibição desse documento em original ou em cópia autêntica e marcará, para o cumprimento da ordem, o prazo de 10 (dez) dias. O escrivão extrairá cópias do documento para juntá-las à segunda via da petição.

Caso a autoridade em posse dos documentos seja a própria autoridade coatora indicada, a ordem de exibição seguirá no próprio instrumento de notificação (art. 6°, §2°).

O segundo requisito específico da petição inicial do mandado de segurança é a necessidade de indicação **da autoridade coatora *e* da pessoa jurídica que integra, à qual se acha vinculada ou da qual exerce atribuições** (art. 6°, *caput*, segunda parte).

As hipóteses de indeferimento da inicial, previstas no art. 330 do CPC, aplicam-se ao mandado de segurança. De toda sorte, a lei n° 12.016/2009 trata do tema no *caput* do art. 10, apontando que a inicial será desde logo indeferida, em decisão motivada, se: i) **não for o caso de mandado de segurança**; ii) **faltar à peça algum de seus requisitos legais**; iii) **decorrido o prazo de 120 dias para sua impetração.**

Da mesma forma, as hipóteses de improcedência liminar previstas no art. 332 do CPC também se aplicam ao rito do *mandamus*[20].

Estando em ordem a petição inicial, será admitida pelo juiz, que ordenará, nos termos do *caput* do art. 7° (o incido III foi julgado **constitucional** pelo STF, no julgamento da ADI 4296, quando à exigência de caução, fiança ou depósito):

> Art. 7° Ao despachar a inicial, o juiz ordenará:
>
> I - que se notifique o coator do conteúdo da petição inicial, enviando-lhe a segunda via apresentada com as cópias dos documentos, a fim de que, no prazo de 10 (dez) dias, preste as informações;
>
> II - que se dê ciência do feito ao órgão de representação judicial da pessoa jurídica interessada, enviando-lhe cópia da inicial sem documentos, para que, querendo, ingresse no feito;

20. Nesse sentido, o enunciado n° 15 do Fórum Nacional do Poder Público: "Aplica-se ao mandado de segurança o julgamento de improcedência liminar do pedido".

> III - que se suspenda o ato que deu motivo ao pedido, quando houver fundamento relevante e do ato impugnado puder resultar a ineficácia da medida, caso seja finalmente deferida, sendo facultado exigir do impetrante caução, fiança ou depósito, com o objetivo de assegurar o ressarcimento à pessoa jurídica.

Realizadas as respectivas comunicações (que a lei chama de *notificações*), deverão ser juntadas aos autos cópias autenticadas dos ofícios (ou qualquer outra espécie de comunicação) remetidos à autoridade coatora e ao órgão de representação judicial da pessoa jurídica interessada, assim como o comprovante de entrega ou a certidão da recusa em recebe-los (art. 11).

Como colocado em tópico acima, **cabe à autoridade coatora *prestar informações* em 10 (dez) dias. Trata-se de prazo processual, contado em dias úteis**[21]. Como tais **informações possuem natureza jurídica de meio de prova, este prazo não é preclusivo**. Trata-se, em verdade, de prazo que marca a continuidade do procedimento. Exatamente por isso, **a ausência de informações não gera qualquer efeito típico da revelia**.

Em verdade, na medida em que os atos públicos possuem presunção de legitimidade, incumbirá ao autor, através de sua prova *pré-constituída*, superar esta presunção, independentemente das informações prestadas pela autoridade.

Findo o prazo de apresentação das informações, cabe ao magistrado intimar o representante do Ministério Público para que se manifeste como fiscal da ordem jurídica, **em prazo improrrogável de 10 (dez) dias**.

Superado o prazo, com ou sem o parecer do Ministério Público, os autos serão conclusos ao magistrado, para decisão (art. 12). Perceba-se, portanto, que a comunicação do *parquet* é necessária à própria regularidade do procedimento. Sua efetiva manifestação, todavia, é dispensável. Superados os dez dias, o feito segue para julgamento, independentemente de haver ou não o opinativo do Ministério Público.

Em nossa opinião, a interpretação da lei 12.016/2009 deve ser feita levando em consideração as hipóteses de intervenção do Mi-

---

21. Nesse sentido, o enunciado nº 11 do Fórum Nacional do Poder Público: "Os prazos processuais no mandado de segurança são contados em dias úteis, inclusive para as informações da autoridade coatora".

nistério Público previstas no CPC (art. 178). Assim, apenas naqueles casos deverá o Ministério Público ser necessariamente ouvido[22]. Nas demais situações, dispensa-se a ouvida do *parquet*.

Sigamos.

Conclusos os autos, a decisão deverá ser necessariamente proferida em 30 (trinta) dias (art. 12, p.ú., parte final).

Apreciando o caso, poderá o magistrado decidir pela concessão ou pela denegação da segurança.

Caso seja concedida a segurança – quer dizer, caso o pedido seja julgado procedente – o magistrado deverá proceder à comunicação da autoridade coatora e da pessoa jurídica interessada, tudo nos termos do art. 13 da lei n° 12.016/2009.

A **sentença que concede a segurança se sujeita obrigatoriamente à remessa necessária**, nos termos do art. 14, §1°, da lei n° 12.016/2009.

Quanto a este dispositivo, há também debate doutrinário a respeito de se as hipóteses de dispensa da remessa, previstas no art. 496 do CPC, se aplicam ao mandado de segurança. Quer dizer, haverá remessa necessária independentemente do conteúdo da decisão, apenas por se tratar de mandado de segurança?

Como colocado no capítulo 5, nosso posicionamento é no sentido de que as situações que justificam a remessa necessária devem ser vistas restritivamente. Por isso, devem-se aplicar as hipóteses em que se dispensa a remessa, nos termos do CPC, também ao mandado de segurança[23]. Importante atentar, todavia, que sob a égide do CPC/73, o STJ tinha manifestações em sentido contrário, entendendo pelo reexame necessário em qualquer caso[24], sob fundamento da especialidade do regramento.

Por outro lado, é possível que a segurança seja negada. A *negativa de concessão da segurança* pode se dar pela rejeição da demanda com resolução de mérito ou sem resolução de mérito. Nem sempre

22. No mesmo sentido: CUNHA, Leonardo Carneiro da. *A Fazenda Pública em juízo*. Rio de Janeiro: Forense, 2016, p. 539.

23. No mesmo sentido: CUNHA, Leonardo Carneiro da. *A Fazenda Pública em juízo*. Rio de Janeiro: Forense, 2016, p. 583; BARROS, Guilherme Freire de Melo. *Poder Público em Juízo para concursos*. Salvador: Juspodivm, 2019, p. 286.

24. Seguindo este posicionamento: RODRIGUES, Marco Antonio. *A Fazenda Pública no Processo Civil*. São Paulo: Atlas, 2016, p. 236.

as sentenças que julgam os mandados de segurança são claras nesse sentido, mas **a identificação dos fundamentos da *denegação da segurança* é indispensável para compreender o impacto da decisão na situação jurídica do impetrante.**

É que, como bem aponta no art. 19 da lei n° 12.016/2009, se a sentença (ou o acordão) *denega a segurança* **sem adentrar no mérito, não haverá impedimento para que o requerente renove a demanda**, seja através de novo mandado de segurança (caso ainda haja prazo e o vício apontado seja corrigido) ou de ação pelo rito comum. Não haverá resolução de mérito, inclusive, quando o impetrante não apresentar as provas pré-constituídas necessárias à demonstração de seu *direito líquido e certo.*

Por outro lado, se a sentença (ou o acordão) *denega a segurança* **com julgamento do mérito, formar-se-á coisa julgada material, impedindo que o requerente renove a demanda**, seja através de novo mandado de segurança ou de ação pelo rito comum. Quer dizer, se a instrução através da prova documental foi suficiente para que o magistrado analisasse o mérito da causa, entendendo pela improcedência do pedido, haverá a formação de coisa julgada material.

A lição acima auxilia a compreensão do Enunciado n° 304 da Súmula do STF: "Decisão denegatória de mandado de segurança, não fazendo coisa julgada contra o impetrante, não impede o uso da ação própria".

Por isso, de suma importância que a decisão seja profundamente fundamentada e clara quanto às razões da *denegação da segurança.*

Por último, algumas importantes regras do rito especial:

- **Não há condenação em honorários advocatícios no mandado de segurança.** Isso não impede, contudo, a aplicação de sanções processuais no caso de litigância de má-fé (art. 25) ou ato atentatório à dignidade da justiça, ou a imposição de outros custos do processo.

  O art. 25 da lei n° 12.016/09 decorre da compreensão materializada no enunciado n° 105 da Súmula do STJ: "Na ação de mandado de segurança não se admite condenação em honorários advocatícios".

  É no mesmo sentido o enunciado n° 512 da Súmula do STF: "Não cabe condenação em honorários de advogado na ação de mandado de segurança".

O art. 25 da lei nº 12.016/2009, foi questionado também na ADI 4296. O STF decidiu pela sua constitucionalidade, reiterando sua própria jurisprudência.

- Uma vez intimada a autoridade coatora da decisão, impõe-se o cumprimento imediato da medida.

  Nos termos do art. 26 da lei nº 12.016/2009, constitui crime de desobediência (art. 330 do Código Penal) o não cumprimento das decisões proferidas em mandado de segurança, sem prejuízo das sanções administrativas e da aplicação da Lei nº 1.079/1950, quando cabíveis.

- Por se tratar de exercício de garantia constitucional personalíssima, **admite-se que o impetrante desista do mandado de segurança sem a necessidade de anuência** de quem ocupa o polo adverso da relação. Admite-se a desistência **mesmo que já proferida decisão de mérito *favorável* ao impetrante.**

8.1. Carga eficacial da sentença em mandado de segurança

A **eficácia primária da sentença que concede a segurança é mandamental.** Possui o condão de **ordenar à autoridade coatora o desfazimento do ato impugnado** como ilegal ou abusivo pelo impetrante. Nesse sentido, apenas a autoridade coatora pode cumprir a ordem. Ao lado da eficácia mandamental, em certos casos a sentença pode ser constitutiva negativa, quando houver determinação expressa quanto à invalidação do ato impugnado[25].

Todavia, a sentença em mandado de segurança também pode possuir **eficácia condenatória**, ou seja, impor pagamento de valores ao impetrante. Esta eficácia condenatória, todavia, é restringida pela lei nº 12.016/2009, em seu art. 14, §4º:

> Art. 14 § 4º O pagamento de vencimentos e vantagens pecuniárias assegurados em sentença concessiva de mandado de segurança a servidor público da administração direta ou autárquica federal, estadual e municipal somente será efetuado relativamente às prestações que se vencerem a contar da data do ajuizamento da inicial.

25. CUNHA, Leonardo Carneiro da. *A Fazenda Pública em juízo*. Rio de Janeiro: Forense, 2016, p. 578.

Trocando em miúdos, **a eficácia condenatória da sentença que concede a segurança é limitada aos valores devidos somente a partir do ajuizamento da demanda**, aplicando-se normalmente o regime de precatórios.

Outras quantias que venceram e entendem-se devidas em período anterior à impetração do mandado de segurança devem ser buscadas pela via própria, em ação de rito comum ou mediante pleito administrativo.

Nesse sentido, o Enunciado n° 271 da Súmula do STF: "Concessão de mandado de segurança não produz efeitos patrimoniais em relação a período pretérito, os quais devem ser reclamados administrativamente ou pela via judicial própria"[26].

Ainda, o enunciado n° 269: "O mandado de segurança não é substitutivo de ação de cobrança".

Por fim, obviamente, toda decisão denegatória da segurança terá eficácia declaratória, seguindo a regra geral.

8.2. Litisconsórcio

Admite-se litisconsórcio ativo, passivo e misto no mandado de segurança. Esta autorização está expressa no art. 24 da lei n° 12.016/2009, que faz referência aos arts. 46 a 49 do CPC/73, cuja correspondência é aos arts. 113 a 118 do código atualmente vigente.

Caso o ato impugnado atinja mais de uma pessoa, todas podem impetrar o mandado se segurança em litisconsórcio ativo. Quando impetrado em face de ato judicial, ocuparão o polo passivo (nos moldes especiais do rito) o magistrado e o beneficiário da decisão, configurando-se litisconsórcio passivo necessário[27].

A lei prevê, todavia, uma limitação: *o ingresso de litisconsorte ativo não será admitido após o despacho da petição inicial* (art. 10, §2°).

---

26. Note-se que esta vedação não impede aproveitamento, a título de compensação, pode dos valores pagos indevidamente nos 5 (cinco) anos anteriores ao ajuizamento do *mandamus*, conforme decidiu no STJ no EREsp 1.770.495/RS, cuja ementa colacionamos em tópico anterior.

27. Sobre o tema, o Enunciado n° 631 da Súmula do STF: "Extingue-se o processo de mandado de segurança se o impetrante não promove, no prazo assinado, a citação do litisconsorte passivo necessário". É o caso de a eventual concessão da segurança afetar a esfera jurídica de determinado sujeito. Por isso, deverá figurar como litisconsórcio necessário no polo passivo.

Limita-se, portanto, **o litisconsórcio ativo ulterior no mandado de segurança**. Esta regra é importante e tem razão de ser em prática abusiva. É que, havendo ato impugnado que atingisse grande número de pessoas, manejavam-se diversos mandados de segurança, aguardando a respectiva distribuição. Concedida medida liminar em um dos casos ou distribuindo-se o feito a um juízo sabidamente mais favorável à tese dos impetrantes, os demais requeriam a desistência das respectivas demandas, habilitando-se naquele em que havia já liminar favorável ou entendimento favorável a si. Assim, burlava-se o juiz natural, "escolhendo" o juízo perante o qual correria a demanda que beneficiaria a todos os titulares do direito.

O legislador, visando impedir esta prática, trouxe regra impeditiva expressa ao pedido de ingresso de litisconsórcio ativo, limitando-o a momento prévio ao despacho da petição inicial.

8.3. Competência originária de tribunal

Como dissemos em tópico anterior, há mandados de segurança de competência originária de Tribunais. Neste caso, a instrução e processamento da demanda caberá ao Relator (art. 16, *caput*).

Há algumas peculiaridades do processamento e julgamento dos mandados de segurança em Tribunais. Primeiro, o julgamento da demanda cabe ao órgão colegiado ao qual o Relator integra. Na sessão de julgamento, seja nos debates a respeito da concessão da tutela provisória ou mesmo do julgamento do mérito, permite-se a sustentação oral.

É possível ao Relator, todavia, apreciar monocraticamente o pedido de tutela provisória. Desta decisão, caberá o manejo de Agravo Interno ao órgão fracionário (turma ou câmara) respectivo (art. 16, p.ú.).

A respeito da necessária celeridade no julgamento, mantem-se também nos Tribunais a prioridade de tramitação (salvo em face de *habeas corpus*) dos mandados de segurança originários e dos recursos em mandados de segurança. Uma vez conclusos ao Relator, deverão ser levados a julgamento na primeira sessão seguinte à data da conclusão (art. 20, §1°).

Além disso, o prazo para conclusão dos autos ao Relator não poderá exceder 5 (cinco) dias (art. 20, §2°). Trata-se, obviamente, de prazo impróprio.

Por último, no processamento de mandados de segurança originários de tribunais e também nos recursos em mandado de segurança, o acórdão deverá ser publicado em até 30 (trinta) dias, contados da data do julgamento. Não o sendo, o acórdão será substituído pelas notas taquigráficas, independentemente de revisão (art. 17).

Sobre a relevância da publicação do acórdão, especialmente para contagem do prazo recursal, o enunciado nº 392 da Súmula do STF: "O prazo para recorrer de acórdão concessivo de segurança conta-se da publicação oficial de suas conclusões, e não da anterior ciência à autoridade para cumprimento da decisão".

8.4. Regime recursal

O regime recursal no mandado de segurança segue, como regra, o rito comum. Quer dizer, das decisões interlocutórias que versem sobre tutela provisória, cabe Agravo de Instrumento; da sentença, cabe Apelação.

Da sentença, que julga procedente ou improcedente o mérito ou que extingue o feito sem resolução de mérito, inclusive nos casos de indeferimento da petição inicial, cabível é o manejo da Apelação (art. 14, *caput*). Aplica-se ao recurso o regramento do CPC, com um detalhe: **a apelação não possuirá efeito suspensivo, salvo nos casos em que for vedada a concessão de tutela provisória em face do poder público** (o que foi bastante reduzido em face do julgamento da ADI nº 4296).

De toda sorte, aplica-se o art. 995, p.ú., do CPC. Admitindo-se a concessão do efeito suspensivo *ope iudicis*.

Do acórdão que julga a apelação caberá Recurso Especial e/ou Recurso Extraordinário.

A sentença poderá, assim e como regra, ser executada provisoriamente (art. 14, §3º).

Caso o mandado de segurança seja de competência originária de Tribunal, se o próprio Relator indefere a inicial, cabível é o Agravo Interno (art. 10, §1º, da lei nº 12.016/2009). Aplica-se ao recurso o regramento do CPC.

Há, ainda, três outros pontos de relevo no regime recursal aplicável ao mandado de segurança.

O primeiro, é que **a lei estende à autoridade coatora legitimidade para recorrer** (art. 14, §2°). Quer dizer, ainda que não seja considerada parte, admite-se que interponha o respectivo recurso. A compreensão prevalecente na doutrina é de que **esta legitimidade é estrita à impugnação de situações que causem prejuízo à autoridade.**

Isso significa que a legitimidade recursal da autoridade coatora não é ampla. Ao manejar o recurso deve demonstrar interesse, especialmente justificado em prevenir responsabilidade que o reconhecimento da ilegalidade ou abusividade do ato podem atrair a si. A simples defesa da legitimidade do ato impugnado não permite a interposição de recurso pela autoridade. Deve-se perquirir, caso a caso, portanto, o interesse recursal da autoridade coatora.

Outro ponto de destaque está na primeira parte do art. 25 da lei n° 12.016/2009, que expressamente veda a interposição dos embargos infringentes do julgamento do mandado de segurança. Como se sabe, os embargos infringentes eram um recurso previsto no CPC/73 com o intuito de superar divergência de julgamento colegiados. O CPC atual não prevê este recurso. Em seu lugar, foi prevista a técnica de julgamento ampliado, no art. 942 do código.

A técnica de ampliação do colegiado não possui natureza recursal, não havendo como extrair do art. 25 da lei n° 12.016, que cuida de vedar a utilização de um *recurso*, a restrição à aplicação do art. 942 do CPC ao rito do mandado de segurança. **Aplica-se ao julgamento da apelação em mandado de segurança, portanto, a técnica de ampliação do colegiado**[28].

Nesse sentido, veja-se a compreensão do STJ:

> "PROCESSUAL CIVIL. MANDADO DE SEGURANÇA, APELAÇÃO. RESULTADO NÃO UNÂNIME. AMPLIAÇÃO DO COLEGIADO. ART. 942 DO CPC/2015. INCIDÊNCIA. (...) Contudo, ao contrário do que ficou assentado no acórdão recorrido, a Lei n. 12.016/2009, responsável por disciplinar o mandado de segurança, não contém nenhuma disposição especial acerca da técnica de julgamento a ser adotada nos casos em que o resultado da apelação for não unânime. Enquanto o art. 14 da Lei n. 12.016/2009 se limita a preconizar que

28. Nesse sentido, o enunciado n° 62 da I Jornada de Direito Processual Civil do CJF: "Aplica-se a técnica prevista no art. 942 do CPC no julgamento de recurso de apelação interposto em mandado de segurança".

> contra a sentença proferida em mandado de segurança cabe apelação, o art. 25 da Lei n. 12.016/2009 veda a interposição de embargos infringentes contra decisão proferida em mandado de segurança. V - Embora a técnica de ampliação do colegiado, prevista no art. 942 do CPC/2015, e os embargos infringentes, revogados junto com Código de Processo Civil de 1973 (CPC/1973), possuam objetivos semelhantes, os referidos institutos não se confundem, sobretudo porque o primeiro compreende técnica de julgamento, já o segundo consistia em modalidade de recurso. (...) VI - Conclui-se, portanto, que a técnica de ampliação do colegiado, prevista no art. 942 do CPC/2015, aplica-se também ao julgamento de apelação que resultou não unânime interposta contra sentença proferida em mandado de segurança. Precedente: REsp n. 1.817.633/RS, Relator Ministro Gurgel de Faria, Primeira Turma, julgado em 17/9/2019, DJe 11/10/2019. (...)" (STJ. 2ª Turma. REsp 1.868.072-RS, Rel. Min. Francisco Falcão, julgado em 04/05/2021).

Por último, mas não menos importante: **o regime recursal dos mandados de segurança originários de Tribunal se dá *secundum eventum litis*.** Em outras palavras, o recurso cabível muda a depender do *resultado* do julgamento. Veja-se o art. 18 da lei n° 12.016/2009:

> Art. 18. Das decisões em mandado de segurança proferidas em única instância pelos tribunais cabe recurso especial e extraordinário, nos casos legalmente previstos, e recurso ordinário, quando a ordem for denegada.

Agora, vejam-se os arts. 102, II, "a" e 105, II, "b", ambos da Constituição da República:

> Art. 102. Compete ao Supremo Tribunal Federal, precipuamente, a guarda da Constituição, cabendo-lhe: (...)
>
> II - julgar, em recurso ordinário:
>
> a) o habeas corpus, o mandado de segurança, o habeas data e o mandado de injunção decididos em única instância pelos Tribunais Superiores, se denegatória a decisão; (...)
>
> Art. 105. Compete ao Superior Tribunal de Justiça: (...)
>
> II - julgar, em recurso ordinário: (...)
>
> b) os mandados de segurança decididos em única instância pelos Tribunais Regionais Federais ou pelos tribunais dos Estados, do Distrito Federal e Territórios, quando denegatória a decisão; (...)

Da leitura dos dispositivos, podemos extrair o seguinte:

- **Mandado de segurança originário de Tribunal, julgado procedente:** Recurso Especial ao STJ e/ou Recurso Extraordinário ao STF;
- **Mandado de segurança originário de Tribunal, quando denegatória a decisão (julgado improcedente ou extinto sem resolução de mérito):** Recurso Ordinário ao STJ (se a decisão impugnada for de Tribunal Regional Federal ou Tribunal de Justiça) ou Recurso Ordinário ao STF (se a decisão impugnada for de Tribunal Superior).

A tais recursos Especial, Extraordinário e Ordinário, aplica-se o regramento do CPC. Ocorre que o regramento do Recurso Ordinário é bastante distinto do regramento dos Recursos Excepcionais. Por isso, não se admite a fungibilidade entre eles. Veja-se o Enunciado nº 272 da Súmula do STF: "Não se admite como ordinário recurso extraordinário de decisão denegatória de mandado de segurança"[29].

Em caso de sucumbência parcial, admite-se o manejo do respectivo Recurso Ordinário pelo impetrante e dos Recursos Especial e/ou Extraordinário pelo Poder Público.

9. MANDADO DE SEGURANÇA COLETIVO

O mandado de segurança coletivo recebe tímida regulação na lei. Em verdade, trata-se de um dos ritos que compõem o microssistema

29. Em recente julgamento, o STJ seguiu o entendimento de que não há fungibilidade entre Recurso Ordinário e Recurso Especial ou Extraordinário no regime de recorribilidade do Mandado de Segurança. O ponto de destaque do julgamento é que o próprio recorrente apontou a utilização do Recurso Ordinário na tentativa de superar o óbice do enunciado nº 7 da Súmula do STJ, o que fez com que a Corte entendesse pela aplicação da multa prevista no art. 1.021, §4º, do CPC. Veja-se a ementa: "PROCESSUAL CIVIL. ADMINISTRATIVO. DIREITO DA EDUCAÇÃO. RECURSO ORDINÁRIO. APELAÇÃO EM MANDADO DE SEGURANÇA. FUNGIBILIDADE. RECURSO ESPECIAL. DESCABIMENTO. AGRAVO INTERNO. MULTA. 1. O recurso ordinário a esta Corte manejado contra apelação em mandado de segurança é descabido. 2. Inexiste fungibilidade recursal entre as vias ordinária e especial, ante a ausência de dúvida objetiva patente sobre as hipóteses de cabimento das espécies recursais. 3. A tática confessadamente deliberada de manejar-se o recurso ordinário com o intuito de afastar a incidência da Súmula n. 7/STJ ("A pretensão de simples reexame de prova não enseja recurso especial.") revela-se particularmente afrontosa ao Poder Judiciário. A competência desta (e de outras) Cortes se afirma pelo ordenamento constitucional e suas derivações, não pela estratégia processual articulada pelas partes. 4. Ainda que se admitisse a descabida fungibilidade, por obviedade lógica, a análise do recurso sob a via especial esbarraria, nos termos da própria agravante, no óbice de que tentou se esquivar, resultando igualmente no não conhecimento da pretensão. 5. A circunstância enseja a aplicação da multa do art. 1.021, § 4º, do CPC/15, na medida em que as razões recursais são inexoravelmente impassíveis de acolhimento, por patentemente infundadas, revelando-se evidente abuso do direito de recorrer. 6. Agravo interno a que se nega provimento, com imposição de multa de 1% do valor atualizado da causa" (STJ. RMS 66.905-SP, Rel. Min. Og Fernandes, 2ª Turma. Julgado em 22/03/2022).

de processo coletivo no Brasil, comunicando-se com o regramento da ação civil pública e do CDC, para a proteção de situações jurídicas transindividuais violadas por ato ilegal ou abusivo do Poder Público. Sua previsão constitucional está no art. 5°, LXX, da Carta, que regula basicamente a legitimidade ativa para sua impetração:

> Art. 5°, LXX - o mandado de segurança coletivo pode ser impetrado por:
>
> a) partido político com representação no Congresso Nacional;
>
> b) organização sindical, entidade de classe ou associação legalmente constituída e em funcionamento há pelo menos um ano, em defesa dos interesses de seus membros ou associados;

O art. 21, *caput*, da lei n° 12.016/2009 trata de com mais detalhes, restringindo a legitimidade:

- Dos partidos políticos com representação no Congresso Nacional, à defesa dos seus interesses legítimos relativos a seus integrantes ou à finalidade partidária;
- Das organizações sindicais, entidades de classe ou associações legalmente constituídas e em funcionamento há, pelo menos, 1 (um) ano, **em defesa** de direitos líquidos e certos **da totalidade ou de parte dos seus membros ou associados, na forma dos seus estatutos e desde que pertinentes às suas finalidades, dispensada, para tanto, autorização especial**.

  Quanto à legitimidade das entidades de classe, há dois enunciados da súmula do STF que merecem destaque.

  O primeiro, é o enunciado n° 629: "A impetração de mandado de segurança coletivo por entidade de classe em favor dos associados independe da autorização destes".

  Além dele, o enunciado n° 630 da Súmula do STF: "A entidade de classe tem legitimação para o mandado de segurança ainda quando a pretensão veiculada interesse apenas a uma parte da respectiva categoria".

A compreensão de que a impetração de MS coletivo pelas entidades e associações de classe dispensa autorização específica, impacta diretamente na abrangência subjetiva da coisa julgada no mandamus coletivo. É que a coisa julgada, aqui, **beneficiará os membros da categoria substituída, ainda que não sejam associados à entidade**

de classe ou associação. Veja-se a tese firmada no tema 1056 dos recursos repetitivos: "A coisa julgada formada no Mandado de Segurança Coletivo 2005.51.01.016159-0 (impetrado pela Associação de Oficiais Militares do Estado do Rio de Janeiro – AME/RJ, enquanto substituta processual) beneficia os militares e respectivos pensionistas do antigo Distrito Federal, integrantes da categoria substituída – oficiais, independentemente de terem constado da lista apresentada no momento do ajuizamento do mandamus ou de serem filiados à associação impetrante". Indica-se a leitura do julgado em que foi fixada a tese: STJ. 1ª Seção. REsp 1.865.563-RJ, Rel. Min. Sérgio Kukina, Rel. Acd. Min. Gurgel de Faria, julgado em 21/10/2021.

Sigamos.

Apesar da ausência de previsão legal, tratando-se de técnica que compõe o microssistema das demandas coletivas, admite-se a impetração do *mandamus* coletivo também pelos demais legitimados coletivos, destacadamente o Ministério Público e a Defensoria Pública.

A lei cuida de restringir também o objeto da tutela através do mandado de segurança coletivo. Trata-se do parágrafo único do art. 21:

> Art. 21, parágrafo único. Os direitos protegidos pelo mandado de segurança coletivo podem ser:
>
> I - coletivos, assim entendidos, para efeito desta Lei, os transindividuais, de natureza indivisível, de que seja titular grupo ou categoria de pessoas ligadas entre si ou com a parte contrária por uma relação jurídica básica;
>
> II - individuais homogêneos, assim entendidos, para efeito desta Lei, os decorrentes de origem comum e da atividade ou situação específica da totalidade ou de parte dos associados ou membros do impetrante.

Percebe-se, pela leitura do dispositivo, que não há previsão de tutela de direitos difusos pelo rito do mandado de segurança coletivo. A razão é clara, na medida em que os titulares dos direitos difusos não são identificáveis de plano, o que limitaria a utilização do mandado de segurança como garantia individual do cidadão contra ilegalidades.

De toda sorte, em vista que o mandado de segurança coletivo faz parte do microssistema de ações coletivas, há forte posicionamento doutrinário no sentido de que nada impede a sua utilização na tutela de quaisquer das espécies de *situações jurídicas coletivas*[30].

30. CUNHA, Leonardo Carneiro da. *A Fazenda Pública em juízo*. Rio de Janeiro: Forense, 2016, p. 517-518.

Já o art. 22 da lei nº 12.016/2009, consagra importantes e relacionadas regras.

Primeiro, **a sentença no mandado se segurança coletivo fará coisa julgada limitadamente aos membros do grupo ou categoria substituídos pelo impetrante**. Quer dizer, a eficácia subjetiva da coisa julgada limita-se aos substituídos (integrantes dos partidos políticos, filiados às organizações sindicais, entidades de classe ou associações), não produzindo efeitos a outros sujeitos, ainda que em mesma situação, mas **não** substituídos pelo impetrante legitimado coletivo.

O §1° do art. 22 consagra uma regra tradicional do microssistema das ações coletivas: **o mandado de segurança coletivo não induz litispendência para as ações individuais**. Significa que àqueles que optarem, é possível perseguir a tutela de situações jurídicas através de mandados de segurança individuais. É aquilo que tradicionalmente se chama de *right to opt in* e *right to opt out*.

O *right to opt in* significa a **possibilidade de o titular do direito se beneficiar da coisa julgada coletiva**. Para isso, nos termos da lei, o impetrante a título individual deverá requerer a desistência de seu mandado de segurança no prazo de 30 (trinta) dias a contar da ciência comprovada da impetração do mandado de segurança coletivo. Por outro lado, o *right to opt out* é o exercício da opção, pelo impetrante, de promover a continuidade do mandado de segurança individual, mesmo tendo conhecimento da propositura do mandado de segurança coletivo. Neste caso, não se beneficiará da coisa julgada produzida no mandado de segurança coletivo.

Por fim, importante atentar que o §2° do art. 22 trazia uma limitação à concessão de tutela provisória em sede de mandado de segurança coletivo. A liminar só poderia ser concedida após a audiência do representante judicial da pessoa jurídica de direito público, para se pronunciar no prazo de 72 (setenta e duas) horas. Ocorre que o dispositivo foi considerado **inconstitucional** pelo STF, no julgamento da ADI 4296 (STF. Plenário. ADI 4296/DF, Rel. Min. Marco Aurélio, redator do acórdão Min. Alexandre de Moraes julgado em 9/6/2021), **não havendo mais qualquer impedimento para a concessão de tutela provisória inaudita altera pars (=liminar) em sede de mandado de segurança coletivo**.

O estudo aprofundado do mandado de segurança coletivo é realizado ao lado das demais técnicas previstas no microssistema de processo coletivo.

INCIDENTE DE SUSPENSÃO DE DECISÕES CONTRA O PODER PÚBLICO

1. GENERALIDADES

Aquilo que denominados *incidente de suspensão de decisões contra o Poder Público* recebe, em doutrina e jurisprudência, diversas tantas outras denominações. Fala-se em *suspensão de segurança, suspensão de tutela antecipada contra a Fazenda Pública, suspensão de liminar* ou simplesmente *pedido de suspensão.*

A divergência na nomenclatura possui uma razão de ser: diversas fontes formais consagram a específica **prerrogativa de a Fazenda Pública** (e, em certos casos, do Ministério Público) **requerer a suspensão da eficácia de decisões judiciais proferidas contra si.**

Vejamos: i) art. 4° da lei n° 8.437/92 (dispõe sobre a concessão de medidas cautelares contra o Poder Público); ii) art. 15 da lei n° 12.016/09 (lei do mandado de segurança); iii) art. 12 da lei n° 7.347/85 (lei da ação civil pública); iv) art. 16 da lei n° 9.507/97 (lei do *habeas data*); v) art. 25 da lei n° 8.038/90 (Código de Defesa do Consumidor); art. 1° da lei n° 9.494/97 (dispõe sobre a concessão de tutela antecipada contra a Fazenda Pública). Todos tratam do *pedido de suspensão.*

É preciso compreender, portanto, os contornos deste instrumento de suma importância para a atuação diária da Fazenda Pública em juízo.

2. NATUREZA JURÍDICA E CONTORNOS BÁSICOS

Primeiro, prevalece a compreensão de que se trata de **incidente processual**.

Não restam dúvidas de que esta técnica **não é um recurso**. Recursos estão previstos na lei em rol taxativo e, em momento algum, se insere ali o *pedido de suspensão*. Da mesma maneira, a função típica de um recurso é *substituir* a decisão impugnada (art. 1.008 do CPC), o que não ocorre pela utilização da técnica especial. Por último, recursos são dotados de prazo preclusivo, o que não há para o pedido de suspensão. O **pedido de suspensão pode ser manejado a qualquer tempo enquanto não houver transitado em julgado a decisão.**

Da mesma maneira, **não se trata de ação autônoma**, pois tem por objeto exatamente uma decisão judicial proferida em face do Poder Público. Inclusive, caso esta decisão transite em julgado, não será mais possível manejar o incidente de suspensão. Da mesma forma, **não é sucedâneo recursal**, pois não tem por objeto cassar ou reformar a decisão proferida em face do Poder Público, mas apenas suspender sua eficácia.

Em segundo lugar, o pedido é para que se **suspenda a eficácia** de uma decisão proferida contra o Poder Público. Não há qualquer elemento de substitutividade. Há, única e tão somente, suspensão da executoriedade da decisão enquanto não houver o trânsito em julgado da ação principal. É possível que impeça a eficácia da decisão desde o início, ou que a interrompa uma vez já iniciada. Tudo a depender do momento em que manejado o pedido de suspensão e deferida a ordem.

Eis aqui, portanto, o seu caráter **acautelatório.** Evita-se a ocorrência de **grave dano à saúde, à segurança e à economia públicas**, suspendendo a eficácia da decisão. Trata-se, portanto, de **medida cautelar em patrocínio ao interesse público**[1].

Da mesma maneira, o incidente de suspensão **não serve para que o Poder Público obtenha tutela provisória favorável a si. Não é este o seu objeto. Serve apenas para que obtenha a suspensão de decisão contrária à Fazenda Pública.**

Em terceiro lugar, serve à suspensão da eficácia de **qualquer decisão, provisória ou definitiva, desde que eficaz, prejudicial à Fazenda Pública e ainda não transitada em julgado.** Assim, o pedido de suspensão pode ter por objeto decisão de tutela provisória (liminar ou não), sentença ou acórdão proferido em face do Poder

1. RODRIGUES, Marco Antonio. *A Fazenda Pública no Processo Civil*. São Paulo: Atlas, 2016, p. 253.

Público, em demanda individual ou coletiva. Importa apenas que a decisão seja apta a produzir efeitos imediatos e não haja trânsito em julgado (art. 4°, *caput* e §1°, da lei n° 8.437/92).

Por fim, a técnica reflete uma **prerrogativa processual do Poder Público**. Somente os entes que compõem este conceito podem se valer do pedido de suspensão. Uma vez instaurado o procedimento, o particular prejudicado pela decisão poderá manejar o Agravo Interno (veremos adiante o regime recursal), mas a provocação inicial e a legitimidade ativa são apenas da Fazenda Pública.

3. LEGITIMIDADE

Como colocamos acima, o pedido de suspensão de decisões é uma **prerrogativa processual do Poder Público**. Assim, a legitimidade ativa limita-se aos entes que compõem a Fazenda Pública.

Estamos nos referindo, pois, aos entes da Administração Pública Direta e Indireta. União, Estados, Distrito Federal e Municípios; autarquias e fundações públicas de Direito Público. Da mesma maneira, para os entes despersonalizados, a exemplo dos órgãos públicos – a quem se reconhece capacidade judiciária – a possibilidade de manejo do pedido de suspensão é limitada à proteção de suas prerrogativas institucionais e interesses específicos. É o exemplo dos Tribunais de Contas e das Câmaras Legislativas.

A jurisprudência reconhece, da mesma forma, legitimidade ativa às concessionárias de serviços públicos, às empresas públicas e sociedades de economia mista, **desde que atuando na tutela do interesse público**. Quer dizer, tais pessoas jurídicas de direito privado podem manejar o pedido de suspensão tendo por objeto decisão judicial que atinja o objeto da concessão ou a prestação do serviço público, impactando na manutenção ou higidez do serviço prestado no interessa da sociedade. Esta legitimidade ativa é, portanto, estrita.

Além disso, **a lei consagra a legitimidade ativa também ao Ministério Público** que poderá manejar o pedido de suspensão de segurança (art. 4°, *caput*, da lei n° 8.347/92 e art. 15, *caput*, da lei n° 12.016/09) e, nos casos em que não o fizer, atuará como fiscal da ordem jurídica.

Atente-se que o ente público (ou Ministério Público) que propõe o pedido de suspensão **não precisa necessariamente ser parte na**

ação originária[2]. Impõe-se, todavia, que a decisão que se pretende ver cassada a eficácia (=suspensa) possa potencialmente causar grave lesão à ordem, à saúde, à segurança e à economia públicas.

Quanto à legitimidade passiva, é preciso compreender que não há, propriamente, um *réu*. Trata-se de incidente cujo objeto restrito é a suspensão da eficácia de uma decisão e, portanto, não impacta diretamente na esfera de direito do beneficiário da decisão que se pretende suspender a eficácia. Assim, não há propriamente um sujeito que ocupe o polo passivo da demanda incidental. De toda sorte, o beneficiário da decisão deverá ser ouvido para se manifestar em 72 (setenta e duas) horas (art. 4°, §2°, da lei n° 8.437/92), sendo normalmente indicado na parte inicial da petição dedicada à *qualificação* das partes.

4. COMPETÊNCIA

Trata-se de incidente de **competência originária de Tribunal**. Jamais poderá ser manejado o pedido de suspensão perante juiz singular.

A competência para conhecer do pedido de suspensão é do Presidente do Tribunal competente para conhecer do recurso em face da ***decisão final* do juízo *a quo***. É esta a compreensão que deve ser dada à primeira parte do *caput* do art. 4° da lei n° 8.437/92, ao dispor que *compete ao presidente do tribunal, ao qual couber o conhecimento do respectivo recurso* (...) (a previsão é repetida no art. 15, *caput*, da lei n° 12. 016/2009 e no art. 12, §1°, da lei n° 7.347/85).

Em suma, é o seguinte:

- É do **Presidente do Tribunal de Justiça** a competência para conhecer do pedido de suspensão de decisão proferida por juiz estadual;
- É do **Presidente do Tribunal Regional Federal** a competência para conhecer do pedido de suspensão de decisão proferida por juiz federal ou por juiz estadual no exercício de competência federal;
- É do **Presidente do Superior Tribunal de Justiça** a competência para conhecer do pedido de suspensão de decisão

2. CUNHA, Leonardo Carneiro da. *A Fazenda Pública em juízo*. Rio de Janeiro: Forense, 2016, p. 611.

proferida por Tribunal de Justiça ou Tribunal Regional Federal quando a demanda originária tiver por objeto **matéria infraconstitucional**, cujo acórdão for impugnável por Recurso Especial;

- É do **Presidente do Supremo Tribunal Federal** a competência para conhecer do pedido de suspensão de decisão proferida por Tribunal de Justiça ou Tribunal Regional Federal quando a demanda originária tiver por objeto **matéria constitucional**, cujo acórdão for impugnável por Recurso Extraordinário.

  Também é da competência do **Presidente do STF** conhecer do pedido de suspensão de decisão proferida por Tribunal de Justiça ou Tribunal Regional Federal quando a demanda originária tiver por objeto **matéria constitucional *e* infraconstitucional.**

  Da mesma maneira, é da competência do **Presidente do STF** conhecer do pedido de suspensão de decisão proferida por Tribunal Superior.

Isso significa que **um Tribunal nunca conhecerá de um pedido de suspensão de decisão proferida por si**. Assim como o juiz de primeiro grau não conhece do pedido quanto a suas próprias decisões, um Tribunal não conhecerá do pedido de suspensão quanto a qualquer decisão proferida monocraticamente, pelos seus órgãos fracionários, pelo Plenário ou mesmo pelo seu Presidente. **A competência** para o pedido de suspensão é sempre definida levando em conta o recurso cabível – na demanda originária – em face da decisão definitiva da instância ***a quo***.

5. CABIMENTO

Caberá o manejo do pedido de suspensão de decisão proferida contra o Poder Público quando se vislumbrar a potencialidade de **grave lesão à ordem, à saúde, à segurança e à economia públicas** (art. 4°, *caput*, da lei n° 8.437/92, art. 15, *caput*, da lei n° 12.016/2009 e art. 12, §1°, da lei n° 7.347/85).

A ideia de *grave lesão à ordem, à saúde, à segurança e à economia públicas* exige a concretização de conceitos jurídicos indeterminados. Em outros termos, não há um rol de matérias que se enquadram no dispositivo em comento.

Uma diretriz que parece necessária é a **interpretação restrita das hipóteses de cabimento**, sob pena de esta excepcional técnica se tornar ordinária. Não é o caso. A concessão desta *cautela* em homenagem ao **interesse público primário**, deve passar por filtro restrito de aplicação, guardando-se para situações em que o perigo de lesão à saúde, segurança e economia públicas seja, de fato, **grave**[3]. Podemos citar, por exemplo, casos em que haja grande potencial multiplicador, que ponham em risco a continuidade de serviços públicos essenciais ou causem desrespeito às normas constitucionais orçamentárias.

Obviamente, para que seja cabível, é imperioso que a decisão contra a qual se maneja o pedido de suspensão possua eficácia. Independentemente de estarmos diante de decisão interlocutória, sentença ou acórdão, somente será cabível o pedido se a decisão puder produzir efeitos imediatos.

6. PROCEDIMENTO

Trata-se, como dissemos, de incidente de **competência originária de Tribunal. Não há prazo preclusivo para sua propositura, que**

3. Esta compreensão é recepcionada pelo próprio Supremo Tribunal Federal. Veja-se, por exemplo, trecho da decisão proferida pela Ministra Rosa Weber: "A via eleita – suspensão de liminar – consubstancia meio processual autônomo à disposição, exclusiva, segundo as normas de regência, das pessoas jurídicas de direito público e do Ministério Público, para buscar a sustação – com objetivo de salvaguardar o interesse público primário –, nas causas contra o Poder Público e seus agentes, de decisões judiciais que potencialmente provoquem grave lesão à ordem, à saúde, à segurança e à economia públicas. O incidente de contracautela – vocacionado a impedir a execução imediata de uma decisão judicial proferida contra a Fazenda Pública e seus agentes nas hipóteses previstas em lei – reveste-se de absoluta excepcionalidade (...)".

Na mesma oportunidade, a Ministra consignou sua compreensão de que o pedido de suspensão é incabível em ações de natureza penal: "7. De início, acentuo meu entendimento no sentido do não cabimento do incidente de contracautela em matéria revestida de índole penal. Minha compreensão se assenta em pelo menos duas premissas autônomas. 7.1. A primeira delas, evidentemente, está calcada, como acima destacado, em uma exegese restritiva das leis de regência. Não há, em qualquer dispositivo legal ou regimental, norma autorizativa da suspensão de liminar em matéria penal. Vale dizer, as normas reguladoras do instrumento em análise não franqueiam a utilização da contracautela para sustar decisões proferidas em processos de natureza criminal. (...) 7.2. E aqui exponho, de forma clara e inequívoca, minha segunda premissa pelo não cabimento do incidente de contracautela em matéria penal. No âmbito do processo penal, o particular, na condição de investigado, denunciado ou réu, possui os mesmos direitos assegurados pela Constituição Federal e pelas Leis da República independentemente de sua condição pessoal ou de seu vínculo profissional. Com efeito, o Poder Público, em diversas oportunidades, chega a esta Suprema Corte, por meio de suspensão de tutela provisória e outros congêneres, objetivando, para salvaguarda do interesse público primário, a sustação de decisões proferidas contra si. Referido instrumento, contudo, como tenho reiteradamente decidido, não está à disposição de particulares. Assim, admitir a utilização do instrumento de contracautela para sustar decisões proferidas contra agentes públicos em processos de natureza penal significa conferir a eles meio processual heterodoxo, de uso restrito e sem qualquer justificativa razoável para tanto" (STF, SL 1583, Ministra Rosa Weber, Presidência. Julgado em 18/10/2022).

poderá ocorrer a qualquer tempo enquanto eficaz a decisão que se pretende obstar os efeitos. Tudo, obviamente, desde que não tenha transitado em julgado.

O rito é célere e simplificado. O seu manejo se dá por simples petição do ente público atingido pela decisão, dirigida ao Presidente do Tribunal competente, com a devida fundamentação[4]. Deve ser juntada cópia da decisão que se pretende suspender, além de outros documentos que se entender indispensáveis à compreensão da controvérsia.

Recebida a petição inicial, caberá ao Presidente do Tribunal, alternativamente:

- Indeferir de plano o pedido se, em contato com elementos trazidos no petitório, identificar a inocorrência de lesão grave à ordem, à saúde, à segurança e à economia públicas;
- Sendo o caso, aplicar o art. 321 do CPC, ordenando a emenda do petitório, como forma de complementação dos documentos necessário à apreciação do pedido ou correção de vício formal;
- Havendo pedido expresso nesse sentido, poderá conceder medida liminar (=tutela provisória *inaudita altera pars*) para suspender os efeitos da decisão, enquanto aguarda a manifestação do Ministério Público e do beneficiário da decisão.

  Para concessão da *liminar*, cabe ao Presidente do tribunal, em decisão fundamentada, justificar os requisitos para concessão da tutela provisória, tudo conforme o art. 4°, §7°, da lei n° 8.347/92 (regra repetida no art. 15, §4°, da lei n° 12.016/2009):

  > Art. 4°, § 7º. O Presidente do Tribunal poderá conferir ao pedido efeito suspensivo liminar, se constatar, em juízo prévio, a plausibilidade do direito invocado e a urgência na concessão da medida.

- Intimar Ministério Público e o beneficiário da decisão para que se manifestem, em 72 (setenta e duas) horas, a respeito do pedido.

---

4. Nesse sentido, veja-se trecho da ementa: "(...) 1. A legislação não prevê requisitos formais no pedido de contracautela. Para sua análise, exige-se tão somente requerimento da pessoa jurídica que exerce munus *público, formalizado em simples petição dirigida ao presidente do tribunal ao qual couber o conhecimento do respectivo recurso na causa principal. Doutrina. (...)"* (STJ. Corte Especial. AgInt no AgInt na SLS 2.116-MG, Rel. Min. Laurita Vaz, julgado em 07/11/2018).

A intervenção do MP é obrigatória neste procedimento, impondo-se sua intimação.

Quanto às duas últimas hipóteses, é preciso uma nota. **Impõe-se**, no pedido de suspensão, **a ouvida do autor da demanda originária (=o beneficiário da decisão que se pretende suspender) e do Ministério Público**. Trata-se de desdobramento direto do princípio constitucional do contraditório. Esta oitiva se dá, como regra, antes de o Presidente do Tribunal proferir qualquer decisão no incidente. Todavia, em hipóteses onde há pedido de tutela provisória, poderá o magistrado decidir liminarmente. Neste caso, o autor da demanda originário e o Ministério Público serão necessariamente ouvidos depois, dando-se aquilo que e chama de *contraditório diferido*. Também e obviamente, sendo o caso de indeferimento liminar do pedido, não será necessário promover o contraditório[5].

Esta noção é importante para compreendermos a norma que se pode extrair do art. 4°, §2°, da lei n° 8.437/92:

> Art. 4°, § 2° O Presidente do Tribunal poderá ouvir o autor e o Ministério Público, em setenta e duas horas.

Diferido, ou não, impõe-se o contraditório. A utilização do termo *poderá* não significa a dispensa do contraditório, mas apenas a possibilidade de se realizar de forma diferida, após a concessão da liminar.

Ouvidos os interessados, decidirá o magistrado, fundamentadamente (art. 93, IX, da CR c/c art. 489, §1°, do CPC c/c art. 4°, *caput*, da lei n° 8.347/92).

Em face da decisão proferida pelo Presidente, caberá o manejo de Agravo Interno para o Plenário ou órgão Especial (como trataremos em tópico adiante).

Julgando-se definitivamente o incidente e **deferida a suspensão, a decisão vigorará, como regra, até o trânsito em julgado da decisão de mérito na ação principal** (art. 4°, §9°, da lei n° 8.347/92), independentemente dos efeitos dos recursos ali interpostos.

5. CUNHA, Leonardo Carneiro da. *A Fazenda Pública em juízo*. Rio de Janeiro: Forense, 2016, p. 621.

Os efeitos da medida somente **não** se manterão até o trânsito em julgado da decisão de mérito na ação principal se: i) a decisão do incidente, expressamente, limitar os seus efeitos; ii) o objeto da decisão suspensa for distinto, total ou parcialmente, do mérito da ação principal.

Esta lição pode ser extraída do enunciado n° 626 da Súmula do STF: "A suspensão da liminar em mandado de segurança, salvo determinação em contrário da decisão que a deferir, vigorará até o trânsito em julgado da decisão definitiva de concessão da segurança ou, havendo recurso, até a sua manutenção pelo Supremo Tribunal Federal, desde que o objeto da liminar deferida coincida, total ou parcialmente, com o da impetração".

Importante destacar a compreensão doutrinária no sentido de que:

> "O enunciado 626 da Súmula do STF somente tem aplicação quando a suspensão de segurança for, *originariamente,* deferida pelo próprio Tribunal Superior, não se aplicando na hipótese de a suspensão ter sido concedida por *tribunal de segunda instância.* Tanto isso é verdade que todos os precedentes que renderam ensejo à edição da Súmula 626 do STF decorrem de suspensões de segurança deferidas, *originariamente,* pelo Ministro Presidente da Suprema Corte. (...) Determinada a suspensão de liminar pelo presidente do tribunal de *segunda instância,* ela vigora mesmo com a superveniência da sentença. Sobrevindo, contudo, acórdão que a substitua, aí já não se mantém mais a suspensão deferida pelo presidente do tribunal de *segunda instância,* devendo a questão ser erigida ao crivo do Presidente do STF ou do STJ. Concedida a suspensão por um destes, irá, então, vigorar até o trânsito em julgado"[6].

6.1. Paralelismo entre o pedido de suspensão e o recurso na demanda originária

O pedido de suspensão visa suspender a eficácia de uma decisão proferida contra o Poder Público. Esta mesma decisão pode ser objeto do recurso próprio. **O *recurso* e o *pedido de suspensão*** não são, na maioria dos casos, prejudiciais entre si. É o art. 4°, §6°, da lei n° 8.347/92 (regra reproduzida no art. 15, §3°, da lei n° 12.016/2009):

6. CUNHA, Leonardo Carneiro da. *A Fazenda Pública em juízo.* Rio de Janeiro: Forense, 2016, p. 625-626.

> Art. 4°, § 6º. A interposição do agravo de instrumento contra liminar concedida nas ações movidas contra o Poder Público e seus agentes não prejudica nem condiciona o julgamento do pedido de suspensão a que se refere este artigo.

O recurso serve à impugnação da decisão, buscando reforma-la ou anulá-la em razão de *error in judicando* ou *error in procedendo*. O pedido de suspensão visa única e tão somente suspender os efeitos da decisão. **São, portanto, demandas distintas.**

Da mesma forma, causa de pedir e pedido são absolutamente distintos. As hipóteses que justificam o manejo dos recursos, discutindo propriamente questões processuais ou materiais relativas à causa, não permitem o manejo do pedido de suspensão.

O pedido de suspensão tem por causa de pedir a potencial grave lesão à ordem, à saúde, à segurança e à economia públicas, o que não é fundamento do recurso a ser manejado na demanda originária. O pedido de suspensão **não aborda, absolutamente, qualquer questão de mérito da ação principal.** O seu fundamento é única e tão somente a potencial gravidade da lesão a relevante interesse público.

Assim, como regra, é possível o manejo de recurso e pedido de suspensão concomitantemente. Da mesma forma, sendo uma das hipóteses do art. 988 do CPC, **caberá também e paralelamente, a Reclamação.**

Ambos manejados, o julgamento do recurso não prejudica o pedido de suspensão, nem o julgamento do pedido de suspensão prejudica o recurso.

Há um detalhe, todavia. Em caso de um recurso não possuir efeito suspensivo *ope legis*, admite-se que o recorrente requeira sua concessão, em tutela provisória recursal. Nesse caso específico, se manejado o recurso pela Fazenda Pública e, paralelamente, o pedido de suspensão, se este último for julgado antes, suspendendo-se a eficácia da decisão, o pedido de tutela provisória recursal perde seu objeto[7]. **O julgamento positivo do pedido de suspensão, portanto, prejudica apenas o requerimento de concessão de efeito suspensivo ao recurso.** O recurso, então, seguirá para julgamento de mérito, sem

7. CUNHA, Leonardo Carneiro da. *A Fazenda Pública em juízo*. Rio de Janeiro: Forense, 2016, p. 618; RODRIGUES, Marco Antonio. *A Fazenda Pública no Processo Civil*. São Paulo: Atlas, 2016, p. 260.

necessidade de se apreciar ou conceder-lhe *ope iudicis* efeito suspensivo. É lógico: a decisão já estará suspensa.

Por outro lado, **a concessão de eficácia suspensiva ao recurso não prejudica a análise do pedido de suspensão**. É que, além de as demandas serem distintas, o efeito prospectivo da decisão no incidente de suspensão (que vigora até o trânsito em julgado da decisão no processo originário) *acautela* o interesse público mesmo após o julgamento do recurso.

Por fim, importante atentar ao seguinte: se o recurso e o pedido de suspensão não são prejudiciais entre si, da mesma forma, não se exige o manejo de ambos concomitantemente. O **ajuizamento concomitante é possível, mas não é obrigatório.**

Inclusive, em caso de tutela provisória concedida contra o Poder Público, poderá ser manejado apenas o Agravo de Instrumento para o respectivo tribunal local (TJ ou TRF). Após o julgamento do Agravo, mantendo-se a tutela provisória, aí então poderá ser manejado o pedido de suspensão. É que, desprovido o Agravo, caberá ao STJ ou ao STF conhecer do pedido de suspensão em vista que a decisão permanece eficaz, tendo sido proferida (substituída a decisão de piso, pelo julgamento do recurso) por Tribunal. É esta a norma inscrita no art. 4°, §5°, da lei n° 8.347/92 e também no art. 15, §2°, da lei n° 12.016/2009.

6.2. Regime recursal

Como se disse, a competência para conhecer do pedido de suspensão é do Presidente de Tribunal. De sua decisão (monocrática), será possível o manejo de Agravo Interno para o Plenário ou Órgão Especial do respectivo Tribunal (art. 4°, §3°, da lei n° 8.437/92).

O prazo deste recurso é de 15 (quinze) dias, nos termos do art. 1.003, §5°, do CPC. Apesar de as leis n° 8.437/92, 12.016/2009 e 7.347/85, consagrarem o prazo de 5 (cinco) dias, estes dispositivos foram alterados pelo CPC, especialmente em razão do art. 1.070 do código[8].

8. Nesse sentido, o enunciado n° 58 da I Jornada de Direito Processual Civil do CJF: "O prazo para interposição do agravo previsto na Lei n. 8.437/92 é de quinze dias, conforme o disposto no art. 1.070 do CPC".

O prazo deste Agravo Interno, portanto, **será de 15 (quinze) dias. Poderá interpor o recurso tanto o particular beneficiário da decisão que se pretende suspender, o Ministério Público ou a Fazenda Pública**. Aplica-se aqui o regramento do art. 183 do CPC, **conferindo-se prazo em dobro para a Fazenda Pública**[9].

No tema, o Superior Tribunal de Justiça definiu, no julgamento do SLS nº 2572/DF, em 15/12/2021, que *o prazo para a Fazenda Pública interpor agravo interno em Suspensão de Liminar é de 15 dias (e não de 5 dias) e deve ser contado em dobro*. A íntegra do acórdão ainda não havia sido publicada até o fechamento desta edição.

Atente-se, todavia, que o STF possui julgados mais antigos, entendendo não se aplicar a dobra do prazo. Ver o SL-AgR-AgR 586 (DJE de 25/08/2017) e o SS-AgR 4390 (DJE de 27/02/2018).

O Agravo deverá ser levado a julgamento na sessão seguinte a sua interposição. Da decisão proferida pelo Plenário ou Órgão Especial **não será possível o manejo de outros recursos**.

Não será possível o manejo de Recurso Especial e Extraordinário, dentre outras razões, porque não há, neste procedimento, julgamento de *causa*. Se observarmos as hipóteses de cabimento dos recursos excepcionais, veremos que eles são cabíveis em face de *causa decidia* (art. 102, III e art. 105, III, ambos da CR). Aqui, como o escopo principal é a suspensão de uma decisão proferida em face do Poder Público, não há qualquer elemento de substitutividade na decisão e, portanto, não há julgamento de *causa*.

A jurisprudência consagra **apenas uma exceção: caso estejam em jogo *aspectos elementares da dignidade humana***, a decisão proferida por TJ ou TRF pode ser levada, via Recurso Especial, ao STJ. Nesse sentido:

> "PROCESSUAL CIVIL. AÇÃO CIVIL PÚBLICA. GARANTIA DE BANHO AQUECIDO AOS PRESOS. DIREITOS HUMANOS FUNDAMENTAIS. ARTS. 12 E 39, IX, DA LEI 7.210/1984 (LEI DE EXECUÇÃO PENAL). (...) SUSPENSÃO DE EFICÁCIA DA TUTELA DE URGÊNCIA. ART. 4º DA LEI 8.437/1992 C/C O ART. 1º DA LEI 9.494/1997. OBRIGAÇÃO DE FAZER. ALEGAÇÃO DE

9. Enunciado nº 124 do Fórum Nacional do Poder Público: "Aplica-se o prazo em dobro para os recursos utilizados pela Fazenda Pública nas suspensões de liminares coletivas".

DISCRICIONARIEDADE ADMINISTRATIVA E DE INCIDÊNCIA DA RESERVA DO POSSÍVEL. PECULIARIDADES DO CASO CONCRETO. MANIFESTO INTERESSE PÚBLICO REVERSO. DIGNIDADE DA PESSOA HUMANA. (...) 6. Em regra, o Superior Tribunal de Justiça entende que decisão que concede suspensão de liminar não se sujeita à censura de Recurso Especial, já que ostenta juízo político. Nesse sentido: AgRg no REsp 957.825/CE, Rel. Ministro Og Fernandes, Sexta Turma, DJe de 13/9/2013. 7. O caso concreto, no entanto, é peculiar, por ferir triplamente aspectos existenciais da textura íntima de direitos humanos substantivos. Primeiro, porque se refere à dignidade da pessoa humana, naquilo que concerne à integridade física e mental a todos garantida. Segundo, porque versa sobre obrigação inafastável e imprescritível do Estado de tratar prisioneiros como pessoas, e não como animais. Por mais grave que seja o ilícito praticado, não perde o infrator sua integral condição humana. Ao contrário, negá-la a um, mesmo que autor de crime hediondo, basta para retirar de todos nós a humanidade de que entendemos ser portadores como parte do mundo civilizado. Terceiro, porque o encarceramento configura pena de restrição do direito de liberdade, e não salvo-conduto para a aplicação de sanções extralegais e extrajudiciais, diretas ou indiretas. Quarto, porque, em presídios e lugares similares de confinamento, ampliam-se os deveres estatais de proteção da saúde pública e de exercício de medidas de assepsia pessoal e do ambiente, em razão do risco agravado de enfermidades consequência da natureza fechada dos estabelecimentos, propícia à disseminação de patologias. 8. Em síntese, ofende os alicerces do sistema democrático de prestação jurisdicional admitir que decisão judicial, relacionada à essência dos direitos humanos fundamentais, não possa ser examinada pelo STJ sob o argumento de se tratar de juízo político. Quando estão em jogo aspectos mais elementares da dignidade da pessoa humana (um dos fundamentos do Estado Democrático de Direito em que se constitui a República Federativa do Brasil – expressamente enunciado na Constituição, logo em seu art. 1º) impossível subjugar direitos indisponíveis a critérios outros que não sejam os constitucionais e legais (...)" (STJ. 2ª Turma. REsp 1.537.530-SP, Rel. Min. Herman Benjamin, julgado em 27/04/2017).

Ainda sobre o tema, seguindo a regra geral, **não caberá ação rescisória das decisões definitivas de pedidos de suspensão, proferidas por Tribunal de Justiça e Tribunais Regionais Federais**. Esta lição é resultado do seguinte entendimento exarado pelo STJ:

> "(...) 1. A decisão do Min. Presidente do STJ que determina a suspensão dos efeitos da antecipação de tutela contra a Fazenda Pública, mesmo quando transitada em julgado, não se sujeita a ação rescisória. Isso por não induzir coisa julgada material e nem impedir a rediscussão do objeto controvertido na ação principal. 2. Ação rescisória não conhecida" (STJ. Corte Especial.AR 5.857-MA, Rel. Min. Mauro Campbell Marques, julgado em 07/08/2019).

De toda sorte, apesar de não caber outros recursos, **caberá novo pedido de suspensão**, agora de competência do juízo *ad quem*. Assim, por exemplo, da decisão definitiva de Tribunal de Justiça sobre o pedido de suspensão, rejeitando-o, caberá o manejo de um novo pedido de suspensão ao STJ ou ao STF, a depender da matéria envolvida. Em suma: **cabe pedido de suspensão à instância superior se o pedido de suspensão na instância inferior for rejeitado definitivamente** (=após o julgamento do Agravo Interno). É este o teor do art. 4°, §4°, da lei n° 8.347/92.

De forma mais clara, o art. 15, §1°, da lei n° 12.016/2009, consagra a mesma regra:

> Art. 15, § 1°. Indeferido o pedido de suspensão ou provido o agravo a que se refere o caput deste artigo, caberá novo pedido de suspensão ao presidente do tribunal competente para conhecer de eventual recurso especial ou extraordinário.

6.3. Suspensão de múltiplas decisões

Um único pedido pode abarcar a suspensão de múltiplas decisões proferidas em face do Poder Público, presentes e futuras. É o conteúdo do §8° do art. 4°, da lei n° 8.347/92 (regra reproduzida no art. 15, §5°, da lei n° 12.016/2009):

> Art. 4°, § 8º. As liminares cujo objeto seja idêntico poderão ser suspensas em uma única decisão, podendo o Presidente do Tribunal estender os efeitos da suspensão a liminares supervenientes, mediante simples aditamento do pedido original.

Estamos diante, aqui, de mais uma **técnica de gestão de demandas repetitivas**, voltada especialmente para a tutela do interesse público. A possibilidade de um único pedido de suspensão permitir cassar a eficácia de múltiplas decisões, traz inúmeras vantagens ao sistema de justiça.

Destacadamente, tem-se o respeito ao princípio da isonomia. Quer dizer, não se deve admitir que jurisdicionados em situações semelhantes recebam do Poder Judiciário soluções distintas para suas demandas. Assim, permitir a apreciação de diversas decisões *com objeto idêntico* proferidas contra o Poder Público, em um único incidente, oferece tratamento isonômico aos jurisdicionados e evita divergência jurisprudencial.

Por outro lado, a possibilidade de um único pedido de suspensão abarcar diversas decisões evita o *abarrotamento* do Judiciário com pedidos de suspensão *idênticos*, para casos *idênticos*.

Assim, o pedido de suspensão já poderá, originalmente, indicar a existência de diversas decisões a serem suspensas. Havendo decisões supervenientes ao seu manejo, poderá o pedido ser aditado para abarcar as novas decisões, que passarão a ser abrangidas pelo pronunciamento do Presidente do Tribunal.

BIBLIOGRAFIA

ARAÚJO, Fábio Caldas de. *Curso de Processo Civil - vol. I*. São Paulo: Malheiros, 2016.

ARAÚJO, José Henrique Mouta; PEIXOTO, Marco Aurélio Ventura. *Poder Público em Juízo*. Salvador: Juspodivm, 2018.

AVELINO, Murilo Teixeira. *Processo Civil – parte geral, processo de conhecimento e procedimentos especiais de jurisdição contenciosa*. Salvador: Juspodivm, 2021.

AVELINO, Murilo Teixeira. *Processo Civil – tutela executiva, processo nos tribunais, precedentes e recursos*. Salvador: Juspodivm, 2021.

BARROS, Guilherme Freire de Melo. *Poder Público em Juízo para concursos*. Salvador: Juspodivm, 2019.

BRANCO, Janaína Soares Noleto Castelo. *Advocacia pública e solução consensual dos conflitos*. Salvador: Juspodivm, 2018.

CUNHA, Leonardo Carneiro da. *A Fazenda Pública em juízo*. Rio de Janeiro: Forense, 2016.

DIDER JR., Fredie. *Curso de Direito Processual Civil - vol. 1*. Salvador: Juspodivm, 2015.

DIDIER JR., Fredie. *Curso de Direito Processual Civil - vol.1*. Salvador: Juspodivm, 2016.

DIDIER JR., Fredie. *Cooperação Judiciária Nacional*. Salvador: Juspodivm, 2020.

DIDIER JR., Fredie. *Curso de Direito Processual Civil - vol.1*. Salvador: Juspodivm, 2020.

DIDIER JR., Fredie; CUNHA, Leonardo Carneiro da; BRAGA, Paula Sarno; OLIVEIRA, Rafael Alexandria de. *Curso de Processo Civil – vol. 5*. Salvador: Juspodivm, 2020.

DINAMARCO, Cândido Rangel. *Instituições de direito processual civil: volume II*. São Paulo: Malheiros, 2019.

KLIPPEL, Rodrigo. *Teoria geral do processo e teoria do processo civil brasileiro*. Indaiatuba: Editora Foco, 2018.

LESSA NETO, João Luiz. Art. 334. In: STRECK, Lenio Luiz; NUNES, Dierle; CUNHA, Leonardo (orgs). *Comentários ao Código de Processo Civil*. São Paulo: Saraiva, 2016.

LUSTOZA, Helton Krames. *Advocacia Pública em Ação*. Salvador: Juspodivm, 2017.

MACEDO, Lucas Buril de; PEIXOTO, Ravi. Tutela provisória contra a Fazenda Pública no CPC/2015. ARAÚJO, José Henrique Mouta; CUNHA, Leonardo Carneiro da; RODRIGUES, Marco Antonio. *Coleção Repercussões do novo CPC - vol. 3. Fazenda Pública*. Salvador: Juspodivm, 2016.

MONNERAT, Fábio Victor da Fonte. *Introdução do estudo do direito processual civil*. São Paulo: Saraiva, 2015.

MOURA, Arthur. *Lei de execução fiscal - comentada e anotada*. Salvador: Juspodivm, 2015.

NEVES, Daniel Amorim Assumpção. *Novo Código de Processo Civil Comentado*. Salvador: Juspodivm, 2016.

PEIXOTO, Marco Aurélio Ventura; PEIXOTO, Renata Cortez Vieira. *Fazenda Pública e Execução*. Salvador: Juspodivm, 2018.

RODRIGUES, Marco Antonio. *A Fazenda Pública no Processo Civil*. São Paulo: Atlas, 2016.

SEGUNDO, Hugo de Brito Machado. *Processo Tributário*. São Paulo: Atlas, 2019.

THEODOR JR., Humberto. *Curso de Direito Processual Civil - vol. 1*. Rio de Janeiro: Forense, 2015.

EDITORA *Jus*PODIVM
www.editorajuspodivm.com.br

COLOR system
gráfica digital e offset

JUS2429